·第一届粤港澳学术研讨会文集·

粤港澳合作
与广东新一轮发展

周华　主编

杨小蓉　李翰敏　副主编

社会科学文献出版社

SOCIAL SCIENCES ACADEMIC PRESS(CHINA)

编　委　会

目　录

在第一届粤港澳学术研讨会上的致辞

田 丰[*]

2013 年 12 月 15 日

尊敬的各位领导、各位嘉宾，各位专家，女士们，先生们：

大家上午好！

在全国各界深入学习贯彻十八届三中全会精神的氛围下，由广东省社会科学界联合会、澳门基金会、澳门社会科学学会、香港树仁大学、香港科技大学联合主办的"2013 年粤港澳学术研讨会"，今天在这里顺利举行。首先，让我代表主办方之一广东省社会科学界联合会，对出席本次研讨会的各位领导、嘉宾和专家学者表示亲切的问候！对长期以来支持广东改革开放和学术合作研究的香港、澳门各界人士和专家学者表示衷心的感谢！

今年是粤澳关系研讨会举办 25 周年。1988 年春，广东省社科联与澳门社会科学学会共同发起举办粤澳关系研讨会，至今已走过了 25 个春秋，举办了 21 次研讨会，出版了六本论文集，收集了 456 篇论文，267.3 万字，这些成果的取得对促进粤港澳关系发展具有重要意义。一是使粤港澳关系从民间走向了官方，提高了人们对港澳的认识，为粤港澳关系的发展提供了重要的理论依据。二是使粤港澳关系从对话走向了合作，深化了合作内容和方式，为粤港澳关系的发展提供了新的思路和战略。这是粤港澳三地社科专家学者同心协力、前赴后继、坚持不懈，共同付出的心血结晶，也是三地政府、有关机构和媒体共同关心的结果。

我们今天举办 2013 年粤港澳学术研讨会，主题定为"深化粤港澳合作与广东新一轮发展"。我真诚地希望各位专家学者能够结合党的十八届

---

* 田丰，广东省社会科学界联合会原主席，广东省政协常委，广东省政协文化和文史资料委员会主任、研究员。

三中全会精神，在全面深化改革，进一步实施《粤港澳合作框架协议》的大形势下，进行理论探索，继续提出有战略性、前瞻性、操作性的理论成果。

一是加强提升粤港澳区域竞争力研究

最新中国城市竞争力排行榜显示，上海首次超越香港排名榜首，香港排第二，深圳第四，广州第五，澳门第十二。连续 11 年称冠的香港以微弱分数之差屈居第二，由此可见在全球化大潮下区域和城市竞争越来越激烈，加快建设大珠三角世界级特大城市群已成为重大战略需要，如何发挥粤港澳三地融合发展优势，如何利用好珠三角转型升级、粤东西北振兴发展的机遇，如何抓住三中全会提出的扩大对港澳台开放合作，加快自由贸易区建设，构建开放型经济体制的新战略，共同打造中国最开放最有活力的经济体，提升粤港澳区域竞争力，需要粤港澳三地专家学者加强研究，提供理论支撑和决策服务。

二是加强粤港澳三地协同发展、创新发展、绿色发展的研究

粤港澳三地经过多年交流与合作，各自取得显著成效，广东已经奠定了区域制造业基地的地位，香港已发展成为世界金融中心，而澳门也在发挥既有优势，在打造具有吸引力的全球博彩、旅游中心和区域性商贸服务平台方面取得了令人瞩目的成绩。党的十八届三中全会提出"全面深化改革，进一步解放思想、解放和发展社会生产力、解放和增强社会活力，加快发展社会主义市场经济、民主政治、先进文化、和谐社会、生态文明，让一切劳动、知识、技术、管理、资本的活力竞相进发"。粤港澳三地如何发挥各自特长，各自优势，良性竞争，相互促进，实现协同发展，如何通过技术进步和改善管理，提高生产要素的质量和效益，实现创新发展；如何转变发展方式，实行节能减排，推动低碳经济，实现绿色发展。这些都需要粤港澳三地专家结合实际共同研究，形成可行的政策建议供三地的政府参考。

三是加强粤港澳三地合作机制创新研究

在 2003 年对抗非典之际，在中央政府的支持下，内地开放对港澳自由行，同年，内地与港澳签订 CEPA，这不仅缓解了非典对港澳经济的冲击，更重要的是将粤港澳三地的经贸合作关系推到一个新的平台，进入一个新的阶段。自 CEPA 签订之后，随着《珠江三角洲地区改革发展规划纲要》《横琴总体发展规划》《粤港澳合作框架协议》《前海总体发展规划》相继

出台，港珠澳大桥的兴建，横琴的开发，前海的开发，使粤港澳交流与合作进入全新时代。新时代、新机遇、新挑战，如何进一步加强粤港澳三地合作机制研究，在以往前店后厂的合作模式上，创新合作发展的模式，积极探索推进自由贸易区建设，拓宽粤港澳三地合作的新空间和新领域，推动粤港澳关系研究的深化和发展，是粤港澳三地专家学者的重要课题。

四是创新学术交流平台，擦亮叫响"粤港澳学术研讨会"品牌

今年是全面深化改革、广东落实"三个定位，两个率先"要求的重要一年。为贯彻"一国两制"的基本方针，推动广东继续在改革开放中发挥窗口作用、试验作用、排头兵作用，加强与香港、澳门的合作与交流，努力开创粤港澳合作的新局面，广东省社科联经多次研究，并与澳门社会科学学会协商，考虑在原与澳门社科学会长期合作主办"粤澳关系研讨会"基础上，从今年起，创办"粤港澳学术研讨会"，全面拓展和提升粤港澳学术交流、合作方式和模式。今天有幸得到了澳门基金会、香港树仁大学当代中国研究中心、香港科技大学华南研究中心的大力支持，共同举办2013年粤港澳关系研讨会。这是一个新的尝试，也是一个新的开始。今后如何进一步改进和完善研讨会的组织形式和活动方式，形成相对稳定的、互惠的、共赢的学术交流合作机制、体制，拿出一批叫得响的学术成果，擦亮叫响"粤港澳学术研讨会"品牌，还有赖于粤港澳三地专家学者继续努力。

各位领导、各位专家学者，新时代，需要新理论，全面深化粤港澳合作，促进广东新一轮发展，需要我们贡献出更多高质量、操作性强、具有前瞻性的理论成果，为推动粤港澳关系的新发展、构建粤港澳合作的新格局，谱写粤港澳繁荣发展的新篇章，作出新的更大的贡献！

最后，预祝本次研讨会取得圆满成功！祝各位身体健康，工作顺利，家庭幸福，万事如意！

谢谢！

在第一届粤港澳学术研讨会上的讲话

江海燕*

2013 年 12 月 14 日

各位领导、嘉宾、专家学者：

大家上午好！

二十多年来，"粤澳关系研讨会"已成为组织、带动两地学者，对粤港澳经济及其他领域相互关系进行深入研究和开展卓有成效的学术交流与合作的重要抓手和平台，我有幸多次受邀参加了研讨会，也认识了一批有真知灼见的专家学者，得益匪浅。今年，顺应时代发展的潮流，研讨会增加了澳门社会科学学会、香港树仁大学当代中国研究中心、香港科技大学华南研究中心作为主办单位，使研讨会扩展到粤港澳三地，规模和档次也得到进一步的提升，它所取得的成果和积累的经验，将成为今后加强三地社科界的合作、寻求新突破的强大大动力，也将为进一步深入研究粤港澳的关系、在新的历史时期促进三地发展、造福三地社会和人民提供有益借鉴。在此，我对粤港澳学术研讨会的顺利举办表示热烈祝贺！对长期以来关心支持研讨会的各地领导、专家学者们表示衷心的感谢！

广东省委、省政府一直高度重视与香港、澳门的全面合作。2008 年 6 月，广东省委、省政府在《关于争当实践科学发展观排头兵的决定》中提出，要在新时期全面推进粤港澳紧密合作，构建粤港澳紧密合作区。目的是实现粤港澳区域经济一体化，形成能够与纽约、东京大都会圈等相比较的特殊区域。2010 年 10 月，广东省委、省政府在颁布的《实施〈珠江三角洲地区改革发展规划纲要〉实现"四年大发展"工作方案》中强调指出：要继续加强粤港澳合作。由此可见，强化新时期与港澳的合作，是广

---

* 江海燕，广东省政协常委、广东省人民政府原副秘书长。

东省现代化建设和发展中十分重要的课题。党的十八届三中全会强调，要扩大对香港特别行政区、澳门特别行政区和台湾地区开放合作。时代在发展、社会在进步，粤港澳研讨会可以在全面深化改革和推进三地合作发展中发挥重要的理论引领和决策参考作用。借此机会，我谈四点意见供大家参考。

一是要紧紧围绕深化三地开放合作开展研究。

十八届三中全会提出，适应经济全球化新形势，必须推动对内对外开放相互促进、引进来和走出去更好结合，促进国际国内要素有序自由流动、资源高效配置、市场深度融合，加快培育参与和引领国际经济合作竞争新优势，以开放促改革。建立中国上海自由贸易试验区是党中央在新形势下推进改革开放的重大举措，在推进现有试点基础上，还将选择若干具备条件地方发展自由贸易园（港）区。目前，广东省也在积极争取设立自由贸易区，如何切实建设好、管理好自由贸易区，如何改革市场准入、海关监管、检验检疫等管理体制，加快环境保护、投资保护、政府采购、电子商务等新议题谈判，形成面向全球的高标准自由贸易区网络，如何通过建立自由贸易区扩大粤港澳三地的利益汇合点，为全面深化改革和扩大开放探索新途径、积累新经验，三地专家学者任重道远。

二、紧紧围绕大力构建粤港澳都市圈，大力发挥好三大合作平台的作用。珠三角与港澳地区是具有国际影响力的世界级城市群，构建由深港都市圈、广佛都市圈和珠澳都市圈组成的临海型一体化大都市区，将是粤港澳海洋经济发展的基础和趋势。依托核心城市，粤港澳地区在海洋运输、海洋服务、物流仓储、海洋工程装备制造、海岛开发、旅游装备、邮轮旅游等方面可以进行有效的分工与合作。《珠江三角洲地区改革发展规划纲要（2008~2020年）》明确提出将南沙打造成为服务内地、连接香港的商业服务中心、科技创新中心、教育培训中心和文化创意基地；2010年国务院正式批复了《前海深港现代服务业合作区总体发展规划》。前海的功能定位为现代服务业体制机制创新区，现代服务业发展集聚区，香港与内地紧密合作的先导区，珠三角产业升级的引领区。2009年国务院正式批复《横琴总体发展规划》，横琴成为探索粤港澳紧密合作新模式的新载体。如何充分发挥三大合作平台的优势，促进珠三角地区产业升级发展，推进与港澳紧密合作、融合发展，逐步把三大平台建设成为带动珠三角、服务港澳、率先发展的粤港澳紧密合作示范区。

三、创建粤港澳高等教育合作特区。要充分利用广东得天独厚的毗邻港澳的优势，扩大合作领域，促进优势互补，重点引进港澳高校在珠江三角洲开展合作办学，共同建设教育国际化。例如在珠海横琴、深圳前海、广州南沙分别设立粤港澳教育合作特区，支持港澳名牌高校在教育特区内举办高等教育机构，放宽合作办学权限，鼓励开展全方位、宽领域、多形式的智力引进和人才培养合作。另外，在教育特区内创建粤港澳高等联合创新平台，联合创建国际性高水平实验室、高端工程技术研发中心、科技创新园区等高科技研发工作。

四是要进一步建立和完善研讨会和三地政府的沟通渠道。第一要继续邀请两地政府及有关机构官员参加研讨会，争取其重视和支持研讨会活动，解决经费不足的问题；第二要主动与相关政府部门沟通，了解其需要解决的问题，针对这些课题开展研究和讨论，提出即使有用的对策建议；第三要坚持将研讨会的成果即使整理成调研报告，上报两地政府相关部门，供其参考，发挥作用。

最后，祝粤港澳学术研讨会取得圆满成功！祝各位领导和专家学者们身体健康、工作顺利！谢谢大家！

建立粤港澳区域自由贸易区再探索

周运源[*]

引　言

　　1992 年 4 月，作者应邀出席在澳门举行的"澳门与欧共体（后为欧盟）——21 世纪的挑战"国际研讨会以后，对新时期澳门与世界（特别是与欧共体国家地区）发生紧密联系合作的认识有新提升。与此同时，也对澳门包括香港在回归中国后对内地特别是与广东将产生更为紧密的联系合作寄予厚望。因此，早期对建立粤港澳自由经济（贸易）区思考的认识发表于《港澳经济》1994 年第 9 期。尔后 1998 年、2002 年、2008 年及 2010 年对上述命题深化的再探讨见之于相关报刊。而本文的研究主要是基于区域经济一体化中自由贸易区发展的理论，结合新时期实施内地与港澳更紧密经贸关系安排（CEPA）良好发展的绩效以及广东、香港和澳门三地经贸、投资、科技和文化等交流互动发展的实际，提出建立粤港澳区域自由贸易区，率先制定和实施区内全面实施服务贸易自由化和人民币国际化为先行点的相关政策和措施，以此作为促推粤港澳区域一体化发展的重要引擎。通过分析，提出了粤港澳区域自由贸易区建立的时间和基本设想的若干政策建议。结论认为，建设和发展粤港澳区域自由贸易区，是新形势下顺应世界经济政治发展态势，进一步扩大和深化对外开放，增强粤港澳特殊区域的可持续发展实力，提高中华民族凝聚力和国际竞争力的重要发展战略和举措。

---

　*　周运源，中山大学教授、广东省产业发展研究院特约研究员。

一 建立粤港澳区域自由贸易区的必要性

国家"十二五"规划和十八届三中全会的《决定》，为加快实施自由贸易区战略，建立粤港澳区域自由贸易区提供了指引。我国国民经济和社会发展第十二个五年规划提出：加快实施自由贸易区战略，进一步加强与主要贸易伙伴的经济联系。强调从中华民族根本利益出发，推进"一国两制"实践和祖国和平统一大业，深化内地与港澳经贸合作，推进海峡两岸经济关系发展，为实现中华民族伟大复兴而共同努力。加强内地和香港、澳门交流合作，继续实施更紧密经贸关系安排。推进货物贸易、服务贸易、投资和经济合作的后续协商，促进货物和服务贸易进一步自由化。逐步建立公平、透明、便利的投资及其保障机制。粤港澳地区也分别出台实施国家"十二五"规划的因应对策。广东省提出深入落实 CEPA，全面实施粤港、粤澳合作框架协议，推动区域经济一体化，促进经济、社会、文化、生活等多方面对接融合，率先形成最具发展空间和增长潜力的世界级新经济区域。香港特区政府认为，香港未来发展必须根据自身实情，结合国情，拟定科学可行的长远规划，才能抓住国家"十二五"规划带来的巨大机遇，实现新的跨越。澳门特区政府认为，澳门未来的发展必定要与国家"十二五"规划紧密配合。在 2013 年 11 月 12 日中共十八届三中全会通过的《中共中央关于全面深化改革若干重大问题的决定》中强调指出：为适应经济全球化新形势，必须推动对内对外开放，互相促进。加快培育参与和引领国际经济合作竞争新优势，以开放促改革。要放宽投资准入，加快自由贸易区建设，扩大内陆沿边开放。这实际上是要求更好运用全球市场经济的发展规律，为新时期我国继续深化对内对外的深层次开放，进一步扩大在世界区域经济一体化发展中的全面合作，增强中国整体发展的实力和国际竞争力，从而为实现中国梦提供了重要的指引。

二 利好因素对粤港澳经贸交流合作发展的影响

（一）法律依据

中国内地（包括广东）和港澳地区均属世贸组织成员，由于世界贸易组织成员资格（单独关税区）的特殊规定以及中国"一国两制"的特殊背景，早在 1995 年 1 月 1 日，香港、澳门就已经分别作为单独关税区，以"中国香港"和"中国澳门"的名义，成为世界贸易组织的成员。2001 年 12 月 11 日，中国成为世界贸易组织成员，紧接着在 2002 年 1 月 1 日，"台湾、澎湖、金门、马祖"单独关税区以"中华台北"的名义正式成为世界贸易组织成员。于是，在世界贸易组织体制下形成了"一国四席"的新格局。"在 WTO 体制中，中国、中国香港、中国澳门、中国台北相互之间的经贸关系首先是 WTO 平等成员之间的关系，表现在分别具有平等的代表权、参与权、决策权，独立的申诉权、责任承担制度，以及平等参与区域经济一体化的权利等。"① 由此可见，这一特殊区域的现状为粤港澳地区之间签订自由贸易协议奠定了基础。

由于中国（内地）、中国香港和中国澳门都属于世界贸易组织成员，因此，只要是涉及世贸组织规制下的各成员方的贸易和投资关系，就必须在世贸组织的框架下解决，否则就可能被其他的世贸组织成员诉及到世贸组织。在 WTO 下，"自由贸易区"是一个确定的法律概念。它是在 GATT 第 24 条第 8 款 b 项规定的："自由贸易区应理解为在两个或两个以上的一组关税领土中，对成员领土之间实质上所有有关产自此类领土产品的贸易取消关税和其他限制性贸易法规（如必要，按照第 11 条、第 12 条、第 13 条、第 14 条、第 15 条和第 20 条允许的关税和其他限制性贸易法规除外）。"

（二）借助 CEPA 发展的成效和经验，促进粤港澳区域自由贸易区的建立

事实上，近年来广东、香港和澳门三地之间的经贸关系得到持续的发展，因此，我们认为完全可以借鉴 CEPA 实施的有益经验，通过构建粤港澳区域自由贸易区来促进融合，加快发展。CEPA 实施的 10 年内就完成了货物贸易和商品贸易的降税，绝大部分实行"零关税"；在服务贸易自由化的程度也在加强，实行了更加开放的措施，并在贸易投资便利化的多个领域做出全面合作的安排。由此可见，CEPA 实施的成效完全符合世界贸

---

① 翁国民、王玲：《WTO 框架下内地与香港更紧密经贸关系安排的若干法律问题剖析》，《浙江大学学报》（人文社会科学版）2004 年第 2 期。

易组织规则。自由贸易协议是在世界贸易组织规则或者说 WTO 框架下的一个优惠双边或者多边的贸易安排。任何国家之间、任何地区之间建立的自由贸易区、签署的自由贸易协议都必须向世界贸易组织进行通报，接收世界贸易组织的审议。2005 年、2006 年世界贸易组织已经对 CEPA 进行了三轮审议，认为其货物贸易、服务贸易的开放措施完全符合世界贸易组织的规定。所以 CEPA 是完全符合世界贸易组织规则的。因此，在三地签署自由贸易协定的谈判过程中，总结 CEPA 的有益成果及经验，结合自身的实际情况，签订实现共赢的自由贸易区协定，这对于推进粤港澳区域自由贸易区的构建具有重大的现实意义。

三　粤港澳建立区域自由贸易区符合经贸一体化发展要求

我们注意到，美国著名经济学家巴拉萨把经济一体化的形式根据不同标准分为不同类别，经济一体化的进程分为 4 个阶段：（1）贸易一体化，即取消对商品流动的限制；（2）要素一体化，即实行生产要素的自由流动；（3）政策一体化，即在集团内达到国家经济政策的协调一致；（4）完全一体化，即所有政策的全面统一。与这 4 个阶段相对应，并把经济一体化组织可以根据市场融合的程度，分为 6 类：优惠贸易安排；自由贸易区，即由签订有自由贸易协定的国家或地区组成一个贸易区，在区内各成员之间废除关税和其他贸易壁垒，实现区内商品的完全自由流动，但每个成员仍保留对非成员国的原有壁垒；关税同盟；共同市场；经济同盟；完全经济一体化。

实际上，经济一体化既有经济社会等发展程度的要求，也有发展环境以及时间等方面的约束。一般来说，一国或一地区经济一体化的进程从开始的优惠贸易安排—自由贸易区—关税同盟—共同市场—经济同盟逐步发展到完全经济一体化。在经济一体化的各种形式中，完全经济一体化是经济一体化的最高阶段的形式，这需要经过数十年的可持续发展才能达到，如欧盟其成员国家中已有 16 个实行，包括使用共同货币（欧元）高级阶段的一体化。然而，目前，尽管欧盟的一体化已达到较高的发展阶段，然而也出现如欧债危机等一系列复杂的问题，但总体说仍然是在发展中的。因此，自由贸易区是指两个或两个以上国家或地区通过签署协定，在 WTO

最惠国待遇基础上，相互进一步开放市场，分阶段取消绝大部分货物的关税和非关税壁垒，在服务业领域改善市场准入条件，实现贸易（包括货物贸易及服务贸易）和投资的自由化运作。就世界范围内区域经济一体化发展规律来考察，一般情况下会因为一国或一地区的经济制度、政策取向的不同程度，大致按照互惠贸易安排（例如，CEPA）自由贸易区、关税同盟、共同市场、经济同盟、完全经济一体化（经济货币联盟）逐步演进发展。当然，也不排除很特殊的会有其中个别阶段跳跃发展推进的情况，这就是当经济发展的规模程度已经超越了一体化过程中某些传统阶段时，也有可能跳过前一阶段而直接进入一体化进程中下一阶段的发展，但这是十分特殊的情况。据此，内地与香港，内地与澳门已经从 2004 年 1 月 1 日起实行了 CEPA 并卓有成效，因此，我们认为可考虑建立具地区特色的粤港澳区域自由贸易区。尽管此前有不少有识之士，也曾倡导过成立大中华经济区，这不可否认是一种可供参考的思路，然而，这种认识无疑是既包括中国大陆，也包括台港澳在内的大中华经济区，这范围当然要比粤港澳要大得多。当然，2002 年 11 月，第六次中国—东盟领导人会议在柬埔寨首都金边举行，中国和东盟 10 国领导人签署了《中国与东盟全面经济合作框架协议》，并决定建立中国—东盟自由贸易区，这标志着中国—东盟建立自由贸易区的进程正式启动，并实际上在 2010 年就已启动了中国—东盟自由贸易区（10 + 1）的建设。但我们认为，这并不妨碍根据广东、香港和澳门的特点建立具有粤港澳区域特色的自由贸易区，而且这也是中国—东盟自由贸易区建设的重要组成部分。众所周知，香港和澳门是我国举世瞩目的两大国际贸易自由港，这些都为建立粤港澳自由贸易区提供重要的基础条件。因此，我们认为，根据 21 世纪第一个 10 年以来广东、香港和澳门三地经贸、投资、科技和文化交流等逐步互动进步发展的新格局，建立粤港澳自由贸易区应当是新时期顺应世界经济政治发展态势、增强中华民族的信心、提高中华民族凝聚力和国际竞争力的重要发展战略和举措。

因此，我们通过分析后认为，广东、香港和澳门三地现有的经济发展规模和水平，建立粤港澳区域自由贸易区符合区域经济一体化发展规律的要求。基本判断是：内地与香港、澳门早从 2004 年就分阶段实行的 CEPA，而且由于"一国两制"的实施以及粤港澳三地之间现行特殊的政治经济制度等，因此，不可能即行过渡到关税同盟甚至共同市场等区域经济一体化的上行阶段，而是十分有必要在总结内地与港澳 CEPA 的成效及经验上，构建粤港澳区域自由贸易区。（当然，有特色的粤港澳区域自由贸易区今后发展成熟时可逐步向关税同盟甚至向共同市场等区域经济一体化中向上行发展，那是需要另外探讨的问题。）此举第一符合 WTO 的规则和世界区域经济一体化发展的要求。第二，也符合中国—东盟自由贸易区建设的发展战略，粤港澳地区本身就是中华人民共和国的组成部分。第三，国家"十二五"规划中的发展战略目标也十分重视内地，特别是广东与港澳地区发展区域经济贸易、投资、科技、教育和文化等的交流合作问题。

（一）建立粤港澳区域自由贸易区的可能性

1. 上海定位在国际性多边自由贸易区先行运作的竞争发展，对粤港澳区域自由贸易区的建立提出竞争发展要求。

2. 中国—东盟自由贸易区（10 + 1）的建设发展，实际上并不妨碍根据广东、香港和澳门的特点建立具有粤港澳特色的次区域自由贸易区。

3. 地区首长也强调发展自由贸易区。朱小丹表示，粤港澳自由贸易区在未来规划中，将认真落实各项政策，包括推动贸易自由化。梁振英则以"积极参与、共同谋划、互惠互利"来形容粤港澳三方对自由贸易区的规划过程，并指出，香港相比内地其他各省市有不可取代的独特优势，香港的国际化程度高，内地进一步开放也是大势所趋，相信自贸区的建立可以促进实现互惠互利。澳门特首在 2014 年年度施政报告中也指出：加强与内地及其他地区的交流与合作，努力开拓澳门发展空间是应有之义。特区政府深化落实《粤澳合作框架协议》，与广东展开全方位的紧密合作。特区政府首先全力推进横琴、南沙等重点区域的合作，有序展开与中山、深圳及其他城市的合作。

4. 新时期国家继续扩大开放、深化改革力度的要求。参与世界经济一体化运作的谋划，极大地推动着具有粤港澳特色的自由贸易区新的发展模式的建立。

5. 粤港澳地区长期以来紧密联系合作、互利互惠、多赢发展、相得益彰的支撑，建立区域自由贸易区是大势所趋。可利用香港、澳门作为自由港的优势，结合包括深圳福田、盐田、沙头角、珠海、广州南沙保税（港）区、保税物流园区等已有的基础条件，建立具有特色的粤港澳区域自由贸易区。据资料显示，截至 2012 年底，广东省已建立各类海关特殊监管区域（场、保税物流中心）18个，其规范良好的运作利于建立区域自由贸易区。

6. 就国际实践的经验来考察，美国等国家已经建立过一个国家内部的自由贸易区，而且实践证明运作良好，促进了本身经济的发展。例如，美国在位于纽约市以西的自由贸易区（也称纽约1号对外贸易区），面积2.23万平方米。开始经营状况不好，后来改为私人公司经办，由于经营得当，很快发展起来。其业务范围主要有转口、仓储。区内允许对货物加工处理、改装、包装、分类、标签等。进入区内的货物一大半来自海运，一小半来自空运。又如，位于美国南部的路易斯安那州墨西哥湾密西西比河河口的自由贸易区（又称新奥尔良2号对外贸易区），由新奥尔良港口主办，占地7.7万平方米，区内有仓库和加工设施，有100多家公司的货物通过该区转口。

（二）建立粤港澳区域自由贸易区的现实性分析

1. 新时期国家提出全面加强和发展港澳关系的指引。国家"十二五"规划提出坚定不移贯彻"一国两制""港人治港""澳人治澳"、高度自治的方针，严格按照特别行政区基本法办事，全力支持特别行政区行政长官和政府依法施政。支持香港、澳门充分发挥优势，在国家整体发展中继续发挥重要作用。继续支持香港发展金融、航运、物流、旅游、专业服务、资讯以及其他高增值服务业，支持澳门建设世界旅游休闲中心，加快建设中国与葡语国家商贸合作服务平台。加强内地和香港、澳门交流合作，继续实施更紧密经贸关系安排，促进区域经济共同发展。

2. 新世纪国家继续扩大开放、深化改革力度的要求，参与世界经济一体化的运作的谋划，极大地推动着具有粤港澳区域特色的自由贸易区的发展新模式的建立。

3. 中国在WTO中拥有的特殊地位和重要作用的发挥，香港和澳门作为中国的特别行政区仍然在WTO中享有单独关税区发展的地位。因此，这些地区的特殊地位和优势的发挥也有利于粤港澳区域自由贸易区的建设和发展。

4. 粤港澳地区长期以来紧密联系合作、互利互惠、多赢发展、相得益彰的支撑使建立自由贸易区成为大势所趋。近年来，区域经济一体化蓬勃发展，典型的区域经济一体化组织有欧洲联盟、东南亚联盟、北美自由贸易区等。中国也在积极与周边贸易伙伴推进区域经济一体化进程，中国——

东盟自由贸易区为双方带来实实在在的利益,中日韩自由贸易区已经正式启动。面对东亚、东南亚区域整合,广东、香港和澳门不可能袖手旁观,必须更为积极加速和推进区域经济贸易的整合。香港和澳门与内地之间有CEPA实施10多年来的成效,因此,建立粤港澳区域自由贸易区可以通过进一步深化经济贸易等合作,实现粤港澳地区区域发展的互利与共赢。

四 粤港澳区域自由贸易区建立的时间和基本设想

(一) 粤港澳区域自由贸易区建立的时间

笔者认为,粤港澳区域自由贸易区建立的时间宜在2014~2016年,成型与发展的时间宜设在2017~2020年。

考虑到港澳地区不同的政治、经济和社会制度等,粤港澳区域自由贸易区的建立是在坚持"一国两制"的条件下,按照一个国家内部特有的自由贸易区模式建立,并按照国际上通行的区域自由贸易区的运作方式发展。

粤港澳区域自由贸易区核心点是区域性的贸易安排,因此,区内商品货物贸易关税互减互免;而且这也是中国—东盟自由贸易区建设的重要组成部分。

取消粤港澳区域自由贸易区内各种关税和非关税壁垒,全面促进粤港、粤澳服务贸易自由化的发展。

粤港澳区域自由贸易区各主体通过协商,制定和实施区内服务贸易自由化和人民币国际化为先行点的相关政策和措施,制定和实施区内人员自由流动的相关政策和措施,制定和实施区内投资、贸易和金融服务等便利化的相关政策和措施。

根据新时期广东、香港和澳门发展的实际,在政策和法律允许的范围内,继续开放广东与香港和澳门在科技、教育、旅游和文化等更宽更广的合作领域。

(二) 建立粤港澳区域自由贸易区的政策支持

继续放权广东先行先试特殊政策,赋予广东向WTO申请享受特别关税区的待遇;支持广东与港澳协商建立粤港澳区域自由贸易区的机制;继续推动实施粤港、粤澳合作框架协议中的相关政策;赋予广东深化开放金保障，三地都应积极启动制定相关教育改革的政策法规，如加强粤港澳教育合作条例，支持三地教育合作发展的具体条款，设立相关基金的政策等。

（二） 互联网合作和重大课题合作攻关项目

第一，建立信息化教育合作平台。应对第三次工业革命，粤港澳既应继续强化高信息化发展，重视三地学校间互动合作，共同分享各自的教学资源和教学成果，也重视进行网络协作学习，为合作提供新式样和新空间。

第二，设立粤港澳教育合作特区。依据"一国两制"思想和粤港澳教育未来发展要求，设立若干教育特区，允许香港乃至外国高校在遵守国家宪法下，按校本教育模式独立办学，自主管理，包括课程设置、教学语言等，积极探索应对第三次工业革命对教育提出的各种问题，有利于形成互动共荣的发展格局。为此，应制定《粤港澳教育特区条例》，依据合作办学的相关要求实行。

第三，创建粤港澳高校联合创新平台——华南科学院。未来世界是高智能时代、低碳时代、可再生资源工业时代，粤港澳教育应以此为基点，积极推进三地高科技重大项目联合攻关，建立若干合作联盟，挑战高新科技领域，在信息技术下实现全面无边境障碍教育联合发展通道，并实现三地教育与科学、技术、生产形成统一的全覆盖过程。为此，建议粤港澳联合成立组合式"华南科学院"，统筹推进联合科技创新平台。香港空心经济缺乏战略性纵深，难以做大做强，需要广东第一二产业的支持配合；广东不仅第一二产业水平技术层次低，第三产业高科技含量也不高；澳门有全开放优势，但缺乏高科技引导难以形成产业力量，因此通过"华南科学院"促进三地相互合作达到优势互动，以推动创建国际名校和争取高端科技创新。一是"华南科学院"框架下三方投入重资，以股份制方式联合成立国际性高水平实验室、联合成立高端工程技术研发中心、创建高校联合科技创新园区等高科技研发工作；二是在"华南科学院"下统筹各个创新平台中产学研的合作问题，协调产业进入与创新平台、科技开发等相关事宜；三是主持筹划科技创新平台的未来发展等事宜；三是强化高新技术成果的产业转移等；四是在"华南科学院"下定期举办粤港澳地区高校科技学术论坛和研讨会，定期主办高层次国际科技学术会议等。

融市场特殊政策，与港澳协商率先在区内先行先试人民币国际化；按照WTO 关于建立和发展自由贸易区的要求，粤港澳三方通过协商签署自由贸易框架协议和实施细则；中国内地省区的商品货物、资金、技术设备及人员等进出粤港澳区域自由贸易区，当作进出口或出入境对待。

值得一提的是：在 2010 年建立的中国—东盟自由贸易区的阶段发展过程中，按所签署的协定，在第一阶段中国是与东盟的成员国马来西亚、印度尼西亚、菲律宾、泰国、新加坡和柬埔寨 6 个国家先行自由贸易区进行运作活动，而在第二阶段（2020 年前）中国是与东盟的成员国老挝、缅甸、文莱和越南进行自由贸易区的运作，因此，作为有区域特色的粤港澳区域自由贸易区的建立，也要求适应此阶段中国—东盟自由贸易区建设的总体要求，把粤港澳区域自由贸易区的建立和发展，作为中国—东盟建设自由贸易区的重要组成部分加以建设。

（三） 建立粤港澳区域自由贸易区的基本设想

考虑到港澳地区不同的政治、经济和社会制度等，粤港澳区域自由贸易区的建立是在坚持"一国两制"的条件下，新时期继续发展粤港澳经济关系为基本点。按照一个国家内部特有的自由贸易区模式建立，并按照国际上通行的区域自由贸易区的运作方式发展。

1. 粤港澳区域自由贸易区核心点是区域性的贸易安排，因此，国内商品货物贸易关税互减互免；而且这也是中国—东盟自由贸易区建设的重要组成部分。

2. 取消粤港澳区域自由贸易区内各种关税和非关税壁垒，全面促进粤港粤澳服务贸易自由化的发展。

3. 粤港澳区域自由贸易区各主体通过协商，制定和实施区内服务贸易自由化和人民币国际化为先行点的相关政策与措施。

4. 粤港澳区域自由贸易区各主体通过协商，制定和实施区内人员自由流动的相关政策和措施。

5. 粤港澳区域自由贸易区各主体通过协商，制定和实施区内投资、贸易和金融服务等便利化的相关政策和措施。

6. 根据新时期广东、香港和澳门发展的实际，在政策和法律允许的范围内，继续开放广东与香港和澳门在科技、教育、旅游和文化等更宽更广的合作领域。

五 未来粤港澳经贸关系展望

CEPA 实施成效的升级版，必然趋向建立与发展粤港澳区域自由贸易区。粤港澳建立区域自由贸易区是特殊区域一体化的必然。建立粤港澳区域自由贸易区，对于有效整合三地资源，推动区域经济创新发展，提高竞争力，促进区域经济一体化新发展具有重要意义和作用。以建立与发展粤港澳区域自由贸易区为引擎，全面推进粤港澳区域经济一体化发展。众所周知，粤港澳之间的经贸、科技、旅游、教育和文化等领域的交流合作，一直是中国整体紧密联系的重要组成部分，并具有厚实的基础和良好的发展前景。新时期国家提出全面加强和发展港澳关系，有利于促进区域经济共同发展。国家"十二五"规划提出坚定不移贯彻"一国两制""港人治港""澳人治澳"、高度自治的方针。支持香港、澳门充分发挥优势，在国家整体发展中继续发挥重要作用。支持香港发展金融、航运、物流、旅游、专业服务、资讯以及其他高增值服务业，支持澳门建设世界旅游休闲中心，因此，新时期加强广东和香港、澳门交流合作的前景广阔。

第三次工业革命下的粤港澳教育
变革与合作

冯增俊[*]

随着信息化、物联网崛起及数字化生产如 3D 打印产业出现，可再生资源的广泛利用，第三次工业革命快步进入中国最前端的粤港澳大珠三角地区，对未来教育提出新挑战和发展机遇，为此，推进三地教育深层变革及合作具有重大意义。

一 第三次工业革命对粤港澳
教育的新挑战

（一）三次工业革命基本特征

杰里米·里夫金（Jeremy Rifkin）出版的《第三次工业革命——新经济模式如何改变世界》① 受到广泛关注。"第三次工业革命"同托夫勒的"第三次浪潮"以及相应的知识经济等类似概念同义，之所以引起世界关注，关键在其亮点：一是该书强调了工业革命这个具有本质转变的重要概念，指出具体的革命特征，刻画了这一革命的具体方式，如信息工业、互联网产业、再生新能源工业的发展以及新工业革命下的世界意识、管理方式和教育变革；二是他不仅仅指出这种发展模式在发生，更重要是研究了这种经济发展模式是怎样改变世界的。

---

* 冯增俊，博士，中山大学教育现代化研究中心主任，中山大学教育学院教授、博士生导师。

① ［美］杰里米·里夫金：《第三次工业革命——新经济模式如何改变世界》，张体伟、孙豫宁译，中信出版社，2012。

18 世纪 60 年代，英国开始使用蒸汽动力机器并建立起工厂制度，大批技艺精良的工匠技师对生产进行改造，发明了许多新技术新工艺，极大地提高了生产力，从此掀起汹涌的工业革命运动。

表 1　世界三次工业革命特征

第一次工业革命特征	第二次工业革命特征	第三次工业革命特征
18 世纪 60 年代	19 世纪 70 年代	20 世纪 40 年代
1. 首先发生在英国，并以英国为主体。	1. 首先发生在德国。	1. 首先发生在美国。
2. 以轻工业为主导。	2. 电力的广泛应用（西门子：发电机，格拉姆：电动机）。	2. 以高科技为主，产业个性化、分散化、绿色化。
3. 以蒸汽动力为主要标志。	3. 内燃机和新交通工具的创制（卡尔·本茨：内燃机驱动的汽车，莱特兄弟：飞机）。	3. 原子能，信息技术及互联网。
4. 技术发明主要源于工人和技师的实践经验。	4. 新通信手段的发明（贝尔：电话；马可尼：无线电报）。	4. 可再生资源的广泛运用。

资料来源：冯增俊：《第三次工业革命与中国三次教育革命》，《广东教育现代化》2013 年第 3 期。

第三次工业革命推进的速度更快，变革更彻底，更深地改变人类生活。

（二）新产业革命对粤港澳教育的挑战

1. 重新体认未来发展新方向、新目标

首先，第三次工业革命是一次产业的重大变革，如何面对这一重大发展，粤港澳由于政体不同，文化有别，能否同心协力面向未来，是一次重大考验。其次，面对第三次工业革命的迅速兴起，粤港澳能否在中华数千年教育传统下实现跳跃式变革，把握未来教育发展新方向，定位新的合作战略，也面临挑战。再次，第三次工业革命与前两次工业革命有根本的区别，既是技术上的创新，更重要的是人的观念更加开放，在体认第三次工业革命作为一种高信息化下互联网络化地球生活圈，数字化产业和可再生资源的研发和利用的情况下，能否遵循教育发展规律，找到推进地区教育发展总目标的新道路。这些都是一场新革命运动。

2. 重新把握粤港澳教育未来走向道路和方式

第三次工业革命将彻底颠覆传统产业，转变产业发展方向，建立一个绿色物联网主体的高信息化新产业体系，由此要求全面创新教育，粤港澳教育要积极面对产业的全面转型升级，在回应三个方面挑战的同时谋划新的合作：一是教育观念亟待变革，粤港澳传统教育中以读书做官、考取功名（好大学）为核心的教育观根深蒂固，但与新产业发展要求严重对立；二是注重功利及行政集权主导的教育体制，但与第三次工业革命的要求严重相悖；三是坚持统考强化分数作用的选拔型教育不利于创新人才培养，但与第三次工业革命要求相去甚远。

3. 重新建立粤港澳教育发展与合作的新式样新体系

第三次工业革命提出新的教育要求，将挑战三地合作的形式和标准。一是从单纯人员交流转向互联网下的全方位合作，建构多元一体的合作体系；二是从广东向港澳学习到相互借鉴再转向深度合作，在共同探讨未来教育体系上的重大问题，共谋新的未来目标；三是从关注眼前合作互通互补转向关注未来发展下的合作创新，谋划建构未来粤港澳下携手应对未来发展难题，共创新教育。

二 第三次工业革命下粤港澳教育变革的基本特征

第三次工业革命需要一个全新的教育体系，因此必然要推动而且也将迫使粤港澳教育推动新教育发展。

（一）创新发展观念

创立新观念是粤港澳教育新改革的重中之重。三次工业革命在不同国家爆发，正是由于不同的民族观念起了重要作用。杰里米·里夫金在《第三次工业革命——新经济模式如何改变世界》一书中指出："实现第二次工业革命到第三次工业革命的转变，最艰难的部分在于观念的改变而非技术的发展。"[①]

---

① ［美］杰里米·里夫金：《第三次工业革命——新经济模式如何改变世界》，张体伟、孙豫宁译，中信出版社，2012，第139页。

对粤港澳来说，走出重分数、重考试、轻能力的传统教育模式，是面对新工业革命的首要任务。在推进新的思想解放和观念创新中，重点营造 3 种新教育观。

创新教育发展观，重点是创立复兴中国的教育观。一是大力推进特色创新的教育发展观，用创新观念统领，以推动中国复兴的教育革命，复兴 ≠ 复古，复兴是新时代创建新教育的结果，因此，特色创新，走中国特色的创新之路，是中国推进教育革命之魂；二是建立在服务中国下创建世界先进教育的观念，世界一流 ≠ 照搬国外，只有在服务中国下才可能真正有中国特色的教育，是创建中国一流教育之基；三是树立全人发展教育观，分数 ≠ 教育，培养高尚国人，这是中国新教育革命之光。关键是要培养有创新活力、有理想志向、有渊博知识、有国际视野的人才。

（二）全力推进三次教育革命

面对第三次工业革命，粤港澳要力占发展先机，解决目前教育与产业发展错位而导致的紧张和矛盾，不被第三次工业革命所抛弃，就必须对教育痛下变革之力，变改革为革命，积极创新教育体系，从现行的第一次以普及教育为任务的教育革命，转向以服务社会为根本使命的第二次教育革命，再转向以发展智慧教育为重点的第三次教育革命。

面对新的产业发展，粤港澳必须在积极推进教育服务中国发展的基础上，全力推进以下第三次教育革命，主要表现为三大目标。

1. 建立绿色、智慧、可持续的教育

（1）学习与社会需要同步，教育与产业互动，学习与儿童发展互动与创造互动。（2）教育按规律进行，是智慧的成长过程，有人性的，非强迫的。（3）最优化学习。重视网络化学习，建立虚拟新课堂，在网上学校开展最有趣、最高效的学习。

2. 建立信息化、全方位、适合每个人学习需要的教育体制

（1）合作教育。未来教育不可能是占有别人机会的，变淘汰式选拔为合作下的竞争，这种良性竞争才能达到真正合作，自然的合作，和谐的合作。（2）全方位教学法。学习充满在游戏、生活、阅读、创造的过程中。

（3）全协作性学习。网络上教材内容共享，方法共享，共同学习中共同创造，没有网络就没有教学。

3. 建立共生教育

（1）全球化的基础。教育中实现同一个地球，同一个梦想，同一种学习，共同的进步。（2）获得人类的文化财富。分享三大工业革命成果、理念和思想，传递不同的愿景和经验。（3）培养有广阔视野的国际化人才。

三　第三次工业革命视角下粤港澳教育发展现况分析

粤港澳发展情况较为复杂，这里从第三次工业革命视角以简表方式对粤港澳三地的教育发展现况和特征做一个简要的描述。

表 2　粤港澳教育发展现况分析

项目分析	广东	香港	澳门
教育理念	提倡素质教育、重视分数排名	终身学习，全人发展	多元化教育
教育制度	六三三四制	六三三四制	六三三四制下的多元学制
普及教育	1. 普及 9 年义务教育走向普及 12 年教育 2. 2007 学年高校入学率28%	1. 2008 年施行普及 12 年免费义务教育 2. 2005 学年起高校入学率64%	1. 包括幼儿教育的 15 年义务教育 2. 2008 学年高校入学率60%
教育结构	1. 普通教育与职业教育分立为两个系统 2. 公立为主，民办教育为辅	1. 除少量职业学校外，主要实行综合性高中，高校分设不同类型 2. 公私立学校互动，私办公助为主	1. 政府和社团创办 3 所职业中学，其余为普通中学 2. 私立公助为主，公办为辅
高教与产业	1. 教育配合经济发展 2. 重点扩大规模，增加入学率 3. 按国家要求分层重点发展 4. 学术综合 3/10，人文社科 3/10，科技研发及应用 4/10 5. 面对产业：第一产业 3/10，第二产业 3/10，第三产业 4/10（中等科技研发为主）	1. 教育引导经济发展 2. 重点强化与产业适切性，突出高端发展 3. 按市场要求，突出第三产业发展 4. 学术综合 2/10、人文博雅 2/10、科技研发及应用 6/10 5. 面对产业：第一产业 1/10，第二产业 3/10，第三产业 6/10（科技信息高端为主）	1. 教育适应经济发展 2. 重点扩大规模 3. 按市场主导，实用型发展为主 4. 学术综合 1/5，人文博雅 2/5，科技研发及应用 2/5 5. 面对产业：第一产业 1/10，第二产业 3/10，第三产业 6/10（博彩旅游）

续表

项目分析	广东	香港	澳门
教育特色	1. 教育规模大 2. 政府强力推进教育发展,教育整体规模发展较快 3. 有很强的选拔机制 4. 建立起系统的教育体系,高等教育发展较快 5. 实行重点与非重点大学及学科的分层管理	1. 教育与产业结合紧密,市场机制和服务功能突出 2. 普及教育水平较高 3. 外语教育水平较高,教育国际化水平高 4. 教育投入较高 5. 形成分类高校分层与产业互动机制,使人才脱颖而出,形成特色大学	1. 民众关注教育度高,全开放性 2. 普及15年教育,水平高 3. 高教发展迅速 4. 教育国际化及多元化发展
教育问题	1. 教育整体水平不高 2. 高等教育发展水平尚需提高 3. 职业技术教育科学体系尚未建立,产业层次较低 4. 中小学应试教育现象严重 5. 教育均衡发展欠缺	1. 受国际评估指标影响较大 2. 中小学中英学校及分班造成较大问题 3. 高校生源受人口下降影响,大学提升也受到相应制约	1. 各级教育质量有待提升 2. 办学体制较为传统 3. 教师教职制度亟须建立 4. 职教整体水平较低,缺乏高端技术人才
国际比较 (主要问题)	1. 开放性较低,国际化需要加强 2. 教育与产业发展应更紧密联系 3. 应试教育严重,高考改革势在必行 4. 学术与技术教育对立,职业技术教育水平尚需提高 5. 普及教育水平较低,特别是大学教育普及率低 6. 城乡教育差距过大,尚需重视协调发展	1. 中小学双语教育问题多,需要创新 2. 国际著名学科专业较少,缺乏特色著名学科,难以形成国际龙头专业 3. 缺乏面对国际的高等教育评估体系,较多地依据他地大学排行榜评判本地教育 4. 大学缺乏优秀生源带来的问题日益明显 5. 目前未普及幼稚园教育	1. 教育质量较低 2. 高等教育参差不齐,缺乏特色著名学科 3. 职业技术教育层次较低,难以产生主导高端科技发展的基本作用 4. 师资水平亟须提高 5. 缺乏较为正规的教育评估体系

　　说明:面对产业及学术分类比例主要依据相关大学主要专业在校生数量分析得出,并非准确计算,特此说明,仅供参考。

四　粤港澳教育应对第三次工业革命的合作策略

　　基于三地实际,为实现以上第三次教育革命目标,除了坚持加强三地自主特色发展力度外,还应加强三地互动合作,实现教育资源共享,大力推进"立足本地,放眼国际,全面合作,资源共享,互补互助,共同发展，以三地教育共荣化、国际化、优质化发展为目标，促进区域教育与产业经济的良性互动，在构建区域教育高地进程中实现'大珠三角优质生活圈'"的战略合作设想。① 这既符合第三次工业革命下粤港澳新教育发展精神，也是迅速推进教育有效变革和发展，促使大珠三角地区产业的转型升级的重要举措。

（一）建立教育智库，共创互动平台

为应对第三次工业革命的崭新未来，粤港澳应当重视加强教育高层交往，建立教育智库机制，成立相关教育交流互动机构，建立常规性互动交流平台，共同探讨中国推进第三次教育革命的问题，找到具有各自特色又有互动发展的教育发展道路。如全面加强教育信息化发展，营造巨型网络教育大平台，开展课程合作和开放，实现课程优质化，占据科技前沿等。

首先，政府应成立工作小组，专司粤港澳教育发展与合作工作。如广东可由省政府牵头成立"粤港澳教育发展与合作领导小组"，挂靠省教育厅（港澳办），下设"粤港澳教育发展与合作研究中心"，挂靠中山大学教育学院（国际与比较教育研究所），负责联络三地及起草规划等研究工作及相关事务，如可定期举办三地行政首长联席会议制度，协调粤港澳教育合作重大事宜；定期主办教育高峰论坛，使之成为行政长官、部门首长、校长及专家学者、企业家研讨及推动教育合作的平台；出版三地教育发展与合作刊物，成立信息资料中心、教育科研联盟、网站等机构，促进三地教育在变革中加强合作，在合作中促进发展。

其次，制定共同合作规划，共谋三地教育发展。为达教育发展共识，实现第三次工业革命下粤港澳教育发展目标，三地应当对未来教育发展和合作有共同规划，使粤港澳教育合作与发展在未来发展的顶层设计下具有明确的发展目标、措施、保障等，既能兼顾国家和三地情况，集思广益，又能考虑三方利益和未来走向，突出其全局性、战略性、长远性和地区适切性。在总体规划下，按规划分步分阶段推行，增强合作的前瞻性及可操作性。

再次，制定政策，提升教育合作水平。粤港澳教育合作成败之关键，取决于目前的三地相关教育政策。为了给粤港澳教育发展与合作有明确的

---

① 广东省课题组：《粤港澳教育交流与合作调研报告》，国务院港澳办，2010。

此外，还可成立重于解决中国现代化中重大课题的"南中国人文社科联合研究院"，支持三地开展创意文化产业和研讨南中国新文化、新伦理，倡导东方色彩的现代多元文化发展等。

（三）推进教育特色化、终身化，建立信息化教育交流机制

应对未来最重要的合作是全面推进教育信息化，利用新技术手段，推进分散学习，实现任何人在任何地方都可以使用任何手段获得所需要的任何知识。

第一，利用信息化手段，集三地优质教育资源，创建三地有特色的高技术人才资源库，化解粤港澳高技术人才荒现象。例如网络协作下实现职业技术教育合作，成立"粤港澳职业教育合作委员会"，实现三地协调互动发展。特别是推动三地大专以上层次职业技术教育的合作与发展，提高在能源、海洋、热带农业、汽车制造、工程、电子信息方面的合作力度，加大开拓新工种和新职业。

第二，推进网上引智创业工作，拓宽引进港澳专家渠道。利用信息化手段，推动三地人才交流工作，如制定三地智力引进共享计划，推动三地相关材料共享；同时建立三地引智信息库、项目库和成果库，制定相关制度并进行规范管理，如引进目标、标准和原则、引进方式、重点学科领域、相关资源的联络和配置、引进人才的优惠政策等。

第三，强化粤港澳终身教育合作，实现教育交流长效机制。开设网上开放大学和教育联合公司，开发各种优质课程，为不同专业不同层次人才提供多样化的课程。同时，建立定期的各种三地网络教育交流机制，如举办以网络视频为主体的教育论坛，专论当前教育中的重大论题。一是沟通对教育改革的最新看法，促进三地教育政策交流，特别是直接交流与合作的政策探讨，提高沟通效率；二是探讨三地不同教育项目的合作形式，论坛也有助于发挥政府职能部门、民间团体、大众传媒等社会各界对重大决策问题的互动和共鸣；三是论坛有利于探讨三地办学模式以及人才培养问题，共享教育科研成果，寻求中国大学推进创业教育，实施人才标准为核心的教育改革等。

粤港澳合作提升大珠三角城市群综合竞争力

毛艳华*

一 前言

进入 21 世纪，城市群在全球经济中的功能、地位和作用的发挥受到越来越多的关注，同时，城市群也是一个国家的经济综合实力在空间形式上的集中体现，是一个国家参与国际分工和国际竞争的能力标志。例如，美国东北部的"波士华"城市群集中了美国全国 20% 的人口和全国 GDP 的 24%，是美国的政治、经济和文化中心，而国际城市纽约依托这一城市群的综合竞争实力，不仅成为美国最大的城市，而且成为世界最大的城市和最重要的国际金融中心，并位居国际经济中心城市之首。目前，全球城市群以美国东北部的"波士华"城市群、英国城市群和日本东海岸城市群最为典型。改革开放以来，尤其是香港和澳门相继回归祖国后，港澳与珠江三角洲地区在经济领域、城市建设、居民生活等各方面迅速而广泛地融合，极大地推动了大珠三角群体的发展。

近年来，打造"更具综合竞争力的世界级城市群"这一大珠三角城市群的发展目标，已被列入国家"十二五"规划、《珠三角规划纲要》及粤港合作框架协议和粤澳合作框架协议。在国家"十二五"规划中，对粤港澳合作提出了非常高的要求，要求打造更具综合竞争力的世界级城市群。2008 年底，国务院批准实施《珠江三角洲地区改革发展规划纲要（2008～2020 年）》（以下简称《规划纲要》），明确提出"将与港澳紧密合作的相

---

* 毛艳华，中山大学自贸区综合研究院副院长、教授、博士生导师。

关内容纳入规划",要求"共同打造亚太地区最具活力和国际竞争力的城市群",把粤港澳合作上升为国家发展战略。2010 年签署的《粤港合作框架协议》和《粤澳合作框架协议》,提出粤港澳携手打造亚太地区最具活力和国际竞争力的城市群,率先形成最具发展空间和增长潜力的世界级新经济区域,并力争在"十二五"期间大珠江三角洲世界级城市群的格局基本形成。

本文拟就大珠三角城市群发展中存在的主要问题开展深入剖析,并提出提升珠三角城市群综合竞争力的对策建议。

二　大珠三角城市群发展中存在的主要问题

大珠三角城市群具有世界级城市群的发展特征和发展优势。但是,与世界级城市群相比,大珠三角城市群发展过程中也面临以下五个方面的突出问题。

1. 核心城市香港与主要全球城市相比尚有差距

香港作为大珠三角城市群的核心城市,与纽约、伦敦和东京等全球性城市尚存在一定差距。首先,香港的土地面积和人口数量明显偏小。香港的总面积才 1104 平方公里,全境近 80% 不宜开发,土地价格昂贵,营运成本过高,降低了香港在国际市场的竞争力;香港总人口仅 710 万,属于微型经济市场。其次,从国际城市的经济功能来看,香港与东京、纽约和伦敦等相比较尚存在一定差距。最后,从全球生产的管理和控制功能来看,香港没有形成对全球经济控制力与影响力,生产者服务业主要局限在珠江三角洲地区,国际化的服务功能还比较薄弱。另外,就城市文化影响力方面,香港也要比上述国际城市小。因此,维持和不断提升香港的国际竞争力是大珠三角城市群发展需要解决的首要问题。

2. 粤港澳三地分属不同关税区的局限性

在大珠三角城市群范围内,香港、澳门和珠江三角洲地区拥有不同的关税制度以及经济制度和政治制度。因此,大珠三角城市群由属于不同关税区与不同政治和经济制度的城市区域构成,这与世界级城市群的形成机制存在很大差异。改革开放以来,虽然港澳与珠江三角洲地区的产业分工不断深化，但是，受不同经济制度和社会制度的影响，港澳与珠三角各城市之间的要素跨境流动受到很大的限制，跨境产业分工与协调依赖于地方政府的合作行为。尽管 2004 年实施的 CEPA 协议大大地促进了跨境贸易投资便利化，促进了要素、商品和服务的跨境流动。① 但是，跨境的贸易投资活动仍然受到现有经贸与管理体系的限制。因此，大珠三角城市群内，香港、澳门与珠江三角洲其他城市的融合程度与城市群的内涵要求还存在很大的差距。

3. 行政区经济制约了区域一体化市场的形成

除粤港澳三地的市场分割外，珠江三角洲地区各城市之间也因行政区经济对区域一体化市场的形成造成了很大的限制。改革开放以来，珠江三角洲地区快速实现了以工业化为主体的经济腾飞，成为全球重要的制造业基地。由于以行政区划为特征的经济形态缺乏市场导向的区域产业分工合作，珠江三角洲地区各城市的产业结构趋同化。例如，根据 2007 年的数据，在大珠三角城市群，深圳与惠州的制造业同构系数高达 0.91，佛山与中山高达 0.90，深圳与东莞也高达 0.89。② 近年来，虽然区域内部行政区划界限有所淡化，但区域内各级政府行政关系复杂，给城市之间的协调带来了很多掣肘因素。尤其是行政壁垒对经济一体化的运作存在很强的负面影响，各城市在资源利用、生产要素配置、产业布局上都存在各自为政、恶性竞争的不良局面，严重制约了区域一体化市场的形成和大珠三角城市群综合竞争力的提升。

4. 区域性基础设施网络难以实现互联互通

基础设施一体化和网络化是城市群分工合作和要素流动的根本保障。长期以来，基础设施合作是粤港澳三地合作的重点内容，促进了港澳与珠江三角洲地区经济交流与产业合作。自 2008 年《珠三角规划纲要》实施以来，三地跨境交通建设进展顺利，包括港珠澳大桥、深港东部通道、广深沿江高速、广珠西线三期等通联港澳的四大新增通道均已全部动工。但是，港澳与内地的通关与口岸管理水平还难以适应大珠三角城市群跨境的

---

① 毛艳华：《CEPA 与香港经济结构转型研究》，《中国软科学》2004 年第 6 期。
② 王珺、郭惠武：《珠三角地区城市间的产业分工与一体化发展研究》，《2009 广东省情调查报告》，2009 年 7 月 30 日。

人流、物流和要素流动的巨大需要。在珠江三角洲地区，基础设施建设一体化还面临着行政管理体制障碍突出、综合性基础设施规划缺乏和促进基础设施共建共享的政策与机制缺乏等问题。这些问题导致各类区域性基础设施网络难以互联互通，制约了区域基础设施一体化的发展。

5. 资源环境问题对城市群持续发展的约束日趋凸显

大珠三角城市群作为中国经济最发达的区域，在改革开放以来的大规模工业化进程中，环境污染问题突出、资源环境约束凸显，环境污染特征正在发生重要转变，区域性、复合型、压缩型环境问题日益凸显。[①] 例如，珠江三角洲城市生活污水处理率仅达到 55.9%，工业污水和生活污水大量排放导致部分城市江段和河涌污染严重，给排水格局缺乏统筹，区域内跨界水体污染问题突出。区域的水污染和大气污染问题单靠各个城市、各个部门自身的力量已经难以有效解决，已成为制约大珠三角城市群协调、有序、持续发展的重要因素。长期以来，区域城市化和工业化发展侵占大量生态用地，城乡绿色空间破碎化严重，生态系统结构单一，区域生态安全体系亟待维护，面临着严峻的城市可持续发展问题。

三 提升大珠三角城市群综合竞争力的主要策略

围绕"十二五"期间确定的大珠三角世界级城市群建设目标，应加快制定各项策略措施，在"一国两制"框架下落实《粤港合作框架协议》和《粤澳合作框架协议》，粤港澳携手打造亚太地区最具活力和综合竞争力的城市群，率先形成最具发展空间和增长潜力的世界级新经济区域。

1. 完善国家主导的粤港澳区域合作协调机制

城市群需要由官方或非官方性质的组织机构来推动区域经济社会协调发展。例如，在英国城市群中，大伦敦议会和伦敦规划咨询委员会，前者作为官方组织机构，行使伦敦大都会区的行政管理职责；后者作为非官方的咨询机构，对大都会的发展问题进行长期跟踪研究，编制诸如交通、住

---

① 广东省人民政府：《珠江三角洲环境保护一体化规划》（2009～2020 年），粤府办〔2010〕42 号。

房和就业等的规划报告。在大珠三角城市群中，香港和澳门相继回归祖国后，粤港合作联席会议和粤澳合作联席会议作为官方性质的协调机制，在推动大珠三角区域产业分工、基础设施合作和贸易便利化合作等各个领域发挥了积极的作用。但是，由于香港和澳门是独立关税区，实行与内地不同的经济和社会制度。因此，粤港澳仍面临着缺乏深度合作，区域功能布局亟待进一步优化，尤其是经济社会管理和城市管理制度等差异，已成为当前三地深度融合的最大障碍，导致三地在较多领域仍侧重自身利益，缺乏从大珠三角城市群的整体、国家全局出发的观念。因此，大珠三角城市群的区域合作应由国家层面主导，在"一国两制"框架下科学设计区域合作协调新机制。在组织机构方面，应在粤港合作联席会议和粤澳合作联席会议的基础上，建立国家层面的部际联席会议制度，增加各部门的沟通协调，解决粤港澳跨界合作面临的障碍，促进大珠三角城市群协调发展。

2. 加快建立 CEPA 框架下的一体化区域大市场

粤港澳合作共建大珠三角世界级城市群是"一国两制"的创新实践。要建立世界级城市群，就必须突破各种流通障碍，建立大珠三角区域一体化的大市场，为要素自由流动提供便利，推进区域经济一体化进程。当前，应在 CEPA 框架下加大体制创新和先行先试力度，进一步扩大对香港和澳门开放市场，抓住跨境基建、信息网络等关键环节和金融、科技、教育、文化、卫生、旅游等重点领域率先突破，构建粤港澳无障碍产业转移和要素流通的现代流通经济圈，加快世界级城市群的市场功能培育，推动城市群一体化大市场的形成。同时，要加快大珠三角城市群一体化大市场的基础设施建设和市场主体培育。通过整合粤港澳地区全球最大的外向型港口群，打造城市群高水平的国际航运物流中心；充分发挥粤港澳地区密集度高的机场群的作用，打造大珠三角城市群超级航空物流港；组建大型物流企业集团，构筑跨境、跨行政区的社会化物流体系和平台，为大珠三角城市群形成国际先进产业基地提供配套服务。

3. 明晰大珠三角城市群中各城市的功能定位

城市群的竞争力来源于各城市的区域分工协作，而这种分工协作的城市功能定位又是区域产业分工合作的基础。城市群应拥有核心城市，可以是单一核心城市，或者是双核心或多核心组成，但它必定是一个城市分工体系，由不同等级的城市构成。① 从理论视角分析，大珠三角城市群龙头不够明晰与衡量城市等级的指标有关。如何衡量城市等级，按照世界级城市群的普遍共识，主要看经济影响力，核心是百业之首的金融业影响力。② 比如，纽约成为世界顶级城市依靠的是强大的银行体系和证券交易所，而城市人口、GDP 或土地面积等指标都不占优势。在大珠三角城市群中，香港毫无疑问是核心城市。香港拥有完整的金融市场体系，是全球第四大的银行中心、第五大的外汇市场、第六大证券市场和第十二大的股票市场。③ 由于地理位置的特殊性，香港、伦敦、纽约三地的金融市场可以实行 24 小时连续作业。因此，香港在全球金融体系中占有极重要的位置。广州、深圳和澳门则处于第二层级，是城市群中的次级城市，是一个区域性中心城市。最后，珠海、东莞、佛山、惠州、中山、江门、肇庆等城市则处于第三层级。进一步明晰了大珠三角城市群的城市分工体系，就必须遵循城市间协作的客观规律，必须突破传统的行政区划束缚，突破历史上形成的障碍，理清分工顺序，各展所长，紧密协作，构筑具有世界一流竞争力的城市群。

4. 促进大珠三角城市群的产业分工合作

产业分工合作是城市群竞争力的根本体现和必然要求。大珠三角城市群的一个重要优势就是区内既有香港这样以国际经济、金融、贸易和航运中心为发展目标的城市，又有澳门这样以博彩旅游业为主的国际中等城市，还有广州这样产业门类齐全的国内特大中心城市，以及深圳这样以高新技术产业为特色的现代化城市，同时，还有一系列各具特色的工业城市或基地，相互之间在产业上有很大的互补和合作空间。建设大珠三角世界级城市群，需要根据各城市的资源禀赋特征，深化产业分工合作，实现优势互补，培育具备国际竞争力的产业群落。当前，在 CEPA 框架下推动率先基本实现粤港澳服务贸易自由化过程中，香港应抓住内地金融业发展、改革的机遇，巩固作为全球主要国际金融中心的地位。澳门应在增进区域分工合作中加快建设具有鲜明特色的国际旅游休闲中心。而珠江三角洲各

---

① 姚士谋、朱英明、陈振光：《中国城市群》，中国科学技术出版社，2001。
② 胡兆量：《香港——珠三角城市群的龙头》，《城市问题》2004 年第 2 期。
③ 冯邦彦、常伟伟：《大珠三角城市群空间层级关系实证研究》，《经济前沿》2008 年第 1 期。

城市，应抓住粤港澳服务贸易自由化的制度安排，加强与香港、澳门特区政府沟通衔接，重点推动金融服务、商贸服务、专业服务、社会公共服务、科技文化等领域合作，加快产业转型升级，逐步发展成为亚太地区的制造业中心和现代服务业中心。

5. 完善大珠三角城市群的基础设施网络

自《珠江三角洲地区改革发展规划纲要（2008～2020年）》全面实施以来，跨界基础设施规划建设成为粤港澳合作的首位任务，三方通过紧密商讨，已编制了《粤港澳基础设施建设合作专项规划》。但是，从世界级城市群的发展经验来看，高效率的跨境基础设施网络，不仅仅依赖于跨境基建资金投入的问题，而且更依赖于设施建成启用后的跨境车辆的班次、衔接和协调，各方服务管理和标准的一体化，连同在城市规划、交通网络、信息网络、能源基础网络、城市供水等方面的对接融合。因此，粤港澳三地需要不断探索和创新跨境基础设施建设、管理和运营模式。目前，"港珠澳大桥"的开工建设有利于形成大珠三角城市群的"黄金三角区"环状交通网络和经济发展网络，在此基础上再向外围的粤东、粤西和粤北进行放射状延伸和拓展，拓宽大珠三角城市群的发展腹地。

6. 加强大珠三角城市群的环境治理和生态保护

城市群应寻求经济发展与环境保护共赢的发展模式，把生态文明建设摆上十分突出的战略位置，走可持续发展之路。当前，加强大珠三角城市群的环境治理和生态保护，应加快实施"粤港澳共建优质生活圈专项规划""环珠江口宜居湾区建设重点行动计划"和"建设湾区跨界绿道规划"等，致力提高大珠三角城市群的环保、生态和宜居的水平。由于城市群各城市的经济发展不平衡导致环境目标差异，各城市交界地区环境功能也不相同，而且环境保护涉及跨行政区和跨部门的联合协作。因此，需要创新城市群区域环境治理和生态保护的体制机制，尽快完善政府层面的协调机制、市场层面的激励与补偿机制以及社会层面的动员参与机制，通过体制机制创新加快推进大珠三角城市群的环境保护一体化。

粤港澳高校优质师资共享机制探究

焦　磊[*]

粤港澳之间具有相互比邻的区位优势、文化同源、语言同系，且粤港澳经济一体化进程不断向纵深推进，这为三地的深度合作奠定了基础。高等教育作为知识与技术创新的源泉，其对经济社会的发展具有的重要意义不言而喻。因而，粤港澳高等教育合作成为三地政府及学术界的关注点。不少研究者提出构建粤港澳高等教育"共同体"或实现粤港澳高等教育一体化的宏大设想。然而构建粤港澳高等教育共同体需要具体的、可操作性举措，以便从实践层面推进粤港澳高等教育一体化的进程。《泛珠三角区域合作框架协议》中明确提出"建立泛珠三角区域人才交流与培训信息交换、人才智力供求信息发布及区域内专家资源交流共享机制，加强区域内人才交流与合作。"① 这一倡议具有前瞻性，但仍需学界在实践操作层面进行研究和论证。近年来，高校优质师资共享愈发引起学界的重视，尤其是在区域高等教育合作日趋紧密、频繁的当下。因此，形成粤港澳高校优质师资共享的机制具有重要的理论与现实意义。追根溯源，粤港澳高等教育具有教师流动及交流的历史。伴随着粤港澳高等教育的发展，三地高等教育已趋稳定且形成了自身的特色与优势。那么在粤港澳经济一体化发展的新境况下，三地优质师资共享的现状如何呢？粤港澳高校师资共享的障碍有哪些？理清上述问题是构建粤港澳高校优质师资共享机制的前提。

---

* 焦磊，华南理工大学高等教育研究所讲师。
① 广东省人民政府：《关于推进泛珠三角区域合作与发展有关问题的意见》，http://www.gd.gov.cn/govpub/zfwj/zfxxgk/gfxwj/yf/200809/t20080916_67106.htm。

一 粤港澳高校教师交流的历史回溯

回溯粤港澳高等教育发展的历史可以发现，在港澳主权回归之前三地之间即存在师资交流或流动的情形。

1. 澳门高等教育发展之初师资"借力"港粤

澳门近代高等教育肇始于 1981 年兴办的澳门东亚大学，其是澳门第一所本土意义上的高等教育机构。澳门东亚大学是私立性质的高等院校，由香港 3 位博士筹建。3 位创办人最初计划在香港设立一所私立高等院校，但当时的港英政府不允许私人兴办可以授予学位的教育，这一计划便搁浅。后黄景强博士（创办人之一）了解到澳葡政府有意"拨地搞一些有意义的工程"，3 位创办人利用这一时机向澳葡政府递交了一份建设工业园的"一揽子"计划，其中即包括兴办一所高等教育机构。[1] 由于自 1762 年澳门圣保禄学院关停之后[2]，澳门高等教育处于长时段的"空白期"。澳葡政府对这一计划很感兴趣，并鼓励优先办高等学府。从某种意义上讲，私立东亚大学最终落户澳门纯属机缘巧合。在东亚大学筹备期间，招揽师资便成为大学筹建的一个重要事项。在短时间内招募优秀的师资绝非易事，创办人利用自己在香港大学的人脉，通过延聘港大退休教员，聘任兼职教员等形式在较短时间内为东亚大学延揽了一批优秀的师资。1984 年，东亚大学校长还与中山大学签署了教师交流协议，与华南师范大学和深圳大学签署了学术合作和合资经营协议。华南师范大学为澳门提供在职教师培训，其教师每年会多次往返于澳门授课。过渡期，为培养本地化的公务员及提升公务员的素质，中山大学于 1994 年为澳门公务员提供培训、进修课程。

2. 香港高校积极拓展与粤师资互动

香港高等教育发展初期即与粤开展了学术交流活动。由于香港大学建立之初以英籍教师为主，且以英文为教学语言，因此其与粤的学术交流相

---

① Bernard Mellor: The University of East Asia: Origin and Outlook, UEA Press Ltd. Hong Kong, 1988: 1.

② 李向玉：《汉学家的摇篮：澳门圣保禄学院研究》，中华书局，2006，第 42~48 页。

对较少。香港中文大学则与中国内地 9 所知名高校签订了学术交流的协议，中山大学就在其列。1984 年成立的香港城市大学亦先后与中山大学、暨南大学签订了学术交流协议。① 如香港高校接收暨南大学、华南理工大学教师赴港进修或攻读博士学位。

3. 粤凭借其高等教育基础在师资交流中发挥主动角色

相较于港澳两地，广东高等教育发展较早。其在粤港澳高等教育互动中占据主动。粤港澳利用各自优势联合开办了成人教育项目。如暨南大学、中山大学、华南理工大学、华南师范大学、广州体育学院、深圳大学等与港澳高校合作提供函授、短期培训、课程班等形式的学历与非学历教育。广东高校除与港澳高校利用各自师资优势联合办学外，还互派优秀教师讲学。如暨南大学派遣学术名望较高的专家、学者赴澳门地区高等院校讲学；华南理工大学的物理、外语及体育类教师赴澳门大学任教，并聘请香港几所高校的校长任名誉教授；中山大学亦聘请香港高等院校的优秀教师为名誉教授、客座教授和客座顾问，他们定期赴中大工作、短期讲学等。②

二　新境况下粤港澳高校优质师资共享的理论及现实基础

师资共享并非高等教育中的新生现象，其之所以在当下凸显是与高等教育发展的新境况密不可分的。师资共享的理论与现实基础彰显了其必要性。

1. 区域高等教育联盟的建制化

全球化语境下，高等教育竞争的加剧催生了高等教育联盟的产生。区域高等教育联盟主要有两种模式：一是跨境区域高等教育联盟，如欧洲高等教育区（European Higher Education Area）；二是一国境内的区域高等教育联盟，如我国长三角高校合作联盟、重庆市大学联盟等。国内外区域高等教育联盟实践的探索使区域高等教育联盟逐渐由实践层面上升到理论层面。区

---

① 雷强等：《香港高等教育》，广东高等教育出版社，1988，第 94～96 页。
② 陈昌贵、谢练高：《走进国际化：中外教育交流与合作研究》，广东教育出版社，2010，第 569～570 页。

域高等教育联盟的本意是成员间的优势资源共享，以实现优势互补及高等教育质量的持续提升。毋庸置疑，联盟内高校间的师资水平及专长不可能彼此一致，那么优质师资共享便是区域高等教育联盟内协作的核心要素之一。

2. 人力资源共享理论的支撑

人力资源共享理论可以通过人力资本理论和资源共享理论两个维度来理解。首先，人力资本理论已证实了高等教育的效用。① 西奥多·W. 舒尔茨（Thodore W. Schults）认为教育是一种创造资本的方法。正"所谓大学者，非谓有大楼之谓也，有大师之谓也。"因此，在区域高等教育联盟内师资无疑是最重要的人力资源，一则优质师资是稀缺性资源，二则优质师资可以创造人力资本。其次，资源可以共享。资源的共享一方面可以规避资源不足的牵制，另一方面可以防止资源的浪费。既然优质师资是关键性人力资源，其同样可以实现共享。但是，优质师资的共享主要是为了规避优质资源的不足。粤港澳高校优质师资共享的实质是互利性共享。

3. 珠三角"经济圈"与"高等教育圈"的协同效应

粤港澳经济合作在深度与广度上的持续推进已使珠三角"经济圈"基本成型。经济社会的可持续发展及竞争力的持续提升需要高等教育的协同跟进。缺少高等教育的"辅佐"与引领，经济社会的发展潜力及后劲将受到限制。当前，粤港澳高等教育共同体的构建仍是一个理念或愿景，需要更多的实践举措加以推动。因此，粤港澳高等教育圈还远未形成。与珠三角相对照的长三角地区已就专家库建设，专家、大型仪器设备共享，研究生合作培养等形成若干框架协议。②借鉴长三角经济圈的发展经验，长三角高等教育圈已初具雏形，长三角高校联盟便是例证。粤港澳师资共享机制的构建是形塑"粤港澳高等教育圈"的方略与重要内容之一。

4. 优质师资的稀缺性与学术交流的"自发性"

如上所述，师资是高等院校人力资源的核心构件，正如金耀基先生所

---

① 夏丽萍：《高等教育资源配置研究》，四川大学出版社，2007，第33页。
② 赵渊：《长三角高等教育协作：路径矫正及动力机制建构》，《中国高教研究》2013年第2期。

言:"任何大学,无论其如何伟大,皆无法罗致天下一流学人于一校。"[1] 那么优质师资自然属于稀缺性资源,也是高校间的竞争性资源。此外,高等教育中以学术为志业的人员天然具有学术交流的愿望。因为学者的学术共享是获致学术认可的重要途径。如同加斯顿(Jerry Gaston)所言:对学者个体而言,学术共同体基于个体对知识的贡献所给予的认可和荣誉比金钱更重要。[2] 有鉴于此,学术认可可以成为激励优质师资共享其知识、技术的驱力。在优质师资稀缺性与学术交流自发性两个要素的共同作用下,优质师资共享是可行的,问题的关键在于如何形成一个有效的优质教师资源整合机制。

三 粤港澳高校师资的优劣势分析

1. 香港优质师资较充足,但师资具有外部依赖性

众所周知,澳门、香港高等教育国际化程度较高,尤其是香港。由于香港继承了英国的高等教育模式,其高等教育发展具有较高的起点。回归后,香港在英式高等教育模式的基础上注重吸纳欧美等国家的高等教育发展经验,如引进美国的社区学院,引进四年制本科教育,从而实现了高等教育在继承基础上的超越。优质的师资是香港高等教育享誉世界的一个关键要素。回顾香港高等教育的历史可知,香港第一所高等院校——香港大学的师资几乎全部由英籍教师担任[3],这为香港高等教育质量提供了保障。在后续的发展中,香港的师资不再仅限于英国教员,香港高校注重从全球范围内招揽一流的师资。国际化都市的形象、优厚的待遇等是香港吸引优秀师资的根本保证。依香港的面积而论,香港是一个小型地区,加之其对优秀教师的重视,香港在师资方面具有外部依赖性。

---

① 金耀基:《大学的世界精神》,载蔡元培等《大学精神》,吉林出版集团有限责任公司,2012,第171页。

② Jerry Gaston: *The Reward System in British and American Science*, A Wiley-Interscience Publication, 1978: 2.

③ 方骏、熊贤君:《香港教育史》,湖南人民出版社,2010,第212页。

2. 澳门本地优质师资相对较少，师资的外部依赖性尤甚

对于微型社会的澳门而言，其自身师资不足的现象较为明显，尤其是优秀师资。加之，澳门高等教育发展起步较晚，非本地师资一直以来是澳门高校师资的重要来源，尤其是内地师资。据最新的统计资料显示，非本地教师占澳门教师总数约为 34.3%。[1] 澳门高等教育发展之初，香港师资对澳门高等教育的发展可谓功不可没。后续发展中，广东高校为澳门的师资培训做出了贡献。澳门现有 10 所高等院校，但其整体质量及声誉仅能用"平平"两字来形容，无一所高校跻身世界大学排行之列。近年来，随着澳门特区政府对高等教育的愈发重视，师资水平将成为决定澳门高等教育质量的关键因素。由此可见，澳门对优质师资具有强烈的需求。此外，由于葡萄牙文字仍是澳门的官方语言，澳门具有葡语师资的优势，而葡语又是进入葡萄牙国家共同体的工具，因此，澳门可以为周边国家或地区提供葡语培训、课程等。

3. 广东高校师资充足，但达至国际化水准的师资仍是"小众"

改革开放以来，广东高等教育获得了较快的发展。师资队伍方面，教师数量不断扩充（见图 1），教师队伍中高级职称及博士学位拥有者亦有所增长。广东高校专任教师中具有高级职称的教师比例为 40.7%，高于全国 39.43% 的平均水平。[2] 然而，从"211"高校的数量来看，广东高等教育的整体实力与其经济实力是不相匹配的。且就优质师资的数量与水平而言，广东与临近的香港地区仍存在不小差距。在高等教育国际化、质量保障俨然称为一场全球性运动的语境下，广东高等教育质量的提升需优质师资的支撑。广东省人口规模较大，高等教育发展历史较早，曾为香港、澳门提供过师资。广东可以利用自身优势为香港、澳门提供优质的普通话及粤语师资。

综合上述分析，粤港澳高校之间具有师资交流的历史基础，且有共享优质师资的现实需求。三地相较，香港的优质师资，尤其是国际化师资较

---

[1] 澳门高等教育辅助办公室：《2012～2013 年度澳门高等教育指标报告》，http://www.gaes.gov.mo/big5/education/pdf/Report2012－2013.pdf。

[2] 董泽芳、黄裕钊：《广东省高等教育区域化发展现状研究》，《中国地质大学学报》（社会科学版）2005 年第 1 期。

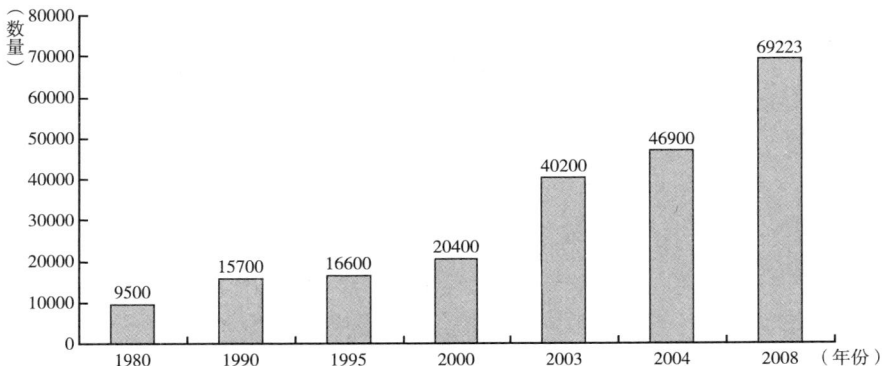

图 1　广东高校专任教师数量变化

数据来源：《广东统计年鉴 2005》《中国教育统计年鉴 2009》。

多，但同时需要引进优秀的粤语师资；广东需要补充具备国际化水准的优秀师资，同时能提供一些优秀的粤语及普通话师资；澳门对非本地优秀师资的需求更甚，凭借其自身的优势，澳门能提供一些优质的旅游专业师资、葡语教师等。因此，三地若能构建相应的优质师资共享机制，则将有助于粤港澳高校师资力量的优势互补，有助于各自高等教育质量的提升，从而为粤港澳经济共同体提供智力支持。

四　粤港澳高校师资交流的现状及障碍

既然粤港澳高校之间教师有学术交流的历史基础，香港、澳门回归后，澳门大学横琴校区的设立，香港大学深圳校区、香港中文大学深圳分校、香港专业进修学院佛山分校、香港理工大学东莞分校等的筹建，表明粤港澳高等教育领域的合作内容及层次不断深化。那么香港、澳门回归后三地师资交流的状况如何呢？以下将借助香港中文大学、澳门大学和暨南大学作为案例加以分析。

知识的跨国界性是高等院校学术交流的基石。香港中文大学历来重视与其他高校的交流与合作。在师资共享方面，其与内地高校的合作项目包括教职员互访及联合研究计划等。香港中文大学与中山大学、暨南大学、华南理工大学、华南师范大学、汕头大学、深圳大学、南方医科大学、广州医学院及澳门大学建立了合作关系。香港中文大学于 2008

年与中山大学签订了"2+2"联合培养工程学院本科生的协议,即前两年在中山大学学习,后两年在香港中文大学学习。香港中文大学还联合国内其他高校在深圳提供北京大学金融学—香港中文大学经济学理学硕士课程、高级管理人员物流和供应链管理硕士课程。此外,香港中文大学还以国家重点实验室、教育部重点实验室、教育部人文社会科学重点研究基地、联合实验室或研究所的形式与中山大学、暨南大学、北京大学深圳研究生院、汕头大学、清华大学深圳研究生院、华南理工大学、华南师范大学联合建立了合作项目。学生交流计划、联合培养本科生与研究生、联合共建实验室及研究所是粤港优质师资共享的重要举措。

澳门回归后,高等教育实现"跨越式"发展,澳门大学的发展尤为明显。澳门大学与香港、广东的学术交流更趋频繁。广东外语外贸大学、广东工业大学、暨南大学、深圳大学、中山大学、香港科技大学、香港中文大学、香港教育学院、香港公开大学、香港大学、香港岭南大学皆与澳门大学建有学术合作关系。其师资共享的形式主要涵盖学生交流、教授互访、合作科研、联合举办学术会议等。

暨南大学是一所华侨学府,在"面向海外、面向港澳台"的办学方针指引下与香港、澳门高校建有广泛的合作关系。2007年之前与其建立合作伙伴关系的港澳高校包括香港中文大学、香港理工大学、岭南大学亚太研究中心、香港专业进修学院、澳门城市大学、澳门业余教育中心等。其后,暨南大学先后与香港理工大学、香港中文大学、澳门理工学院签订了校际交流合作协议。召开学术会议是学者学术分享的重要途径,暨南大学通过组织学术研讨会的形式邀请、吸引港澳学者参与。暨南大学先后与香港中文大学、香港科技大学、香港大学、香港理工大学共建联合实验室,开展合作研究。此外,暨南大学还通过"引智"的形式与香港、澳门高校实现优质师资共享,如聘请香港中文大学、澳门理工学院的知名学者任客座教授,邀请香港科技大学、香港中文大学、香港理工大学、香港大学学者来校短期讲学。除"引进来"之外,暨南大学每年资助人员赴港澳参加学术会议、进行合作交流、考察访问、短期讲学、培训学习等。

诚然,近年来粤港澳高等教育协作取得了一些新的突破,然而粤港澳高等院校间师资共享仍存在相关制度不健全、师资共享协调组织机构缺失、共享途径有待拓展等障碍，粤港澳高校师资共享机制构建的关键在于如何将三地高校间"松散的"师资交流转变为"建制化"的师资共享。

五 粤港澳优质师资共享机制的构建

所谓"机制"泛指一个系统的组织或部分之间相互作用的过程和方式。粤港澳优质师资共享机制的构建是一项系统工程，涉及相关组织机构职能的发挥及其相互之间的协同作用。如图 2 所示，粤港澳高校优质师资共享需三地政府部门、高校间以联盟形式设立的师资共享协作组织及高校的协同作用，各司其职，从而构建一个持久发挥效用的共享机制。

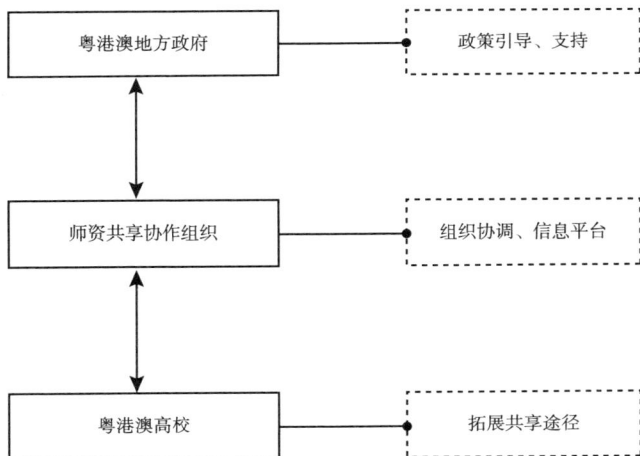

图 2　粤港澳师资共享机制

（一）粤港澳地方政府通过政策引导提供支持

粤港澳优质师资共享机制的形成需要三地政府的促动及联动。当前制约粤港澳高等教育共同体形成的一个重要因素是制度方面的障碍。同理，要实现粤港澳优质师资的共享需三地政府对高等教育协作必要性的充分认识。借鉴"欧洲高等教育区"的相关经验，其成型是各国政府积极参与博洛尼亚进程的结果，同时，各成员国及时制定、调整本国的高等教育政策以实现成员国间高等教育资源的共享。如欧洲高等教育区将着力提高学生、学者和管理人员的流动性作为 2010～2020 年的优先发展事项①，究其实际目的是优质教育资源的共享。欧洲高等教育区虽为跨国高等教育联盟，然而其发展过程及具体举措对粤港澳形成区域高等教育联盟具有镜鉴作用。粤港澳三地优质师资的共享亦需要政府政策的鼓励与引导，如牵头高校之间的合作，签署交流协议、备忘录等；中国政府可给予粤港澳高校更多自主权开展合作办项目以及合作办学校，简化审批程序等。

（二）设立粤港澳优质师资共享联盟组织，发挥组织协调平台的主导作用

要切实推动粤港澳高校优质师资的共享，设立一个集所有意在实现优质师资互补性共享的利益相关者于一体的组织机构尤为关键。因为高校间师资共享需要一个平台，否则高校间的师资交流将会受到局限。

一般而言，联盟组织是利益相关者的组合，成员之间具有共同的愿景。通过上述分析可知，粤港澳高校间具有优质师资共享的现实需求，可由校长作为发起人建立一个师资共享的联盟组织。联盟组织最初要发挥两个作用：第一，协调联盟间的合作，吸纳更多高校成员参与。联盟组织的协调有利于突破高校间师资共享的壁垒，并能扩展高校间师资共享的广度，如先前只是两所高校之间达成了师资共享的协议，加入联盟组织后，在联盟组织的中介及协调下，两校之间的协作可以扩展为数所高校间的行为。第二，联盟组织发挥信息平台的作用。联盟组织通过开办自己的网站将粤港澳优质师资的信息发布到网站上，便于成员根据自己的需求信息寻找共享资源。这将使三地之间师资的共享更加高效。此外，借鉴"慕课"（Massive Open Online Courses，MOOCs）的运作模式，粤港澳成员高校可以将其优质师资的教学资源共享到联盟组织的网站上，允许成员高校的学生选修、分享。

（三）粤港澳高校的主体性参与

高等院校既是师资共享的提供者，亦是师资共享的受益者。因此，粤港澳高校是优质师资共享机制的主体。三地高等院校在优质师资共享的过

---

① European Commission. The Bologna Process-Towards the European Higher Education Area，http：//ec. europa. eu/education/higher－education/bologna_ en. htm.

程中应充分发挥自身的主动性,一方面要重视优质师资的"走出去",为联盟成员提供优质教师资源,增强吸引力;另一方面要强调优质师资的"引进来",引入本校水平不足或缺乏的师资,提高竞争力。粤港澳高校间师资共享需注意两个方面的问题:首先,高校要选择合适类型、层次的院校进行师资共享。一般来讲,高等院校倾向于与同类型、同层次的院校进行师资共享,这种情况多见于"双向式师资共享",即院校之间师资的互相共享。当然优质师资的共享绝非仅限于同类型、同层次院校之间,如理工类院校亦可引入综合性院校的师资,一般院校可引入知名高校的师资,此种情形多见于"单向式师资共享"。其次,粤港澳高校之间应在协作组织的平台作用下拓展师资共享的途径,包括签订师资交流协议、召开学术会议、联合共建实验室(联合科研)、"引智"(引进联盟成员的专家)、"输智"(鼓励本校专家赴外校讲学)、联合培养学生、教师互聘、远程教学资源共享等多种形式。

粤港澳自贸区的框架设计及其难点

冯邦彦*

一 "粤港澳自由贸易区"提出的背景

1. 国务院正式批准设立上海自由贸易区后引发连锁效应

2013年，国务院正式批准设立中国（上海）自由贸易试验区，范围涵盖上海市外高桥保税区、外高桥保税物流园区、洋山保税港区和上海浦东机场综合保税区等4个海关特殊监管区域，总面积达28.78平方公里。一般分析，上海自贸区的建设，是要作为加入TPP①后首个对外开放窗口，以探索我国对外开放的新路径和新模式，打造中国经济"升级版"。李克强总理指出："第一，经济全球化大调整目前看来是绕不过去的，中国不可能置身事外；第二，唯有用开放来倒逼改革，改革中存在巨大的发展红利；第三，这一轮开放不是单纯地招商引资，而是改革投资体制，要找一个地区来先行先试，这个地区应该是有条件、能试得好、不会闯祸、有经验并且有影响力的地方。"

国务院常务会议在通过上海自贸区方案时明确表示，要"形成可复制、可推广的经验"。其后，全国各地掀起了一股"自贸区"热浪，加入

---

* 冯邦彦，暨南大学经济学院教授、博士生导师。
① TPP，即跨太平洋伙伴关系协定（Trans-Pacific Partnership Agreement），是由亚太经合组织成员国中的新西兰、新加坡、智利和文莱等4国发起，从2002年开始酝酿的一组多边关系的自由贸易协定（Free Trade Agreement，FTA），原名"亚太自由贸易区"（Free Trade Area of the Asia – Pacific，FTAAP），旨在促进亚太地区的贸易自由化。

申报自贸区战团的城市包括天津、重庆、福建厦门、浙江舟山。国务院批准设立上海自由贸易试验区，令广东的南沙、前海、横琴 3 大国家级新区的压力骤然上升。

2. 在 CEPA 先行先试制度下，广东将于 2014 年基本实现粤港澳服务贸易自由化

2008 年 5 月，商务部、港澳办以及广东省政府向国务院办公厅提出《关于服务业港澳开放在广东先行先试的政策建议》，获得批准。在 CEPA 补充协议中，中央批准广东在开放教育、医疗、环保、旅游等 13 个领域先行先试。其中，CEPA 补充协议允许香港银行在广东开设的分行可在广东省内设立"异地支行"，被认为是重大的政策突破。

2013 年，中央人民政府和香港特区政府签署《内地与香港关于建立更紧密经贸关系的安排》，广东再获 15 项先行先试，主要集中在金融、法律、检测认证、通信等服务贸易领域。新增 15 项优惠政策在广东先行先试，开放程度和空间之大为历年之最，反映了国家支持广东进一步加快服务贸易开放步伐、探索率先基本实现粤港澳服务贸易自由化的工作力度更大。按照广东省政府提出的目标，到 2014 年要率先基本实现粤港澳服务贸易自由化。新增的 15 项优惠政策为粤港澳服务贸易自由化再添政策优势，也为广东筹建自贸区打下基础。

3. 广东在外贸面临诸多挑战和压力的背景下，粤港服务贸易的快速增长成为不容忽视的亮点

近年来，广东省服务贸易保持较快增长，进出口规模不断扩大，年增长幅度均高于同期全省货物贸易，贸易结构逐步优化。据统计，2012 年全省服务贸易进出口总额为 1064.76 亿美元，首次突破千亿美元大关，同比增长 20.32%。全省服务外包（含在岸和离岸）合同额和执行额分别由 2009 年的 20.4 亿美元和 16 亿美元增加到 2012 年的 81.1 亿美元和 52.2 亿美元，年均分别增长 58% 和 48%。2012 年全省服务外包离岸合同额 55.46 亿美元，增长 47.32%；离岸执行额 40.0 亿美元，增长 42.91%。2013 年上半年，广东对香港服务贸易进出口达 507.93 亿美元，同比增长 70.9%。

4. 横琴、前海、南沙正成为粤港澳自由贸易的重要平台

作为"特区中的特区"以及全国唯一的粤港澳紧密合作示范区，横琴在推进粤港澳服务贸易自由化方面扮演重要角色。随着横琴各项创新政策的相继落实，其建设自贸区的条件也日渐完善，为未来正式建设自贸区打下良好的基础。其中，分线管理被视为横琴未来建设自贸区最大的优势之一，2013 年以来，对横琴分线管理的具体实施方案如出入境检验检疫监管管理办法、实施方案以及海关对横琴新区监管办法都已正式出台。横琴新区管委会主任牛敬就表示，横琴是一个天然的自贸区形态。

根据国务院批复的《前海深港现代服务业合作区总体发展规划》，前海定位为"粤港现代服务业创新合作示范区"，主要承担现代服务业体制机制创新区、现代服务业发展集聚区、香港与内地紧密合作先导区、珠三角地区产业升级引领区等 4 个方面的功能，重点发展金融业、现代物流业、信息服务业、科技服务和其他专业服务等 4 大产业领域。前海金融综合改革的核心内容，就是要推动资本项下的人民币可兑换，实现与香港资本市场的对接和错位发展，探索人民币国际化的新路径。为此，国务院已批复支持前海开发开放的 22 项先行先试具体政策，包括允许探索拓宽境外人民币资金回流渠道，支持前海的银行机构发放境外项目人民币贷款；支持在前海注册、符合条件的企业和金融机构在国务院批准的额度范围内在香港发行人民币债券，支持设立前海股权投资母基金等。

南沙粤港澳自由贸易园区工作正在进行申报工作。南沙自由贸易试验区选址规划面积为 24.52 平方公里，包括龙穴岛南部、北部和南沙湾 3 个区域。按照设想，南沙新区自贸区将以"对港澳开放"和"全面合作"为方向，在投资准入政策、货物贸易便利化措施、扩大服务业开放等方面先行先试，在外汇、税收和海关 3 方面寻求政策突破，在监管范围内进行放宽外汇管理、实现区港一体化运作、构筑进口贸易基地等便利化环境方面的尝试，在与贸易相关的金融业务方面，逐步实现融资租赁、期货保税交割、保税仓单质押融资等"单项突破"。南沙自由贸易区将建成与港澳经济高度融合，服务贸易基本实现自由化，国际投资自由便利，国际贸易创新功能突出，监管模式灵活有效，营商环境与港澳基本接轨，行政与法制独具特色的粤港澳全面合作示范区。

二　粤港澳自由贸易区的基本框架设计

其实，早在 2008 年，广东省委、省政府已提出类似自贸区的设想，当时叫做"粤港澳特别合作区"。后来，因为条件尚未成熟，落实内容较为空泛的"构建粤港澳紧密合作区"。上海自贸区获批后，广东迅速行动。2013 年 8 月 28 日，广东省长朱小丹表示，南沙、前海、横琴都是列入国家发展战略层面"十二五"规划之中，是粤港澳合作的 3 个最重要的平台，广东省政府已计划向国务院申报，南沙、前海、横琴将申请设立国家自由贸易区①，定位为"粤港澳自由贸易区"。其基本框架是：

1. "粤港澳自由贸易区"的范畴

根据方案，广东版自贸区的定位将锁定粤港澳合作，范畴涵盖横琴、前海、南沙及白云空港区域。当前，横琴、前海、南沙三大平台都已经上升至国家战略层面，既有的政策优势明显。其中，横琴新区定位为拥有"比经济特区更加特殊的优惠政策"的"粤港澳紧密合作示范区"，前海获批为"前海深港现代服务业合作区"，南沙则定位为"粤港澳全面合作示范区"。无论是从地域面积还是功能定位，这三地虽各有特点，但都有面向港澳、有金融领域开放试点以及推行政府改革等共同特征。三地面积相加已远超上海已经确定为自贸区的 28.78 平方公里，其中南沙新区面积为 803 平方公里，横琴新区为 106.46 平方公里，前海深港现代服务业合作区则有 15 平方公里。

将横琴、前海、南沙作为粤港澳合作之间 3 个重要平台，统一申报可以增强广东自贸区的竞争力。三地联建自贸区最关键的是能起到示范效应，在自由贸易条件之下，3 个新区在新的管理体制之下，可以更加自由更加开放的姿态吸引境外资金、资源、人才进入，从而推动 3 个新区的建设、促进珠三角产业转型升级并辐射带动其他区域的发展。

---

① 自由贸易区（Free Trade Area）有广义和狭义之分：广义的自由贸易区是指两个或两个以上的国家或地区或单独关税区组成的区内取消关税和其他非关税限制，区外实行保护贸易的特殊经济区域或经济集团。如北美自由贸易区（包括美国、加拿大、墨西哥）、东盟自由贸易区（包括东盟 10 国）等。狭义的自由贸易区，是指一个国家或单独关税区内设立的用栅栏隔离、置于海关管辖之外的特殊经济区域，区内允许外国船舶自由进出，外国货物免税进口，取消对进口货物的配额管制，是自由港的进一步延伸，如德国汉堡自由贸易区。

2. "粤港澳自由贸易区" 的内涵

广东省省长朱小丹表示,粤港澳自由贸易区与上海自由贸易区定位不同。上海是国际性多边贸易区,而粤港澳自贸区是在"一国两制"条件下的区域性自贸区,主要是发挥香港国际金融中心特性及优势,推动服务贸易自由化,让香港高端服务业获得新的空间和平台;同时利用香港优势,带动珠三角,乃至整个华南的经济结构战略性调整,带动其经济增长以及竞争力的提升。最终实现贸易自由化、投资便利化、商品贸易自由化,在金融创新合作及内地管理体制方面与香港接轨。

建设"粤港澳自由贸易区"的基本前提是,粤港澳要实现人流、物流、资金流、信息流的双向自由流动。这需要清理限制性政策,建立起统一、协调的政策框架和实施机制,推进市场经济体制建设。重点消除困扰三地之间的货物贸易关税和非关税壁垒,取消服务贸易自由化、人口流动和就业方面的排斥性措施。据了解,广东自由贸易区方案的重点将不会仅停留在货物贸易自由化上,也将考虑服务贸易自由化以及与之配套的行政管理体制和审批制度的改革,以凸显广东毗邻港澳的特色。

3. "粤港澳自由贸易区" 内各组成部分的分工

"粤港澳自由贸易区"建设,要从一开始强调分工,以互补为准线,发挥各自优势。

前海因空间太小,产业选择有突出的轻型化倾向,主要发展金融业、现代物流业、信息和科技服务,以及一些专业服务、公共服务,其中重点是金融。前海背靠金融中心香港,可以专门做金融,发展保险投资、创业投资,进行人民币自由兑换试点。

横琴主要是在服务贸易自由化方面。横琴立足区位优势和澳门协同发展,一方面对接澳门的优势资源以延伸发展新的产业,协助澳门实现经济发展的适度多元化,如联手发展旅游休闲业、商务会展产业、中医药产业等;另一方面也要发挥珠海自身的资源、政策优势,发展一些高端科技产业。港珠澳大桥建成后,粤港澳联系更紧密,贸易往来会加强,人民币、港币、美元流通都可以利用横琴这个融资的平台。此外,横琴可以发展拉动内需的产业,把港澳一些优势尤其是一些进口的产业汇聚起来,拓展内销市场。比如跟消费行业有关的服务业,根据内地消费者的需要，做一些化妆品、奢侈品、红酒等进口行业的试验，试验成功的话，再向内地其他城市推广，等产业发展到一定阶段再进行转型升级。

南沙主要着眼于货物贸易自由化方面。南沙面积比较大，既是制造业试验中心，也是现代服务业试验中心，具有综合优势。目前，在南沙新区粤港澳合作以及综合配套改革的大框架下，除试点自由贸易区之外，"离境免税"计划也在推进中。根据《南沙新区发展规划》，南沙新区将大力发展保税商品展示，研究设立免税商品购物区，增强国际商业服务功能。未来，在南沙自由贸易区范围内，企业和个人可以享受优惠政策，包括货币自由兑换、贸易货物长时间储存、个人离境购物免税以及离岛免税等。南沙自由贸易区"离境免税"政策应该更加彻底，这就意味着，境外旅客在南沙自由贸易区内购买包括服装、化妆品、电器、家具、奢侈品、汽车等二十几大类200多种退税物品，可享受"离境退税"政策。这意味着境内外游客在南沙新区的消费成本将大大降低，这对珠三角和内地的购物人群的吸金效应不可估量。

据了解，广州白云空港也被纳入广东版自贸区草案之广州中。广州是重要的航空枢纽，将白云空港纳入自贸区可以为广东的申报加分。广州空港经济区总面积约439平方公里，定位为全球综合航空枢纽，亚洲物流集散中心之一，是中国重要的临空经济中心、航空经济示范区，华南地区重要的发展引擎和增长极。

当然，三地产业发展也有共性的一面，比如在商品的销售购买，由于海外市场很大，综合市场很大，自贸区构成了一个很大的双向平台，三地之间并不构成竞争的关系，而是共同把市场做大的关系，这样自贸区更有优势吸引境外资金的进入。

4. "粤港澳自由贸易区"的效应

香港大珠三角商务委员会主席冯国经在一个论坛表示，广东省发展自由贸易区应包括粤港澳3个地区，这相当重要，下一步区域合作应朝这个角度出发。他认为，粤港澳合作的自贸区可发展成为具竞争力、且达世界水准的贸易区。在粤港合作联席会议第十六次会议上，广东省省长朱小丹对于"粤港澳自贸区"的筹建，以"机遇可见，前景可期，大有可为"来形容。香港特首梁振英则以"积极参与""共同谋划""互惠互利"回应香港在自贸区中的角色，梁振英表示，香港在内地各省市中，有不可取代的优势，因为香港的国际化程度最高，内地进一步开放是大势所趋，相信自贸区的建立，可以达至互惠互利。

广东把横琴、前海、南沙连成一线，与香港、澳门共同来发展粤港澳自贸区，加上港珠澳大桥落成通车，将解决过往珠三角东西部发展不平衡的态势，并带动粤西地区、内地西南部省分的经济发展，同时可以连通东南亚，与"中国—东盟自由贸易区"接轨，与上海自由贸易区一起形成我国对外开放的全新格局。这样将形成贸易创造效应、市场扩张效应、促进竞争效应，从而大大加快粤港澳经济一体化的进程，形成世界级的经济共同体。

三　筹建"粤港澳自贸区"的几个难点

不过，广东筹建"粤港澳自贸区"，在功能定位、制度安排、体制改革等方面仍然存在不少难点或关键问题，有待进一步深入研究：

1. "粤港澳自贸区"的功能定位

广东筹建自贸区面对的首要问题，就是功能定位问题。显然，广东尚缺乏上海那样的基础和条件，发展面向全球的国际性多边自贸区。广东的特色是毗邻香港、澳门，与港澳之间建立了紧密的经贸关系。广东筹建自贸区，必须以港澳因素作为前提，把港澳被证明行之有效的自由贸易的理念和制度推广到广东。事实上，近年来，国家将广东的横琴、前海、南沙3个区域提升为国家级新区，已经为广东筹建面向港澳的自贸区提供了基础。因此，广东的自贸区只能是与香港、澳门加强合作的双边自贸区，定名为"粤港澳自贸区"。

这一功能定位带来的第一个问题是，自贸区的筹建，包括制度安排等，必须有香港、澳门方面的参与，而非广东方面的单边行为。虽然，目前香港特首梁振英已经表态参与，但从香港社会看反应并不积极。正如有评论者所指出，回归以来粤港澳合作一直是说得多做得少，彼此之间的互信仍有待加深。从目前情况看，对粤港澳自贸区，香港社会更多的还是观望，并带有一些担忧，担忧自贸区建成后好处都被广东拿走了。因此，广东筹建自贸区的关键之一，是如何调动港澳的积极性，使他们认识到参与自贸区将分到应得的红利。可以说，粤港澳自贸区的建设，必须充分考虑到港澳方面的因素，必须充分发挥香港优势，突出香港在国际经济中的地位，以带动珠三角发展。

此外，这一功能定位带来的另一个问题是，如何处理好对港澳开放和向全球开放的问题。或者说，粤港澳自贸区怎样才能做到立足港澳，同时面向全球？我们认为，广东若能把横琴、前海、南沙连成一线，推动香港、澳门共同发展粤港澳自贸区，并重点面向东南亚、欧盟及葡语国家发展，这将形成我国对外开放的全新格局。这样，粤港澳自贸区的战略地位将大大提升。

2. 粤港澳自贸区的制度安排

自 2003 年以来，以广东为主要开放区域，内地与港澳建立了更紧密的经贸关系安排（CEPA）。2008 年以后，广东获中央批准实行 CEPA 先行先试，按照"先易后难，逐步推进"的原则，以正面清单的形式加快对港澳的开放，并取得了一定的成效。然而，上海自贸区的制度安排，是引入跨太平洋伙伴关系协定（TPP）的"准入前国民待遇＋负面清单"的国际惯例。上海自贸区的一大亮点就是实行负面清单的管理模式，只要是在这份清单之外的内容，不管是什么性质的资本都可投资。因此，广东筹建自贸区面对的另一问题，就是到底是继续推进 CEPA 先行先试的既有安排，还是放弃国家已有的制度安排，推倒重来，转而采取上海自贸区的做法？或者说，两者之间将如何衔接？

我们认为，可行的做法是 CEPA 作为港澳与内地开放的全国性制度安排继续推进，而广东筹建的粤港澳自贸区则在 CEPA 先行先试的框架下，以"升级版"的形式转为"准入前国民待遇＋负面清单"的制度安排。与上海自贸区包括上千项的负面清单相比，广东横琴、前海、南沙三大国家级新区几乎是从零开始，可以实施更开放的负面清单，这是广东自贸区的优势。然而，接下来的另一困难是，横琴、前海、南沙各自的区位优势、资源禀赋均不相同，将实行差异化分工，形成三大平台各具特色的自由贸易区域。相应地，自贸区的负面清单的针对上述 3 个地区的分别 3 张还是统一的一张？

有分析人士指出，三大平台以及粤港澳 3 方共同筹划一个区域性的自由贸易区建设存在不少难度：一方面，广东、香港、澳门涉及三地，不少地方规则和政策需要协调，也存在较多法律细节上的突破；另一方面，包括广东三大战略平台在内，各类政策和利益的协调难度也非常大。处理不好，有可能拖累自贸区筹划的建设。

3. 粤港澳自贸区的体制机制改革

这一轮从上海掀起的自贸区热潮，其主旨是以开放倒逼改革，建立一套与国际接轨的、新的制度体系，实现对投资、贸易等领域更高效的管理。从上海自贸区的制度安排来看，很多是对原有制度的彻底改革，诸如创新准入制度，进行负面清单管理，取消了原先对外资进入的审批制度；取消原先的前端监管，建立以事中、事后监管为重点的综合监管新体制。其中，负面清单管理实际上涉及自贸区内划清政府与市场边界的制度性、体制性改革。这些体制机制改革，赋予企业机构更大的发展空间，将激发市场更大的活力和创造力，也将使各类资源更加便利地流动组合，释放出更强劲的经济发展动能。

改革开放以来，广东市场经济的发育程度一直在全国领先。但是，从近年横琴等地开发的实践看，部分地方政府实际上并没有能够抛弃旧思维，没有能够通过体制改革让市场发挥"决定性"作用。十八大三中全会的《决定》以及粤港澳自贸区的创建，无疑将推动广东新一轮市场经济制度的建设。因此，粤港澳自贸区筹建的一个关键，就是能否在体制机制改革方面比上海走得更快、更远，包括在投资营商环境方面能否营造出国际化的营商环境；在服务业的行业准入、市场建设、管理服务等方面能否与国际接轨；在政府职能转变方面取得突破性进展等。这些问题不解决，所谓"自贸区"建设实际上就是一句空话。

4. 粤港澳自贸区中资本项目可兑换问题

无论是上海自贸区，还是粤港澳自贸区，其中一个关键就是是否能够实现资本项目可兑换。据了解，目前上海自贸区金融改革细则还未最终发布，但对于自贸区资本项目开放的问题在业界基本达成较为一致的共识，即在风险可控的前提下进行资本项目可兑换。客观而言，资本项目可兑换对自贸区发展，有着现实的需要。当然，资本项目可兑换的改革不是一个可独立进行的改革项目，其牵一发而动全身，牵涉金融改革众多领域。中国人民银行行长周小川曾表示，国际经验表明，资本项目可兑换后，仍然可以从宏观审慎角度对可疑资金、外债、短期资本流动等进行管理，从而有效防范跨境资本流动可能带来的风险。

从粤港澳自贸区来看，其中一个重要内容就是要推动人民币国际化进程，支持香港人民币离岸业务中心的发展，带动广东珠三角地区金融业总体水平和国际竞争力的提高。因此，资本项目可兑换的政策安排是其中的重要环节。事实上，香港和深圳之间已有大量的通道能让资本顺利出境，资本项目开放只是在制度上给予这种资本的跨境流动的一种追认，给一个合法性。当然，资本项目开放涉及很多相关改革的同步进行，如资本项目可兑换与其他金融改革的时序问题非常重要，包括国内的利率市场化改革等，它是决定风险可控的最重要问题。另外，如何同步建立相对独立的金融立法、司法、执法体系，探索以法律为基础、以实体经济稳定发展为准绳的金融监管和风险控制系统等，也是奠定自贸区资本市场繁荣发展和国际化的基础。这些方面都是粤港澳自贸区筹建中面对的难题。

建设粤港澳自由贸易区基本思路研究

杨　英[*]

粤港澳城市群合作的基本定向是：在目前粤港澳经济合作相互融合水平不断提高的基础上，促进粤港澳城市群经济的高度一体化，以切实有效提升粤港澳城市群在国内外经济体系中的竞争力水平。粤港澳城市群经济的高度一体化必须以努力促进粤港澳城市群内各城市之间经济运行机制的高度对接（杨英张、守哲 2012）及经济要素在粤港澳城市群内（包括与国际市场高度对接）高度进行相向自由流动为基本前提。自由贸易区作为突破贸易保护，促进国际贸易及国际合作的枢纽型区域，对于促进成员之间生产要素、产品、服务的跨地区合理自由流动具有重大的促进作用。在当前经济全球化和区域经济一体化背景下，积极调整粤港澳城市群合作平台的一个重要的发展思路，便是建设粤港澳自由贸易区。

一　自由贸易区的基本概念、发展现状及基本趋向

1. 自由贸易区概念的界定

自由贸易区是一个具有多层面及多向度的综合性概念。说其是一个具有"多层面"的概念，是因为自由贸易区无论在理论上，还是在实践上，均具两个层面的含义及相应的建设思路：一是指利用世界贸易组织把建立自由贸易区视为最惠国待遇原则的例外，允许各成员国在其领土之间建立自由贸易区的条款（任寿根，2002），着眼于促进与特定的国家或区域发

---

* 杨英，暨南大学经济学院投资经济学教研室主任、教授。

展贸易及经济合作，两个或两个以上的相对独立的经济体通过双边或多边协议，降低以至取消贸易壁垒所形成的区域性贸易集团。二是指为促进对外贸易与经济合作的发展，在国境内划出的一个空间，实施相关降低以至取消贸易壁垒等促使经济与贸易自由化的政策的特殊区域（Free Trade Zone）。为表述上的清晰化及方便化，本文拟将前者称为自由贸易区域，后者称为自由贸易园区。所谓自由贸易区的"多向度"性则具体表现为，一是允许自由贸易区域呈多重发展的状态，即一个国家可以同时分别与多个国家或地区建立不同水平的自由贸易区域，以促使经济与贸易自由化。如中国先后与东盟、智利、巴基斯坦、新西兰和新加坡签署 FTA 协议，分别与其建立不同性质的自由贸易区域（谢锐、赖明勇，2009）；中国大陆也通过分别与港澳及台湾签署 CEPA 和 ATFA 协议，建立自由贸易区域。二是各自由贸易园区因设立园区的国家的具体情况及意图的差别，呈不同的形态及功能，如有呈商业及贸易功能的保税区及对外贸易区、呈综合经济功能的自由港、呈工业功能的出口加工区和呈科技及其创新功能的科学产业园等。

2. 自由贸易区的基本现状

自由贸易区是世界经济体系运动和发展的产物。世界经济涌起全球化浪潮的同时，也催生了各国为了保护国内的产业、经济少受外来因素的冲击而纷纷筑起了贸易保护主义的藩篱。这使得对外开放、发展对外贸易及国际合作与贸易保护的矛盾构成了制约当今各国经济发展的一大主要障碍。自由贸易园区在海关管理上具"不设防"的特点，使其具有为相互设限的各国提供了有效的相互进行沟通的渠道和机会；而自由贸易区域又具设区成员国相互降低以至取消贸易障碍的机制，因而都具有有效促进国际贸易与合作的功能。为化解开放、合作与贸易保护这对制约发展的矛盾，全球各地不断涌起了兴建自由贸易区及推进世界经济区域一体化的浪潮。因此，全球不断地涌起了为数众多的包括自由贸易园区和自由贸易区域在内的自由贸易区（杨英，2002）。至 20 世纪 80 年代后期，全球的自由贸易园区已发展起近 1000 个。此后，自由贸易园区又有了更进一步的发展，至今全世界 135 个国家约建有 3500 个自由贸易园区。就连美国等发达经济体，也都特别重视自由贸易园区和自由贸易区域的建设（张娟，2013）。发达国家中，美国自由贸易园区的迅速增长具有典型意义。20 世纪 60 年代末 70 年代初，美国为提升在全球经济中的地位和加快对外贸易发展，各州纷纷设立对外贸易区，到 1994 年底，对外贸易区进一步增至 199 个，对外贸易分区 285 个，总数达 484 个（夏善晨，2013）。虽然美国的外贸环境在不断优化，但到 2010 年底，尚存的对外贸易区还有 385 个，其中主区 132 个，分区 263 个，还是全球拥有自由贸易区最多的国家（张娟，2013）。美国自由贸易园区的发展对提升其国家经济实力和国际竞争力的作用巨大，对中国有很强的借鉴意义（张建平，2013）。与此同时，自由贸易区域也在迅猛地发展。有关资料显示，截至 2012 年 7 月底，全世界签署 FTA 的数量（包括关税同盟）已经达到 221 件。其中，2000 年后尤以年均 10 件以上的数量增加（倪月菊，2013）。按照 WTO 公布的资料，目前 90% 以上的 WTO 成员加入了一个或一个以上的区域自由贸易协定，没有加入任何区域经济合作组织的国家和地区则属例外情况（张鸿，2009），参与国的 FTA 覆盖率因此而不断提高。

3. 自由贸易区发展的基本趋向

世界经济全球化与贸易保护的矛盾将会长期存在。世界贸易组织因多哈回合谈判屡次失败，特别是 2008 年受国际金融危机爆发的冲击，国际贸易摩擦愈发频繁、贸易保护主义更加盛行，各国纷纷在世界贸易组织框架下寻求建立一种更加高效的自由贸易体制（杨枝煌，2012）。在此国际环境下，自由贸易区自然会和世界贸易组织一样，成为各国发展对外贸易与国际合作的极为重要的战略途径；自由贸易园区和自由贸易区域将得以齐头并进的发展；自由贸易区的发展将会随着世界经济形势变动而进一步发展并呈现出新的发展趋向。

自由贸易区域可以在区域层次上实现突破，逐步促成双边或多边框架下实现自由贸易。其具体表现：一是洲际化。如 2011 年世界所签署的 11 个 FTA 中，便有 8 个具洲际属性。如跨太平洋伙伴关系协定的成员国包括澳大利亚、文莱、智利、马来西亚、新西兰、秘鲁、新加坡、美国和越南；日本、墨西哥和加拿大已被邀请参加谈判。二是大国合作为主力。如近年韩国分别与欧盟和美国签署 FTA；欧美成立高水平的工作组专门探讨欧美间缔结 FTA 的可行性；中韩 FTA 谈判已于 2012 年 5 月启动；2011 年 7 月日欧启动 FTA 的谈论对象范围，并于 2012 年 5 月结束；中日韩 3 国于 2012 年 5 月准备好启动 3 国 FTA 谈判（倪月菊，2013）。

自由贸易园区的基本趋势：一是自由贸易园区由单一功能向综合功能转化，即逐步向综合性功能的自由贸易园区发展。二是自由贸易园区的服务功能日益突出，先后出现了从贸易主导、加工主导向服务业开放的趋势，包括物流、金融等行业的开放，进一步推动了服务贸易的自由化。第三，监管手段的多样化，自由贸易区的核心原则是"境内关外"，世界上大多数的自由贸易区在保证"二线管住"的前提下，尽可能减少对一线的干预。海关监管方式也从传统的货物监管转向利用现代信息技术的单证监管和信用监管，例如美国 49% 的对外贸易区取消了海关，采用计算机技术对进出口区以及在区内流动货物进行动态监管。

二　构建粤港澳自由贸易区的现实意义

改革开放 30 多年来，粤港澳城市群充分发挥紧密相连的地缘、人缘优势，以及中央赋予的特殊政策和灵活措施，不断推进粤港澳合作，在有效促进广东经济发展、带动辐射全国的同时，也为保持港澳长期繁荣稳定做出了重要贡献。期间，粤港澳城市群在互补、互促、互利合作中共同发展，已形成了各具特色的发展格局：广东境内众多的城市已成为了世界上重要的制造业基地；香港因现代服务、物流业和金融业发达，依然是世界上极具竞争力的服务业中心；澳门已成为融博彩、会展、休闲度假于一体的有特色的综合性旅游娱乐中心和区域性的商贸服务平台。并且，粤港澳城市群经济合作的新格局也在进行与时俱进的创新与发展（王圣军，2012）。目前，包括港澳在内的大珠江三角洲都市群已发展成为世界上仅次于纽约城市群和东京城市群的第三大城市群。然而，整体上看，粤港澳城市群还需进一步推动区域经济一体化水平，以促使其能够更好地在城市群内部以及在国内外的层面上整合资源，不断提升其在世界经济体系中的地位及整体竞争力。建设作为粤港澳城市群经济重要的合作平台、以贸易自由化为特征的粤港澳自由贸易区，对于粤港澳城市群实现此发展目标，具有重大的意义。

1. 有利于更好地发掘粤港澳发展资源

粤港澳城市群进一步的合作与发展，面临着技术、管理、市场及人力资本等资源的约束。建设粤港澳自由贸易区，可以在当前因国际金融危机冲击下，贸易保护主义不断抬头的国际市场环境中，营造一个良好的有利于产业发展的投资环境，有效地激活粤港澳城市群的要素资源，并高效地吸纳世界上不同地区的要素资源流入本城市群，为粤港澳城市群经济的转型升级及发展，提供充裕且优质的要素资源，也能为粤港澳城市群的企业进入国际市场提供更为便捷的条件。

2. 有助于推动广东产业转型升级

改革开放以来，广东经济得到长足的发展，珠三角地区更被誉为"世界的制造基地"。然而，广东省经过 30 多年的高速发展，已经相当程度地积淀了普遍出现产业层次偏低、土地、环境和劳动力难以为继等严重的粗放发展模式的综合征，珠三角与粤东西北地区发展的不平衡性也制约着广东经济的健康发展。解决这些问题，需要适时调整广东的产业结构及布局，加大第三产业的发展，推动广东的产业结构优化升级。建设粤港澳自由贸易区，可以为粤港澳城市群经济的深度合作构筑高水平的运营平台，为推动广东经济转型升级营造更好的发展环境，促使香港高水平的国际金融、贸易、航运等全球最发达的服务业和澳门高水平的国际著名的休闲、娱乐会展业的发展，能与广东产业构成合理分工及相互促进的产业体系，并推动港澳城市群发达的金融、物流、商贸服务等第三产业服务平台向广东延伸，有效带动粤东西北地区经济发展及全省产业的转型升级。

3. 有助于实现角色转变

受路径依赖的作用，粤港澳城市群经济合作模式还相当程度地体现为：有限要素互补性合作（杨英，2002）及"前店后厂"的基本特征，粤港澳城市群进一步合作存在着各方角色固化的影响和约束。粤港澳自由贸易区的建设，既可以进一步优化港澳作为广东进入国际市场的前沿基地，也使港澳进入内地市场在广东境内有了可资利用的高水平的前沿基地，从而实现由目前单向的"前店后厂"的格局，向广东与港澳互为"前店后厂"的角色的转变，进一步优化粤港澳城市群经济的合作基础。

4. 有助于为全国发展市场经济探索经验

脱胎于计划经济的中国经济，至今还存在着较为浓重的"计划"色彩。粤港澳自由贸易区建设，因为有港澳地区较为成熟的市场经济体制的示范作用及影响，可以通过借鉴及引入国际上被普遍运用的市场惯例，实践并积累自由贸易区建设的相关经验，为探讨中国特色的自由贸易区的创新发展模式提供借鉴。

三　粤港澳自由贸易区设立与建设的基本思路

粤港澳自由贸易区，是为大力推动粤港澳城市群经济更紧密地合作、促使其走向一体化、有效地提升粤港澳整体及各自经济的国际地位和竞争力水平，粤港澳城市群集力建设的以三地经济合作与共同发展平台为主要着力点的自由贸易区。建设粤港澳自由贸易区，必须立足于本地区的区位、体制、粤港澳城市群共同发展的要求等。

1. 粤港澳自由贸易区建设的总体定位

根据粤港澳城市群经济发展要求、经济发展条件及自由贸易区的基本特征，我们认为，粤港澳自由贸易区的设立与建设，应该以构建"多层面及多向度"的综合性自由贸易区体系为基本定向。

所谓"多层面及多向度"的综合性自由贸易区体系，指的是粤港澳自由贸易区的建设，应该包含自由贸易园区和自由贸易区域两个基本层面，而且这两个层面的自由贸易区又是具"多向度"的基本内含。其中，自由贸易园区层面的"多向度"性的主要体现是：粤港澳城市群合力在广东的不同地区因地制宜的布局与建设包括自由港区、保税区、自由贸易试验区、出口加工区和外向型科技产业园等在内的多种类型且体系化的自由贸易园区，通过塑造不同开放程度的贸易"自由化"环境，吸入世界各地的多种要素资源流入，以促进粤港澳城市群经济发展及产业转型升级；而自由贸易区域层面的"多向度"则是指，广东与港澳联手利用自身在改革开放方面的多种优势，对准与国家签订 FTA 的国家和地区，比内地先行一步地推进贸易与投资自由化进程，以促使粤港澳城市群共同发展并为全国不同 FTA 走向深化提供成熟经验。

2. 粤港澳自由贸易园区的发展设想

自国家设立经济特区至今已超过 30 年，广东在建设自由贸易园区方面也已积累了大量的经验。利用广东毗邻港澳台的区位优势、与港澳台合作互补性强及现有合作基础较好的优势和广东在国家改革开放进程中先行一步的所形成的市场机制较为完善等优势，粤港澳自由贸易园区的布局与建设，应牢牢依托港澳两个高水平的自由港区，建立在向全球全方位开放的基础上，重点着力于粤港澳城市群合作及粤港澳台合作方面。具体建设思路：一是将分别靠近香港和澳门且具较好的隔离条件的深圳的前海、深港河套地区和珠海的横琴3个自由贸易园区建设成开放程度最高的自由港区，以使他们能与港澳两个自由港区构成互为开拓对方所辐射的市场的前沿平台（即内地3个自由港区是港澳开拓内地市场的前沿平台，而港澳则是广东开拓海外市场的前沿平台）。二是位于珠三角几何中心的广州的南沙，以大型水、陆交汇的综合性交通物流枢纽及南沙保税港作依托，可定位于包括交通物流、先进临港工业、现代高端服务业等相互联系密切产业群组成的综合性自由贸易园区。三是在分别位于广东省东西两翼的汕头海湾新区及湛江高新技术产业开发区奋勇新区，各布局与建设一个以拓展台湾及东盟合作为定向的新型产业自由贸易园区。四是通过理顺体制，激活深圳盐田港保税区、广州保税区、深圳沙头角保税区、汕头保税区、珠海保税区等分布于广东省境内的18个保税港区、综合保税区、出口加工区和保税物流中心等各类海关特殊监管区域（场所），以及呈星罗棋布的进口保税仓库和出口监管仓库。通过上述促使广东自由贸易园区的建设扎根于全省整个经济体系的关键节点，成为有效地推动粤港澳城市群经济合作、广东与国际市场对接和经济的转型升级的重要支撑。

3. 粤港澳自由贸易区域的发展设想

自由贸易区域的运行是天然地与"管制"相悖的。广东在全国改革开放方面一直是敢为人先及先行一步的。因而相对于其他地区来说，广东具市场机制较为完善的体制环境。利用这一基础，粤港澳自由贸易区域的建设，应该突出自身毗邻港澳台和东南亚的区位优势，并以多向度拓展为基本定位。具体思路：一是通过深化《关于建立更紧密经贸关系的安排》（简称CEPA）先行先试，务实推动率先基本实现粤港澳服务贸易自由化，使之成为推动粤港澳城市群经济合作向纵深的方向发展，以及向其互向腹地市场拓展的重要基石。二是充分利用《海峡两岸经济合作框架协议》

（缩写 ECFA），探索广东成为两岸经济合作的先行先试区域，参照 CEPA 标准，扩大台湾服务业在粤的准入行业范围，扩大对台金融、物流、信息和技术服务、职业教育、旅游会展、文化创意等行业的开放，促使广东、粤港澳城市群与台湾经济合作取得新突破。三是充分利用《中国—东盟自由贸易区》（缩写 CAFTA），探索广东及粤港澳城市群成为中国与近 6 亿消费者巨大市场，以及资源极为丰富的东盟地区贸易自由化的先行先试区域。

四　建设粤港澳自由贸易区的对策措施

1. 系统论证及编制规划

粤港澳自由贸易区为数众多、类型多样且布局面广泛，因而其布局与建设是一个极为复杂的系统工程。本文提出拟构建的粤港澳"多层面及多向度"的综合性自由贸易区体系的思路的可行性如何？这一复杂的自由贸易区体系的"蓝图"应该如何变为现实？这些问题的解决，需要我们通过系统的论证及规划找到相应的答案。具体工作的考虑：一是组织专家队伍，从深化粤港澳城市群合作、促使大珠三角城市群经济转型升级，以及探求构建我国自由贸易区相关经验等角度，系统论证并提出相应的意见，以具体定位粤港澳自由贸易区发展思路。二是委托熟悉自由贸易区运作规律的高水平的专业机构，从产业体系建设及政策、功能区布局、经济政策、法律制度、土地制度及用地安排、司法制度、管理制度、通关制度、生态环境保护及制度等多个方面入手，系统编制《粤港澳自由贸易区整体发展规划》，为粤港澳自由贸易区的有效模式的实施及相应的平台建设奠定基础。

2. 因地制宜设计自由贸易区政策体系

考虑到自由贸易区运行应该是由市场机制起基础及决定作用的基本要求，粤港澳自由贸易区的建设，不能像现在国内多数经济特区或新区建设一样，过于重视套取国家的优惠政策，而必须完全按市场经济的运行规律对其整个运作规范进行系统的设计。具体考虑：一是借鉴港澳的经济运行规范及经验，按自由贸易区的运营的总体要求及相应的国际惯例系统设计相应的运作机制，为粤港澳自由贸易区奠定良好的基本规范。二是重视对不同层面及不同类型的自由贸易区政策体系的差别设计，以使形成的政策体系能更具针对性，并且能切实有效地撬动相应自由贸易区的发展。如对粤港澳自由贸易区域的政策设计，主要应着重于在相应的 FTA 在粤港澳城市群的先行先试，为国家探索未来发展路向方面；在对不同类型的粤港澳自由贸易园区的政策设计时，则牢牢紧扣各类自由贸易园区的本质发展特征，如自由港区的政策设计应着重经济要素的自由进出及自由配置，产业型自由贸易园区应侧重激发特定经济要素的流入及配置，而保税园区则主要着眼于要素自由进出等。

3. 建设规范且高效的自由贸易区运行管理体系

虽然，国内设立经济特区已有超过 30 年的时间，且在这方面已积累了较为系统的经验和教训。但是，由于我们现行的体制毕竟是由计划经济体制脱胎而来，就是在处于改革开放最前沿的经济特区，其经济运行管理至今尚存在着极为浓厚的"计划"色彩。建设规范且高效的自由贸易区运行管理体系，对之于粤港澳自由贸易区的建设十分之重要。具体考虑：一是精简管理机构并切实转变政府职能，以使粤港澳自由贸易区的市场机制能真正地发挥作用。二是从国家层面成立由国务院主管副总理任组长，粤港澳三地首长和国务院各涉及自由贸易区管理的部门负责人为成员的"粤港澳自由贸易区"领导小组，以有效协调涉及广东与港澳之间在建设自由贸易区方面出现的问题，以及促使国家各主管部门出台政策能有效地协调。三是为防范自由贸易区政策的非理性"外溢"，粤港澳自由贸易区应该重视隔离环境的建设。四是成立粤港澳自由贸易区协会，以期能有效地协调粤港澳城市群与数众多自由贸易区之间的关系，并且可以促使其对粤港澳自由贸易区进行自律管理。

参考文献

［1］倪月菊：《全球自由贸易和保护贸易的新博弈》，《国际贸易》2013 年第 6 期。

［2］任寿根：《中国建立内地港澳自由贸易区的理论基础与战略选择——从模仿经济学角度的分析》，《管理世界》2002 年第 8 期。

［3］谢锐、赖明勇：《中国自由贸易区建设：演化历程、特点与趋势》，《国际经

贸探索》2009 年第 4 期。

［4］王圣军：《粤港澳区域合作创新机制研究》，《经济与管理》2012 年第 8 期。

［5］夏善晨：《中国（上海）自由贸易区：理念和功能定位》，《国际经济合作》2013 年第 7 期。

［6］杨枝煌：《关于发展中国自由贸易区的思考》，《科学发展》2012 年第 12 期。

［7］杨英：《香港经济新论》，暨南大学出版社，2002，第 12～14 页。

［8］杨英张、守哲：《区域治理视角下粤港澳经济运行机制对接的基本思路》，《中国发展》2012 年第 8 期。

［9］张娟：《关于世界自由贸易区的若干问题研究》，《国际市场》2013 年第 4 期。

［10］张建平：《以上海自由贸易区撬动新一轮改革》，《中国外汇》2013 年第 5 期。

［11］张鸿：《关于中国实施自由贸易区战略的思考》，《国际贸易》2009 年第 3 期。

粤港澳服务贸易自由化路径与策略研究

陈恩 刘璟[*]

一 引言

2013 年 8 月 29 日，香港与内地正式签署《CEPA 补充协议十》，进一步加强了两地经贸合作。在 CEPA 等相关政策推动下，近年来地缘相近的粤港经济合作特别是服务业合作进入了新一轮大发展，最明显的就是香港、澳门对粤直接投资服务业实现稳步增长。至此，已很明显，推动粤港澳服务贸易自由化，既是中央赋予广东深化与港澳合作、促进港澳长期繁荣稳定的重大任务，也是广东加快转型升级、推动科学发展的现实需要。港澳珠三角新形势下合作将以服务业为主要内容，CEPA 的实质是内地与港澳间实现区域服务贸易自由化。粤港澳服务贸易自由化是中央政府在"十二五"时期推进内地与港澳合作的重要政策目标，也是先于 WTO 和超越 WTO 框架的市场准入和优惠安排。港澳珠三角将成为构建内地与港澳服务贸易自由化的先行区和核心区。至此，CEPA 条件下粤港澳服务贸易自由化路径与策略研究显得十分迫切和必需，其重要性不言而喻。

二 服务贸易自由化的研究综述与理论模型

1. 服务贸易自由化理论研究综述

服务贸易自由化的研究可以归纳为 4 类。一是遵循传统国际贸易理论，

---

* 陈恩，暨南大学特区经济研究所所长、教授；刘璟，暨南大学经济学院区域经济专业博士生。

按照比较优势建立的模型。这类模型中，国际贸易是由于各国之间的区别而产生。各国投入产出的相对成本的差异导致了互惠国际贸易的出现。H-O模型将之归于各国的要素禀赋的差异，其后梅森（Meivin，1989）、伯格斯（Burges，1990）、琼斯（Jones，1990）、迪尔多夫（Deardorff，2000）、布莱恩（Brian R，2002）等都沿用该思路并加以拓展，这类型的标准比较优势模型探讨的结果相似，都认为各国通过出口商可获得更大的外部市场以及本国消费者可获得更便宜的服务这两方面福利的提高，每个国家作为一个整体是可以通过服务贸易自由化得到净收益。二是新贸易理论兴起后，改变完全竞争等传统假设后建立的模型。克鲁格曼参考迪斯特和斯蒂格里茨（Dicit、Stigliz，1977）建立的产品差异化模型并引入贸易理论（Krugman，1978），在1985年的文章得到进一步发展（Helpman、Krugman，1985）；其后马库森建立了生产者服务贸易的模型，结果表明要素自由贸易将给两个国家带来比单纯的服务自由化更高水平的收益（Markusen，1981、1984、1989、2000）；豪克曼也指出生产者服务贸易自由化对于一国企业的国际化政策代价是非常昂贵的（Hockman，1997）。这类的生产者服务贸易自由化的研究基本已模型化，但亦出现了多种不同的研究方向，不同方向间基本没有联系，与传统的比较优势思想也完全割裂开，有待系统化。三是结合了产业集聚的基于经济地理理论的模型，突出了国际贸易成本在贸易自由化中的影响。四是针对不同服务贸易的特点形成的模型。这方面的研究较多，包括凯日科夫斯基（H. Kierzkowski，1986）、巴塔查里亚（Bhattacharya，1993）、格莱斯纳和奥克斯（Glaessner and Oks，1994）、迈法登（Mofadden，1994）、怀特（White，1996）等，基本都集中在生产者服务贸易中的几种如信息、金融、运输服务等，但结论都类似，生产者服务自由贸易可大大增加贸易双方的福利。

2. 完全竞争及规模报酬不变下的生产者服务贸易自由化模型

根据传统比较优势理论，在迪斯特和纽曼1980年的模型（Dixit & Norman，1980）以及布莱恩2002年的一般服务贸易模型（Brian R，2002）的基础上，可以建立一个标准的完全竞争市场和规模报酬不变假设下的生产者服务贸易自由化模型。模型假设可包括以下几方面：其一，充分的自由贸易；其二，生产者服务市场限制贸易，在模型中与租金相关；其三，假设存在两种不同的生产者服务，开始均受贸易限制，后来其中一种实现了服务贸易自由化；其四，不考虑产品差异化的新贸易理论假设，即产品同质；其五，完全竞争市场且规模报酬不变；其六，生产者服务的价格会影响产品市场。

Z 为一组自由贸易的一般商品，X 和 Y 为生产者服务，则支出函数为：$G\ (p_x,p_y,p_z,u)$

（1）其中 p 为国内价格，p' 为国外价格，u 表示消费效用和偏好。国民收入函数为：$G\ (p_x,p_y,p_z,v)$

（2）其中 v 为国内的要素禀赋。

假定生产函数满足显著凸性，M 为产品和服务的进口，两国间生产者服务的交易成本为 i；收入与生产者服务在两国的差价成正比，比率为 r。由于收入等于支出，结合（1）式和（2）式可得一国的预算制约：

$$E(p_x,p_y,p_z,u) = G(p_x,p_y,p_z,v) + r_x M_x [p_x - (1 - i_x)p_x'] + r_y M_y [p_y - (1 - i_y)p_y']$$

（3）由于产品市场是自由贸易的，因此 p_z 由国际市场价格决定。生产者服务方面，开始状态 X 和 Y 都受限制，假设 X 生产者服务后来放开限制，可以进行全自由化贸易，则其贸易自由化的福利效应可由（3）式

$$E_u d_u = \frac{\partial G}{\partial p_x}dp_x + \frac{\partial G}{\partial p_y}dp_y + \frac{\partial G}{\partial p_z}dp_z + \frac{\partial G}{\partial v}dv + r_x M_x dp_x - r_x M_x P_x' di_x$$

微分得到：$+ r_y M_y dp_y - r_y M_y p_y' di_y + r_x [p_x - (1 + i_x)\ p_x']\ dM_x + r_y M_y [p_y - (1 + i_y)\ p_y']\ dM_y$ 其中因 v 为已定的国内要素禀赋，不受影响，因此 $\frac{\partial G}{\partial v}dv = 0$；$X$ 类生产者服务贸易自由化影响 i_x 变化，但不影响 i_y，可得 $- r_y M_y p_y' di_y = 0$。

可按国家大小分为两种情况讨论，当该国为小国时，产品进出口占世界市场份额小，不影响国际市场价格，p_z 不变，当该国为大国时，由于产品占世界市场份额大，如中国，则将导致 p_z 价格下降。令 $a = \frac{\partial p_z}{\partial p_x} \geq 0$，$b = \frac{\partial p_z}{\partial p_y} \geq 0$（小国情形 $a = b = 0$）

（4）由此整理上式可得：

$$E_u d_u = (r_x - 1)M_x dp_x + (r_x - 1)M_x dp_x - a M_z dp_x - b M_z dp_y + r_x [p_x - (1 + i_x)p_x']dM_x + r_y [p_y - (1 + i_y)p_y']dM_y - r_x M_x P_x'$$

（5）小国生产者服务贸易自由化的一般分析：

先考虑小国，小国产品不影响国际贸易中的产品价格，按（4）式的设定可得 a = b = 0，即：

（6）由于生产者服务 Y 的贸易仍然受限，受配额控制，数量不变，即：

$$dM_y = 0$$

（7）如果市场有效，则贸易中外国服务提供商的竞争会不断提高配额或租金的价格，最终达到租金收入等于国内国外价格差额与净进口的总量，即：$r_x = 1$，$r_y = 1$

（8）交易费用由国情和国家之间的运输费用等决定，呈刚性，因此：

$$di_x = 0$$

（9）将公式（6）、（7）、（8）、（9）代入（5）可得：

$$E_u d_u = \left[p_x - (1 + i_x) p'_x \right] dM_x$$

（10）在（9）式中前后两项是呈同向变化的，若 $\left[p_x - (1 + i_x) p'_x \right] > 0$，则进口增加，$dM_x > 0$，总福利效应为正；若 $\left[p_x - (1 + i_x) p'_x \right] < 0$，则出口增加，净进口减少，$dM_x < 0$，总福利效应亦为正。因此对于小国来说，不管其服务部门的竞争力如何，生产者服务贸易的自由化必定可以使该国得到福利的提高，当然，如果自由化前 p_x 等于 $(1 + i_x) p'_x$，那么该部门的自由化则对小国的福利无影响。

②大国生产者服务贸易自由化的一般分析：

a ≠ 0，由于服务 Y 贸易仍受限，无影响。将公式（7）、（8）、（9）代入（5）可得：

$$E_u d_u = \left[p_x - (1 + i_x) p'_x \right] dM_x - aM_z dp_x$$

（11）在公式（11）中前一项 $\left[p_x - (1 + i_x) p'_x \right] dM_x$，如前分析为大于或等于零的，而后一项则不确定，因此对大国而言，开放一生产者服务贸易，部门的福利影响可能为正也可能为负，取决于此两项的对比。

由于部分生产者服务是以商业存在方式提供服务的，如 X 属于文类，则假设该大国一开始已经允许少量的外国 X 生产者服务提供商在本国市场开业并提供服务，则这部分交易成本 $i_x = o$，r_y 不变，仍为 1。

结合之前的分析代入（5）式可得：$E_u d_u = -M_x dp_x - a M_z dp_x$

（12）总效应类似于（11）式的分析。前一项对于发展中国家而言，是大于零的，因为其一般为生产者服务的进口国，$M_x > 0$，当 X 生产者服务自由化后，其进口量的增加会引起本地价格的下降，即 $dp_x < 0$，因此前一项的总效应为正。关键仍是看前后两项的对比，须具体分析，后继还会用到相关实证。

三　粤港澳服务贸易自由化的实证分析

（一）粤港澳服务贸易自由化程度的实证

随着改革开放后，三地的合作与交往日益加强，三地的货物和服务贸易也水涨船高。而目前，摆在我们面前的问题是，对于广东与香港和澳门之间的服务贸易自由化程度具体到什么程度？怎样回答，是个难题。目前很少有人去关注，大量的研究只是定性的研究，提出 2015 年全面实现三地服务贸易自由化等。而三地目前服务贸易自由化的程度恰恰是谈论这一问题的关键所在。而引力模型可以为我们带来相对较好的评价方案。

引力模型的思想来源是英国大物理学家牛顿的"万有引力定律"。最早将引力模型应用到国际贸易领域的是丁伯根（Tinbergen，1962）和波伊豪宁（Poyhonen，1963）。他们指出：两国的双边贸易流量的规模与它们各自的经济总量成正比，而与它们之间的地理距离成反比。林纳曼（Linnemann，1966）将人口变量加入引力模型。经济学家为了检验政策、历史、文化等因素对贸易流量的影响，又逐步将优惠贸易协定、贸易限制措施、殖民关系、共同语言等指标加入到引力模型中。自 20 世纪 60 年代以来，引力模型被广泛应用于测算贸易潜力，鉴别贸易集团的效应，分析贸易模式及估计贸易壁垒的边界成本等领域，并较好地解释了在现实中观察到的一些经济现象。

服务贸易是新型的贸易，它具有与货物贸易不同的特点。因此，在使用引力模型进行服务贸易分析研究时，原有引力模型中的一些因素不再是影响服务贸易的主要因素，比如地理距离，在货物贸易研究中地理距离对于贸易成本存在较大的影响，因此，会影响贸易行为的实现。但是在服务贸易研究中，由于服务贸易具有地理上的接近性特点，所以地理距离不再是影响贸易行为的主要因素。同时，还有一些因素本不是货物贸易研究的主要影响因素，但是服务贸易研究的主要因素。比如贸易结构的相似性，在货物贸易研究中，根据比较优势理论，赫克歇尔－俄林的要素禀赋理论在货物贸易行为实施的过程中，即使贸易双方具有相似的贸易结构和经济结构，只要存在着比较优势，那么就一定可以进行交易，所以贸易结构的相似性不影响货物贸易行为的实施。但是在服务贸易研究中，如果存在着相似的服务贸易结构，那么服务贸易行为的发生就比较困难了。

1. 修正模型的构建

基于上述的原因，对服务贸易研究的引力模型①进行了修正。在基本贸易引力模型的基础上引入汇率（exchange rate）变量、表示两个地区之间贸易势力影响因素、双边货物贸易总量（goods trade）变量、表示两个地区贸易友好度，以及出口地区服务业总产值占国内生产总值的比重变量表示出口国服务业发展的发达程度。因此，在原引力模型的基础上，构建改进的贸易引力模型如下：

$$\ln T_k = b_0 + b_1 \ln G_{ik} G_{jk} + b_2 \ln PG_i PG_j + b_3 \ln TCL + b_4 \ln ER + b_5 \ln GT_{ij} + b_6 \ln T + \varepsilon \tag{13}$$

其中 ER 表示两个国家之间的汇率（1 个进口国国家的货币可以兑换的出口国国家货币数量），GT_{ij} 表示贸易双边货物贸易总量，T 表示服务贸易出口地区服务业总产值占国内生产总值的比重。

这里需要建立一个基点是完全自由化水平下的贸易出口，然后用实际出口和完全自由化水平下的贸易出口进行比较，两者的比值即为贸易自由化的程度。于是首先要给贸易出口地区 A 找到一个存在完全贸易自由化条件的进口地区或国家 C，并通过出口地区 A 和进口地区（国家）C 的相关

---

① 在牛顿的经典引力模型的基础上建立服务贸易基本引力模型，并进行对数化，得到线性模型，在此模型的基础上，丁伯根将人均 GDP 水平作为外生变量被引入，于是得到基本国际贸易引力模型的自然对数表达形式：$\ln T_k = b_0 + \ln G_{ik} G_{jk} + b_2 \ln PG_i PG_j + b_3 \ln TCL + \varepsilon$，其中各变量的代表的含义与（1）式中相同，不再累赘。

数据进行回归分析得到模型对应的回归方程：

$$\ln \dot{T}_k = b_0 + b_1 \ln G_{ik} G_{jk} + b_2 \ln PG_i PG_j + b_3 \ln TCL + \\ b_4 \ln ER + b_5 \ln GT_{ij} + b_6 \ln T \tag{14}$$

其中，$\dot{T}_k$ 表示完全贸易自由化水平下的贸易出口预测值。由式（14）的检验结果，找出最优模型，利用贸易伙伴国（地区）A 和 B 的数据进行贸易出口基点数据的预测。

由于预测值 $\dot{T}_k$ 是利用完全贸易自由化条件下回归的模型，实际贸易伙伴国（地区）A 和 B 的相关数据计算，所以可以把它看作是实际贸易伙伴国（地区）A 和 B 之间在完全贸易自由化水平下产生的贸易出口水平，因此一定会大于实际出口水平 T_k。于是可以取实际出口水平与完全贸易自由化条件下的出口水平的比值作为贸易自由化程度的指标，对于服务贸易来说，即为服务贸易自由化水平（Liberalization of Trade in Services，简称 LTS），即：

$$LTS = T_k / \dot{T}_k \tag{15}$$

对于 LTS 的取值必定是介于 0 ~ 1 之间的数，如果 LTS = 0 表示对于贸易伙伴国（地区）A 和 B 来说，A 国（地区）对于 B 国（地区）的出口被完全抵制，即贸易的自由化为 0。这时候也就意味着：A 国对于 B 国的贸易出口量为 0；如果 $LTS = 1$，表示 A 国（地区）对于 B 国（地区）的出口是完全没有壁垒的，所以贸易的自由化即为 1。

基于上述的理论分析思路，对广东省服务贸易出口香港和澳门的贸易自由化水平以及香港和澳门服务贸易出口广东省的贸易自由化水平进行度量，而基点选择的是新加坡。新加坡 1965 年独立后，充分发挥其优越的地理位置这个有利因素，实行对外开放政策，经济迅速发展，成为世界上利用地理位置发展经济的典型国家。新加坡是一个市场经济国家，更注重社会公平，在贸易方面除极少数商品外，几乎完全没有限制。中国与新加坡之间于 2006 年 10 月签署了双边自由贸易协定，所以将中国广东对新加坡的服务贸易出口看做是在完全自由化水平下实现的是可行的。基于这样的观点，将基点选择为广东对新加坡服务贸易出口。同样的道理，也有足够的理由相信香港和澳门对新加坡的服务贸易出口是完全自由化的。

2. 广东服务贸易出口香港和澳门的自由化度量

收集 1995～2011 年广东服务贸易出口、新加坡服务贸易进口和香港、澳门地区服务贸易进口的相关数据并根据模型进行多元回归分析，得到回归方程，结果如下：

$$\ln \dot{T}_k = 3.77 + 1.261\ln G_{ik}G_{jk} + 3.44\ln PG_iPG_j -$$
$$10.69\ln TCI + 2.49\ln GT_{ij} + 5.51\ln T$$
$$R2 = 0.944 \qquad F = 86.62 \qquad T = 0.000 \qquad (16)$$

从 F 值来看，模型可以通过线性关系检验（P 值接近于 0）。由此可见，回归方程总体上存在线性关系。从 T 值来看，模型的变量中汇率 ER 不能通过检验，使用 SPSS（Statistical Product and Service Solutions）软件，运用逐步回归的方法可以判断剔除变量，在剔除变量后，模型中其余变量均可以通过检验，即说明在总体上自变量与因变量之间存在因果关系，反映影响服务贸易出口的各因素与服务贸易出口之间的关系。所以，以此回归方程表示在完全贸易自由化条件下各影响因素导致的服务贸易出口预测值计算的方程，并带入 2005～2011 年粤港、粤澳之间的相关变量数据并计算出在完全自由化情况下广东对香港和澳门的服务贸易出口预测值，再根据公式，利用广东省对香港和澳门地区服务贸易出口的实际值进行比较，在引力模型条件下得到的服务贸易自由化水平（见表 1）。从表 1 可以看出广东省出口香港和澳门的服务贸易自由化水平开放速度提升得非常快。一方面由于服务贸易的逐渐兴起使得服务贸易统计工作的精细化和精确化不断完善，数据不断详实使服务贸易自由化的度量更加准确；另一方面，在香港和澳门回归后，可以在更加平等的条件下展开贸易活动，所以广东对香港和澳门的服务贸易出口得到了更大的自由化空间。香港和澳门服务贸易出口广东省的自由化度量，收集 1995～2011 年香港和澳门服务贸易进口的相关数据进行实证，并根据模型进行多元回归分析，得到回归方程。

3. 香港和澳门服务贸易出口广东的自由化度量

收集 1995～2011 年香港、澳门服务贸易出口、新加坡服务贸易进口和广东服务贸易进口的相关数据并根据模型（（14）式）进行多元回归分析，得到回归方程，结果如下：

$$\ln \dot{T}_k = 3.77 + 1.261\ln G_{ik}G_{jk} + 3.44\ln PG_iPG_j -$$
$$10.69\ln GT_{ij} + 5.51\ln T$$

$$R2 = 0.983 \qquad F = 0.000 \qquad T = 0.002 \qquad (17)$$

带入 2005 ~ 2011 年港澳粤之间的相关变量数据并计算出在完全自由化情况下广东对港澳的服务贸易出口预测值，再根据公式，利用香港和澳门对广东省服务贸易出口的实际值进行比较得到引力模型条件下的服务贸易自由化水平（见表1）。

表1　2005 ~ 2011 年粤港澳服务贸易自由化水平

	2005 年	2006 年	2007 年	2008 年	2009 年	2010 年	2011 年
广东对香港服务贸易自由化水平	0.94	0.95	0.95	0.96	0.96	0.97	0.98
香港对广东服务贸易自由化水平	0.82	0.83	0.82	0.84	0.87	0.90	0.87
广东对澳门服务贸易自由化水平	0.92	0.94	0.96	0.96	0.97	0.97	0.98
澳门对广东服务贸易自由化水平	0.71	0.74	0.77	0.70	0.73	0.75	0.76

数据来源：中国海关统计年鉴、港澳经济年鉴。

从表1可以看出，香港和澳门出口中国的服务贸易自由化水平开放速度并没有显著地改变，这是由于在各个不同的行业还享有一些贸易保护缓冲期的政策，所以作为经济发展趋势的服务业，特别是现代服务业由于缺乏足够的国际竞争力，所以享有较长期的贸易保护政策和缓冲政策。比如金融业，到目前为止，广东的金融业依然没有完全向香港和澳门的金融企业开放，正是由于贸易的开放范围和开放程度的限制，导致港资服务业企业尚无法在广东开展服务贸易业务。因此，从保护本国服务业发展的角度可以预见出香港、澳门对于广东省的服务贸易出口自由化水平还将在一段时间内保持较低的水平，但是鉴于服务贸易自由化的经济效应分析可以看出，开放广东省内服务贸易市场可以使得广东从服务贸易自由化中获得很多收益。通过逐步开放，逐步培育省内服务贸易企业竞争力推动省内服务业的发展，并最终融入国际服务市场的竞争。因此，将来的总体趋势必然是自由化程度越来越高。

4. 实证结论

综上所述，目前广东对香港和澳门的服务贸易出口享有较高的服务贸易自由化水平，而香港和澳门对广东的服务贸易出口的自由化程度还处于相对较低的水平。服务贸易自由化程度的高低，一方面决定了一个国家（地区）服务贸易参与国际竞争的能力及获得国际市场的能力；另一方面，也是这一国家（地区）经济发展和人民福利提高的需要。CEPA 的鉴定与实施不仅标志着广东的改革开放进入了新的历史阶段，更重要的是广东的服务业也将在更大范围和更深程度上参与国际竞争与合作。因此，为了广东服务业国际竞争力的提升，维护广东服务业的安全，保证广东服务业在激烈的国际竞争中得以健康发展，广东服务贸易的自由化环境是必须要有所改变的。

（二）模型的验证

上述实证明显表明，香港和澳门的服务贸易自由化水平远远高于内地，而对于服务贸易自由度高的香港或澳门的服务贸易的效应是否优于服务贸易自由度较低的中国内地的服务贸易效应呢？这一问题十分有趣而又是验证模型的关键。结合前面所述的模型，对大国的服务贸易自由化的效应是否为正，要进行验证，这里我们不妨使用显示性比较优势法（Revealed Coomparative advantages，RCA）进行分析。RCA 是巴拉萨提出的一个具有较高经济学价值的竞争力测度指标，RCA 的原理是通过比较各国某类产品或服务的出口比占世界出口比的比重来衡量各国的比较优势，具体地说，$RCA = (X_{ij}Y_j) / (X_{iw}/Y_w)$ (18)

在式（18）中，X_{ij} 代表 j 国的 i 类产品或服务贸易出口额，Y_j 代表 j 国全部产品出口和服务贸易出口总和；X_{iw} 代表世界 i 产品或服务出口量，Y_w 则代表世界出口总额。通常认为若 $RCA > 2.5$，表明该国产品或服务具有极强的国际竞争力；若 $1.25 < RCA < 2.5$，则为较强国际竞争力；若 $0.8 < RCA < 1.25$，则为中度国际竞争力；若 $RCA < 0.8$，则表明该国国际竞争力较弱。

通过对该指数的国际验证，其稳定性和可信度均较好，再以香港和内地的数据进行计算，如表 2 所示：

表 2　内地和香港历年 RCA 指数

年份＼项目	内地 RCA 指数	香港 RCA 指数
1980	0.43	1.95
1985	0.59	1.94
1990	0.46	2.08
1995	0.58	2.83
1999	0.61	3.18
2000	0.58	3.44
2001	0.57	3.53
2002	0.6	3.61
2003	0.62	3.65
2004	0.59	3.72
2005	0.65	3.76
2006	0.62	3.79
2007	0.63	3.82
2008	0.65	3.85
2009	0.67	3.9
2010	0.66	3.91
2011	0.69	3.92
2012	0.71	3.95

数据来源：根据世界贸易组织国际贸易统计历年数据、中国海关统计年鉴的相关数据计算而得。

以上数据表明，香港和内地的生产者服务贸易竞争力差距较大，两地在该领域的自由化可使两地获得巨大的收益。针对模型中的判断，在这里得到验证。香港是与全球市场环境接轨的，其服务贸易是面向世界，当然包括内地，而内地目前还没有达到香港的开入程度，因此，香港受益非常明显，因作为自由贸易度相对较小的中国内地则效应较弱。到这里，模型的分析判断较好地被上述实证进行了验证。

通过上述系列的实证内容表明，加快粤港澳三地的服务贸易自由化程度是对双方均有利的，因此，我们应顺着这一思路探寻粤港澳服务贸易自由化的路径与策略。

四　粤港澳服务贸易自由化的路径与策略

鉴于上述分析，我们将粤港澳服务贸易自由化的主要路径应从积极推进粤港澳金融服务贸易发展、深化粤港澳商贸服务业合作、促进粤港澳专业服务业合作、提高粤港澳科技文化服务合作水平和加强粤港澳社会公共服务合作等几个方面展开。另一方面，在考察了粤港澳三地间的服务贸易发展的历史和现实基础上，经过对合作中存在的主要制度性障碍进行了探讨，我们认为，服务贸易是 CEPA 的核心，显示服务业的合作已经成为大珠三角区域合作的主要内容，而服务业的合作制度供给不仅要涉及市场准入的外部壁垒，更要深入到产业运行的内部制度。因此，一个更为开放、自由和法治的市场秩序及环境，是大珠三角服务贸易自由化顺利发展的制度基础。具体而言：第一，实现粤港澳服务贸易自由化的关键应从加强顶层设计，建议中央政府在重点合作区域建立"粤港澳服务贸易自由化试验区"。第二，允许广东服务业对港澳开放实施"正面清单"与"负面清单"混合模式。第三，由于粤港澳服务贸易自由化是一项涉及面广、关联度大的综合工程，建立多层次协调机制对于粤港澳深化服务业合作、推动区域服务贸易发展具有重要意义。第四，从地方政府方面来看，建议广东省政府逐步减少政府对服务市场的行政干预。第五，在财政、税收、土地和信贷等方面，广东应出台相关政策，进行引导和扶持，改善服务贸易自由化发展的大环境。

参考文献

［1］陈秀珍：《香港与内地经济一体化研究》，中国经济出版社，2011。
［2］邹春萌：《东盟区域服务贸易自由化研究》，社科文献出版社，2012。
［3］魏巍、冯琳：《国际服务贸易（第三版）》，东北财经大学出版社，2012。
［4］陈广汉等：《港澳珠三角区域经济整合与制度创新》，社会科学文献出版社，2008。
［5］梁庆寅、陈广汉：《粤港澳区域合作与发展报告》，社会科学文献出版社，2011。
［6］马经：《粤港澳金融合作与发展研究》，中国金融出版社，2008。
［7］港澳经济年鉴社：《港澳经济年鉴 2010》，2010。
［8］陈恩：《CEPA 下内地与香港服务业合作的问题与对策》，《国际经贸探索》2006 年第 1 期。
［9］陈恩：《CEPA 下内地和香港服务业合作的问题与对策》，收录于《2005 ~ 2006 年中国区域经济发展报告》，社会科学文献出版社，2006。
［10］陈恩：《以世界眼光谋划构建粤港澳合作区》，《南方日报》2008 年 5 月 6 日。

基于粤港澳区域合作的广东产业
转型升级研究

王　鹏[*]

中共十八届三中全会通过的《中共中央关于全面深化改革若干重大问题的决定》中明确指出："强调扩大对香港特别行政区、澳门特别行政区和台湾地区开放合作。"当前，粤港澳区域合作站在新的历史起点上，正向宽领域、全方位、一体化深入推进。整合不同行政区域的生产资源，加强相邻区域之间的合作，实现产业发展从单个行政区域向跨行政区域转变，是破解制约广东产业转型升级难题的一条有效途径，也是推动广东经济社会又好又快发展的一个重要突破口。在这其中，粤港澳区域合作无疑扮演着重要的角色，对于加快广东产业转型升级具有积极的促进作用。

一　粤港澳区域合作与广东产业转型
升级的基本内涵

粤港澳区域合作是我国区域合作实践中的一种特殊形式，它既不同于一般意义上单个行政区域的内部合作，也不同于主权国家之间的区域合作或内地各省（市）、自治区之间的区域合作，而是在"一国两制"的条件下，由中国的省级行政区域（广东省）与香港、澳门特别行政区三者之间跨越行政区划而开展的区域合作。改革开放30多年来，处于南中国地区的广东省，凭借毗邻港澳的区位优势和先行一步的政策优势，在粤港澳跨行政区域经贸交流与技术合作等方面，取得了令人瞩目的成绩，

---

*　王鹏，经济学博士，暨南大学经济学院特区港澳经济研究所副教授，博士生导师。

充分体现了由粤港澳三地联手形成的"大珠三角"的"龙头"效应。但由于行政区划的存在，生产要素无法在3个行政区域之间自由流动，造成资源浪费和创新效率低下，制约了该区域创新能力提高和经济协调发展。新形势下的粤港澳区域合作，就是要强调打破行政区划的"刚性约束"，将有着内在人文、地理和经贸联系的跨行政区域作为一个整体加以考虑，充分运用中央赋予的特殊政策和灵活措施，积极发挥市场主体作用，创新合作思路和方式，实现跨行政区域内部合理的竞争合作，促进各行政区域创新能力的提高。

广东产业转型升级是一个在实践中提出的概念，其内涵包括3个方面：一是劳动、资源密集型产业向资本、技术密集型产业转变；二是贴牌生产和代工制造（OEM）向委托设计生产（ODM）转变，进而转向自创品牌制造（OBM）；三是产业链的延伸，产业关联度的增强以及产业技术溢出效应的提升等。随着广东经济增长方式的转变和产业结构的调整，相关产业（尤其是加工贸易产业）转型升级势在必行。目前，广东省已出台若干项促进产业转型升级的指导文件，旨在按照"三二一"产业发展优先次序，以现代服务业为主导，加快其与先进制造业的"双轮驱动"；同时，大力发展高新技术产业，鼓励先进适用技术改造提升传统优势产业，促进产业高端化发展；对于低端产业及其生产环节，采取"退二进三"和"腾笼换鸟"的方式，推动产业和劳动力"双转移"，提升产业竞争力和自主创新能力，形成产业结构高级化、产业布局合理化、产业发展集聚化、产业竞争力高端化的现代产业体系。

基于粤港澳区域合作的广东产业转型升级，要求粤港澳三地遵循市场主导、政府推动、互惠互利、多边协调等原则，根据 CEPA 和泛珠三角区域合作等的有关要求，充分发挥"粤港澳紧密合作区"的经济聚集和扩散效应，通过建立稳定、有效的区域合作机制，淡化不同行政区域建制的省区概念，将原先分散在3个行政区域的静态、封闭、独立的区域创新系统，向动态、开放、一体化的跨行政区域创新系统转变，实现"1＋1＋1＞3"的总体战略目标。在此基础上，以广东省为主体，打破行政区划界限，整合和利用港澳地区的生产资源，协调粤港澳跨行政区域的产业发展战略，采用市场化的手段发挥港澳地区在产业优化升级中的桥梁作用，将港澳与广东的优势相结合，加快广东产业转型升级，增创广东产业国际竞争新优势。

二 广东产业转型升级是粤港澳区域合作的客观要求

改革开放以来，特别是港澳地区回归祖国以来，粤港澳区域合作越发密切，但矛盾也不断涌现。其中，最突出的问题就是在合作过程中如何提升产业竞争力，不断延伸产业链。在经济全球化和区域经济一体化的背景下，广东产业转型升级已成为粤港澳区域合作的客观要求。

从区域竞争优势发挥的角度看，广东省特别是珠三角地区，经过 20 多年的发展，已拥有庞大的现代制造业基础和规模，在制造业领域具备较强的竞争优势，并成为我国重要的制造业基地之一；但在体现当代人力资本和知识资本密集的生产性服务业发展方面却相对滞后，特别是流通企业规模小、组织化程度低、信息化水平不高，适应不了现代产业体系的发展需求。从产业特性来说，生产性服务业是最具增值性的产业，其发达程度直接影响着制造业的发展前景。粤港澳跨行政区域要成为世界上"制造成本 + 交易成本"最低的区域，除了要加强行政区域之间的分工协作外，更重要的是通过产业转型升级，充分发挥区域竞争优势，提升制造业的层次，使广东省的制造业、高新技术产业与港澳地区的现代生产性服务业相对接，形成"广东制造 + 港澳服务"的发展格局以及较完整的产业链，从而在促进港澳地区生产性服务业取得最大产业增值效应的同时，确保广东产业转型升级能够为粤港澳区域合作提供强大的支持服务体系，推动世界制造业和服务业中心向大珠三角城市群迁移。

从区域经济极化效应的角度看，粤港澳区域合作要求广东传统制造业的转型升级。增长极理论强调区域经济的"极化作用"，这种极化效应通过"增长极"地区的产业的优先增长，带动相邻地区的共同发展。进入 21 世纪后，粤港澳区域合作传统的"前店后厂"模式正在悄然发生变化并被赋予新的内涵，开始形成"店厂合一"的局面。传统区域发展的非集约化空间结构与市场经济发展新需求已不相适应，长期建立在以地方行政区划单位为基础、行政体制壁垒固化、空间结构松散、区域发展非集约等为特征的区域发展模式，已开始弱化其原有的高集聚力和发展力。粤港澳区域合作过程中的极化效应依旧停留在广东省劳动密集型产业的加工、装配等环节上，掌握核心技术进行生产的比重较少，产业档次低、经济规模小、缺乏技术支撑等问题日益严重,这种"根植性"不强的传统制造业急需转型升级。受区域经济极化效应的影响,粤港澳三地迫切需要从单纯的传统制造业合作转移至联合发展高新技术产业和现代服务业,并以此创造更具竞争优势、新的经济发展模式,推动建立粤港澳跨行政区域创新系统,加速新的增长极的形成(见图1)。

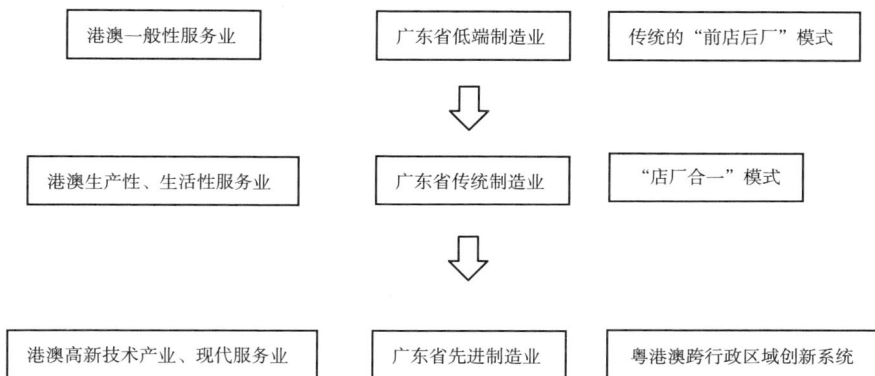

图1 粤港澳区域合作模式

从区域经济可持续发展的角度看,广东省目前正处于由经济高速增长阶段向经济发达阶段过渡的状态,支撑经济起飞的土地、劳动力和资本等传统要素逐渐耗尽,主要依靠要素投入(即外延式增长)及结构转换效应所实现的经济增长已难以为继,产业转型升级的需求十分迫切。如果继续将大量资本和劳动倾斜在物质资本形成领域而最终并没有带来相应的回报时,高成本、低产出就变成了无法克服的现象。深化粤港澳合作并不是讲求利益均衡,而是象征着区域合作关系必须从非均衡发展中寻求和谐、寻求协调的一致性,从区域经济冲突中寻求合作与发展,达至三边互利共赢的局面。而当珠三角国际都市圈的"增长极"形成的同时,我们就要透过制度检讨与制度创新,将其正面绩效从地区幅射至全国,再充分利用其区域生命周期,在全球经济迈向一体化的进程中发挥应有的作用,使其区域竞争力和优势升华至区域、国家,以至世界层面。因此,在经济成长的过渡阶段,无形资本(技术进步)的作用越发重要,经济增长方式必须转变为以内涵式为主。粤港澳跨行政区域要实现可持续发展,并最终向发达经济过渡,不能停留在单纯追求实物产品增长率逐年递增的目标上,而应以产业转型升级为突破口，深化三地的科技创新与合作，从"前店后厂"的产业分工合作模式转向深度融合，促进跨行政区域科技与经济一体化，走科技创新发展促经济发展之路。

三 粤港澳区域合作为广东产业转型升级提供了现实基础

从当今世界经济发展趋势看，在经济全球化和区域经济一体化的推动下，单个的国家或者一个国家的局部地区独立地进行发展，其发展速度将是非常缓慢的。粤港澳区域合作的开展，能够充分发挥粤港澳三地的比较优势，在更大范围、更广领域和更高层次上整合和优化生产资源，增强相互之间产业的综合配套能力，并从多方面为广东产业转型升级提供了现实基础。

（一）共同的产业分工网络

粤港澳三地在多年的合作中，其产业形态已融为一体，成为全球产业分工网络中重要的生产供应链条，并体现出一种自我强化效应（self-fulfilling effects）。广东产业转型升级就是要把这一链条——粤港澳"前店后厂"的制造业分工网络——放置在经济全球化和新国际产业分工体系中加以考虑与判断。经过多年的发展，广东制造业以 OEM 为生产方式和投资形态的"前店后厂"模式，逐渐突显其自身的许多弊端，制约了创新能力的发挥，急需技术提升和转型升级。从 OEM 发展到 ODM 和 OBM，以及自行设计、自创品牌和自主创新已经成为广东省特别是珠三角地区产业转型升级的迫切需要。由于粤港澳区域合作的生产部分只是全球产业分工网络中的低端链条，大规模的国际市场开发有待于产业链条向上、中游的完善，而共同的产业分工网络形成了共同的科技创新与合作需求，为广东产业转型升级提供了发展平台。

（二）互补的科技资源与优势

粤港澳三地都拥有各自的科技资源与优势，并已形成互补性的发展态势。以粤港两地为例，广东省具备发展高新技术产业的诸多优势，科技综合实力居内地第三位，以专业镇为基地聚集和引进了一批高层次的科技人才，成果产业化水平较高。香港则拥有一批掌握新技术的企业家和科技人才，是世界上科技资源聚集最好的地区之一，以航运、旅游、金融和专业服务为主的服务出口贸易居世界前列。粤港两地可以充分利用各自优势，实现优势互补。目前，粤港两地科技创新与合作的主要业务已开始突破"前店后厂"的框架，逐渐朝着从研发到销售整个产业链的各个环节渗透，出现了共同研发、合作建立开发区和科技园、共同引进外资等（见表1），科技资源的互补和有效配置确保了广东产业转型升级能够获得更广阔的空间。

表 1 粤港两地科技创新与合作的主要业务

广东方面	香港方面
1. 广东省高新技术企业以香港为基地走向世界市场，如创维、TCL、科龙等； 2. 以广东省为基地建立粤港合作的研发机构，如深港学研基地、深港生物谷等； 3. 以香港为融资基地，为粤港高科技合作提供资金支持； 4. 建立粤港合作开发基金，鼓励合作创新活动的开展。	1. 以自有的知识产权，在广东省直接投资高新技术企业或科技园，如东莞长安镇的权智高科技电子工业城等； 2. 粤港合作建立开发区，引进跨国公司、港台企业以及香港高校，从事高科技产品的生产和研发活动，如广州南沙开发区等； 3. 作为跨国公司、台湾企业进入广东省进行高科技投资的基地和中介。

（三）新型的分工协作模式

虽然传统的"前店后厂"模式具有局限性，但它仍是当前粤港澳区域合作的重要方式，而且这种状况还会持续相当一段时期，这种地域分工具有的比较优势基础使其仍会产生较大的经济价值。随着合作的不断深化，许多领域都为广东产业转型升级提供了可能。这些领域包括研究开发、产品设计、生产工艺和技术、知识产权保护、资金筹集、风险投资机制、原材料和设备的供给、人才培育和组合、组织管理、高新技术企业和企业家的培育、营销网络、国际市场开拓等。同时，"前店后厂"模式的弊端也在迫使粤港澳跨行政区域之间形成新型的分工协作模式，通过利用以往"前店后厂"模式造就的合作基础，壮大自身实力，积聚力量，并向技术上自立和组成战略联盟方向发展，从而加快广东产业转型升级的步伐，提高跨行政区域的自主创新能力和协作创新能力。

（四） 有利的制度性合作平台

近年来，粤港澳跨行政区域之间形成的多种制度性合作平台，为广东产业转型升级创造了有利条件。内地加入 WTO 以及 CEPA 和泛珠三角经济合作机制的相继实施，均对粤港澳跨行政区域的市场一体化和生产要素的自由流动产生积极的推动作用。2008 年 6 月，"粤港澳紧密合作区"战略构想的提出，则为广东产业转型升级提供了又一制度性平台。随后国务院审议通过《珠江三角洲地区改革发展规划纲要（2008～2020 年）》，提出珠江三角洲地区须与香港、澳门和台湾地区进一步加强经济和社会发展领域合作的规划，至 2020 年，珠三角要建成粤港澳三地分工合作、优势互补、全球最具核心竞争力的大都市圈之一。在改革开放 30 多年后，在谋划粤港澳区域合作战略时，更应结合国际政治经济舞台上的最新演变，以广阔的世界观、国际视野作出全盘的考虑，尝试从制度模仿中吃透别人成功的关键与经验，再根据自身的国情、区情以及社情，从制度安排以及制度创新中寻求突破口。目前，粤港澳区域治理结构的演进和优化，在不同阶段已表现出不同的特征，不断在深度和广度方面渐次递进，形成逐步优化过程。

四　基于粤港澳区域合作的广东产业转型升级措施分析

依据技术创新活动的难易程度和发展逻辑，可以将广东产业转型升级的创新模式分为技术引进、技术学习、技术集成、渐进自主技术创新和突破性技术创新 5 个层次依次递进（见图 2）。其中，技术引进坚持拿来主义，不仅引进成熟技术，更重视新兴或在研先进技术的引进。技术学习以提高技术能力为目的，是广东产业转型升级的重要手段。技术集成是在知识全球化背景下，技术创新摆脱单一创新向更高层次发展的必然结果。渐进自主技术创新是粤港澳区域合作的追求目标，也是广东产业转型升级的持续源泉。突破性技术创新是技术创新的最高层次，需要粤港澳三地的生产资源高度聚集，从而为广东产业转型升级提供重大基础性创新技术。

在基于粤港澳区域合作的广东产业转型升级中，各个层次的创新模式

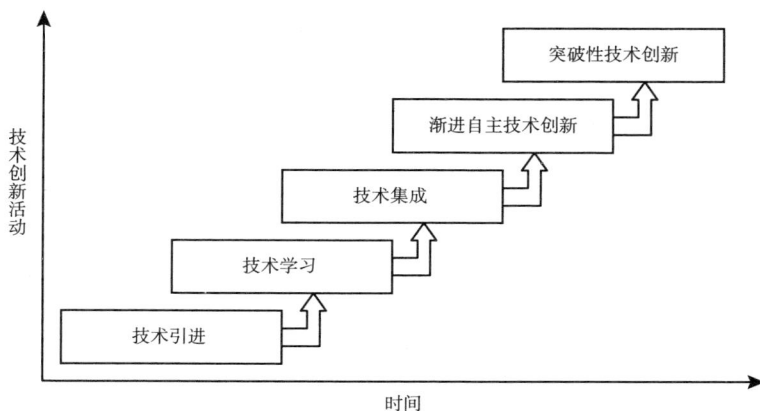

图2　广东产业转型升级的创新模式层次

遵循着渐进发展的动态过程。粤港澳三地不同城市或区域根据自身的经济发展水平和技术条件，可采用和实施不同的产业转型升级措施，其创新功能定位也不尽相同（见表2）。

表2　粤港澳三地不同城市或区域的创新功能定位

类别	城市或区域	创新功能定位
第一层次	广州、深圳、香港、澳门	知识创新中心（科学研究中心）、知识发源基地和创新成果交易中心。
第二层次	珠海、佛山、江门、惠州、东莞、中山	技术研发中心、工艺开发中心和创新扩散基地。
第三层次	广东省北部地区和东西两翼地区	技术服务基地、生产力促进中心和创新成果转化基地。

说明：广东省北部地区包括韶关、河源、梅州、清远、肇庆、云浮6市，东西两翼地区包括东翼的汕头、潮州、揭阳、汕尾4市和西翼的湛江、茂名、阳江3市。

①第一层次，充分利用广州、深圳、香港和澳门四地的科技人才优势，坚持高水平的技术引进和技术学习，引导传统产业转型升级，加强不同领域的技术集成，逐步形成较高的渐进自主技术创新能力；以重大科技攻关项目为纽带，开展跨行政区域创新合作与联合攻关，抢占前沿制高点，推动高新技术的产业化；通过知识创新与技术创新相结合，培育和提升突破性技术创新能力，把广州、深圳、香港和澳门四地建设成为粤港澳

跨行政区域的知识创新中心（科学研究中心）、知识发源基地和创新成果交易中心，共同打造具有世界影响力和竞争力的"穗深港澳"国际总部经济带，推进四地在金融、贸易、航运、中介等现代服务领域的全方位合作。

第一层次区域产业发展的基础条件表现为产业规模持续扩大、产业结构高级化和适度重型化趋势明显、集聚发展优势明显、创新能力不断提升、基础设施日趋完善等。第一层次区域的产业转型升级以原创性的"高、精、尖"为主，在珠三角地区率先以先进制造业和现代服务业来构建现代产业体系：广州重点发展电子、石化、软件、生物、创意服务等产业，并以高新技术改造和提升传统产业为基础，突出强调加快科技园区特别是广州国际生物岛的建设，努力成为广东省建立现代产业体系和建设宜居城市的"首善之区"，力争成为亚洲先进城市乃至世界重要城市。深圳要充分发挥前瞻性高新技术产业的综合优势，重点发展电子信息、生物医药、新材料、环保新能源等新兴高技术制造业。广州、深圳均要积极与香港、澳门的现代服务业相结合，加快发展创意产业、商务服务业（包括会计、广告、法律、设计等）、科技服务业等新兴和高端服务业，构建"港澳接单—广深服务"或"广深接单—港澳服务"的服务业合作新模式，提升中心城市集聚辐射和综合服务功能。

②第二层次，积极发挥以珠海、佛山、江门、惠州、东莞和中山等6个地级市为代表的珠三角地区第二梯队城市的腹地作用，以第一层次区域为知识创新源头，加强技术学习和技术集成，加快推进加工贸易转型升级；在实施"腾笼换鸟"的过程中，充分利用其发达的制造业基础，实现与第一层次区域的高新技术产业、先进制造业和现代服务业的有机结合，从而进一步促使世界制造业和服务业中心向这些城市群迁移；围绕珠三角地区重点发展的研究领域和产业集群，加强各类技术创新平台的建设，建成具有地区特色的、共享的科技创新基础条件平台。

第二层次区域的加工贸易产业选择与转移的总体导向应以提升产业国际竞争力为目标，主要发展技术和资本密集型加工贸易产业，重点发展先进制造、高新技术等产业。第二层次区域的产业转型升级以"中上游"为主，加快对第一层次区域的新知识和高新技术的消化、吸收，在区域优势产业或主导产业中筛选一批具有本地优势和地方特色的重大项目，引导推动大中型企业的强强联合、优势互补，组成区域产业协作联盟，形成区域高新技术产业密集区，使其成为粤港澳跨行政区域的技术研发中心、工艺开发中心和创新扩散基地。

③第三层次，广东省北部地区和东西两翼地区要主动接轨技术创新能力较强的第一、二层次区域，有效把握好这些城市或区域的产业转型升级与技术转移机会，加强技术引进和技术学习，积极吸引生产要素向本区域扩散，发挥北部地区和东西两翼地区在生产制造环节上的优势，加快产业与劳动力"双转移"的步伐，促进区域产业结构的不断升级和优化；以各具特色的开发区和工业园区建设为载体，以扶持民营经济和利用外资为手段，大力发展临海型、资源型和特色型工业，实现跨越式的科技创新与发展。

第三层次区域产业发展的基础条件表现为：一是产业规模扩大较快，结构不断优化。二是固定资产投资增长较快，基础设施建设水平有较大提高。三是经济发展水平与珠江三角洲相比仍有较大差距，产业结构和创新能力仍处在较低层次。第三层次区域的产业转型升级以"双转移"为重点，在做强做大现有基础较好、劳动密集型工业（粤北、粤东），以及轻纺、五金、高岭土等资源深加工产业（粤北、粤西）的同时，要积极培育石化、钢铁、造纸、机械等高新技术产业，通过引进外资和先进技术，延长创新产业链；依靠技术集成和渐进自主技术创新推动专业镇特色产业发展，成为第一层次和第二层次的技术服务基地、生产力促进中心和创新成果转化基地。

五　结语

在经济全球化和区域经济一体化的背景下，如何打破行政区划界限，提升粤港澳跨行政区域之间已经取得巨大成功的"前店后厂"模式，探索符合新时期要求的产业转型升级道路，是摆在粤港澳三地尤其是广东省面前不可回避的紧迫课题。区域创新网络促进了粤港澳各方的紧密联系并产生创新效应，从而增强其科技创新能力。但是我们也必须认识到区域创新社会资本的约束作用，它常常使创新主体在创新思维和创新资源获取上局限于区域内的网络，而这种路径依赖很可能导致他们无法有效吸收诸如近几年快速崛起的长三角等外部区域网络的创新思维和发展模式，这是在实践中需要密切关注的问题。

　　产业转型升级不仅是广东省产业发展的自身需要，更是粤港澳区域合作的客观要求；而以优势互补为基础、以国际市场为导向、以参与国际产业分工体系为特征的粤港澳区域合作，则从多方面为广东产业转型升级提供了现实基础。粤港澳三地不同城市或区域根据自身的经济技术条件，可以实施不同层次的创新模式，在产业转型升级的过程中实现各自的创新功能定位。但必须指出的是，在基于粤港澳区域合作的广东产业转型升级中，市场机制虽具有重要的调节功能，但不能忽视相应的宏观调控和组织协调，应将市场机制和政府行为有机地结合起来。尤其要认识到粤港澳三地在行政地位上是平等的，都有追求地区利益的潜在动机及经济行为的"合理性"，因此应在相互合作的基础上确保各行政区域的利益共享，弱化行政区划界限对生产资源与要素配置的阻隔力量，从而最大限度地发挥粤港澳区域合作的联动效应和聚集效应，确保各项措施都有利于粤港澳三地的深度融合与创新发展，也有利于广东产业转型升级目标的顺利实现。

参考文献

1. 陈恩、刘青：《广东加工贸易转型升级影响因素的实证分析》，《广东社会科学》2007 年第 5 期。

2. 但斌、刘利华：《面向产品制造企业的生产性服务及其运营模式研究》，《软科学》2007 年第 3 期。

3. 刘芬等：《增长极理论、产业集群理论与我国区域经济发展》，《华中师范大学学报》2007 年第 1 期。

4. 姚立：《再度空间极化与珠三角空间结构和模式的重构》，《广东社会科学》2013 年第 5 期。

5. 左连村等：《深化泛珠三角区域合作，加快经济发展方式转变》，《广东外语外贸大学学报》2013 年第 1 期。

6. 丁斗：《东亚地区的次区域经济合作》，北京大学出版社，2001。

7. 陈广汉：《粤港澳经济关系走向研究》，广东人民出版社，2006。

8. 郑华峰：《从可持续发展战略看粤港澳合作的区域竞争力》，《社会科学》2010 年第 12 期。

9. 刘建党、张惠：《粤港澳区域治理结构的演进和优化》，《开放导报》2012 年第 3 期。

10. 封小云：《粤港澳区域科技协调发展战略研究》，《经济前沿》2004 年第 4 期。

11. 张海梅、吴长春：《基于产业技术进步效应的珠三角加工贸易产业选择与转移探析》，《岭南学刊》2012 年第 6 期。

12. 吴贵生等：《区域科技论》，清华大学出版社，2007。

13. 毛蕴诗等：《加工贸易相关产业转型升级研究》，《当代经济管理》2012 年第 8 期。

14. 万哨凯、夏斌：《珠三角经济区的形成因素及一体化发展方向研究》，《改革与战略》2007 年第 12 期。

15. 杜海东、彭劲松：《基于社会资本的科技创新策略》，《技术经济与管理研究》2012 年第 4 期。

澳门高端服务业效应与粤澳
高端服务业合作

陈章喜[*]

一 澳门高端服务业在经济转型中的正态效应

(一) 高端服务业与澳门城市转型

澳门高端服务业发展有利于澳门国际性城市地位的加强,澳门作为一个中西文化融合的国际性城市,具有以下三大外部优势:一是背靠珠江三角洲地区西部的经济腹地以及整个中国大陆的依托;二是受到历史传统联系而逐渐加深与之一体化的香港经济的有力带动;三是通过葡萄牙同欧盟、葡语系国家以及东南亚国家等经济体接轨。长期以来,澳门利用以上优势与欧盟、葡语系国家以及东南亚国家和地区一直保持着悠久的经济、文化等诸方面的联系,澳门这个"中介"角色是独特的、不可忽视的优势。但是,由于种种主客观方面的原因,这些优势在很大程度上仍然是潜在的,尚未得到充分的发挥和利用,因此,澳门的国际化水平还不够高。高端服务业是现代化、国际化城市的重要产业基础,是体现城市功能的重要载体,它的发达程度逐步成为衡量一个城市综合竞争力和现代化水平的重要标志之一。目前,高端服务业产值已经占到全球 GDP 的 40% 以上,国际化大都市高端服务业占 GDP 的比重已经达到 60% 以上,成为经济发展的重要引擎。高端服务业占据服务业金字塔的顶层位置,在第一、二产业和商业中,起到了黏合剂的作用,与其他产

* 陈章喜,暨南大学特区港澳经济研究所教授。

业相互融合、共同发展。此外，高端服务业具有极强的集聚辐射力、较高的开放度和国际化程度，能够在全球范围内集聚资源和辐射能量，提升城市的国际影响力。发展高端服务业，是澳门国际性城市地位得到加强的客观要求。

（二）高端服务业与澳门战略转型

澳门高端服务业与发展有利于澳门经济适度多元化发展。澳门经济适度多元化的发展路径包括：主导产业的垂直多元化、经济横向多元化和区域经济适度多元化。主导产业的垂直多元化主要指推动博彩旅游业向旅游服务休闲业发展；经济横向多元化是指建立"1+6"的产业体系，即围绕"中葡商贸服务平台"的建设，大力发展总部经济、商务服务、会展服务业、现代物流业、金融保险业和文化创意产业；而区域经济适度多元化是指透过推动珠海横琴岛开发，实现横琴与澳门产业的对接和错位发展，形成区域内经济的适度多元化，即澳门在发展自身具有国际竞争力的博彩业及其相关旅游休闲业的同时，通过横琴旅游休闲产业、商务服务业的错位发展，共同做大做强区域旅游休闲产业，打造"世界旅游休闲中心"。无论是主导产业的垂直多元化、经济横向多元化还是区域经济适度多元化都要求澳门大力发展高端服务业，高端服务业对澳门经济转型起着不可忽视的作用。

（三）高端服务业与澳门产业转型

澳门高端服务业发展有利于澳门现代产业结构的形成，产业结构演变的基本动因来源于各产业产品需求弹性的差异。随着收入水平的提高，第一产业的需求收入弹性处于不断下降的过程中，而第二、第三产业产品的需求收入弹性则不断上升。需求收入弹性的变化，直接导致消费结构和市场需求两大因素变化，资本、劳动力和资源都向需求收入弹性高的产业转移，最终导致产业结构演变。产业结构演进的配第一克拉克定律和库兹涅茨理论指出，产业结构演进的一般规律是按"第一产业—第二产业—第三产业"依次推进，即经历了"农业社会—工业社会—以服务经济为主体的后工业社会"的发展。澳门的产业结构演进，从发展趋势看，具有"常规性"，即澳门的产业结构经历了由第一产业向第二产业转移，第二产业向第三产业演变的过程。从发展程度看，澳门的产业结构演进具有自身的特殊性，即在第一、第二产业没有得到充分发展的情况下，以低端服务业为主的第三产业"过早成熟"，跃升为经济结构的主体。目前，由于澳门产业结构并非合理有序，也不是技术进步的结果，其产业结构存在着许多问题，即使第三产业所占的比重很高，但这并没有表明澳门经济已进入服务经济为主体的后工业化社会。基于产业结构的"常规性"和"特殊性"，澳门经济要取得进一步发展，必须实现产业结构的升级演进。高端服务业具有高创新、高科技含量、高人力资本投入、高附加值、高产业带动力、高开放度、低能耗、低污染等特征，足以弥补澳门产业结构的"先天不足""后天不良"的缺陷，推动澳门产业升级。因此，大力发展高端服务业，有助于澳门传统产业结构的调整、升级，有助于启动和释放澳门创新驱动发展的潜能，有助于澳门构建富有竞争力的现代产业结构。

（四）高端服务业与澳门消费转型

高端服务业发展有利于澳门消费领域的转型升级。从经济增长角度来看，当今世界，服务业正呈现出快速增长的态势，并已成为世界经济发展的新动力；在发达国家，服务业已经成为国民经济中的最大产业；在许多发展中国家，服务业的规模和地位也在迅速上升，其增长速度已快于其他产业。据世界银行统计，不同经济发展水平国家服务业的比重不同，从就业水平来看，低收入国家平均为31%，中等收入国家平均为50%，而发达国家达到60%，目前美国的服务业已占国内生产总值的75%左右，日本及欧洲国家也占55%，服务业发展对消费转型形成驱动。自澳门回归以来，澳门经济发展迅速，居民生活水平得到明显提高，已进入了消费转型升级的历史过程。居民的恩格尔系数大幅度下降，意味着人们的消费结构已经发生根本性变化。这在客观上要求服务业进行相应的转型升级，大力发展教育培训、文化传媒、网络信息、法律咨询、现代房产和医疗等高端服务业，为人们提供各种高端服务产品，以更好地满足人们对日益增长的高端服务产品的需求。

二 澳门高端服务业经济效应的实证分析

1. 模型引用与研究方法

高端服务业作为澳门经济新的增长点及经济适度多元化的主要切入

点，对澳门经济具有不可忽视的正态效应。为了客观、系统地分析澳门高端服务业的发展效应，本文采用数据包络分析法（DEA），从定量的角度对澳门高端服务业的经济效应进行评价。设第 j 年澳门高端服务业具有相同的 m 种投入要素和 s 种产出，且称第 j 年为评价对象 DMU_j，其投入、产出分别用向量 x_j、y_j 表示，即：$x_j = (x_{1j}, x_{2j}, \ldots, x_{mj})^T > 0$，$j = 1，2，\cdots，n$；$y_j = (y_{1j}, y_{2j}, \ldots, y_{sj})^T > 0$，$j = 1，2，\cdots，n$；且 $x_{ij} > 0$，$y_{rj} > 0$，$i = 1，2，\cdots，m$，$r = 1，2，\cdots，s$。设 m 种投入要素和 s 种产出的权重分别为 v 和 u，即：$v = (v_1, v_2, \ldots, v_m)^T$ 错误，未找到引用源。$u = (u_1, u_2, \ldots, u_m)^T$ 错误，未找到引用源。则评价第 j_0 决策单元影响有效性的 DEA 模型表述如下：

$$\begin{cases} \min \theta \\ s.t. \sum_{i=1}^{n} \lambda_j x_j + s^+ = \theta x_0 \\ \sum_{j=1}^{n} \lambda_j x_j - s^- = y_0 \end{cases} \quad \lambda_j > 0; j = 1, 2, \cdots, n; s^+ \geq 0, s^- \geq 0$$

上式中，θ 表示该决策单元 DMU_0 的有效值；λ_j 表示相对于 DMU_0 重新构造一个有效 DMU 组合中，第 j 个决策单元错误，未找到引用源。的组合比例；s^- 与 s^+ 分别为资源投入冗余量和经济产出不足量。（1）当 $\theta = 1$，且 $s^- = s^+$ 错误，未找到引用源。当 $\theta = 0$ 时，则称 DMU_0 为强 DEA 有效，决策单元的生产活动同时为技术有效和规模有效。（2）当错误，未找到引用源。$= 1$，且 $s^- > 0$ 或 $s^+ > 0$ 时，则称 DMU_0 为弱 DEA 有效，决策单位不是同时技术有效和规模有效。（3）当 $\theta < 1$ 时，则称 DMU_0 不是 DEA 有效，决策单元的生产活动既不是技术效率最佳，也不是规模收益最佳。

2. 指标选取

本文评价澳门高端服务业的经济效应，目的在于考察澳门经济转型中高端服务业发展是否合理，其发展能否充分发挥作用并带来相应效益。为了达到这一目的，指标体系的建立既要涉及高端服务业的发展状况，也要体现澳门的经济发展状况。考虑到数据的可得性，选取的投入性指标为：X_1 代表旅游服务业的旅客人均消费（不包括博彩消费），X_2 代表金融服务业发展规模的信贷占 GDP 的比重，X_3 代表会展服务业发展情况的会展项目数，X_4 代表现代物流业的空运转口货物流量，X_5 代表文化产业发展情况的公开表演项目数；在产出指标选择上，应体现澳门高端服务业发展对澳门经济的驱动效应。这主要表现在：（1）澳门高端服务业的经济增长效应。高端服务业具有高科技含量、高附加值、高产业带动力等特征，其发展能够直接或间接地为加速经济发展创造条件，产生新的投资需求和消费需求，带动投资和消费，促进经济整体增长，能够促进产业链和价值链向中高端攀升，增强澳门经济可持续发展能力。（2）澳门高端服务业的就业水平提高效应。高端服务业的种类多元化，并且其高端化的特征专业人才和服务人员等高端人才产出强烈的需求，不仅能够吸纳不同类型的劳动力，从而带动就业的增长，提高就业率，而且能够吸引高技术人才，提高澳门整体就业水平。此外，高端服务业具有传统服务业无法比拟的产业扩散效应，带动了就业水平的提升。（3）澳门高端服务业的产业结构优化效应。高端服务业作为第三产业的重要组成部分，其发展必能对产业结构的调整起到不可忽视的作用，同时也能带动住宿及餐饮、运输、仓储及通信、批发零售以及保险、博彩业等第三产业内部相关行业的发展。因此，产出指标选取能代表澳门经济状况的本地生产总值（GDP）Y_1，就业人口 Y_2 和第三产业的本地生产总值所占的比重 Y_3，时间跨度从 2000 年到 2012 年。评价指标体系构成及其原始数据如表 1。

表 1　澳门高端服务产业评价指标体系及指标原始数据

年份	X_1 旅客人均消费（不包括博彩消费）（澳门元）	X_2 信贷占 GDP 的比重（%）	X_3 会展项目（个数）	X_4 空运转口货物流量（公吨）	X_5 公开表演项目数（场数）	Y_1 国民生产总值（亿澳门元）	Y_2 就业人口（千人）	Y_3 第三产业的本地生产总值占三大产业的比重（%）
2000	1367	77.97	248	16395	10734	497.4	195.3	85.3
2001	1389	68.95	252	19149	11008	523.3	205	87.1
2002	1454	60.57	266	31303	12411	563	204.9	87.9
2003	1518	52.82	239	52554	9143	635.8	205.4	87.2
2004	1633	44.26	278	85456	10116	822.9	219.1	88
2005	1523	47.06	305	102906	12180	944.7	237.5	84.8
2006	1610	43.31	360	107345	12478	1165.7	264.2	80.2

年份	X_1 旅客人均消费（不包括博彩消费）（澳门元）	X_2 信贷占 GDP 的比重（%）	X_3 会展项目（个数）	X_4 空运转口货物流量（公吨）	X_5 公开表演项目（场数）	Y_1 国民生产总值（亿澳门元）	Y_2 就业人口（千人）	Y_3 第三产业的本地生产总值占三大产业的比重（%）
2007	1637	49.52	1177	88553	13439	1450.8	293	80.9
2008	1729	55.07	1240	42515	13491	1662.7	317.1	82.8
2009	1616	59.28	1215	10478	14336	1701.7	311.9	89.1
2010	1518	57.48	1399	6208	14575	2269.4	314.8	92.6
2011	1619	56.81	1045	4748	14715	2950.5	327.6	93.6
2012	1864	56.89	1022	5054	34756	3482.2	343.2	—

数据来源：2000 年政府统计暨普查局网站（http://www.dsec.gov.mo/default.aspx）。

3. 评价结果

运用 Deap2.1 软件对表 1 原始数据进行计算，结果如表 2 所示。在综合效率比较中，澳门高端服务业经济效率强有效的年份是 2000、2001、2002、2003、2004、2005、2006、2008、2010、2011 和 2012，有效值 $\theta = 1$，s^- 和 s^+ 均为 0，而且纯技术效率和纯规模效率均为 1，即实现了技术有效和规模有效，并且处于规模报酬不变阶段。说明在这些年份中，澳门的高端服务业较高效率地带动了澳门 GDP 增长、就业水平和第三产业的发展。2007 和 2009 年 θ 值分别为 0.998 和 0.972，比较接近 1，可以认为上述年份中澳门高端服务业经济效应接近于 DEA 有效，可视为 DEA 弱有效。其中，2007 年的纯技术效率为 0.999，纯规模效率为 0.999，并且处于规模报酬递减阶段，投入出现冗余，产出没有达到最大化，其中 $s_5^- = 10.656$，表明公开表演场数这一投入性指标出现冗余量 10.565 场，产出水平为 $s_1^+ = 449.131$，$s_3^+ = 4.725$。这主要因为赌权开放后推动了投资的后续扩张，对澳门高端服务业的发展产生了挤出效应和马太效应，导致澳门高端服务业的经济效应未能得到充分发挥。2009 年澳门高端服务业纯技术效率和纯规模效率分别为 0.983 和 0.989，处于规模效益递增阶段，由于投入的资源没有得到充分利用，产出也没有达到最大化水平，出现了冗余值；$s_3^- = 182.58$，$s_4^- = 181.878$，表明会展项目这一投入性指标出现冗余量

182.58 个，同时空运转口货物流量也出现了冗余量 181.878 公吨，缺乏效率的现象明显；在产出水平上，$s_1^+ = 857.118$，$s_3^+ = 3.569$，与理论产值的差距分别达 857.118% 和 3.569%。从总体上看，澳门高端服务业在 2000 ~ 2012 年间的发展较为合理，经济效应显著。

表 2 澳门高端服务产业经济效率分析结果

年份	θ	vrste	scale	规模报酬	s_1^-	s_2^-	s_3^-	s_4^-	s_5^-	s_1^+	s_2^+	s_3^+
2000	1	1	1	不变	0	0	0	0	0	0	0	0
2001	1	1	1	不变	0	0	0	0	0	0	0	0
2002	1	1	1	不变	0	0	0	0	0	0	0	0
2003	1	1	1	不变	0	0	0	0	0	0	0	0
2004	1	1	1	不变	0	0	0	0	0	0	0	0
2005	1	1	1	不变	0	0	0	0	0	0	0	0
2006	1	1	1	不变	0	0	0	0	0	0	0	0
2007	0.998	0.999	0.999	递减	14.312	0.039	482.042	26211.149	10.656	449.131	0	4.725
2008	1	1	1	不变	0	0	0	0	0	0	0	0
2009	0.972	0.983	0.989	递增	28.051	2.765	182.58	181.878	248.845	857.118	0	3.569
2010	1	1	1	不变	0	0	0	0	0	0	0	0
2011	1	1	1	不变	0	0	0	0	0	0	0	0
2012	1	1	1	不变	0	0	0	0	0	0	0	0

说明：θ 表示不考虑规模收益时的技术效率（综合效率）；vrste 表示考虑规模收益时的纯技术效率；scale 考虑规模收益时的纯规模效率。输入指标 s_1^-——游客人均消费（澳门元）；s_2^-——信贷占 GDP 的比重（%）；s_3^-——会展项目（个数）；s_4^-——空运转口货物流量（公吨）；s_5^-——公开表演项目（场数）。输出指标 s_1^+——国民生产总值（澳门亿元）；s_2^+——就业人口（千人）；s_3^+——第三产业所占比重（%）。

四 粤澳高端服务业合作的互补性分析

（一）澳门高端服务业发展的特点

1. 澳门高端服务业依托博彩业发展

澳门回归以来，博彩业一直是澳门经济发展的主导产业，尤其是在 2002 年赌权开放后取得了迅速的发展。博彩业具有高利润的特征，其过度发展引发了生产要素向博彩业过度集聚，导致了其他产业资金、人才短缺，成本上涨，产生了挤出效应，致使其他产业难以成长发展。此外，博彩业过度发展还会导致马太效应，即博彩业的高速增长，会进一步加大政府对博彩业的依赖，使得政策和生产要素更加集中于博彩业。可见，博彩业的发展，对高端服务产业产生一定的制约。以旅游服务业的发展为例，澳门的旅游服务业一直过度依赖于博彩业，导致产业链过短，澳门独特的历史、文化等方面的旅游资源及形象并没有完全显现出来，这使得澳门旅游服务业的发展受到制约。

2. 澳门高端服务业的高端水平不高

澳门的高端服务产业发展虽然有一定的基础，但普遍存在"高端不高"现象，即多处于高端服务业链的中低端现象较为突出，例如现有旅游产品仍以普通商务旅游及会议活动为主，没有脱离普通大众消费模式，不能从内涵上体现并反映高端服务产业的本质。而且，部分高端服务产品不够精细，缺乏创新性，竞争力不足。如威尼斯人和美高梅等大型度假酒店直接沿用在美国拉斯维加斯的设计和软硬件设施，不能形成具有国际竞争力的特色高端服务业品牌。

3. 澳门高端服务业受周边地区、国家的影响

澳门作为典型的开放型微型经济体，其本地市场狭小，对外依存度很高，这导致了其经济发展极易受周边地区、国家的影响，其高端服务业的发展自然也容易受到周边的影响。以现代物流业为例，澳门的产业结构、外贸结构和细小的本地市场的特征决定了澳门的现代物流业以航空转运为主。近年来，由于受本地出口形势改变及两岸直航的影响，再加上珠三角其他机场积极优化货运设施，吸引货物到当地中转，澳门货运优势越来越少，特别是航空转运受到较大的威胁，2000 年至今，澳门的空运货物转口流量情况呈倒"U"型发展趋势，货物转口流量由 2006 年的 107345 公吨，下降到 2010 年的 6208 公吨。

4. 澳门高端服务业存在人才约束

高端服务业有着三大基本特征：主要瞄准高端市场，主要提供高端服务，主要依托高端人才。澳门高端服务业的发展必然对专业人才和服务人

员等高端人才提出强烈的需求。目前，澳门产业结构单一，技术含量低，劳动密集型的特征，决定了其就业人口的构成也以低技术、高劳动型为主。即使在博彩业迅速发展的背景下，澳门的就业人口低技能、低教育程度的状况并没有改善，这主要因为博彩业吸纳的本地大量劳动者主要从事技术要求不高的、前线的庄荷工作，对员工学历要求中学程度即可，而绝大部分管理工种由外籍雇员担任，长远来看，这导致了澳门就业人口的教育程度偏低。2011年，完成中学教育的人口占人口总数的48.9%，完成小学教育程度的占18.4%，具有高等教育学历的占16.7%，澳门的中小学毕业人数在毕业人数中占一大半以上，而未完成小学教育的占到了10%。可见，澳门人口的教育程度不高，这种较低教育素质，使得澳门难以应付迅速发展的市场需要，制约了澳门产业结构向技术型、信息化发展，一定程度上也会影响高端服务业的发展，影响澳门作为世界旅游休闲中心和中葡商贸服务平台的建立。

（二）广东高端服务业发展的特征

1. 广东高端服务业整体发展水平不高

总的来看，广东高端服务业发展起步较晚，平均水平不高，金融、信息服务、物流、航运等行业和发达国家相比存在着很大的差距。另外，服务产品、服务手段、配套制度等方面的创新能力较差，导致整个产业能级较低。近些年，高端服务业发展主要集中在一些一线发达城市，例如广州、深圳等。这些城市的城市化水平高，人文、科技、信息、物流等发展较快，交通便利，经济发展速度较快。但是，大部分地区尤其是经济欠发达甚至不发达地区，科学技术比较薄弱，信息更新慢，交通不便利，收入水平低，信息不对称，城市二元化较严重，高端服务业区域发展极不均衡。

2. 广东高端服务业对相关产业带动力不强

高端服务业的产业融合性和辐射性较强的特性并没有很好地展现，尽管各地政府都希望通过高端服务业的发展促进本地相关产业的繁荣，以此实现产业结构的优化转型升级，但这一理念并没有得到贯彻，高端服务业对整个产业链的辐射功能没有得到充分发挥。集聚辐射效应未充分发挥，如在广州，尚未形成功能突出、特色明显的高端服务业集聚区。广州金融业现有的 4 个集聚区仍比较分散，尤其珠江新城金融商务区的集聚程度及功能不足，尚难发挥金融核心的作用。物流业的空间布局模式以单个企业为主，没有形成完整物流体系，不利于货运交通的组织和物流业规模经济的形成；创意产业缺乏整体规划，重复建设现象日益突出，园区建设方面明显滞后，配套设施不完善。

3. 广东高端服务业的市场需求不足

广东服务经济的发展并没有带来高端服务业需求的充分扩大。一方面，最终服务需求从低层次向高层次发展的速度较慢；另一方面，高端服务需求还没有被激发和引爆，中间服务需求市场还不够成熟。由于现代产业分工体系还没有完全形成，大量的中间需求尚未从产业链中脱离出来，导致中间需求弱化。目前，金融、法律、物流仓储、创意、传媒等高端的中间需求行业（生产性服务业）在全部服务业产出中所占的比例较之于发达国家低很多。

五　粤澳高端服务业合作的方向性思路

（一）政府行政推动

高端服务业的发展是一个国家或地区经济综合实力的体现，是工业化发达到一定程度的重要表现。因此，应该高度重视高端服务业的发展，突出政府的主导地位。政府以宏观指导、政策支持为主要手段，明确粤澳两地在区域高端服务业合作中的角色，提供专项资金鼓励、支持，推动高端服务业的合作与发展。政府应提供政策支持，为粤澳两地高端服务业的合作提供良好的制度环境。政府要尽快出台高端服务业的行业标准和相关法律法规，对高端服务业进行法律和制度体系的构建。

（二）推行错位发展

粤澳两地产业基础，发展潜力各有优劣，高端服务业区域互补性很强。背靠内地巨大市场的广东省，高端服务业市场资源非常丰富。澳门的优势主要体现在与博彩旅游紧密结合、中西文化交融、中葡商贸服务平台上。努力将两地的高端服务业优势加以科学整合，形成粤澳间多层次、相互补充的高端服务业市场结构，实现粤澳高端服务业的深层次合作，共同探索构建粤澳高端服务业集群，增强粤澳高端服务业的整体竞争力、提高粤澳高端服务业的发展潜能。

（三）民间积极参与

特别要发挥行业协会在推动粤澳两地在高端服务业合作中的功能作用。行业协会是市场与政府之间的沟通桥梁，行业协会的发展加大了高端服务企业的凝聚力和协调力，通过建立两地高端服务业协会联盟，加强企业间的沟通了解，保证高端服务业合作的顺利进行。统一制度的执行，信息资源的广泛共享，协会规模的扩大既避免了无序竞争，也提高了协会的国际认知度，形成在引进高端服务企业过程中对国外高端服务企业更大吸引力。

（四）重视人才培养

缺乏专业的高端服务业人才是澳门高端服务业发展瓶颈，也是粤澳在合作中所面临的共同问题。澳门人力资源短缺，教育机构质量较差，只有通过合作才可以满足迅速发展的高端服务业对于专业人才的需求。人才培养是一项长期工作，要将本地培养与外部引进相结合。澳门在吸引国外先进的培训机构上具有优势。通过建立两地共同适用的人才评价体系，创造公平、良好的人才竞争环境以吸引各地优秀的人才向粤澳地区聚集，满足粤澳高端服务业快速发展的人才需求。

CEPA 下粤港澳农产品自由贸易的
制度经济学研究*

何一鸣**

一 引言

20 世纪 80 年代以来，广东与香港两地之间的经贸关系持续发展。广东宣布实行改革开放政策，1992 年决定实行市场经济制度，1997 年接收香港同时成立香港特别行政区，并于 2001 年共同加入世贸组织，这些重大举措和历史事件，使两地之间的贸易合作、双向投资和产业联动等方面的关系更加密切，其结果是推动两地的区域一体化进程。但是，由于不断扩大开放，特别是由于加入 WTO，广东市场对外商更具吸引力，港商在广东市场占有的地位面临愈来愈严峻的挑战。此外，为缓解 1997 年亚洲金融危机对港澳经济的冲击，中央政府分别与香港、澳门特别行政区政府在 2003 年 6 月和 10 月签署了《关于建立更紧密经贸关系的安排》（Closer Economic Partnership Arrangement，CEPA），并于 2004 年 1 月 1 日正式实施。

关于区域自由贸易理论的讨论最早可以追溯到 20 世纪 50 年代初。维纳（Viner）首次提出贸易创造和转移效应，形成关税同盟理论。[①] 目前涉及区域经济一体化的理论和研究主要有以下几个方面：经济政策对区域经

---

* 本文是国家自然科学基金青年项目（41301106）、国家社科基金青年项目（12CJY050）、广东省自然科学基金博士启动项目（S2012040007386）和广东省普通高校人文社会科学研究一般项目（2012WYXM_0011）的阶段性成果。

** 何一鸣，华南农业大学经济管理学院博士、教授。

① Viner, J. C., *The Customs Union Issue*, Carnegie Endowment for International Peace, 1950.

济一体化的影响，区域一体化国家提高共同外部关税倾向，经济一体化促进区域经济增长等。① 但它们都是关税同盟理论的进一步发展，并没有考虑一国之内中央与地方之间的区域经济一体化情况。近 10 多年来，一些学者沿着克鲁格曼、藤田和蒂斯（Krugman、Fujita & Thisse）等的研究范式②，并运用各种方法测量区域经济整合程度：（1）海德与迈尔（Head & Mayer）和庞塞特（Poncet）的"贸易流法"③；（2）杨和徐（Young & Xu）的"生产法"④；（3）马德拉与吴（Maddala & Wu）、范和魏（Fan & Wei）的"价格法"等。⑤ 同时，国内研究开始关注经济开放影响中国市场整合问题，其中，度量香港与广东经济联系较为成熟的指数是 INT_{HM} 指数。⑥

① Baldwin, R. E., *A Domino Theory of Regionalism*, Cambridge University Press, 1995. Grossman, G., Helpman, E., "The Politics of Free-Trade Agreements", *The American Economic Review*, vol. 85, no. 4, 1995, pp. 667 – 690. Bhagwati, J., Panagariya, A., "The Theory of Preferential Trade Agreements: Histo- rical Evolution and Current Trends", *American Economics Review*, vol. 86, no. 2, 1996, pp. 469 – 451. De Melo, J., Panagariya, A., *New Dimensions in Regional*, Cambridge University Press, 1993. Panagariya, A., Findlay, R., *A political-economy analysis of free trade areas and customs unions*, Cambridge University Press, 1996. Gao, T., "Foreign direct investment and growth under economic integration", *International Economics*, vol. 67, no. 1, 2005, pp. 157 – 174. Farrell, H., Heritier, A., "A Rationalist-institutionalist Explanation of Endogenous Regional Integration", *European Public Policy*, vol. 12, no. 2, 2005, pp. 273 – 290.

② Krugman, P. R., *Geography and Trade*, MIT Press, 1991. Fujita, M., Thisse, J. F., "Economics of Agglomeration", *The Japanese and International Economies*, vol. 10, no. 4, 1996, pp. 339 – 378.

③ Head, K. and Mayer, T., Non-Europe: "The magnitude and Cause of Market Fragmentation in the EU", *Weltwirtscha ftliches Archir*, vol. 136, no. 2, 2000, pp. 289 – 314. Poncet, S: 《中国市场正在走向"非一体化"——中国国内和国际市场一体化程度的比较分析》，《世界经济文汇》2002 年第 1 期。Poncet, S., "A Fragmented China: Measure and Determinants of Chinese Domestic Market Disintegration", *Review of International Economics*, vol. 13, no. 3, 2005, pp. 409 – 430.

④ Young, A., "The Razor's Edge: Distortions and Incremental Reform in the People's Republic of China", *Economics*, CXV, 2002, pp. 1091 – 1135. Xu, X., "Have the Chinese Provinces Become Integrated under Reform", *China Economic Review*, vol. 13, no. 2, 2002, pp. 116 – 133.

⑤ Maddala, G. S., Wu, S., "Comparative Study of Unit Root Tests with Panel Data and a New Simple Test", *Oxford Bulletin of Economics and Statistics*, vol. 61, 1999, pp. 631 – 652. Fan, C. S., W, X. D., "The Law of One Price: Evidence from the Transitional Economy of China", *Review of Economics and Statistics*, vol. 4, 2003, pp. 682 – 697.

⑥ 樊纲、王小鲁：《中国市场化指标》，经济科学出版社，2001。林毅夫、李志：《政策性负担、道德风险与预算软约束》，《经济研究》2004 年第 2 期。袁持平、刘洋：《港澳与珠江三角洲建立共同市场制度整合的效应研究》，《亚太经济》2012 年第 3 期。陈秀珍：《香港与广东经济一体化研究》，中国经济出版社，2011。

当然，CEPA 的实施效果是两地共同关注的重点。大部分学者认为 CEPA 实施对香港经济有显著的推动作用[①]；还有学者认为广东经济也从中获益良多。[②] 然而，现行的评价倾向于 CEPA 的正面效应，对负面效应的研究仅少数学者和机构有所涉及。[③] 此外，也有学者认为，香港与广东在文化融合上具有比较优势，若进一步放松两地之间的贸易管辖权管制，则可以实现帕累托改进。[④]

二　CEPA 效应的制度经济学理论分析框架

（一）CEPA：一个制度博弈与学习的开放式平台

1. CEPA 的开放性框架协议规则

CEPA 正文共 6 章 23 条，并有 6 个附件，其基本准则是：遵循"一国两制"的方针；符合 WTO 的规则；实现优势互补、互惠、互利；合作内容可因形势的发展进行补充和修改。因此，根据 CEPA 的总则和原则，广东和香港在货物和服务贸易自由化及投资便利化方面实施开放式的发展战略。

（1）货物贸易自由化的开发性举措。货物贸易自由化是 WTO 的主要规则，为体现货物贸易自由化，CEPA 也跟 WTO 一样，规定协约双方相互开放市场，削减关税并取消数量限制。因为 CEPA 之前，广东与香港之间的货物贸易关税不对称，即香港作为自由港，对广东产品免征关税，而其向广东输出产品，则要按章纳税。

（2）服务贸易自由化的开放性内容。CEPA 第 11 条规定："两地逐步

---

① 陈建、王博：《论 CEPA 实施后的香港经济》，《教学与研究》2007 年第 1 期。毛艳华：《CEPA 与香港经济结构转型研究》，《中国软科学》2004 年第 6 期。徐晓迪：《CEPA 实施绩效评估与香港经贸战略发展走向探析》，《特区经济》2012 年第 12 期。

② 黄铮、徐刚：《正确认识 CEPA 及其效应》，《郑州航空工业管理学院学报》2004 年第 2 期。王惠珍：《CEPA 效应分析》，《华东经济管理》2004 年第 2 期。吴崇伯：《CEPA 对香港经济的影响与对策分析》，《中国与东盟》2007 年第 4 期。

③ Peter Chiu, Y. W., "CEPA: a milestone in the economic integration between Hong Kong and Mainland China", *Cotemporary China*, vol. 15, no. 47, 2006, pp. 275 – 295.

④ 何一鸣：《产权管制放松与制度绩效变迁——来自广东经济非均衡转轨的证据》，《产经评论》2010 年第 2 期。

减少或取消服务业实行的限制性措施。"同时，CEPA 附件规定自 2004 年起广东包括商业、通信、金融、旅游等 7 个服务部门向香港开放，这些部门的开放可以说是一步到位又全方位的。

（3）投资便利化的开放性协议。CEPA 第 16 条规定："双方通过提高透明度、标准一致化和加强信息交流等措施与合作，推动贸易投资便利化。"

2. CEPA 框架下广东地区制度系统的整体开放性特征之型构

从新制度主义范式来看，广东地区内的各项具体制度安排构成一个结构相对稳定的制度系统。它们都不是孤立存在的，而是相互之间往往（但不一定）具有这样或那样的关系，这主要包括各制度安排之间的层次性和相关性。同时，它们在适用范围上存在着差异性，并在演化过程中具有可序性。按此逻辑，香港的资本主义市场经济产权结构便是一个开放性的制度系统，而且，相对于广东制度系统而言，前者应视为后者的"制度环境"①。一般地，环境中的组分之相互联系要弱于系统内部的联系，从而为系统趋利避害、保护和自我发展提供了可能。尤其是 CEPA 这样一个开放性的制度互动平台成功打破了广东制度系统与其制度环境，即香港制度系统之间的"边界"，促使后者为前者提供生存发展所需要的空间、信息或激励结构等有利的输入（Input），也使前者在以市场秩序为导向的演化过程中形成整体开放性的特征。而开放性（即制度系统与制度环境进行信息交换和模仿学习）则是广东制度系统实现从低组织度到高组织度的市场导向负熵流增强之必要条件。

3. CEPA 对广东制度体系演变的动力效应

CEPA 除了突破粤港澳两大制度系统之边界，使广东制度系统具备整体开放性（即一步到位又全方位的开放）的特征，更重要的是，CEPA 对广东制度系统之演化和变革产生两大效应：

第一，是制度变迁的水平与垂直扩散效应。所谓水平扩散效应，是指已经发生变革的制度安排的横向外延性影响。例如，在 CEPA 作用下以开

---

① "制度环境"是从系统论的角度，特制一切与广东制度系统有不可忽略联系的制度安排之集合，而非新制度经济学家（Davids & North，1971）对制度环境下的经典定义："它是一系列用来建立生产、交换与分配基础的政治、社会和法律基础规则。"

放市场为目的的关税制度发生变革，导致众多广东境内的产业面临更激烈的外部竞争，从而提出了建立反倾销机制以应对来自外部的不公平竞争。此外，CEPA 框架下的非歧视性原则、透明度原则和市场准入制度的改革，必将导致不同所有制企业间竞争条件公平一致化，这又会使那些产权结构不合理的企业难以适应新的竞争环境，从而不得不进行必要的产权制度改革，由此推进市场化改革的深度，这便是垂直或纵向扩散效应。

第二，是制度变迁的正反馈和学习效应。所谓正反馈效应，就是先行变革的制度安排受到后来变革制度安排的反作用时所具有的强化变革的势态。比如说，因 CEPA 而改善的竞争环境迫使企业提高自身竞争力，企业效率的增强会对竞争规则和市场开放程度提出更高的要求，从而促使市场竞争规则和外贸体制进一步变迁。其实，CEPA 的最重要作用乃其学习效应。因为 CEPA 是一个开放的制度互动平台，珠港两大制度系统将在该平台上进行竞争和博弈，两地的交易成本之大小区分出制度的优劣谁属，进而形成"制度落差"。这样，为追逐"制度租金"，低效的制度系统将向高效的制度系统学习，最终达至"制度趋同"。

（二）CEPA 框架下珠港两大制度系统的竞争及其落差

在 CEPA 作用下，粤港澳三地的运输成本和交易成本得到大幅度的节约，而较低的运输成本使广东的商人和要素所有者们更多地了解到香港地区内可供替代的制度条件因从更易于放弃原来的低效率制度系统，进而在总体上增进了开放、削弱了寻租活动和制度僵化。同时，开放能有力地激励人们投入信息成本，并推崇和学习香港式的利伯维尔场体制。开放的结果是，当广东地区的产权主体和要素所有者在跨区际重新定位时，不可避免地要在两种制度系统之间作出最优选择。一方面，香港的经济体制以私人的、自治的财产所有制为基础，而且财产所有者通过竞争实现自发协调。显然，在这样的制度系统下，个人的私有财产得到充分尊重和保护，加上契约自由及各种成熟的工商条例和交易规则，使交易活动中的交易成本更低、风险更小，进而使投资贸易变得更加有利可图。相比之下，广东的经济制度系统仍处于计划向市场过渡的双轨制经济中，产权残缺和对契约自由的干预还相当严重，法律体系也并未完善，寻租活动造成资源配置扭曲现象仍较为普遍，因此该体制下的交易成本较高，交易和决策面临的不确定性也较大。显然，当人们认识到不同制度的效率并清楚其中的原因时，他们就会预料制度上的差异会导致不同的赢利可能性。这时，制度选择就变成了一种竞争中的挑选。

当然，这种挑战要受经济开放程度的影响，这依赖于 CEPA 协议安排下的货物和服务贸易自由、投资自由及迁徙自由。在制度竞争中经济主体的"退出权"向广东制度系统中的政治家发出信号。面对开放社会中外部制度的激烈竞争，同时认识到自身对外部制度系统的理解不利于保全自身的利益，政治企业家只好寻求新的制度安排集合。这样，制度系统之间竞争的压力迫使广东地区的政治企业家不得不启动学习机制，通过学术交流、赴外参观等"请进来""走出去"的方式获得大量成功的制度系统之社会科学知识，并将之本土化。在这种模仿加创新的制度演化过程中，地方政治家发现其潜在收益超过变革成本，因而积极推动这种模仿型开放性的制度改革。

此外，区域间制度安排差异使得一些区域的经济主体在一定阶段获取高额的"制度租"成为可能。一方面，效率各异的两种制度系统并存竞争，使得产权主体可以利用两制度系统的差异获得制度上的相对效率，因香港的制度效率较高，广东制度系统与之相比时会表现出巨大的"制度落差"，这种因制度优势所带来的经济绩效会给香港带来明显的"制度租金"。另一方面，为追逐同样的制度租金，广东的制度模仿会使该制度租值耗散，直至两地的制度效率在边际上达到一个动态平衡的状态为止。

三　基本模型

便于分析问题，假设港澳的企业均为上游企业（记为 H），广东的企业均为下游企业（记为 G）。① 不失一般性，分别从港澳和广东各选择一个

---

① 该假设的历史依据：自20世纪80年代起，港澳经济高速增长带来的高工资、高租金直接导致了港澳劳动密集型产业的生产成本不断攀升，严重制约了当地制造业的发展。适逢毗邻的珠江三角洲地区已经开始实行改革开放，于是港澳企业利用当时珠江三角洲拥有丰富的土地和劳动力资源的比较优势，把本地制造业大规模地转移到珠江三角洲，并把在珠江三角洲生产加工的产品运回香港直销海外，从而形成一种产、销地域分离的经贸合作模式，即传统的"前店后厂"模式。但进入90年代以后，首先取得改革开放成果的珠江三角洲也出现了80年代香港那种因经济增长引起的生产成本提高的现象。同时，港澳企业预期到内地市场的未来发展前景，加上港澳本地的技术密集型产业的发展，促使部分港澳企业先在香港生产复杂中间产品，再把上游产品运往珠江三角洲进行加工包装，最后直接销往内地市场，从而形成一种新型的"前厂后店"模式。

代表性企业, 且企业 H 和企业 G 面临的反需求函数分别为:

$$P_H = a - bq_H \tag{1}$$

$$P_G = c - dq_G \tag{2}$$

其中, p_H 和 p_G 分别为企业 H 和企业 G 所生产的产品之价格水平; q_H 和 q_G 则分别是企业 H 和企业 G 的总产出; 参数 a, b, c, d 均为正数。

同时, 考虑上下游企业的成本状况, 假设它们的平均成本函数分别如下:

$$c_H = \bar{c}_H + T \tag{3}$$

$$c_G = \bar{c}_G + P_H \tag{4}$$

这里, 由于企业 H 为上游企业, 因而其平均成本 c_H 由平均生产成本 $\bar{c}_H$ 和贸易壁垒参数 T 共同组成。[①] 下游企业 G 的平均成本 c_G 则由其平均生产成本 $\bar{c}_G$ 和上游产品价格 p_H 构成。

为简单起见, 本文假定运输成本为零, 则两个企业的最优产量安排可以通过求解如下问题而得:

$$\underset{q_H}{Max}(a - bq_H - \bar{c}_H - T)q_H \tag{5a}$$

$$\underset{q_G}{Max}(c - dq_G - \bar{c}_G - P_H)q_G \tag{6a}$$

分别求解式 (5a) 和 (6a) 的一阶条件, 有:

$$a - 2bq_H - \bar{c}_H - T = 0 \tag{5b}$$

$$e - 2dq_G - \bar{c}_G - \frac{a + \bar{c}_H + T}{2} = 0 \tag{6b}$$

从而, 分别得到企业 H 和企业 G 的最优产量:

$$q_H^* = \frac{1}{2b}(a - \bar{c}_H - T) \tag{5c}$$

$$q_G^* = \frac{1}{2d}(e - \bar{c}_G - \frac{a + \bar{c}_H + T}{2}) \tag{6c}$$

---

① 为分析方便, 贸易壁垒参数 T 可以简单理解为从量税率。

鉴于 CEPA 的作用，港澳和广东之间的贸易壁垒逐步减少甚至消失，即贸易壁垒参数 T 产生 $\triangle T$ 幅度的下调。[①] 因此，分别对式（5c）和（6c）求关于 T 的一阶偏导数，并整理得：

$$\frac{\partial q_H^*}{\partial T} = -\frac{1}{2b} \qquad\qquad (7)$$

$$\frac{\partial q_G^*}{\partial T} = -\frac{1}{4d} \qquad\qquad (8)$$

于是，由式（7）和（8）得到一个命题和若干推论：

命题 1：企业的最优产出水平与贸易壁垒参数成反比例关系。

该命题背后的直觉含义是显而易见的，它清楚表明，在 CEPA 作用下三地贸易壁垒的削减将会刺激企业对产品的供给。具体地，CEPA 这项新的制度安排的实施不仅直接引起香港企业增加产量，而且间接导致广东企业也提高其产量水平。

推论 1：在 CEPA 的作用下，两地企业的产品价格和平均成本将不断下降，且它们的利润水平将得到提高。

证明　利用命题 1 中的结论，可以得到：

$$\frac{\partial q_H^*}{\partial T} = -\frac{1}{2b} < 0 \text{ 且} \frac{\partial q_G^*}{\partial T} = -\frac{1}{4d} < 0 \qquad (b, d > 0)$$

再由式（1）和（2）得知：

$$\frac{dp_H^*}{dq_H^*} = -b < 0 \text{ 且} \frac{dp_G^*}{dq_G^*} = -d < 0 \qquad (b, d > 0)$$

这样，可以得到下面的关系式：

$$\frac{dp_H^*}{dT} = \frac{dp_H^*}{dq_H^*} \times \frac{dq_H^*}{dT} = \frac{1}{2} > 0 \qquad \text{且} \qquad \frac{dp_G^*}{dT} = \frac{dp_G^*}{dq_G^*} \times \frac{dq_G^*}{dT} = \frac{1}{4} > 0$$

从上面两式可以看出，CEPA 的实施使 $\triangle T < 0$，因而有 $\triangle p_H^* < 0$，$\triangle p_G^* < 0$。

[①] CEPA 第二章就两地货物贸易自由化所作的具体规定如下：（1）内地分两批对原产于香港产品进口实行零关税；（2）内地不对原产于香港的进口货物实行关税配额；（3）内地与香港一方不对原产于另一方的进口货物采取反倾销措施；（4）内地与香港一方不对原产于另一方的进口货物采取反补贴措施等。

接着，为了解贸易壁垒 T 对企业 G 的生产成本之间接影响，联合式（1）、（4）和（5c）得到：

$$c_G = \bar{c}_G + \frac{1}{2}(a + \bar{c}_H + T) \tag{9}$$

对式（9）求关于 T 的一阶偏导数，有：$\frac{\partial c_G}{\partial T} = \frac{1}{2} > 0$，同理，对式（3）求关于 T 的一阶偏导数，有：$\frac{\partial c_H}{\partial T} = 1 > 0$，因此，随着 T 的不断减少，上游企业 H 的平均成本 c_H 和下游企业 G 的平均成本 c_G 也同时减少。

最后，把式（5c）和（6c）分别代入（5a）和（6a），再求关于 T 的一阶偏导数，有：$\frac{\partial \pi_H}{\partial T} = -q_H^*$ 和 $\frac{\partial \pi_G}{\partial T} = -\frac{1}{2}q_G^*$。由 q_H^*，$q_G^* > 0$ 可知，对于任意 $\triangle T < 0$，有 $d\pi_H > 0$，$d\pi_G > 0$。所以，得到上述结论。

推论 1 的经济学含义是：CEPA 这样一项以破除贸易壁垒为目标的自由贸易制度安排的实施，削弱了港澳与广东的贸易障碍，大幅节约了三地贸易往来的内生交易成本和生产成本，从而创造出更多的获利空间。同时，贸易壁垒的下降意味着政府干预私人产权交易所造成的产权残缺程度得到减缓，财产权利能够较自由地流向对其评价最高的主体手中，实现资源所有权的最优配置。

推论 2：在 CEPA 作用下，三地的消费者福利水平得到改善。

证明　由于消费者剩余的变化可表示为：

$$dCS_i = -q_i^* p_i'(q_i^*) dq_i^* \qquad (i = H, G)$$

则可以得到：$\frac{dCS_i}{dq_i^*} = -q_i^* \times \frac{dp_i^*}{dq_i^*} > 0$，$\forall \frac{dp_i^*}{dq_i^*} < 0$

因此，得到关系式：$\frac{dCS_i}{dT} = \frac{dCS_i}{dq_i^*} \times \frac{dp_i^*}{dT} < 0$，$\forall \frac{dq_i^*}{dT} < 0$

显然，在 CEPA 作用下，港澳与广东的贸易壁垒的消失可使产品和要素的价格下降并导致消费品的产量增加，从而使越来越多的消费者能够以较低的代价享受到更多的消费品，消费者剩余的提高引起消费者整体福利的改进。这也是推论 2 的经济学解释。

四　结论与政策含义

第一，在 CEPA 作用下，粤港澳三地贸易壁垒的削减将会刺激企业对产品的供给。具体地，CEPA 这项新的制度安排的实施不仅直接引起香港企业增加产量，而且间接导致广东企业也提高其产量水平。同时，三地企业的产品价格和平均成本将不断下降，且它们的利润水平将得到提高。

第二，CEPA 这样一项以破除贸易壁垒为目标的自由贸易制度安排的实施，削弱了港澳与广东的贸易障碍，大幅节约了三地贸易往来的内生交易成本和生产成本，从而创造出更多的获利空间。同时，贸易壁垒的下降意味着政府干预私人产权交易所造成的产权残缺程度得到减缓，财产权利能够较自由地流向对其评价最高的主体手中，实现资源所有权的最优配置。

最后，香港专业服务业进入广东仍存在"大门已开，小门不开"的制度障碍，使得两地对 CEPA 的期望值降低。广东农产品的单向流动未能实现 CEPA 的最大制度效应，但是，港澳可以通过构建农产品的期货离岸金融市场反过来促进广东农业的发展。因为农产品从广东流向港澳的过程中，港澳的货币其实也流向广东农业部门。农产品期货离岸市场能够通过香港国际金融中心的作用吸引大量的资金，期货契约交割后得到的货币收入将大力支持广东农业的转型与升级。

参考文献

Krugman, P. "Increasing Returns and Economic Geography". *Journal of Political Economy*, vol. 99, no. 2, 1991, pp. 483 – 499.

粤港农产品供应链质量安全监管研究

文晓巍 李 琳 刘妙玲 杨炳成[*]

一 引言

作为亚太地区消费水平最高的地区之一以及国际旅游城市，香港的农产品进口数量十分巨大。2010 年香港鲜活农产品生产、出口、进口、转口及食用量统计数据显示，全港进口蔬菜占蔬菜总消费量约 97.5%，进口生猪数量约占生猪总消费量 96.0%[①]，进口淡水鱼约占总消费量 96.0%。近年来，香港的食品质量安全情况总体良好，并未出现重大的食品安全事故。其中经广东检验检疫局监管的供港食品连续 18 年未出现严重的食品安全事件，合格率一直保持在 99.9%[②]以上。但食源性疾病仍然时有发生，这引起了香港居民对于食品安全，尤其是食用农产品质量安全的担忧与重视。而在供港农产品的食品质量的把握上，供应链各环节监管占有重要的部分。农产品供应链监管模式能否高效、畅通、平稳运行，事关农产品质量安全，也关系到香港消费者的切身利益。因此，保障供港食品安全，尤其是农产品质量安全，是一项重大的战略任务。

在供给香港农产品的过程中，广东扮演了关键角色。其一，广东是港澳地区鲜活农产品和食品的主要生产和供应基地。2012 年度，粤供港

---

[*] 文晓巍，博士，华南农业大学经济管理学院副院长，教授；李琳，华南农业大学经济管理学院研究生；刘妙玲，华南农业大学经济管理学院研究生；杨炳成，华南农业大学经济管理学院研究生。

[①] 渔农自然护理署年报：《二零零八至二零一零年鲜活食品的生产、出口、进口、转口及食用量》，http://www.afcd.gov.hk/misc/download/annualrepo。

[②] 莫凡：《广东供港食品连续 18 年未出现严重的食品安全事件》，南方网（2013-01-31）http://news.southcn.com/g/2013-01/31/content_63212432.htm。

食品农产品 161 万吨，每天从广东运入香港的各类鲜活产品和食品农产品约有 450 车次和 10 多船次①。两地市场的联系十分紧密。其二，在供港农产品流通中，广东承担了输港农产品最主要的检验检疫任务。显然，广东供港农产品的数量和质量安全，对于确保香港地区的繁荣稳定极为重要。

二　文献综述

1980 年以来，随着经济全球化的不断深入和市场环境的变化发展，企业经营方式也随之改良，供应链这一理念愈加被关注（Porter，1985；Christopher，1992），并以其对市场需求的快速响应、协调合作的生产方式和满足顾客个性化的要求等得到了实业界广泛应用（Alvarado et al.，2001）。农业的重要性和农产品的特殊性使得农产品供应链也受到广泛关注。农产品供应链是指由涉及将农产品或服务提供给最终消费者的过程与活动的上游及下游农户、生产商、批发商、零售商以及最终消费者组成的供需网络（陈小霖等，2007）。由于农产品的易腐性、区域性、鲜活性、食用安全性等，农产品供应链管理要求更高，其中提高新鲜度和保障安全性成为了农产品供应链管理的重要战略目标（Van der Vorst and Beulens，2002）。黄祖辉等（2005）认为，农产品的特性决定了对生鲜农产品进行供应链管理的基本特征与要求包括：保证生鲜农产品以最短的时间实现从田间到餐桌的流动；保证生鲜农产品在流通中实现品质的稳定或提升；保证向消费者提供新鲜、安全的多样性食品；降低整个物流过程中的损耗，控制逆向物流的生成率，全面节省成本等。田源等（2008）认为，保障食品安全不只是某个企业的事情，而必须从供应链整体角度考虑，基于供应链研究食品安全保障体系，才能使食品安全不流于空谈。然而，从农田到餐桌的供应链各环节都存在食品安全风险（周应恒、耿献辉，2002）。文晓巍、刘妙玲（2012）研究表明，供应链不同环节食品安全危害程度差异显著，农产品初加工、食品深加工、销售/餐饮是食品安全的薄弱环节，食品深加工是危害程度最大的环节。

---

① 《广东力保纯洁供港澳农副产品质优量足》，中国新闻网，http：//www.chinanews.com/ga/2012/01 - 07/3588069.shtml。

近年来，食品可追溯系统成为极为关注的话题，农产品可追溯系统要涉及到农田到餐桌的大大小小环节，建立有效的可追溯系统可帮助有关部门对食品安全、风险控制防疫等的监督（Smith，2005），被认为是能从根源上预防食品安全风险的主要监督工具之一（van Rijswijk et al.，2008）。目前许多研究正从技术、消费者购买意愿、制度设计等角度探索食品可追溯系统建立，例如，Bosona，Gebresenbet（2013）讨论了发展与实施食品安全系统的定义、驱动力量和障碍，以及食品安全系统的益处、追溯技术的进步与表现。拉维利（Lavelli，2013）以中等规模企业的禽肉供应链为例，讨论了这些企业实施可追溯系统所带来的益处和所遭遇的障碍。

虽然当前农产品供应链已逐步得到关注，但是目前对该领域的研究不够深入，尤其在农产品供应链质量安全监管方面。另外，针对供港农产品供应链的研究相对稀疏，仅有李显龙和周应恒（2012）分析了供港蔬菜的质量安全监管模式，而专门从农产品供应链角度来研究其质量安全监管机制的成果还相对匮乏。因此，对供港农产品供应链食品安全监管模式开展专门的研究，不仅可以进一步丰富农产品供应链理论，还具有重要的现实意义。

三　粤港农产品供给的质量安全现状

（一）香港农产品供给来源

香港地域狭小，受环境限制，自然资源匮乏，基本不发展农业，其日常所需食品，尤其是农产品，主要依靠外地，特别是中国内地进口。同时，由于地理、人口等因素，广东与香港之间的合作相当紧密。广东是供港食品的主要来源地，占整个港澳市场70%以上的份额。广东检验检疫局辖区供港鲜奶占全国的100%，冰鲜猪肉、禽肉各占80%，冰鲜水产品占75%，蔬菜占50%以上。供港食品数量较大、品种丰富①。

（二）供港农产品质量安全基本判断

供港农产品质量整体良好，质量安全水平相对较高，可以从以下两个方面来说明。

---

① 中国质检网，http：//www.cqn.com.cn/news/zggmsb/diyi/734597.html。

1. 香港农产品抽检合格率高

香港食物环境卫生署食品安全中心每月定期更新《食品安全卫生报告》，市民能够适时地获取最新的食品安全资讯。一项最新香港食品安全报告显示，2013 年 10 月在抽检的约 12400 多个不同类别的食品样本中（肉类、家禽及其制品占 8%，奶类、奶类制品及冰冻甜点占 5%、水产品及其制品占 14%，谷类及其制品占 4%，蔬菜、水果及其制品占 30%，其他类型占 40%）（见图 1）。通过微生物、化学及辐射水平测试，得到的结果是不合格样本有 13 个，占总体 1%，整体测试合格率为 99%。具体情况如图 1 及表 1 所示。

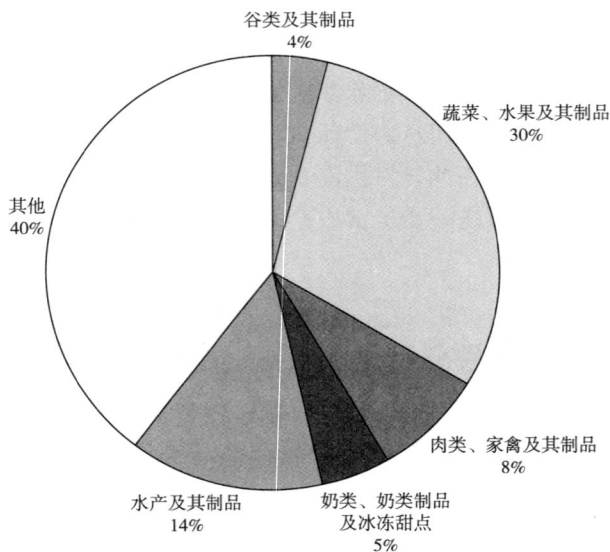

图 1　样本分布情况

表 1　香港食品检测样本不合格情况

食物种类	测试食物样本数目	不合格食物样本数目
蔬菜、水果及其制品	3700	0
肉类、家禽及其制品	1000	0
水产及其制品	1700	0
奶类、奶类制品及冰冻甜点	600	13
谷类及其制品	500	0
其他	4900	0
合　计	12400	13

以上数据说明，香港的食品安全卫生情况良好，保障了香港居民的饮食健康。

2. 食品安全事件较少

香港食物环境卫生署的年度报告显示，2012 年共监察到约 1000 宗食物安全事故里，没有重大食品安全事故，而其中，食物中毒事故的主要原因是即食食物与未经烹煮食物交叉污染，食物未经彻底煮熟，食物贮存温度不当以及负责处理食物的人员污染食物。在这些食品安全事故中部分较为严重的都被香港食品安全中心发布消费预警。本文对 2009～2012 年的消费预警进行了分析，整理如表 2 所示，其中 2012 年食品安全消费预警仅有 19 件，而其中属于内地的产品仅有 1 件，2011 年食品安全消费预警仅有 24 件，属于内地的产品仅有 2 件。另外，经深圳检验检疫局检验检疫的供港食品农产品，多年来从未发生安全卫生质量事故。其中，供港蔬菜连续 16 年没有发生过"毒菜"事件，供港鲜奶 30 多年没有发生质量安全事故，供港活畜禽多年未发生禽流感等疫情。

可见，供港农产品质量安全事件发生还是相对较少的。

表 2   2009～2012 年度香港食品安全预警情况 *

年份	消费预警量	播报的内地产品量
2012	19	1
2011	24	2
2010	12	0
2009	11	0

数据资料：香港食品安全中心，http：//www.cfs.gov.hk/sindex.html。

四   粤港农产品供应链结构与质量安全监管

广东供港食品安全率达 99.999%，很大程度上是依赖于粤港农产品供应链参与主体对质量的严格把控，制度的不断优化，组织高度保障及信息技术的不断更新。

（一） 粤港农产品供应链结构

粤港农产品供应链结构如图 2 所示。粤港农产品全部来自种养殖基地，生产环节监管严密，采用标准化管理模式；基地生产的农产品经由加工配送中心处理后运往深圳出入境关口过关检验；检验合格后，部分进入香港农产品批发市场，再流入零售端，部分直接进入香港的酒楼、饭店、超市。整个农产品供应链环节采用全过程的质量可追溯系统，保障了质量安全信息的记录、信息的溯源。另外，在农田到关口这段过程中，大陆极其重视其监管措施，采取无缝监管，全过程长效监管机制。

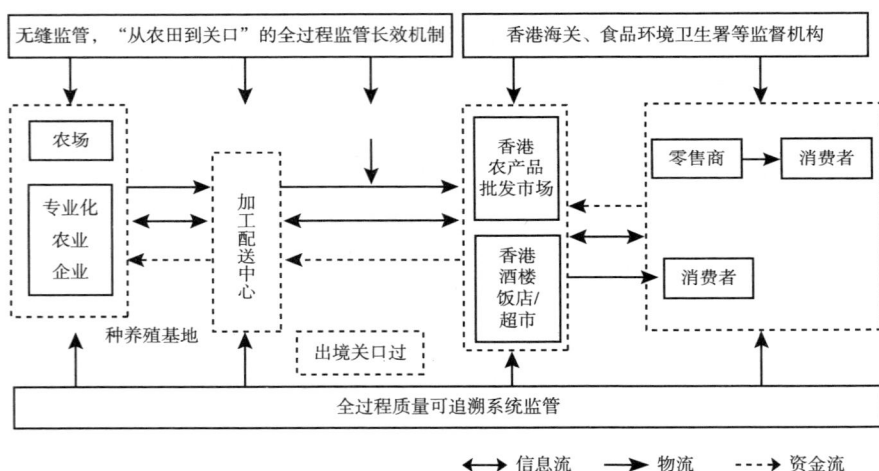

图 2　粤港农产品供应链结构

数据资料来源于香港食品安全中心。

（二） 粤港农产品供应链质量安全监管措施

1. 基于备案基地的生产监管

在源头企业筛选上，绝大部分供港商品采用"出口配额分配"，即由在港央企内地购买、赴港销售；供港蔬菜也必须出自国家质检总局和香港方面认可的供港蔬菜备案基地。此类供港食品生产企业必须在检验检疫部门进行卫生注册登记，获得卫生注册或登记证后才有资格报检出口食品；对已通过卫生注册登记的企业，检验检疫部门加强日常监督管理，定期派员下厂监督检查，达不到供港食品生产卫生要求的取消出口资格；注册登记企业报检出口的产品，必须经过检验检疫部门检验合格后方可供港，源头企业上的严格监控，有利于供港食品安全的进一步落实。

在日常的监管过程中，检验检疫局按照企业生产规模、质控水平、产品种类等对生产企业进行综合评定，实施分类管理，并根据掌握的食品安全风险，对企业进行针对性的突击检查，有效杜绝存在安全隐患的食品进入香港市场。

2. 流通环节的统一配送

在供港食品的流通环节上，一般是由供港食品企业或者第三方进行统一配送。统一的配送中心可以有效地防止二次污染。例如，国通中转中心对水产品采用全密封冷柜运送，直达香港的鱼产品批发市场才能开封，从养殖场到港澳市民餐桌的过程中实行无缝隙监管，从而保证其到港后的质量。

3. 可追溯的全程信息监管

建立溯源体系，通过广东检验检疫供港溯源系统，供港澳农产品的每个细节都"记录在案"。每一份供港农产品独立包装，并标有追溯信息，可追溯源头，包括来源的备案注册的企业、栏舍都可查找，确保质量信息完整。其中，可追溯的信息包括：何时种植/养殖，何时采收/屠宰，期间施肥次数、施肥量、肥料名称，甚至包括采收后运输车辆、司机等信息一览无遗。

4. 多地联动的检验检疫

深圳检验检疫局严格按照《食品安全法》的规定，落实生产企业备案，通过备案审查供港食品生产企业布局设计和卫生质量控制体系，把好供港食品市场准入关。香港食物环境卫生署与广东、深圳、珠海检验检疫局建立了食品安全检验检疫管理例会制度，对供港食品的安全状况再协同进行相关检测。双方还通过"五地会议"、联络员制度、来访机制和技术交流机制等加强互动和联系。

5. 组织、制度和技术的多维保障

组织方面。各级政府对供港农产品的质量安全极为重视。如深圳检验检疫局成立了局领导挂帅、有关业务处和口岸局负责同志参加的工作领导小组，细化各项检验检疫监管内容，形成了符合深圳口岸实际的规范性操作文件和业务指导书，建立起较为完善的质量安全保障体系。

制度方面。完善的基地备案制度，保证了供港食品的可追溯性；与此同时，广东出入境检验检疫局已经建立完善了重大动植物疫情防控机制、进出口食品风险预警快速反应机制，强化对农兽药残留的监控检测，并为重点口岸配置了动物防疫消毒车，在各分支局设立了应急物资储备库，一旦发现疫情就及时启用应急储备物资，保障香港物资供应。

技术方面。不断的技术更新成为保障供港食品安全的主要手段。例如，2008 年，广东全面启动了供港活猪电子耳标标识管理的实际运行，开创了将射频识别技术用于食用动物安全卫生质量控制的先例。

五 结论与启示

基于以上分析，我们的结论是：供港农产品备案基地的严格生产监管，流通环节的统一配送，可追溯的全程信息监管，多地联动的检验检疫，组织、制度和技术的多维保障等造就了广东供港农产品的高质量。显然，粤港农产品供应链质量安全监管的模式是极为有效的，但内地不能照搬这种模式，只能从中借鉴。

首先，党中央和国务院高度重视港澳地区的经济繁荣、社会稳定。保障粤港农产品质量安全是一项重要的政治任务，对于维护香港人民的健康安全，乃至于香港地区的和谐稳定具有关键意义。

其次，香港经济高度发达，居民收入水平较高，且香港人的生活习惯使鲜活食品往往比冷冻食品价格高，需求比例大（牛宝俊、孙良媛，2000）。因此粤港农产品价格虽高，但利润空间大。这在一定程度上也为粤港农产品的质量提供保障。然而，由于内地面积广阔，人口众多，市场规模和需求总量大而多元；加之我国大多数地方正处于从传统农产品流通方式向现代化农产品流通方式转变的过程，农产品流通系统参与个体多，中间环节繁复（祁之杰，2005）以及我国农产品供应链质量安全法制化进

程较慢，溯源机制、惩罚机制尚在建设中等多种原因，共同促成内地农产品供应链质量安全监管情况复杂、难度大的现象。由此可知，简单复制粤港农产品供应与安全监管模式是不科学的。

最后，内地可以从以下几个方面进行借鉴。一，在经济、社会条件相对成熟的大城市郊区建立高品质的农副产品基地，使部分农产品生产规模化、精细化和高端化；二，保持经济稳步推进，制定合理的分配机制，提高人民的收入，同时将市场机制与宏观调控有效结合，稳定农产品价格；三，加大构建现代化、产业化的农产品流通组织与渠道，建立规范的流通秩序，减少冗杂的中间环节，保持农产品信息畅通；四，推进食品安全法制化进程，进一步细化相关法律法规，切实执行，加大违法惩治力度，确保农产品质量安全。

参考文献

［1］Alvarado，U. Y.，Kotzab，H.，2001，Supply chain management：the integration of logistics in marketing. Industrial Marketing Management，30（1）：183 – 198.

［2］Bosona Techane，Gebresenbet Girma. 2013，Food traceability as an integral part of logistics management in food and agricultural supply chain. Food Control，33（1）：32 – 48.

［3］Christopher，M，Peck H. 2004，Building the resilient supply chain，The International Journal of Logistics Management，15（2）：1 – 13.

［4］Lavelli V. 2013，High-warranty traceability system in the poultry meat supply chain：a medium-sized enterprise case study［J］. Food Control.

［5］Porter M. 1985. Competitive Strategy. The Free Press，New York.

［6］Van der Vorst，Beulens. 2002，Identifying sources of uncertainty to generate supply chain redesign strategies. International Journal of Physical Distribution & Logistics Management，32（6）：409 – 30.

［7］van Rijswijk，W.；Frewer，L. J.；Menozzi，D. and Faioli，G.．；2008，Consumer Perceptions of Traceability：A Cross-national Comparison of the Associated Benefits，Food Quality and Preference，19（1）：452 – 464.

［8］陈小霖、冯俊文：《农产品供应链风险管理》，《农业经济问题》2007 年第 5 期。

［9］龚强、陈丰：《供应链可追溯性对食品安全和上下游企业利润的影响》，《南开经济研究》2012 年第 6 期。

［10］黄祖辉、鲁柏祥、刘东英、吕佳：《中国超市经营生鲜农产品和供应链管理

的思考》，《商业经济与管理》2005 年第 1 期。

[11] 李显戈、周应恒：《供港蔬菜质量安全监管模式初探》，《世界农业》2012 年第 11 期。

[12] 牛宝俊、孙良媛：《大陆对香港鲜活农产品贸易的对策研究》，《经济问题》2000 年第 3 期。

[13] 祁之杰：《农产品流通系统质量安全体系建设研究》，《物流技术》2005 年第 1 期。

[14] 田源、张文敏：《基于供应链的视频安全保障体系研究》，《生产力研究》2008 年第 24 期。

[15] 文晓巍、刘妙玲：《食品安全的诱因，窘境与监管》，《改革》2012 年第 9 期。

[16] 周应恒、耿献辉：《信息可追踪系统在食品质量安全保障中的应用》，《农业现代化研究》2002 年第 6 期。

穗港澳三城城市历史风貌管理
法律法规比较研究

高 伟　张婉婷*

随着全球化进程的加剧，现代中国快速的城市发展令城市的历史风貌保护面临挑战。粤港澳都市圈作为国内近现代城市化进程的首发地之一，是观察与探讨我国城市历史风貌保护的理想研究地。而在城市历史风貌保护的过程中，法律法规起到了不容忽视的决定性作用。

1. 研究背景

本文选取广州、香港、澳门三城作为研究对象，进行城市历史风貌保护方面的法律法规比较研究，一方面基于地理范畴中三城的关联性，另一方面基于时间范畴中三城各自的独特性。

广州是中国的千年商都，现在仍是南中国的经济政治重镇；香港则是以高密度的发展模式在 19 世纪兴起的国际化大都市；澳门作为中国最早的殖民地，保留着完整的西方殖民地风格建筑体系和城市风貌，现在则是世界最具吸引力的旅游休闲中心和区域性商贸服务的平台之一。虽然 3 座城市有诸多不同，但是仍然具有很多共性，如同样是岭南文化中广府系文化的代表城市，是近代中国与西方发生联系的第一扇窗口，有着珠三角共饮一江水的地缘关系。

在此异同点基础上，本文对穗港澳三城城市管理部门对于城市历史风貌控制与保护的法律法规进行了比较研究，希望达到以下研究目标：

（1）建立穗港澳三城的城市历史风貌管理策略的比较体系，对比三城

---

* 高伟，华南农业大学林学院园林城规系实验师，华南理工大学建筑学院建筑设计与理论博士研究生；张婉婷，华南理工大学建筑学院风景园林学硕士研究生。

基于不同的文化来源、经济模式、区域定位、政治影响、历史因素等的形成内因所产生的法律法规的异同点与各自优势；

（2）基于对广州城市历史风貌管理现状的反思，在比较中吸收香港、澳门的优秀管理经验，对广州城市历史风貌的管理提出建设性意见。

2. 城市历史风貌保护与管理的相关部门及法律法规

（1）相关部门

澳门城市历史风貌保护的主要部门是澳门文化局（1982 年）下属的文化财产厅。另外，根据 2013 年的《文化遗产保护法》设立了文化遗产委员会①，该会取代现有的保护建筑物、风景及文化财产委员会②作为今后澳门政府针对相关保护问题的咨询机构。

香港的古物咨询委员会③及古物古迹办事处于 1976 年在《古物及古迹条例》颁布后相继成立。在 2001 年，根据《市区重建局条例》成立了市区重建局④，作为促进香港市区更新的法定机构。另外，发展局于 2008 年成立文物保育专员办事处。

广州市文化局是广州市关于历史文物保护的行政主管部门，并有文物处作为广州市文化局的下属单位。另外，市政府于 1999 年和 2013 年分别成立了广州市历史文化名城保护委员会⑤和广州市文物保护管理委员会⑥。

（2）法律法规

澳门关于城市历史风貌保护的法律从 1976 年颁布的第一部《第 34/76/M 法令》⑦开始，并于 1984 年和 1992 年又分别出台了《第 56/84/M 号法令》和《第 83/92/M 号法令》两部法律。2013 年 9 月，澳门政府颁布了《第 11/2013 号法律——文化遗产保护法》，该法已于 2014 年 3 月 1 日生效，而《第 56/84/M 号法令》和《第 83/92/M 号法令》则在 2014

---

① 该委员会设立参看《第 11/2013 号法律》第 16 条。
② 该委员会设立参看《第 56/84/M 号法令》第 1 条。
③ 该委员会设立参看《古物及古迹条例》第 17 条。
④ 该局设立参看《市区重建局条例》第 3 条。
⑤ 该局设立参看《广州历史文化名城保护条例》第 6 条。
⑥ 该局设立参看《广州市文物保护规定》第 4 条。
⑦ 此法律已依据《第 56/84/M 号法令》第 40 条废止。

年相继废止①。自此《文化遗产保护法》成为澳门唯一的历史文物保护法律。

香港的相关法律主要为 1976 年颁布的《古物及古迹条例》（香港法例第 53 章）以及 2001 年施行的《市区重建局条例》（香港法例第 563 章）。

广州关于城市历史风貌保护的法律制定相对起步较迟，最早的相关法律是 1994 年《广州市文物保护管理规定》②。广州现行的相关法律主要为 1999 年的《广州历史文化名城保护条例》和 2013 年的《广州市文物保护规定》。近几年，广州市政府越来越注重城市历史风貌的保护，很多相关法律正在审批中，例如 2010 年《广州市旧城更新改造规划纲要》（征求意见稿）、2012 年《广州市历史建筑和历史风貌区保护办法》（征求意见稿）及 2012 年《广州市历史文化名城保护规划》（草案）。

3. 城市历史风貌保护与管理中对保护对象的定义

（1）保护对象的定义

在澳门《文化遗产保护法》中，保护对象被定义为"被评定的不动产"，隶属于"文化遗产"③中的"物质文化遗产"。在该法中，"被评定的不动产"④被定义为纪念物⑤、具建筑艺术价值的楼宇⑥、建筑群⑦及场所⑧。除此之外，澳门与城市历史风貌管理相关的保护对象还有申报为世界遗产的"澳门历史城区"⑨。

香港在《古物及古迹条例》中将相关保护对象定义为"古迹"⑩，通常称为法定古迹。除此之外，还有根据古物咨询委员会的内部行政机制评

---

① 关于《第 56/84/M 号法令——建筑、景色及文化财产的保护》和《第 83/92/M 号法令》的废止，参看《第 11/2013 号法律——文化遗产保护法》第 117 条废止。
② 此法律已依据《广州市文物保护规定》第 48 条废止。
③ 《第 11/2013 号法律》第 3 条文化遗产的范围，"文化遗产的组成如下：1. 物质文化遗产，包括被评定的不动产及被评定的动产；2. 非物质文化遗产。"
④ 《第 11/2013 号法律》第五条定义，（一）。
⑤ 《第 11/2013 号法律》第五条定义，（四）。
⑥ 《第 11/2013 号法律》第五条定义，（五）。
⑦ 《第 11/2013 号法律》第五条定义，（六）。
⑧ 《第 11/2013 号法律》第五条定义，（七）。
⑨ 《第 11/2013 号法律》第五条定义，（一二）。
⑩ 《古物及古迹条例》第 2 条。

表 1　穗港澳三地城市历史风貌保护相关法律法规

	1976年	1984年	1992年	1994年	1999年	2001年	2010年	2012年	2013年	2014年
澳门	8.7 第34/76/M号法令（已废止）	6.30 第56/84/M号法令——建筑、景色及文化财产的保护（2014年6月30日废止）	12.31 第83/92/M号法令（2014年12月31日废止）							3.1 第11/2013号法律——文化遗产保护法
香港	1月 古物及古迹条例（香港法例第53章）					5月 市区重建局条例（第563章）				
广州				11.24 广州市 文物保护管理规定（2013年5月1日废止）	3.1 广州 历史文化名城保护条例		广州市 旧城更新改造规划纲要（征求意见稿）	广州市	5.1 广州市 历史建筑和历史风貌区保护办法（征求意见稿）；广州市历史文化名城保护规划（草案）	文物保护规定

定的一级历史建筑、二级历史建筑和三级历史建筑①。

广州对与城市历史风貌管理相关保护对象的定义还不够精准和完善，有些词条存在争议且缺乏相关的法律定义。目前整理出的比较合理的关于保护对象的定义是文物保护单位、不可移动文物②、历史建筑③（近现代优秀建筑、工业遗产、骑楼街等）、历史文化街区④（历史文化保护区、历史风貌保护区）和历史城区⑤。

表2　穗港澳三地城市历史风貌保护对象对比

	点状保护对象	线状保护对象	面状保护对象
澳门	纪念物 具建筑艺术价值的楼宇	建筑群 （前地及街区）	场所（公园、风景区或大型场地）澳门历史城区
香港	古迹（建筑物或构筑物）	—	古迹（地点或地方）
广州	文物保护单位 不可移动文物 历史建筑（近现代优秀建筑、工业遗产等）	历史建筑 （骑楼街）	历史文化街区（历史文化保护区） 历史城区

（2）穗港澳对保护对象定义的异同点及港澳对广州的启示

在三地对保护对象的定义上，不难发现其共同之处在于都有对点状和面状保护对象的定义。这一点不难理解，因为点状的历史建筑较容易留存，虽然根据保护和城市建设情况的不同，历史建筑的保存也有成片区的方式，不过大多数的历史建筑还是分散的，因此构成了三地对保护对象的点状保护。另外，成片成群留存下来的历史建筑群，则构成了保存良好的区域（街区或城区），这就形成了典型的面状保护。

而三地对保护对象定义的不同之处也显而易见，即香港缺乏线状的保护对象，也是三地中唯一没有历史城区的一个。形成这种现象的原因在于

---

① 《检讨〈古物及古迹条例〉下的古迹宣布制度与古物咨询委员会的评级制度之间的关系》，"评级制度属古物咨询委员会的内部行政机制，并无法定效力，只有《古物及古迹条例》才能为暂定古迹和古迹提供法定保护。"
② 《中华人民共和国文物保护法》第一章总则，第三条。
③ 《历史文化名城名镇名村保护条例》第六章附则，第四十七条（一）。
④ 《历史文化名城名镇名村保护条例》第六章附则，第四十七条（二）。
⑤ 《广州市历史文化名城保护规划》（草案）第三章中提及"历史城区"，但并未对其做出明确的定义。

三地的城市面积、城市发展模式和发展阶段以及城市的定位等多种方面的差异。

香港是以金融业为发展重心的国际金融枢纽和商业重心。在这种背景下历史建筑的保育处于非常不利的境况，而这种寸土寸金的城市发展现状也使得香港的历史文物保护只能以点状保护和少量的面状保护来进行。不过针对这种情况，香港政府采取了设立文物径的办法，即将一个特定片区内的文物和一些具历史意义的地点用文物径串连起来，在便于游人游览的同时，也打破了文物保护以单体为主的点状格局，便于人们形成对区域的整体印象。目前已经设置的文物径有 6 条。

表 3　香港文物径

地点	文物径名称		
新界	屏山文物径		
	龙跃头文物径		
香港岛	中西区	中西区文物径	香港中区线
			上环线
			西区及山顶线
	湾仔区	湾仔历史文物径	
	南区	圣士提反书院文物径	
		大潭水务文物径	

而澳门作为世界遗产地，是以旅游业和博彩业作为城市主要经济来源的，尤其是旅游业，已成为整个城市的经济命脉。由于这种发展模式，使得澳门既没有较严重的城市快速发展需要占用土地的压力，又因为旅游业而更加注重城市历史风貌的保护，加之澳门政府"不搞大拆大建"① 的历史城区保护发展理念（当然也与澳门对私有地权的重视相关），使得澳门的历史城区得到了很好的保护。因此，澳门对保护对象有精确的定义，不但会保护历史建筑物单体，还会保护具有历史意义的地点以及街景，力求保护整个区域的风貌，对于点状、线状、面状的保护对象能够实现全面的保护与维育。

----

① 裴钰：《文化遗产开发难题（12）——澳门保护世遗七大高招》，《中国经济周刊》2010 年第 49 期。

　　广州在三城中面积最大，因此也更具有全面保护的条件。特别是在 1982 年，广州被列为全国首批历史文化名城之一，更加需要完善对于城市历史风貌的相关保护工作。目前广州关于保护对象的定义在法律草案中出现的描述都存在差异，还有相当一部分概念陈述缺乏明确的定义，建议借鉴香港和澳门对保护对象的定义明确与城市历史风貌保护相关的保护对象。另外，在 2012 年《广州市历史文化名城保护规划》（草案）中，首次划定了广州的"历史城区"，但是相关概念和法律法规还不完善。"澳门历史城区"在建设和保护方面的成功经验也可供广州借鉴。

4. 城市历史风貌保护与管理中对保护范围的界定

（1）保护范围的界定

　　澳门对于保护范围的界定针对"被评定的不动产"（即纪念物、具建筑艺术价值的楼宇、建筑群及场所）。在对其的保护中，如被证实是不可或缺的，就会为其设立"缓冲区"作为其保护范围。"'缓冲区'是指维护被评定的不动产的观感，又或基于空间或审美整合的理由而与被评定的不动产不可分割的自然形成或修筑而成的周边范围。"①

　　在香港，保护范围的设定则是针对依据古迹宣布制度宣布的"古迹或历史建筑物"，而这些被宣布的"古迹或历史建筑物"可以"包括该地方、建筑物、地点或构筑物的任何邻接土地，作为古迹的一部分，但该土地须是用作设栏围绕、遮盖或保护古迹，或用作提供通道或利便前往古迹的。"②

　　广州对于历史文物的保护范围划定是针对"文物保护单位"和"纳入保护名录的历史建筑"的，其所规定的保护范围分为 3 个层次，第一层为"核心保护范围"③，第二层为"建设控制地带"④，第三层为"环境协调区"。⑤

---

① 《第 11/2013 号法律——文化遗产保护法》第 5 条定义（十）。
② 《古物及古迹条例》第 3 条。
③ 《中华人民共和国文物保护法》第 15 条；《广州历史文化名城保护条例》第 10 条。
④ 《中华人民共和国文物保护法》第 18 条；《广州历史文化名城保护条例》第 10 条。
⑤ "环境协调区"在《广州市旧城更新改造规划纲要》（征求意见稿）和《广州市历史文化名城保护规划》（草案）中都有提及，但并无明确的定义。

表 4　穗港澳三地城市历史风貌保护范围对比

	保护对象	保护范围		
		第一层	第二层	第三层
澳门	被评定的不动产 澳门历史城区	缓冲区	—	—
香港	古迹或历史建筑物	（其邻接土地）	—	—
广州	文物保护单位 纳入保护名录的历史建筑	核心保护范围	建设控制地带	环境协调区

（2）穗港澳对保护范围界定的异同点及港澳对广州的启示

三地对保护范围的界定针对三地已定义的保护对象，依据保护对象的级别及周边情况在其周围设置合理的保护范围。

由于以点状保护对象为主，并且受限于城市土地稀缺的问题，香港并未对保护对象设置界定清晰的保护范围，而只是在宣布法定古迹时连带附加其周边邻接的土地作为所宣布的法定古迹的一部分。这样做虽然也能起到一定的保护作用，不过由于这个保护的范围并没有明显的界定，保护对象周边的建设及工程活动还是会对其保护的效果产生影响。但是换一个角度来看，香港的这种文物保护范围的划定也为其他高密度发展的城市提供了借鉴。

澳门同样也是一个土地稀缺的地方，但是由于其以旅游业为主的发展模式，使其能够有空间和条件对保护范围做出合理规划。澳门对于缓冲区有明确的界定，对缓冲区内相应的法律规定也相对完善和成熟。

对于广州来说，拥有更大的城市空间的优势可以让它在保护范围的划分上更加地详细和多层次。3 层保护范围的界定不仅能够更加有效地保护其定义的保护对象，还可以连同保护对象所处片区的城市面貌一同进行保护，使得历史城区的风貌能够得到较全面的保持。

值得注意的是，澳门的历史城区和广州的历史城区在保护范围的划定上具有明显的差别。澳门的缓冲区是设置在澳门历史城区外围的，而广州的 3 层保护范围是针对文物保护单位和历史建筑的，历史城区则是由这些文保单位和 3 层保护范围共同构成的一个片区。这样的区别导致了在澳门历史城区范围内的建筑环境保护是硬性的，可作的改动非常有限，因此能够较完整地保护历史城区范围内的城市风貌；而广州保护力度最大的仅仅为核心保护范围，在历史城区内的建设控制区和环境协调区则可以进行相对较多的改动和保护动作。

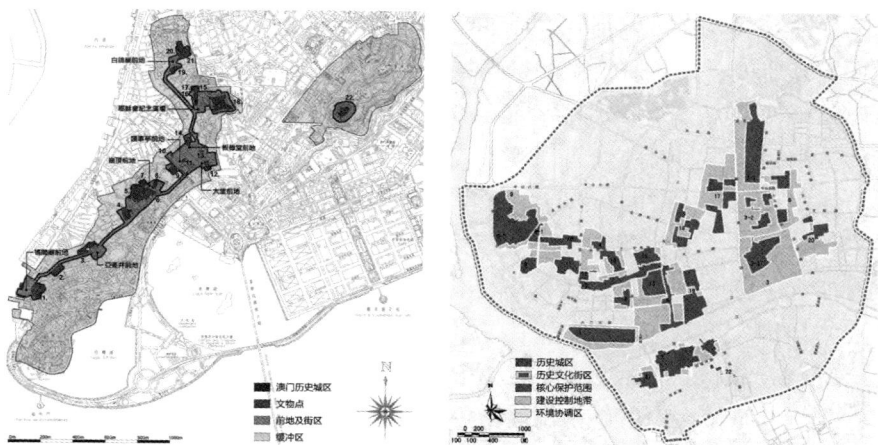

图1　澳门历史城区范围图（左图），广州历史城区范围图（右图）

图片来源：《"澳门：世界遗产"资料夹》和《广州市历史文化名城保护规划》（草案）。

在这一点上，广州的历史城区在对相关保护范围的界定上可以与澳门相互参照，通过学习相对完善的澳门法律体系来更加完善自身在历史城区保护范围划定上的工作，在法律法规中落实这3层保护范围，并对它们做出明确的包括概念定义上、范围划定上、保护范围内的法律控制和保护手段上的界定。

5. 城市历史风貌的保护方式与法律政策

（1）保护方式与法律政策。

澳门在城市历史风貌保护方面拥有相对来说最为成熟的法律政策体系。在相关保护政策方面，比较突出的是它成熟的评定体系以及完善的补偿及优惠政策，其中后者对于土地交换政策、经济补偿政策以及奖励优惠及支持政策都有详细的规定，而对于文化基金的设立，澳门政府还专门颁布了第26/94/M号法令对其做出相关的规定。值得一提的是，澳门在对"澳门历史城区"的保护方面，也有专章对其进行法律政策的相关规定[1]。

香港制订的与城市历史风貌保护相关的法律政策相对较少。在相关法律文件中，对于评定前文物的保护，香港制订了暂定古迹的法律条文；在

---

[1]　《第11/2013号法律——文化遗产保护法》第4章，第50条至第57条。

相关优惠政策方面，香港在 2011 年《市区重建策略》中对市民在历史文物保护方面可以得到的相关优惠都做出了详细的规定。另外，香港法律政策中独具特色的部分是其对历史文物的"活化"政策，即在对文物进行保育的基础上，对其商业、观赏功能进行深层改造，达到对其再利用的目的。在 2007 年的《2007~2008 施政报告》中，行政长官提出了 5 项新的文物保护策略，即针对新的基本工程项目进行的"文物影响评估"，针对政府拥有的历史建筑的"活化历史建筑伙伴计划"，为私人文物保育"提供经济诱因"，其中针对私人拥有的已评级历史建筑的业主，还设立了"维修资助计划"。[①] 这些政策都对香港的法律法规进行了补充。

广州近年在城市历史风貌保护方面所制订的法律法规虽多，但现行的却只有两部。另外，很多相关的规定和定义都要援引广东省政府以及国家的相关法律文件。在《广州市文物保护规定》中，对设立文物保护专项资金有比较详细的规定。

（2）穗港澳保护方式与法律政策的异同点及港澳对广州的启示。

穗港澳三地都对历史文物保护有普查、公布名单的制度，在维护、修复及活化利用上也都或多或少有相关的规定。在文化基金的设立上，三地都通过相关的法律文件或政府文件对此做出了规定。另外，对于不遵守有关历史文物保护法律的处罚措施，也都有相关的规定。

香港并没有法定的评级制度，只有不具备法律效力的古物咨询委员会内部使用的历史建筑评级制度，而香港高密度的特点决定了其法律策略是在保育的前提下特别强调对历史建筑的活化利用。

广州相对港澳而言，缺少对评定前文物的保护措施，对相关历史文物的维护、修复以及活化利用方面具有很大的局限性，而在相关的补偿及优惠政策方面也基本处于空白状态。法规中仅有的土地置换与经济补偿措施也只是针对少数对象，并未形成相对完善的法规制度。

广州在城市历史风貌的相关保护政策，特别是历史建筑的活化利用方面，可以多借鉴香港的经验。另外，在对评定前文物的保护方面，也应参照香港关于暂定古迹的定义及管制措施，而在相关补偿及优惠政策方面，则可以多借鉴澳门的相关规定。

另外，在历史城区的保护方面，广州也可以参照澳门针对"澳门历史

---

① 《2007~2008 施政报告》文物保育专题第 50~54 条。

城区"保护所制订的法律法规，如对景观的管理监督、建筑的限制条件、城市肌理的维护等，对本地历史城区保护的法律法规进行完善和细化。

6. 结语

香港关于城市历史风貌保护的法律虽然不多，但是相关的行政策略体系却较为完善，这些法律法规和行政策略，展示了一个高密度发展的城市在城市历史风貌保护方面的成功经验。而现今，广州也处于城市高速发展的时期，在高密度发展的广州城市中对于城市历史风貌的保护可以多借鉴香港的先进经验。

澳门由于其城市定位和世界遗产拥有地的身份，其关于城市历史风貌保护的法律法规已趋于成熟且相对完善。而广州作为国家公布的第一批国家级历史文化名城，在城市历史风貌保护的法律及制度完善和历史文化名城建设的工作上，可以多借鉴澳门世界文化遗产保护的经验和策略。

参考文献

[1]《第 56/84/M 号法令——建筑、景色及文化财产的保护》，《澳门特别行政区公报》1984 年 6 月 30 日。
[2]《第 83/92/M 号法令》，《澳门特别行政区公报》1992 年 12 月 31 日。
[3]《第 26/94/M 号法令》，《澳门特别行政区公报》1994 年 5 月 16 日。
[4]《第 11/2013 号法律——文化遗产保护法》，《澳门特别行政区公报》2013 年 9 月 2 日。
[5]《第 4/201 号行政法规》，《澳门特别行政区公报》2014 年 2 月 24 日。
[6]《古物及古迹条例（第 53 章）》，《香港政府宪报》1976 年 1 月。
[7]《市区重建局条例（第 563 章)》，《香港政府宪报》2001 年 5 月。
[8]《2007～2008 施政报告》，香港特别行政区行政长官，2007 年 10 月。
[9] 检讨《古物及古迹条例》（第 53 章）下的古迹宣布制度与古物咨询委员会的评级制度之间的关系，古物古迹咨询委员会，2007 年 8 月。
[10]《市区重建策略》，香港发展局，2011 年 2 月。
[11]《中华人民共和国文物保护法》，中华人民共和国国务院，2007 年 12 月 29 日。
[12]《历史文化名城名镇名村保护条例》，中华人民共和国国务院，2008 年 7 月 1 日。
[13]《广东省城乡规划条例》，广东省人民代表大会常务委员会，2012 年 11 月 29 日。

［14］《广州历史文化名城保护条例》，广州市人民代表大会常务委员会，1999 年 3 月 1 日。

［15］《广州市文物保护规定》，广州市人民代表大会常务委员会，2013 年 5 月 1 日。

［16］《广州市旧城更新改造规划纲要（征求意见稿）》，广州市规划局，2010 年 1 月。

［17］《广州市历史建筑和历史风貌区保护办法（征求意见稿）》，广州市人民政府法制办公室，2012。

［18］《广州市历史文化名城保护规划（草案）》，广州市规划局，2012。

［19］裴钰：《文化遗产开发难题（12）澳门保护世遗七大高招》，《中国经济周刊》2010 年第 49 期。

粤港澳因公出访政策比较与绩效评估

姜国兵[*]

一 导言

党的十八届三中全会《中共中央关于全面深化改革若干重大问题的决定》中明确提出"健全严格的财务预算、核准和审计制度，着力控制'三公'经费支出和楼堂馆所建设。"巨额的"三公消费"不仅仅给国家的财政带来巨大负担，其衍生的腐败和不正之风已经"严重损害党和政府形象，败坏社会风气，影响社会和谐稳定。"其中的公费出国相对于公务用车和公务接待更显得隐秘性高。虽然近几年明目张胆地利用公费出国（境）旅游已不多见，但是，假借学习、培训、会议、考察等名义，而无实际内容、无明确任务的出访则是举不胜举。因公出访的失控既有出访人员本身的失范，也存在制度性的失序原因。例如，2004 年出台的《江西省发展计划委员会因公出国（境）管理暂行规定》明文规定："统筹派遣业务处室和公共服务处室因公出国（境）人员。委机关、省重点办的处级干部在退休前争取安排一次出国（境）培训、研讨或考察。"其中将出国考察作为干部福利待遇的思路昭然若揭。毋庸置疑的是，将公费出访作为官员福利存在的，以级别区分待遇，白纸黑字写入章程的绝非仅此一家。

由于毗邻港澳、华侨众多和对外经济、文化、技术交流频繁的实际，广东省对因公出访管理的难度更为明显。根据广东省纪委、监察厅的公布，2009 年以来，广东省纪检监察机关受理反映党政干部因公出国（境）问题信访举报 28 件，涉及地厅级干部 8 人、县处级干部 113 人；立案查处

---

* 姜国兵，管理学博士，华南农业大学副教授。

4 件，对 1 名正厅级干部和 1 名正县级干部给予免职处理，对 1 名副厅级干部给予党内严重警告处分，对 5 名县处级干部给予党内严重警告或警告处分。因公出访的失序和失范严重影响了广东省政府对于因公出访管理的公信力和执行力。粤港澳已经形成了唇齿相依、休戚与共的依存关系，港澳因公出访政策的有效性可以为广东所学习、借鉴。

二 粤港澳因公出访政策的现状

（一）广东省因公出访政策

针对因公出访，广东省在《广东省外办因公出访工作指南》的基础上，于 2009 年制定了《关于进一步加强党政干部因公出国（境）管理的规定》《省直党政机关干部因公出国（境）经费管理暂行办法》《广东省国有企业领导人员因公出国（境）管理暂行办法》等制度。同时，实行由省纪委、省外办牵头，省委组织部、省科技厅、省财政厅等单位共同参加的专项工作联席会议制度。省内各地各单位的全年出国（境）计划，必须在每年 2 月份前报省外事工作领导小组审批；党政机关县处级以上领导干部因公出国（境）计划审批及实际成行情况，必须在规定时限内报省纪委、省委组织部备案；团组派出单位在因公出国（境）报批时，必须书面说明邀请函的来源，并由单位主要领导签字确认，落实领导责任；团组派出单位在办理报批手续时，必须提供详细的《出访行程安排表》；回国后必须如实填写《出国（境）团组情况登记表》，加盖团组派出单位公章，并附出国（境）考察报告等资料报任务审批部门查验；出国（境）团组返回后半个月内要对包括参团人员、出访任务、出访路线、出访费用等情况进行公示。

广东省委、省政府在推进因公出访方面可谓做了大量工作，取得了积极进展，但总体来看还处于起步阶段。已有的政策都是在国务院公布的相关政策基础上所进行的进一步细化而已，几乎没有政策的创新。在因公出访流程中，主要包括事前审批、事中查验和事后公示 3 个环节。而在此 3 个环节的监督都是属于程序监督而非实质的内容监督，即只对事前审批材料真实性、事中查验考察有无性（是指出访报告有无，而非报告中所指的内容有无）、事后公示的有无性。例如，《广东省外办因公出访工作指南》

规定"副厅级以上干部出访团组在回国后 30 天须向省外办提交《因公出国报告》及《因公出国报告评估表》。"其中报告评估表仅需提供单位名称、团组领队、出访任务、出入境口岸时间和几百字的出访成效说明。虽然报告评估表提出评估标准包括材料的真实性、报告质量和出访成果等内容，但再无这些内容的具体说明。现行的因公出国报告评估表，主要是讲谁？什么时候？去了哪里？做了什么事？却没有关心这些工作的财政投入有多少，因公出访产生了什么效果，因而导致不少部门领导和公务人员在因公出访工作中只讲过程，不讲消耗和绩效。毫无疑问，这样的程序性审查是无效率的。

（二）香港因公出访政策

在香港，公务员事务局负责公务员队伍的整体管理和发展。其中 3 份重要文件：《公务人员（管理）命令》《公务人员（纪律）规例》和《公务员事务规例》列出管理公务员权力的来源及执行管理工作的架构。不过，《公务员事务规例》是政府内部文件，全文并不向外界公布。

公务员因公出访受《公务员事务规例》管理，规定公干期间涉及的开支，包括住宿、膳食、洗衣、一般应酬、交通、零用杂费等，一律由公务员领取的膳宿津贴中自行支付。《公务员事务规例》对香港公务员离港公干的旅费开支有着严格规定，例如，出发当天在香港饮食等费用一律不计算，有关申请必须逐级审批，部门首长的津贴申请以及任何人的超额支出，都必须经公务员事务局局长审批，必须确保公干的次数和参加人数均已减至最少。

为了节约成本，机票一般由政府统一订购，港府依照《物料供应及采购规例》为公务员购买旅程机票。部门处理价值不超过两万元的机票须取得最少两个报价，超过两万元则须取得最少 5 个报价。在一般情形下，部门必须选购最有成本效益及最能配合行程需要的机票。对于机位等级，首长级薪级表第 3 点及以下或同等薪点人员一般只能购买经济客位机票。首长级薪级表第 4 点或以上薪点的公务员一般可获提供商务客位机票。其他公务员一般只会提供经济客位机票，只有在特定情况下（如飞行时间超过 9 小时或 5 日内须乘搭飞机不少于 3 次等），部门首长才可将属下员工的机位提升至商务等级。

膳宿津贴则是香港公务员因公出访的一项旅费定额补助，非实报实销。《公务员事务规例》第 713 条规定："如有其他机构支付任何数额的膳食津贴，有关人员所得的津贴会相应扣减。"膳宿津贴包括了住宿和膳食费用、洗熨费用、市内交通费用及零用杂费。如果因公出访是受到邀请，酒店住宿由邀请方赞助免费入住，那津贴就会被扣减。例如，酒店住宿获赞助，津贴将扣减 60%；市内交通由主办方提供，津贴将扣减 5%；如果邀请方直接提供现金赞助，赞助金额将从津贴中全部扣除。如果有关人员没有入住酒店，而是由朋友、亲属或另一名公务员免费提供住宿，又或该员居住于自己的房子里，所得膳宿津贴会减至标准津贴额的 60%。例如，香港原特首曾荫权 2007 年 11 月到 2010 年 11 月之间的外出访问开支被公开，外访活动共 40 次，开支总金额为 98 万多港元，其中机票费用为 54 万港元，另有 44.7 万港元为其他支出。他在 2008 年 6 月 13 日前往美国休假期间，顺道为香港驻旧金山经济贸易办事处主办的大型宣传活动担任主礼嘉宾。而特首办的备注显示，这次活动的机票钱是曾荫权自己掏腰包的。

香港"三公"经费要经过审核（每年 2 月财政司公布财政预算案，交由立法会财务委员会特别会议讨论，审核）、审议（《公务员事务规例》对使用公费作出严格又详细的规定。大笔开支（500 万以上）要交由立法会财务委员会再审议）和质询（市民可向警方及廉政公署举报，也可向立法会议员投诉，由议员代表在立法会会议上向政府部门提出质询并要求回复）三关，因而香港政府及公务员对三公经费使用十分适度审慎。正因为香港政府对于公共事务开支有严格的指引及监察制度，因而香港市民通常不会对三公经费支出给予特别的关注。

（三）澳门因公出访政策

在澳门，根据《澳门公共行政工作人员通则》第 228 条至第 237 条规定，以日津贴及启程津贴的两种形式对因公出访人员所涉及的权利及义务作出了明确规定。因公出访所需的《行程建议书》应详细解释公务的需要及时间。2011 年 2 月澳门审计署发布了澳门公务员外出公干的审计报告，对澳门公共行政部门在 2008 年 7 月 1 日至 2009 年 6 月 30 日这段期间的外出公干进行了一项衡工量值式审计工作，主要是探讨公共行政部门对因公出访的监管是否完善以及是否善用资源。审计报告认为，由于通则的相关规范存在弹性空间及日津贴金额长期没作修订的前提下，加上有部门的监管及节约意识不足，而订定公共行政规范的专责部门亦没对因公出访的法例规范作适时的明确修订或设立细化指引，同时亦有部门按照其组织法所赋予的权限，制订有别于一般部门的因公出访制度，在这种情况的前提下，使到公共部门的因公出访出现了五花八门及不公平的情况。有的部门人员出差酒店房间一晚租金高达 13770 澳门元，也有部门一餐膳食人均高达 1000 多澳门元。由于法例过时以及部门的监管及节约意识不足，在这两项因素的影响下，使不同的部门甚至同一部门的内部之间，亦可能存在不同的待遇，令公共财政是否得到合理及公平运用存在风险。

针对澳门审计署的审计报告，行政长官崔世安责成相关部门检讨，并开展对现行制度的修订工作，于 2011 年 6 月 20 日出台《公务员外出公干指引》，提出了外出公干的 6 项原则：合法性、必要性、经济、效率、平等和简化。指出外出公干应具有明确的目的，应与所属部门的职责或与公务员的职务有明显相关，以及应为部门或澳门特区政府带来正面效果。在成本节约上，指出在机票和住宿方面，尤其应考虑各种选择，原则上应选择成本较少者。在目的地作出膳食及交通开支时，外出公干的公务员应因公出访的性质以及与目的地所实施的价格对开支金额进行合理评估，并应遵守节约及适度消费的原则。而《行程建议书》中应写明外出公干的目的、与部门职责或与职务的关系，以及此行可带来的利益。在批准外出公干前，应查明是否存在成效相同但开支相对较少的其他类型活动，或在不影响公干目的的情况下，可否基于更有利的经济条件而提前或延后。

三 粤港澳因公出访政策的比较分析

公共政策评估一般是指依据一定的标准和程序，对政策的相关方面进行判断的一种行为。由于"已有的对公共政策评估的研究又多数停留在政策评估的重要性、必要性、评估主体、评估价值取向等方面，严格来说，是政策的执行力评估，与以'结果导向'和'公众满意度导向'为核心理念的绩效导向相距甚远，探索适合我国国情且与已有实践相结合的公共政策评估方面的研究更加鲜见。"因此，我们将主要探讨粤港澳三地因公出访政策评估的 3 个核心问题：评估主体、指标体系与结果运用。

首先，评估主体维度。当前对评估主体的学术关注主要是官方的和非官方的划分，这掩盖了事物的本质。评估主体的权威性和公信力源自独立性。纯粹的独立性是指评估本身事先没有官方授意，事后不受官方审查，内容不受官方限制。纯粹的独立性虽然在实践中困难重重，却为政策评估活动指明了方向。现实中，公共政策评估活动离开了官方的支持，那在经费支持、信息披露、官民互动等方面将变得不可能，评估活动也将成为荆棘之旅。可以这样理解，"官方的"在现实中可以解释为"利益相关者"。港澳地区对因公出访政策的评估主要依赖于官方主体，但由于诸如审计署、廉政公署等官方机构的独立性而显得评估具备权威性和公信力。大陆地区民间评估机构大多在评估过程中难以避免评估对象"长官意志""利益输送"和"内容审查"等诸多领域的侵扰而显得权威性和公信力不足。因此，评估主体选择的实质不是官方还是非官方，而是独立还是非独立。如表1所示，广东省的因公出访管理与政策评估部门是合一的，而港澳两地则是分离的。香港审计署是香港特别行政区政府辖下的独立部门，也是香港历史最悠久的部门之一，专责为政府的账目核数，部门享有广泛权力，可查阅政府部门的记录、要求任何公职人员解释账目以及提供任何署长认为必需的资料。而在澳门特别行政区的政治体制中，审计署是一个享有行政、财政及财产自治权的独立机关。广东省的因公出访管理与政策评估部门合一的状况不利于监管的制衡，而港澳两地管理与政策评估部门分离，采用独立性的政策评估机构做法尤为提倡。

表 1　粤港澳三地因公出访管理、政策评估和投诉受理部门

	因公出访管理部门	因公出访政策评估部门	因公出访投诉受理部门
粤	外事办	外事办牵头，纪委、财政、外经贸等部门参加	纪委为主
港	公务员事务局	审计署	廉政公署为主
澳	行政暨公职局	审计署	廉政公署为主

因公出访投诉受理部门在港澳主要是廉政公署，《基本法》确立了港澳两地廉政公署在宪法上的地位，订明该署独立运作，仅对行政长官负责。尤其香港廉政公署，其权威性和公信力举世闻名。中共十八大后颁布

了《中共中央关于全面深化改革若干重大问题的决定》，指出要改革党的纪律检查体制，推动党的纪律检查工作双重领导体制具体化、程序化、制度化，强化上级纪委对下级纪委的领导。各级纪委书记、副书记的提名和考察以上级纪委会同组织部门为主。这样的制度安排，将有利于提升政策监督的力度。

其次，评估指标维度。评估指标是公共政策绩效评估的核心问题，涉及理论、方法与实证等复杂因素。由于"一些学者并没有坚持科学的研究方法和思路，没有有效地抓住研究的重点和'问题'，在研究过程中，对西方国家政府绩效评估理论与实践的照搬、借鉴较多，而针对我国国情开展本土化、原创性的研究较少，热衷于用抽象的理论推演对一般问题做不着边际、空对空、隔靴搔痒式的研究。"对于因公出访政策绩效评估这一更加专业领域，成果则非常罕见。广东省外事部门通过对各因公出访者的《因公出国报告》及《因公出国报告评估表》的审核，进而得出评估结论的做法，可谓为一种非常简单的定性评估，难以对因公出访的公务人员起到真正的监督和威慑作用。港澳两地审计署采用的是衡工量值式审计，根据香港审计署网站的定义，即"就受审核组织在履行职务时所达到的节省程度、效率和效益，进行审查"。审计署署长可调查有关方面在制订政策目标或作出决定时，是否缺乏足够、有关和可靠的财政及其他资料，以及一些重要的基本假设是否明确，并向立法会报告，由政府账目委员会提出进一步质询。重重审核才能起到监督和威慑作用。

最后，结果运用维度。一项评估工作能不能有生命力，主要依赖于评估结果的应用。如果公共政策评估结果：一方面影响不了人，即评估对象的选拔任用、调整交流，并作为奖优、治庸、罚劣的依据；另一方面影响不了钱，即评估对象的工作福利待遇。那么，这样的评估活动是得不到尊重的。从广东省外事部门的运作流程看，因公出访的材料仅供内部审核之用，不对外公开。即使党的十八大之后，为了响应中央的布置和安排，广东省内很多党政部门和事业单位开始对内部人员因公出访的内容进行公示，但公示内容也仅限于谁、何时、去了何地、花费几何等简要描述，花费明细、出访绩效等关键性的内容则一无所知。这样的公示过于简单，相当于一种"摆设"，根本无从监督。从因公出国报告评估材料的简单化到材料公示的浅显化；从因公出国评估的形式化到评估结果运用的未果化，皆说明广东省外事工作还需做更大改进。香港政府的财政预算公开透明举世皆知，财政预算可以毫无保留地向公众展示，并接受公众查询和质询。部门支出设置细化到了"一张公务用纸""一张桌椅的维修"，政府各部门要将详细收支记载，制作成为小册子、网页，方便市民查询。因公出访之所以在香港不成为一个"问题"，与香港的廉洁和高效以及财政透明无不相关。澳门 2011 年对因公出访的衡工量值式审计报告是完全公开的，报告共计 91 页，包含审计结果与意见、审计对象的回应等文本。当然，澳门政府同样需要增大公务员出访情况的透明度，尤其出访的支出明细及如何为特区带来正面效益。

四　加强粤港澳合作，完善广东省因公出访政策绩效评估的建议

粤港澳三地合作不仅在于经济领域，更重要的是在《珠三角纲要》《粤港合作框架协议》的框架下，探索和建立粤港澳之间的区域公共事务协同机制。在因公出访方面，广东省应该加强与港澳地区的合作，建立粤港澳信息交流和共享机制，为跨城际资源共享、优势互补提供信息交流平台。在此基础上，建立符合广东省实际的因公出访绩效评估体系、激励与督促机制和问责制度。

首先，实现管理、评估相分离的监管体系，确保评估主体的独立性。广东，直至全国而言，目前现有的因公出访政策评估模式是由外事部门对下级外事部门或出访单位进行对口评估，一般的模式是一年举行一次评估。而我们在调研中发现，广东省内县区一级的外事办，几乎不会对出访对象进行评估。这种业务对口单位的评估模式的优势是对相关业务非常熟悉，对出访绩效的把握会更加准确。但是，随着因公出访数量的不断增加，各级外事部门对本级出访事件的评估都应接不暇，更不用说要对下级外事部门的出访事件进行认真评估。在政府架构中，外事部门并非所谓的"强势"部门，在对发改、公安、组织、纪委等"强势"部门，或处于平级的教育、民政等部门的因公出访评估时，由于受传统文化的影响，习惯性地尊重权力权威，或由于与评估对象单位之间往来频繁，也难以避免碍于人情和面子而做形式性评估的情况。因此，可以将评估工作从外事部门中剥离出来，交给更具有独立地位的人大或审计部

门去做。当然，也可以交给民间机构去做。同时，广东省可以建立"粤港澳外事特别合作区"，实现在外事领域合作的理念、范畴与项目，构建更加互信、互利、坦诚和开放的外事合作区，建立与深化有关因公出访专项情报评估及通报机制。

其次，建立因公出访绩效评估体系。港澳地区衡工量值式审计是对成本、效率和效益，进行审查，即绩效的核心内涵"3E"，这与当前通用的政府绩效评估理论是相一致的。从方法论的角度，评估体系构建遵循：提出概念（评什么）→界定概念内涵→测量概念内涵（技术体系）→取得基础数据→实证与分析→改善与建议的逻辑思路。按照通用的三级指标结构设置，一级指标属于评估维度，二级指标是一级指标内涵分解，三级指标体现导向性，即实现标准的统一性和差异的可比性。客观评估指标控制在10项左右，主观评估控制在3项左右。针对因公出访政策的绩效内涵，我们设计了4个一级指标：合理必要、经济规范、目标实现和社会满意。在二级指标设置上，合理必要指因公出访的目标合理、考察内容的先进和必要；经济规范指因公出访的花费成本以及考察路线的规范性；目标实现指对照因公出访计划及相关制度，对评估对象设定的各项目标完成程度；社会满意指具有理性判断条件与能力的社会公众对因公出访的满意程度，操作上可分为"同行专家满意度""公众满意度"和"所在单位满意度"。评估体系主要围绕实现主观评价与客观评价、结果评价与过程评价、定性评价与定量评价、绩效评价与目标完成、内部评价与外部评价的有机统一，贯彻责任、服务和公信的执政理念，体现结果导向、流程优化导向与公众满意导向相结合的思路。

最后，实现评估结果的全面公开和透明。无论是管理部门的报告，还是评估部门的全面评估，其内容都应以民众重点关注的问题作为信息公开的主要需求，以需求为导向，积极对支出明细信息、出访绩效信息、成本节约信息等进行公开，从根本上改变当前"公开的内容公众不关注，公众关注的内容不公开"的现状。目前，广东已经正式向国务院申请，设立粤港澳自由贸易区。从广东来讲，粤港澳合作已作为省委省政府一项非常重要的工作。而且，港澳特区政府这几年在每年的施政报告里有专门一部分阐述和广东的合作，和内地的合作，而且也相应提出了推进合作的一些重点领域和具体项目。同时，每年一次的粤港、粤澳合作联席会议制度，已成为政府间非常重要的合作机制。因公出访政策的合作可以重点开展粤港

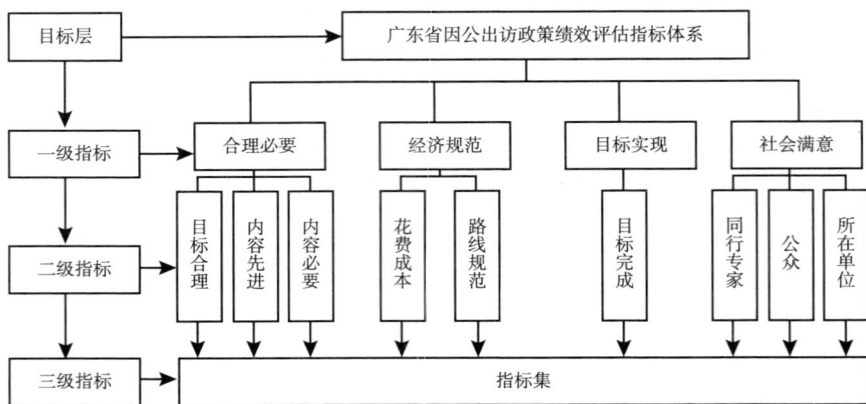

图 1 广东省因公出访政策绩效评估指标体系维度与结构方案

澳协同发展研究，完善创新粤港澳合作机制，建立因公出访的规划与政策的执行落实体系，构建"决策—执行—管理—评估—监督"既环环相扣又相互独立的合作机制。

参考文献

[1]《广东采取有效措施严控公费出国（境）》,《中国纪检监察报》2011 年 8 月 30 日。

[2]《香港规定公务员出差机票积分须先用于公干》,《南方都市报》2011 年 7 月 25 日。

[3]《中国行政管理学会课题组：政府公共政策绩效评估研究》,《中国行政管理》2013 年第 3 期。

[4] 盛明科：《政府绩效评估研究的瓶颈与本土化战略的建构》,《行政论坛》2008 年第 2 期。

上海自贸区与粤港澳自贸区的比较：
功能定位、法律基础与法制创新

何贵忠[*]

中国（上海）自由贸易合作试验区已经成功运作，广东省也在酝酿和申建粤港澳自由贸易区。粤港澳合作区与上海自贸区将是我国打造改革开放升级版的两大引擎，但在功能定位、法律基础、制度创新等方面存在明显差异。对这3方面的差异进行详细深入比较，可以对粤港澳自贸区的建设有更深入全面的理解，为相关政策和立法提供参考。

一 自贸区的决策层级和功能定位：国家试验田与区域经济整合、制度创新与经济增量

仔细研究国务院关于自贸区的规划方案、关于粤港澳合作区的相关批示、粤港澳合作的相关协议，可以在层级、开放对象、功能定位、开放内容等4个方面看出上海自贸区与粤港澳自贸区的定位和发展方向的不同。

1. 决策层级和开放对象

上海自贸区是我国新一轮改革开放的起点。根据国务院《关于中国（上海）自由贸易试验区总体方案》（下称《总体方案》）和《国务院关于印发〈中国（上海）自由贸易试验区总体方案〉的通知》（下称《通知》），上海自贸区的设立"是党中央、国务院作出的重大决策，是深入贯彻党的十八大精神，在新形势下推进改革开放的重大举措""是国家战略需要"，而且自贸区冠名"中国（上海）"，这都彰显建立上海自贸区是中

---

* 何贵忠，法学博士，华南师范大学政治与行政学院副教授。

央由上而下主导的国家级战略规划①,同时又是"面向国际、服务全国"的国际性自贸区,目的是"为我国扩大开放和深化改革探索新思路和新途径,更好地为全国服务"。

粤港澳自贸区目前还在论证、酝酿、申报中,地理范围、最终名称并不确定。在粤港合作联席会议第十六次会议上广东省长朱小丹曾公开使用过"粤港澳自贸区"这一表述。他说,"筹划中的粤港澳自贸区是区域性的,不是国际性的,主要是发挥香港优势,带动珠三角发展,而上海自贸区是国际性的,两者定位不同。"② 这透露出广东省对自贸区的区域和功能的设想,主要面向港澳地区开放,借助港澳的优势,促进珠三角产业转型。这意味着粤港澳自贸区是地方政府推动、得到中央支持的区域性改革发展规划。正如学者指出,"广东自贸区跟上海自贸区的区别,就在于广东自贸区的定位是面向港澳,加强粤港澳合作,上海自贸区则是综合性的面向全球的。"③

2. 功能定位

国务院对上海自贸区的功能定位体现在国务院颁发的《总体方案》及其《通知》以及《中共中央关于全面深化改革若干重大问题的决定》(以下简称《决定》)中。《通知》中3段主要内容中有两段阐述自贸区的功能定位,"为全面深化改革和扩大开放探索新途径、积累新经验,具有重要意义。""建设具有国际水准的投资贸易便利、监管高效便捷、法制环境规范的自由贸易试验区,使之成为推进改革和提高开放型经济水平的'试验田',形成可复制、可推广的经验,发挥示范带动、服务全国的积极作用,促进各地区共同发展。"《总体方案》也明确规定,"试验区肩负着我国在新时期加快政府职能转变、积极探索管理模式创新、促进贸易和投资便利化,为全面深化改革和扩大开放探索新途径、积累新经验的重要使命,是国家战略需要。""使试验区成为我国进一步融入经济全球化的重要载体,打造中国经济升级版,为实现中华民族伟大复兴的中国梦作出贡献。"十八届三中全会通过的《决定》也明确上海自贸区是"为全面深化改革和扩

---

① 鲁万峰:《上海自贸区启动意义不亚于 1979 年改革重启》,http://economy.caijing.com.cn/2013－09－30/113366795.html。

② 王睦广:《粤港澳自贸区不是国际性的》,《南方都市报》2013 年 9 月 17 日。

③ 陈美寿等:《上海瞄准国际自由港广东主打粤港澳合作》,《深圳商报》2013 年 9 月 6 日。

大开放探索新途径、积累新经验。在推进现有试点基础上，选择若干具备条件地方发展自由贸易园（港）区。"

这三个重要文件都阐明，上海自贸区是国家级的改革试验田，探索从管制型政府向服务型政府、实现政府职能转变的途径、方法和模式，建立符合国际化和法治化要求的监管和服务体系。[①] 自贸区冠名"试验区"正是这种含义。上海自贸区重点强化了"制度创新""把扩大开放与体制改革相结合、把培育功能与政策创新相结合"，而非简单的政策优惠，这是与之前经济特区和各种开发区绝然不同。[②] 在这个意义上，建立自贸区意义深远，有学者把它与过去设立深圳经济特区和上海浦东新区相提并论。[③]

根据广东省长在粤港合作联系会议第十六次会议上的表述，"粤港双方将一起推进南沙、前海、横琴这三大粤港澳合作重大平台的建设，考虑设立融三大平台为一体的粤港澳自由贸易区。"几乎可以肯定粤港澳自贸区是现有的南沙、前海、横琴3个粤港澳合作区的深化和提升。根据国务院《关于广州南沙新区发展规划的批复》（国函〔2012〕128号，以下简称《南沙批复》）和《珠江三角洲地区改革发展规划纲要（2008～2020年）》（以下简称《珠三角规划纲要》），南沙新区是综合性的"粤港澳全面合作示范区"。在《国务院关于支持深圳前海深港现代服务业合作区开发开放有关政策的批复》（国函〔2012〕58号，以下简称《深圳批复》），深圳前海合作区是"深港现代服务业合作区"，特别是金融服务业与香港合作。根据《横琴总体发展规划》，横琴新区实行比经济特区更加特殊的优惠政策，促进澳门经济适度多元发展和维护港澳地区长期繁荣稳定。由此可知，南沙、前海、横琴三地分工略有区别，但都实行"先行先试"政策，探索粤港澳合作的新模式、新机制，提升区域经济竞争力和一体化水平。这与上海试验区为全国监管体制改革进行试验这一目标有根本区别。与上海自贸区的战略"试验区"定位相比，粤港澳自贸区可以视为综合性

[①] 《中国（上海）自由贸易试验区管理办法》第三条规定，"自贸试验区推进服务业扩大开放和投资管理体制改革，推动贸易转型升级，深化金融领域开放，创新监管服务模式，探索建立与国际投资和贸易规则体系相适应的行政管理体系，培育国际化、法治化的营商环境，发挥示范带动、服务全国的积极作用。"

[②] 鲁万峰：《上海自贸区启动意义不亚于1979年改革重启》，http：//economy. caijing. com. cn/2013－09－30/113366795. html。

[③] 张慧敏：《上海自贸区获批定位开发试验田》，《北京商报》2013年7月4日。

的区域合作的"功能区",格局更小,功能更加具体、微观,区域性、功能性、政策性特点更明显。在这个意义上,粤港澳合作区更多"经济增量"的意义,上海自贸区则更有"制度创新"的高度。

3. 改革开放的主要措施

根据国务院发布的《总体方案》,上海自贸区的任务是"形成与国际投资、贸易通行规则相衔接的基本制度框架"。这里"基本制度框架"指的是监管和服务体系,核心是转变政府职能,实现服务贸易自由化,建立符合国际化和法治化要求的投资和贸易规则体系。基本的措施就是"按照先行先试、风险可控、分步推进、逐步完善的方式,把扩大开放与体制改革相结合、把培育功能与政策创新相结合",理顺政府与市场的关系,为国家新一轮的全面深化改革开放积累经验。

内地与港澳早在 2003 年就签署了《关于建立更紧密经贸关系的安排》(下称 CEPA)。广东省为实施《珠三角规划纲要》、CEPA 及其附件也分别与香港、澳门政府签订了《粤港合作框架协议》和《粤澳合作框架协议》。框架协议的核心是探索粤港澳合作新模式,明确广东在人、财、物、交通、环境等方面配套措施及其改革方向、要求,建立符合港澳标准的营商环境及社会环境。粤港澳自贸区改革措施上一定是以 CEPA 和两个合作框架协议为基础进行拓展和深化。虽然自贸区涉及粤港澳三方,实际上广东是主要的"义务方",需要向港澳看齐,在经济、文化和社会管理体制上全面改革。这种区域经济一体化为目标的改革实质就是大珠三角地区在市场体制、政府监管和服务模式等方面的"香港化"。

二 自贸区的法律基础:国内法、区域贸易法、国际贸易法的混合、交会

自由贸易区通常有两种定义或者说两种类型。狭义上的含义是"自由贸易园区",权威定义来自 1973 年国际海关理事会通过的《关于简化和协调海关业务制度的国际公约》(简称《京都公约》)。[①] 该公约规定,自贸

---

① 金辉:《试点自贸区将成深化改革开放突破口——访中国生产力学会会长王茂林》,《经济参考报》2013 年 8 月 22 日。

区是"指一国的部分领土，在这部分领土内运入的任何货物就进口关税及其他各税而言，被认为在关境以外，并免于实施惯常的海关监管制度。"其核心是强调"境内关外"的自由贸易。美国关税委员会给自由贸易区下的定义与此类似，强调"自由贸易区对用于再出口的商品在豁免关税方面有别于一般关税地区，是一个只要进口商品不流入国内市场可免课关税的独立封锁地区。"① 这是自贸区的早期形态。这种自贸区是经济体在对外经济贸易中采取的单方面的关税优惠和贸易自由政策，因此法律关系比较简单，单方面采取行政措施或者立法就可以设立和运作。

上海自贸区属于狭义的自贸区，即自贸园区。它由中央政府根据当前改革开放的需要以行政命令单方面设立 4 个海关特殊监管区域。最高立法机关授权在自贸区内实施与全国其他地区不同的法律，同时由上海市制定地方性规章《中国（上海）自由贸易试验区管理办法》，结合国务院颁发的《总体方案》和有关法律、法规，共同形成自贸区的法律规则体系。在运作上，全国人大授权国务院决定清理和决定适用外贸监管的法律法规②，还可以自行行使立法权去弥补法律空白。行政和司法机构除适用世界贸易组织协定和我国参加、承认的其他国际贸易规则外，主要是适用国内法。

广义的自贸区是指两个或两个以上国家或地区通过签署自贸协定（FT-Agreement），取消绝大部分关税和非关税壁垒，实现贸易和投资的自由化，形成商品、服务和资本、技术、人员等生产要素自由流动的"大区"（FT-Area）。这种区域性安排包括货物贸易、服务贸易、投资、政府采购、知识产权保护、标准化等更多领域内相互承诺，是双边、多边协议。这种类型的自贸区与第一种自贸区存在明显区别，主要体现在其主体是双方、多方，参加者是相互独立的关税区甚至是主权国家。彼此法律地位平等，在自愿、互利互惠基础上协商、谈判。由于多数国家和地区都是世界贸易组织的成员，自由贸易协议都遵循 WTO 协定。

酝酿中的"粤港澳自贸区"由中央政府批准在粤港澳合作区的南沙、前海、横琴三大主要合作平台，加上白云空港为基础，这些地方在地理上属于内地关税区，因此应该是与上海类似的自由贸易园区。但是它又具有广义的自贸区的一些因素，比如涉及 3 个独立关税区主体。粤港澳自贸区

---

① 卢为：《"自由贸易区"词条》，《北方新报》2013 年 9 月 5 日。
② 2013 年 8 月 30 日，全国人大常委会作出决定，授权国务院在自贸试验区暂时调整外资企业法、中外合资经营企业法和中外合作经营企业法规定的行政审批。

同时具备两种类型的自贸区的一些特点和要素，法律关系非常复杂，包括不同行政区之间、不同行政区与中央政府之间的国内行政关系，也涉及世贸组织下单独关税区之间的国际贸易关系，也涉及不同政治制度、司法体系和法律传统，需要中央政府、粤、港、澳多方参与协调，是国际法关系与国内法关系的混合、交会。这种复杂性主要表现在3个层面：

第一，粤港澳自贸区在政治和法律上的大前提是遵守《宪法》和港澳《基本法》

港澳地区实行"一国两制、高度自治"，其国内法依据是《宪法》和《香港特别行政区基本法》《澳门特别行政区基本法》（以下简称港澳《基本法》）。国际法依据的是中央政府与英国、葡萄牙政府分别签署的《中英关于香港问题的联合声明》和《中葡关于澳门问题的联合声明》。两部《基本法》都是全国性法律，是宪制性文件，内地和港澳都有义务遵守。两份CEPA文件的第二条"原则"部分都清楚阐明，CEPA的达成、实施和修正必须符合一国两制的基本原则。基于此，自贸区涉及港澳，需要港澳的参与和配合，自贸区的法律、规则、规定、政策，一切机构、企业及其人员的行为都必须符合《宪法》和《基本法》及实施、执行《基本法》"一国两制、高度自治"原则和精神的政策和措施。《宪法》和《基本法》是自贸区首要的法律基础。

第二，粤港澳自贸区法律和政策的起点和基点是WTO协定、两个CEPA文件和两个粤港澳《合作框架协议》及《珠三角规划纲要》

香港、澳门和内地在同一个政治实体"中华人民共和国"内，政治上属于国内法关系；又分别是WTO独立的关税区，经贸上他们是国际法关系。作为粤港澳合作区的深化和拓展，自贸区在设计制度和制定政策时要遵守和延续WTO协定、两个CEPA文件和两个合作框架协议及《珠三角规划纲要》的要求。这些文件分别属于国家和地区间的国际贸易协定、一国范围内3个单独关税区之间的区域经济自由化安排、一国内地方政府之间的政策合作协议等3个层次。前两个是法律文件，两个框架协议由特别行政区政府与内地省级政府（广东）签订、得到中央政府授权和认可的行政文件。《珠三角规划纲要》则是国务院批准的单方面的政策规划。因此，自贸区的法律和政策同时涉及国际条约因素、区域自贸区中单独关税区之间的法律因素和一国不同行政区之间关系的国内法因素。两个CEPA文件是全国性法律，而且CEPA本质上就是内地与港澳之间的自由贸易协议，通过它内地与港澳之间已经建立了广义的自贸区。① 因此，未来的粤港澳自贸区其实是在 WTO 框架内和 CEPA 已经建立的内地—香港、澳门自贸区基础上的更小范围、自由化程度更高的自贸区。CEPA 及其附件构成未来的粤港澳自贸区贸易自由化规则的最低要求。

除 CEPA 外，未来的粤港澳自贸区还必须全面吸收《粤港合作框架协议》和《粤澳合作框架协议》的内容。这两份协议是广东省得到中央授权在 2010 年、2011 年分别与香港、澳门政府签订，目的是落实两个 CEPA 文件和《珠三角规划纲要》。两份框架协议已经将粤港澳合作扩大到全面的经济和社会管理体制、政府监管和服务模式等方面，放眼更加波澜壮阔的经济一体化、区域一体化。这两份协议与 CEPA 一起成为粤港澳合作区的基础性文件、纲领性文件。粤港澳自贸区在制度设计和开放内容上要吸纳这两份协议的内容和要求是不言而喻的。

第三，粤港澳自贸区要协调区域内各行政主体之间利益的冲突、行政体系的冲突、法律制度的冲突

广东是粤港澳自贸区的主要执行者和管理者，港澳是主要参与者。自贸区的核心区域是前海、横琴和南沙新区。南沙面积最大，产业门类齐全，前海面积最小、产业较单一。在立法权限上，前海已经获得了副省级城市的立法权。横琴所在地珠海和南沙所在地广州均有地方立法权。香港、深圳、广州在区域经济和全球经济中既竞争又合作，各有优势和劣势。广东与香港、澳门之间在行政地位和与中央关系上也不对等，在行政、立法、司法上的权限和独立性上不能同日而语。因此，粤港澳自贸区的建立和运作涉及在规模、能力、行政和法律地位、立法权限和司法传统等诸多方面都存在差异的行政区之间利益的冲突、行政体系的冲突、法律制度的冲突。一定程度上，这些都是粤港澳自贸区的"利益相关者"。如何协调它们之间的关系，关乎粤港澳自贸区的成败。

总括起来，粤港澳自贸区的建立和运行，有 3 个层次的法律和文件为基础，一是《宪法》和《基本法》为核心的宪法性法律文件群②，二是以

---

① CEPA 文件的主要开放内容是货物贸易，也包括部分服务贸易和贸易投资便利化措施。CEPA 是内地第一个全面实施的自由贸易内容的协议，是有全国性效力的法律文件。不过由于地理和传统的经济、历史、文化联系，事实上广东省在落实 CEPA 过程中责任最多，收益也最多。

② 江保国：《粤港澳特别合作区的法律思考》，《开放导报》2008 年第 2 期。

WTO 协定、两个 CEPA 及其附件、内地与港澳两地之间的《合作框架协议》和《珠三角规划纲要》为核心的国际和区域贸易法律文件群，三是调整一国范围内不同地位、层级和权限的行政区域关系的行政法律文件群，其中的法律关系比上海自贸区要复杂得多。

三 自贸区的法制创新：移植、试验、创新

建立自贸区本身就是我国制度创新的产物。法制创新是自贸区存在的理由和发展的强大动力。通过法律移植吸收国际先进成功经验和制度，这方面两个自贸区并没有什么区别。只是基于功能定位和区域位置、自身条件的不同，在国家发展中的角色分工不同，在具体制度创新和方法上两地会有所差异。

1. 参照世界银行《营商环境报告》指标体系和方法，对自贸区商业法规及其执行情况分析评估，建立国际化、法治化的因素环境

党的十八届三中全会颁布的《决定》中提出"推进国内贸易流通体制改革，建设法治化营商环境"，国务院颁布的《总体方案》也明确自贸区的目标是"着力培育国际化和法治化的营商环境"，在两到三年内形成"与国际投资、贸易规则相衔接的基本制度框架"。有关营商环境法治化水平的分析体系中，以世界银行开发的年度《营商环境报告》最具代表性。"《营商环境报告》和标准成本模型是被各行政管辖区用于评估政府规则制定工作对商业活动影响的唯一标准工具。"[1]

世界银行《营商环境报告》项目从 2002 年起通过对全球近 200 个经济体进行考察，运用标准成本模型对在企业存在周期内所适用的法规进行分析，从而对经济体以及所选地方城市的商业法规及其执行情况进行客观评估和排名。报告认为，"那些实行良好营商监管的经济体更有可能培育出有利于促进经济包容性的环境。"报告对影响企业生命周期的 11 个监管领域的法规进行分析，涵盖开办企业、办理施工许可、获得电力、登记财

---

① 世界银行：《2014 营商环境报告：了解针对中小企业的法规》，http：//chinese. doingbusiness. org/about－us。

产、获得信贷、保护投资者、纳税、跨境贸易、执行合同、解决破产、雇佣工人等。报告分国别报告和城市报告，其中包括了上海、广州在内的 30 个中国城市[①]，不过不包括深圳和珠海。这个项目至今发布了 11 份年度报告，得到各国政府和企业的广泛认可，很多国家参照这份报告的指标改革监管制度、促进法治，以促进经济发展。

上海自贸区和粤港澳自贸区在建立法治化、国际化的营商环境方面，也可以参照世界银行这个标准成本模型，评估自己的营商环境而进行针对性的调整监管措施、完善监管体系和制度。这是自贸区法治创新的一部分。

2. 通过创新思维解决 "粤港澳自贸区" 名称存在的法律障碍

早在广东省讨论如何落实 CEPA 文件、实行 "先行先试" 政策时就提出过 "粤港澳自贸区" 的设想，并就其相关理论和制度的可行性进行过激烈争辩。当时有学者指 "粤港澳自贸区" 的提法存在法律上的障碍，表述不确切。[②] 国务院在南沙、横琴规划的批复文件中表述为 "粤港澳紧密合作示范区" "粤港澳全面合作示范区"。这种观点的基本理由就是 WTO 关于自由贸易区的规定，也即是广义自贸区的概念，两个或者以上的单独关税区之间签订的自由贸易协议，而 "粤港澳自贸区" 中广东省并不是单独关税区，不是自由贸易协议的合格主体。

其实这个问题可以通过政策技巧和法制创新解决。第一，如前文所述，自贸区与自贸园区（通常也简称自贸区）都有国际法依据。上海自贸区属于自贸园区，但是不妨碍其被称为自贸区，而且在国际上也有不少先例。第二，即使采用 "自贸区" 这一表述，参照 "中国（上海）自由贸易区" 的表述，可以在 WTO 和 CEPA 框架内，用 "内地（广东）香港澳门自由贸易区（简称粤港澳自贸区）"。在法理上，这一表述意思是一国范围内的内地、港、澳 3 个关税区之间的自由贸易协议，不过在内地中央政府的授权之下这份协议在广东实施，可以简称为 "粤港澳自贸区"。通过这个方式可以解决广东不是单独关税区的障碍。今年甚至出现粤港澳自贸区

---

① 世界银行：《营商环境报告》（次国家区域报告中国部分）http：//chinese. doingbusiness. org/data/exploreeconomies/china/sub/guangzhou。

② 慕亚平：《粤港澳紧密合作区的法律依据及相关问题解析》，《珠江经济》2008 年第 9 期。

升级为国家级战略的说法，名称被改为"中国（广东）自贸区"。① 第三，粤港澳自贸区的发展分近期目标和远期目标。近期目标是在南沙、横琴和前海设立自由贸易（园）区，先行先试，协调矛盾，积累经验，促进区域经济一体化。远期目标应该是珠三角甚至广东省成为自由贸易区，而与香港、澳门区域一体化，那时才是包括广东省、香港和澳门三地在内的名副其实的粤港澳自贸区。鉴于港澳已经是自由港，那么只要广东在贸易、投资便利化方面进一步改革，在与港澳充分一体化的时候，粤港澳自贸区水到渠成。

3. 法制创新的基本路径：移植、试验、创新

后发展国家经济法律制度的发展，大致上经历"移植—试验—改造创新"的过程。上海自贸区和粤港澳自贸区，目标都是"与国际投资、贸易规则相衔接的基本制度框架"，是建立与国际一致的贸易和投资法律制度和政府监管体制，其主要内容就是法律移植和法律再造。上海自贸区已经出台的改革措施和相关的法律法规以及将来粤港澳自贸区的法制，大部分都是在港澳或国际社会已经实施的，但在我国内地仍然属于制度创新。粤港澳自贸区是既有的"内地—港澳"CEPA自贸区和粤港澳合作区的扩展和深化。因此，粤港澳自贸区主要是从香港移植市场制度、政府监管和服务模式，从而实现经济、社会管理和服务体制的一体化。粤港澳自贸区的法制改革和创新主要是香港市场模式、政府模式、社会管理模式对珠三角地区的输出，实质上是市场体制和政府监管模式的香港化。

通过法律移植和法制创新实现营商环境的国际化、法治化是后发展国家的通常做法。要注意的是，"国际化""法治化"的"国际规则"，不是静态的，而是发展的概念。法律移植是一种低层次的法制创新，参与制定国际秩序和国际规则、引领国际规则的走向才是高水平的制度创新。二战后，美国成为前所未有之超级大国，主导成立关贸总协定，推动货物贸易自由。当多数国家努力调整法律适应货物贸易自由规则时，美国却透过世界贸易组织谈判转向服务贸易并主导知识产权贸易协定。当全世界都在努力改革以适应、遵守WTO规则的时候，美国为了维护其在全球的政治经济主导地位，另扯大旗，推动跨太平洋伙伴协定（TPP）和跨大西洋贸易

---

① 参考消息网，http://finance.cankaoxiaoxi.com/2014/0124/339432.shtml#g293573=1。

与投资伙伴协议（TTIP）的谈判[1]，致力于建立一个弱化世界贸易组织（WTO）规则，甚至"有可能架空世界贸易组织""有可能架空亚太经合组织"的所谓"高质量的自贸区协定"，试图建立新的世界政治经济秩序。[2]"这个新秩序的核心是一个自由贸易新规则，新规则的落脚点不是 WTO 框架下的货物贸易自由化而是服务贸易自由化和投资自由化。"[3] 因此，我们要用发展的眼光去看待所谓"国际规则"。通过移植建立符合国际秩序和标准的规则体系，只是法制改革的近期目标。远期目标应是通过再创新和原始创新，更主动积极地参与新一轮国际经济秩序的制定，从双边、多边两个方面加快构建中国版本的自贸区网络，才能在经济全球化进程中占据更主动的位置。

---

[1] 美国主导 TTP 和 TTIP 谈判的战略意图和中国应对的策略，可以参阅郑永年《TTP 与中美关系的前景》，新加坡《联合早报》2013 年 6 月 4 日。

[2] 金敏、庄斐：《美国为何加速推动建立跨太平洋战略经济伙伴协定和跨大西洋贸易与投资伙伴协定》，http：//www. hq. xinhuanet. com/focus/boao2013/2013 - 04/04/c_ 115274275. htm。

[3] 孙永剑：《谁能真正分享"自贸区红利"》，《中华工商时报》2013 年 10 月 11 日。同时参见 http：//www. hq. xinhuanet. com/focus/boao2013/2013 - 04/04/c_ 115274275. htm。

珠三角世界级城市群产业驱动能力研究

林 勇　潘国雄*

珠三角城市群是指珠江流域入海口由广东省的广州、深圳、佛山、东莞、珠海、中山、惠州、肇庆、江门等 9 个市及香港、澳门两个特别行政区共同组成的城镇体系，是国家层面的三大优化开发区域之一。珠三角城市群已经初步具备建设世界级城市群的发展基础，而通过粤港澳的经济融合和经济一体化发展，将会发展成为有全球影响力的先进制造业和现代服务业基地和全球经济发展的重要引擎。本文立足于增强珠三角城市产业结构布局优化，从产业结构现状、产业扩张辐射和动态扩张 3 个方面分析大珠三角产业结构的优劣势和产业结构优化驱动能力，并在此基础上提出相应的对策建议。

一　大珠三角城市群产业布局现状

截至 2010 年，大珠三角城市群的经济总量已达到 54760.46 亿元，约占全国经济总量的 13.75%，人均 GDP 达到 85812 元。其三次产业结构比重为 1.5∶36.1∶62.4。从产业布局来看，制造业密集分布在广州、深圳、佛山、东莞 4 个城市，占珠三角制造业产值的 80%。第一产业 85% 以上分布在广州、佛山、肇庆、江门、惠州 5 个地区，总体呈现非均匀分布态势。第二产业生产总值达到 18313.49 亿元，形成以深圳、惠州为代表的电子信息产业集群与以广州、惠州为代表的重化产业集群。广州、深圳、佛山和

---

* 林勇，华南师范大学经济与管理学院院长、教授；潘国雄，华南师范大学经济与管理学院办公室主任、讲师。

东莞 4 个市制造业产值占珠三角的 80%。服务业总体呈现以广州、深圳为核心,两者服务业产值约占珠三角的 60%。

表 1　大珠三角城市产业布局

单位:亿元

城市	核心产业	产业特点	2010 年经济总量
广州	汽车装备制造业、石油化工业、电子信息业、钢铁业、制药业、轻纺业、新材料业	技术含量较高,品牌化低能耗趋势明显,第三产业比重占据绝对优势	10748.30
佛山	有色金属业、钢铁产业、陶瓷业、电器机械业、家具业、纺织业	产业集聚明显,发展成相配套的专业市场	5651.52
肇庆	金属加工业、机械和汽车配件业、林产化工业、新型建材业、造纸和木材加工业、电子信息业、生物制药业、食品饮料业、纺织业	自然环境优越,依托丰富矿产资源优势发展金属加工等产业,旅游业也正在逐步发展	1085.87
香港	金融业、旅游业、贸易及物流业、商业服务	实力雄厚,第三产业高度发达	15194.23
深圳	电子信息产业、生产制造业、金融业、房地产业	电子信息产业实力雄厚,品牌化趋势明显	9581.51
东莞	电子信息业、电气机械业、化工业、纺织业、家具业、玩具业	产业集群规模较大,涉及大分类行业超过 30 个,劳动密集型特征明显	4246.45
惠州	电子信息产业、灯饰照明业、石化产业、汽车零部件业、纺织服装业、制鞋业	电子信息产业实力雄厚,产业集聚规模庞大	1729.95
澳门	旅游博彩业、酒店业、饮食业、零售业	旅游博彩业与其相关配套产业占据绝对优势	1893.00
珠海	高科技产业、旅游业、房地产业	产业园模式发展道路,生态环境的强市	1208.60
中山	电子信息业、包装印刷业、医药业、五金业、灯饰业、服装业、家具业、食品业、家电业	专业镇布局明显,高水平大规模产业集群	1850.65
江门	金属制品业、电气机械及器材业、化学原料及化学制品业、纺织服装业、摩托制造业	产业集聚效应慢慢凸显	1570.42

表 2   2010 年港澳城市产业体系状况

城市	城市化水平 （％）	三大产业比重 （GDP,％）	三大产业比重 （就业人口,％）
香港特别行政区	100	0.1∶7.1∶92.9	0.1∶11.6∶88.3
澳门特别行政区	100	0∶7.4∶92.6	—

资料来源：（1）香港特别行政区：http：//www.yearbook.gov.hk/2010/sc/pdf/C03.pdf，第39页和http：//www.censtatd.gov.hk/hong_kong_statistics/statistical_tables/index_tc.jsp？charsetID=2&tableID=036&subjectID=（即按经济活动划分的本地生产总值 – 占以基本价格计算的本地生产总值百分比）香港采用"香港标准行业分类2.0版"。香港的产业按主要经济行业划分为第一级产业（包括渔农业、采矿和采石业）、第二级产业（包括制造业、建造业和水电气供应）和第三级产业（包括进出口贸易、批发及零售业，住宿及膳食服务业，运输、仓库、邮政及速递服务业，资讯及通信业，金融及保险业，地产、专业及商用服务业，公共行政、社会及个人服务业以及楼宇业权）。

（2）澳门特别行政区上述数据的来源网站：http：//www.dsec.gov.mo/Statistic/NationalAccounts/Gross – Domestic – Product –（By – Production – Approach）– – A/Industrial – Structure – of – Macao – 2010.aspx 和 http：//www.dsec.gov.mo/getAttachment/3457d88c – 011c – 4d24 – 8d24 – 11d05d20ac22/SC_PIBP_FR_2010_Y.aspx［澳门产业结构是采用按生产法估计的本地生产总值，相当于所有行业的增加值总额（生产总额减中间消耗）的总和，加上产品税］。澳门产业划分为第二产业（包括制造业、电力、气体及水的生产及分配、建筑业）和第三产业（包括批发及零售业、维修、酒店业及饮食业，运输、仓储及通信业，金融保险、不动产、租赁及商业服务，公共行政、社会服务及个人服务（包括博彩业）。

2010 年，珠三角三大产业比重 2.1∶49.2∶48.7，香港为 0.1∶7.1∶92.9，澳门为 0∶7.4∶92.6，广州和深圳第三产业比重分别为 61.0% 和 52.7%。香港、澳门和世界城市群的产业主要都是以第三产业为主导，它们第三产业的比重均达到 80% 以上。与香港、澳门相比，珠三角的第三产业还不够发达。

二   大珠三角城市群产业结构扩张辐射效应

区位商是一个反映经济部门与外部区域之间的输入输出关系的区域分析指标。其原理是：当区位商小于或等于 1 时，表明某一部门为净输入，即扩张能力不具备或有限；当区位商大于 1 时，则表明该部门存在输出活动，即存在扩张能力。[1] 李光德（2011）[2] 则以大珠三角产业梯度转移框架

---

[1] 王伟：《基于制造业区位分析的中国三大城市群经济空间演变实证与解释》，《城市规划学刊》2010 年第 1 期。
[2] 李光德：《大珠三角产业转移的市场机制研究》，《综合竞争力》2011 年第 5 期。

为出发点，将大珠三角划分为高梯度区和低梯度区。高梯度区主要包括广州、深圳、东莞、惠州等珠江东岸城市，而低梯度区指珠中江等珠江西岸城市。本文采用区位商和李光德的高梯度区和低梯度区指标观察产业部门对外扩张辐射效应。

表 3   2010 年珠三角三大产业区位商

	广州	珠海	深圳	东莞	佛山	中山	惠州	江门
第一产业	1.03	1.57	0.04	0.23	1.10	1.61	3.52	4.38
第二产业	0.77	1.13	0.97	1.00	1.29	1.20	1.22	1.14
第三产业	1.23	0.85	1.06	1.03	0.71	0.79	0.70	0.74

从 2010 年国内三大城市群三大产业区位商表来看，三大城市群中核心城市如广州、上海、北京以及较大的城市如深圳、南京、无锡等，第三产业占据较大的比重。而低梯度区（珠中江）第三产业的区位商值均不超过1，缺乏服务性扩张能力，第一和第二产业则具备较强扩张功能，说明短期内制造业仍是该经济圈的主流产业。

表 4   2010 年长三角三大产业区位商

	上海	南京	苏州	无锡	常州	镇江	扬州	南通
第一产业	0.18	0.76	0.45	0.48	0.87	1.20	1.93	2.19
第二产业	0.83	0.91	1.12	1.15	1.15	1.14	1.08	1.10
第三产业	1.26	1.12	0.91	1.28	1.20	0.82	0.83	0.79
第一产业	4.59	3.76	0.93	1.13	1.36	1.49	2.18	2.60
第二产业	0.95	0.95	0.94	1.09	1.01	1.14	1.08	0.89
第三产业	0.76	0.83	1.07	0.88	0.95	0.8	0.81	0.99
	台州	衢州	合肥	马鞍山				
第一产业	1.72	2.53	1.31	0.94				
第二产业	1.02	1.04	1.03	1.37				
第三产业	0.92	0.83	0.91	0.59				

资料来源：（1）长三角各城市统计局数据，其中缺少泰州、绍兴数据，镇江、南通、盐城、嘉庆、湖州、舟山、台州、衢州，由于数据获取困难，采用了 2009 年统计数据。

表 5　2010 年环渤海三大产业区位商

	北京	天津	青岛	大连	沈阳
第一产业	0.31	0.55	1.70	2.33	1.62
第二产业	0.58	1.27	1.18	1.23	1.22
第三产业	1.48	0.9	0.91	0.84	0.09

资料来源：环渤海各市统计年鉴，由于大部分城市统计年鉴难以获取，故上表只统计北京、天津、青岛、大连、沈阳 5 个城市。

三　大珠三角产业空间动态扩张效应

表 6　2010 年珠三角区位商

行业	广州	珠海	深圳	东莞	佛山	中山	惠州	江门
工业	0.74	1.12	0.97	1.01	1.33	1.21	1.22	1.16
建筑业	1.15	1.22	1.05	0.75	0.76	0.98	1.18	0.86
交通运输、仓储和邮政业	1.63	0.49	0.93	0.50	0.65	0.46	0.84	0.95
信息传输、计算机服务和软件业	1.19	0.87	1.28	1.34	0.65	0.64	—	—
批发和零售业	1.21	1.00	1.04	0.92	0.75	0.80	0.80	0.87
住宿和餐饮业	1.09	0.97	0.82	1.51	0.76	0.89	1.23	0.92
金融业	0.90	0.66	1.95	0.59	0.48	0.54	0.36	0.41
房地产业	1.12	0.99	1.02	1.17	0.87	0.80	0.77	0.62
租赁和商务服务业	1.48	0.57	0.58	1.90	0.62	1.62	—	—
科学研究、技术服务和地质勘察业	1.66	0.51	1.22	0.52	0.68	0.20	—	—
水利、环境和公共设施管理业	1.34	1.08	1.19	0.59	1.10	0.39	—	—
居民服务和其他服务业	0.99	0.80	0.98	2.02	1.00	0.76	—	—
教育	1.62	1.43	0.72	0.82	0.97	0.84	—	—
卫生、社会保障和社会福利业	1.64	0.95	0.72	0.71	1.17	0.72	—	—
文化、体育和娱乐业	1.79	0.65	1.01	0.54	0.65	0.48	—	—
公共管理和社会组织	1.20	1.78	0.89	1.32	0.94	1.11	—	—

说明：（1）采用区位商测算方法；（2）由于在《广东统计年鉴》上获得的肇庆数据不太规范，因此在本文中我们无法估计其相应的区位商；（3）东莞采用 2009 年的产业数据乘以 2010 年增长率来估计获得 2010 年的数据；（4）表中"—"，表示该城市并未公布该项数据。

资料来源：《广东统计年鉴》、各市信息统计网站。

从表 6 可以看出，在 16 个产业部门中，珠三角地区城市具备对外扩张能力的产业数量排序依次为广州（13）、深圳（8）、东莞（7）、珠海（6）、佛山（4）、中山（3）、惠州（1）、江门（1）。对比来看，纽约城市群具备对外扩张能力的产业数量排序依次为费城（10）、普罗维登斯（9）、巴尔的摩（9）、威尔明顿（9）、纽约（8）、波士顿（8）、华盛顿（7）、伍斯特（7）、纽黑文（6）、哈特福德（5）、特伦顿（4）。相比来看，珠三角各城市拥有的对外扩张产业部门与发达国家城市群水平还存在差距。

从整个城市群的行业扩张比较看，珠三角城市群的经济扩张指数（0.83）远大于纽约城市群（1.10），略低于环渤海城市群（0.98），高于长三角城市群（0.89）。珠三角城市群的产业空间扩张指数小于等于1，长三角和环渤海地区水平稍微高于珠三角；而纽约城市群大于等于1（见表7）。由此可知大珠三角城市群在扩张能力方面仍存在差距。从具体产业看，珠三角优势（数值大于1）在工业、住宿和餐饮业；劣势（数值小于等于1）在建筑业，交通运输、仓储和邮政业，信息传播计算机服务和软件业、批发和零售业，金融业，房地产业，租赁和商业服务，科学研究、技术服务和地质勘察，水利、环境和公共设施管理业，居民服务和其他服务业，教育，卫生、社会保障和社会福利业，文化、体育和娱乐业，公共管理和社会组织。与纽约城市群产业扩张比较，珠三角城市群主要存在问题是产业结构层次较低。珠三角地区交通运输、信息、金融、租赁和商业服务等服务性产业相对纽约城市群而言具有对外扩张能力的数量较少，整体产业结构层次较低，这导致整个珠三角城市的产业扩张能力不足。

表 7　2010 年纽约城市群区位商

行业	巴尔的摩	波士顿	哈特福德	纽黑文	纽约	费城	普罗维登斯	特伦顿	华盛顿	威尔明顿	伍斯特
农、林	1.17	1.13	0.53	0.23	0.82	1.28	2.45	0.72	0.79	3.41	1.24
采矿	1.42	0.81	1.27	1.14	0.63	1.28	1.01	0.42	1.51	2.60	3.02
建筑	1.46	0.80	0.82	0.86	0.95	0.93	0.94	0.62	1.30	1.58	0.89
制造	0.96	1.17	2.01	1.84	0.82	1.27	2.02	0.68	0.40	1.35	2.02
批发贸易	0.93	0.86	0.92	1.02	1.19	1.04	1.06	1.41	0.51	0.68	0.93
零售贸易	1.08	0.94	1.00	1.12	0.97	1.06	1.15	0.95	0.96	1.50	1.22

续表

行业	巴尔的摩	波士顿	哈特福德	纽黑文	纽约	费城	普罗维登斯	特伦顿	华盛顿	威尔明顿	伍斯特
运输与仓储	1.07	0.77	0.90	0.73	1.20	1.00	0.90	0.68	0.66	0.79	1.19
信息	0.64	1.06	0.67	0.73	1.13	0.82	0.48	0.86	1.21	0.76	0.50
金融与保险	0.78	1.11	1.77	0.53	1.11	1.01	0.77	1.21	0.62	0.48	0.82
房地产出租和租赁	0.96	0.78	0.67	0.83	1.19	0.79	0.70	0.53	1.12	1.00	0.52
专业、科学及技术服务	0.95	0.95	0.59	0.47	0.89	0.80	0.46	1.22	1.99	0.52	0.53
管理公司及企业	0.81	1.13	0.71	0.80	1.10	1.19	0.82	0.80	0.71	0.30	0.29
管理、支持、废物管理、整治服务	1.04	0.93	0.87	0.71	0.96	0.96	0.69	0.67	1.44	0.95	0.65
教育服务	1.04	1.44	0.61	1.90	0.85	1.07	1.05	2.49	0.82	0.24	0.95
医疗保健和社会援助	1.00	1.01	1.04	1.27	1.04	1.05	1.15	0.91	0.71	1.03	1.27
艺术、娱乐及康乐	0.99	0.89	0.75	0.63	1.13	0.85	1.02	0.78	0.95	1.26	0.96
住宿和食品服务	1.11	1.02	0.93	0.94	0.91	0.95	1.23	0.82	1.21	1.76	1.08

资料来源：（1）产业数据统计来自和汇总方法：数据来源美国统计局（census bereau），将纽约都市圈、华盛顿都市圈、巴尔的摩都市圈、费城都市群、波士顿都市圈平均得到纽约城市群的相关产业数据；（2）采用区位商测算方法。

表 8　城市群产业空间扩张指数

分类	珠三角城市群	长三角城市群	环渤海城市群
工业	1.095	1.036	1.107
建筑业	0.994	1.195	1.307
交通运输、仓储和邮政业	0.806	0.966	0.993
信息传输、计算机服务和软件业	0.746	1.329	0.821
批发和零售业	0.924	0.861	0.934
住宿和餐饮业	1.024	1.146	0.974
金融业	0.736	1.160	0.828
房地产业	0.920	0.139	0.922
租赁和商务服务业	0.846	1.082	0.853
科学研究、技术服务和地质勘察业	0.599	0.923	0.750

续表

分类	珠三角城市群	长三角城市群	环渤海城市群
水利、环境和公共设施管理业	0.711	1.129	0.977
居民服务和其他服务业	0.819	1.165	1.126
教育	0.800	1.134	0.982
卫生、社会保障和社会福利业	0.739	1.142	0.985
文化、体育和娱乐业	0.640	1.199	0.837
公共管理和社会组织	0.905	1.220	0.975

资料来源：（1）《广东统计年鉴》、各市信息统计网站；（2）长三角各市统计年鉴（2010），其中缺少泰州、绍兴数据，镇江、南通、盐城、嘉庆、湖州、舟山、台州、衢州，由于数据获取困难，采用了2009年统计数据；（3）由于环渤海大部分城市统计年鉴难以获取，故上表只统计了北京、天津、青岛、大连、沈阳5个城市。

表9　纽约城市群产业空间扩张指数

行业	数值
农、林	1.2518
采矿	1.3736
建筑	1.0136
制造	1.3218
批发贸易	0.9591
零售贸易	1.0864
运输与仓储	0.8991
信息	0.8055
金融与保险	0.9282
房地产出租和租赁	0.8264
专业、科学及技术服务	0.8518
管理公司及企业	0.7873
管理、支持、废物管理、整治服务	0.8973
教育服务	1.1327
医疗保健和社会援助	1.0436
艺术、娱乐及康乐	0.9282
住宿和食品服务	1.0873

资料来源：作者估计。

四　对策建议

以建设国际性经济中心为目标，构建引导产业发展的产业集群。

（一）大力发展第三产业，提升金融、物流、会展、信息等产业的国际地位

大珠三角需建设具备国际性的现代化服务体系，基于目前第三产业的总体布局，打造香港与广州双核心的现代化服务型城市群。

一是加强粤港合作，提升香港第三产业对大珠三角的辐射能力。基于香港原有的服务体系，依托粤港澳合作框架，借助香港发达的金融体系与商贸服务体系，在原有"前店后厂"的合作模式下深化合作，使香港成为大珠三角城市群走向国际的突破口。

二是着力打造广州、深圳的现代化服务体系，走与香港错位发展的特色道路。广州可着力建设成为大珠三角的门户城市，打造大珠三角城市群的智力核心与物流中心，构建现代化的物流体系与能够满足现代商贸要求的服务体系。深圳可打造成大珠三角城市群乃至于华南地区、泛珠三角地区的金融中心，发展有深圳特色、与香港错位发展的金融体系，提升金融业的影响力。此外深圳在发展高端制造业的同时发展信息服务业，以高新产业带动深圳以及大珠三角城市群的新一轮发展。

三是提升两大核心服务城市的内部协调与辐射作用，布局大珠三角城市群第三产业格局，推动城市群新经济的高速发展。除了香港与广州，在大珠三角城市群其他城市都应加大第三产业的发展力度，制造型导向的城市，如佛山、东莞等城市，可从配套的专业市场的改革入手，发展商贸服务业。此外在澳门、珠海、肇庆3个城市应完善旅游业配套措施，加大旅游服务业的发展力度，发展以旅游业为导向的第三产业。

（二）完善重化产业体系，奠定国际重化产业的基地地位

一是依托珠三角原有的重化产业基础，建立规划化、集约高效的重化产业园，大力发展高端重化产业。以惠州为例，应重点建设大亚湾综合化工区。

二是依托炼油和乙烯炼化一体化，延伸与丰满重化产业链，大力发展精细化工等石化中下游产业。广州重点发展高技术精细化工产业；珠海重

点发展环境友好的新型专用化学品和新型材料；深圳重点发展高性能电子化学品、生物化工、高分子新材料；佛山建设新型涂料和助剂发展基地；中山建设国内领先的专用化学品生产基地；东莞重点发展以新领域精细化工、化工新材料和基础有机化学品；江门重点发展为造纸、塑料、印染等多行业配套的化学专用助剂产品。

三是加强海洋产业的发展力度，积极勘探开采海洋油气资源，打造世界先进水平的特大型石油化工产业基地。在惠州、深圳、珠海、江门等沿海地区部署石油化工、精密炼化、油气勘探等产业，发展高端临港产业带，重点加强海洋化工系列产品的开发和精深加工技术的研究，推进产品综合利用和技术革新，拓宽应用领域。

（三）发展创意与科技产业，加大产学研合作力度，推动珠三角国际研发基地建设

一是创意与科技产业是未来新经济发展的重要趋势，高新产业发展离不开智力支持，因此需要企业与高校之间紧密合作。要充分利用好香港、广州等高校资源，推动产学研合作力度，扶持高新产业。发展创意科技产业，进一步推动人力资源要素合理配置，加强粤港人才的自由流动机制与学历互认，推动企业与高校产学研合作，加大对高新产业与应用型科研项目的扶持力度。

二是加大对大学生创业扶持力度，营造创业氛围，优化创业土壤，推动大学生创意产业孵化。政府应鼓励高校对大学生创业教育培训的投入，推动创业服务体系如创业投资机构、孵化器的发展，加大对信息经济、绿色科技经济等领域的微型企业的扶持力度。

三是构建城市群创意集群，以广州、深圳、佛山为中心打造工业设计中心，以广州、中山为中心打造动漫产业中心，以广州、深圳为中心打造创意产业基地，并辐射整个大珠三角城市群。加快粤港澳尤其是深港、珠澳两地的创意产业合作，以前海、横琴为载体，打造大珠三角乃至于亚洲的创意中心。

（四）优化产业集聚，提高自主创新能力，发挥集群效应，发挥整体优势

一是在产业集群内部加大政府引导，贯彻产业转型升级方针，优化产业集聚效应。加大产业集群规模化与园区化进程，建立配套完善的设施，提高土地资源的利用效率。充分利用投融资、人才引进与财政支持等手段进一步引导企业走转型升级道路，走自主研发设计的高端制造之路。

二是鼓励企业走自主品牌道路，加大政府对品牌企业的扶持力度。利用产业集群规模与市场份额规模的优势，加强地方品牌的宣传力度，加大企业对地方品牌的认同。扶持企业走自主品牌建设道路，培育一批具有国际影响力的知名企业，从微观层面的国际化推动产业集群宏观层面国际化。

三是加大对产业集群配套市场的改革力度，使之更符合现代化产业集群发展的要求。在产业转型升级的政策下，应加强对专业市场的改造力度，从原先以交易物流为中心转移到以展示体验为中心的新型专业市场，并将交易与物流功能电子化，构建线上线下一体的专业市场体系，使专业市场更具现代化服务功能，加大珠三角贸易中心的辐射范围。

（五）完善区域产业空间布局，推动区域内产业错位发展，构建城市群落之间互补共生的区域产业发展格局

一是进一步发挥行业协会等民间组织的功能，推动单个行业间产业联盟的形成，减少产业集群内耗，使产业集群的发展更加规范化与合理化。

二是推动相关行业间合作平台建设，推动发展区域内部产业错位发展。建立区域内相关行业间的合作平台，依托产业分工推动城市分工。

三是加大配套服务体系的辐射功能，以推动城市群内部上下游产业的高效整合。加大信息服务业、金融服务业等服务体系对制造业的整合功能，促进上下游产业的合作深化，在区域内完成设计研发、生产加工、仓储物流、品牌宣传到贸易销售的产业链整合，提高大珠三角产业的整体附加值。

参考文献

[1] Friedmann, J. 1964. Regional Development Planning: A Reader. Cambridge: M. Press.

[2] Gottman, J. 1961. Megalopolis: The Ur - Banization of the Northeastern Seaboard of the United States. Cambridge: M. I. T Press.

［3］ Gottmann, J. 1957. Megalopolis or the Urbanization of the Northeastern Seaboard. *Economic Geography* 33（3）.

［4］ Wallis, A. D. 1994. Evolving Structures and Challenges of Metropolitan Regions – Augmented Title：Part of a Symposium on of the Challenge of American Renewal. *National Civic Review* 83（1）.

［5］ 仇保兴：《中国城镇化——机遇与挑战》，中国建筑工业出版社，2004。

［6］ 方创琳、宋吉涛、张蔷等：《中国城市群结构体系的组成与空间分异格局》，《地理学报》2005 年第 60（5）期。

［7］ 方创琳等：《中国城市群可持续发展理论与实践》，科学出版社，2010。

［8］ 官卫华、媒士谋：《城市群空间发展演化态势研究——以福厦城市群为例》，《现代城市研究》2003 年第 2 期。

［9］ 国家创新体系建设战略研究组：《2010 国家创新体系发展报告——创新型城市建设》，科学出版社，2011。

［10］ 胡雅龙、姜卫红：《世界第六大城市群——长江三角洲城市群崛起之路》，上海社会科学院出版社有限公司，2010。

［11］ 蒋年云、李文斐：《创新型城市：广州的实践与思考》，中国社会科学出版社，2007。

［12］ 林吕建：《2011 年走向世界级城市群的长三角》，社会科学文献出版社，2011。

［13］ 林涛：《产业集群合作行动》，科学出版社，2010。

［14］ 刘荣增：《我国城镇密集区发展演化阶段的划分与判定》，《城市规划》2003 年第 27（9）期。

［15］ 刘志彪：《从后发到先发：关于实施创新驱动战略的理论思考》，《产业经济研究》，2011。

［16］ 彭翀、顾朝林：《城市化进程下中国城市群空间运行及其机理》，东南大学出版社，2011。

［17］ 王缉慈等：《超越集群——中国产业集群的理论探索》，科学出版社，2010。

［18］ 姚士谋等：《中国城市群》，中国科学技术大学出版社，2006。

［19］ 曾祥效：《基于创新集群构建的广东高新区和专业镇提升策略》，《科技管理研究》2010 年第 14 期。

［20］ 张京祥：《城镇群体空间组合》，东南大学出版社，2000。

［21］ 中国科技发展战略研究小组：《中国区域创新能力报告 2009：城市群创新体系对中国的意义》，科学出版社，2010。

［22］ 朱英明、童毛弟：《中国城市群整体竞争力研究》，经济管理出版社，2010。

［23］ 珠江三角洲城镇群协调发展规划编委会：《珠江三角洲城镇群协调发展规划》，中国建筑工业出版社，2007。

内地与港澳水路运输规制的
现状与对策研究

张 强 韩莹莹[*]

一 内地与港澳水路运输规制的现状

(一) 市场准入规制

1. 准入权限划分

内地与港澳水路运输市场准入的主管机关有两类：一是国务院交通运输主管部门及其派驻水系的航务（运）管理局，二是省级（省、自治区、直辖市）交通运输主管部门或者其授权的航运管理部门、地（市）级人民政府交通局或者其授权的航运管理部门。截止目前，这两类主管机关的市场准入权限划分依据是 20 世纪 90 年代前后出台的意见、通知和批复等 3 个政策性文件：（1）《关于深化改革、扩大开放、加快交通发展的若干意见》（交办发〔1992〕586 号）规定：航行港、澳航线的 1000 载重吨以下船舶和客船，由省、自治区、直辖市交通主管部门审批；（2）《关于授权各省、自治区、直辖市交通主管部门审批航行港澳船舶的通知》（交通部办公厅〔1992〕57 号）中规定：授权各省、自治区、直辖市交通主管部门审批航行本省各开放口岸与香港、澳门间在中国注册的 1000 载重吨以下的货船和客船，审批情况报部运输管理司备案；中外合资（合作）船公司航行香港、澳门航线 1000 载重吨以下的船舶，由部审批；（3）根据《关于

---

* 张强，博士，华南师范大学政治与行政学院教授；韩莹莹，博士，华南理工大学公共管理学院副教授。

广东省与港澳间砂石运输船舶管理问题的批复》（交水发〔1999〕222号），广东省交通运输主管部门负责 3000 载重吨以下砂石运输船舶航行港澳航线的审批；（4）交通部《关于授权珠海市代批航行港澳小船问题的批复》（交海函字〔88〕427号），授权珠海市代批航行港澳航线 50 总吨以下运输船。

2. 运输业市场准入规制

目前国家层面尚未出台专门针对内地与港澳水路运输市场准入的法规。《交通运输部办公厅关于进一步加强内地与港澳水路运输管理工作的通知》（厅函水〔2012〕157号）对内地与港澳水路运输新增运力和新增运力投入运营的申报程序做出规定：（1）新增运力应通过交通厅向交通部提出申请；（2）经批准的新增运力投入营运应通过交通厅向交通部提出申请，现经营内地与港澳水路运输企业通过扩大自由船舶经营范围方式更新现有港澳航线运力无须申请运力指标，可直接申请投入运营。但严格来说，厅函水〔2012〕157号关于内地与港澳航线新增运力及其投入运营的审批并不是市场准入，而是已获准进入内地与港澳水路运输市场的企业申请新增运力及新增运力投入运营的审批。内地与港澳水路运输市场准入规制在很大程度上是由国务院交通运输主管部门授权省级交通运输主管部门制定地方性规章，各地做法差异很大。

3. 辅助业市场准入规制

内地与港澳水路运输辅助业市场准入规制同样处于空白状态。在国家层面：《水路运输服务业管理规定》和《国内水路运输管理条例》（2012）都将内地与港澳水路运输辅助业务排除在外；而《国际海运条例》（2001）和《国际海运条例实施细则》（2003）则采取参照适用的办法。在地方层面，《广东省水路运输服务业管理办法》（1997）中将省内至港澳水路运输辅助业直接纳入审批管辖的范围，其中第二条规定："在我省从事国内水路运输服务和省内至香港、澳门航线水路运输服务的单位和个人，必须遵守本办法。"而其他省（自治区、直辖市）目前仍无内地与港澳水路运输辅助业市场准入的规制。这实际上导致内地与港澳水路运输辅助业管理几乎处于无法可依的尴尬局面。

4. 资准入规制

(1)《国内水路运输管理条例》第 11 条规定:"外国的企业、其他经济组织和个人不得经营水路运输业务,也不得以租用中国籍船舶或者舱位等方式变相经营水路运输业务;香港特别行政区、澳门特别行政区和台湾地区的企业、其他经济组织以及个人参照本条前款的规定,国务院另有规定的除外;在香港特别行政区、澳门特别行政区、台湾地区进行船籍登记的船舶,参照适用本条例关于外国籍船舶的规定,国务院另有规定的除外。"(2)《国际海运条例》第 57 条规定:"外国国际船舶运输经营者未经国务院交通主管部门批准,不得经营中国内地与香港特别行政区、澳门特别行政区之间的船舶运输业务,不得经营中国内地与台湾地区之间的双向直航和经第三地的船舶运输业务。"所以,目前我国原则上不允许外资进入中国内地与港澳水路运输市场。(3) 为加强新时期内地与港澳的经济贸易合作,CEPA 系列补充协议的相关条款开始放松对香港、澳门资本进入内地与港澳水路运输市场的规制。

(二) 市场监管规制

1. 市场竞争规制

直到 2012 年,交通运输部办公厅才出台了《关于进一步加强内地与港澳水路运输管理工作的通知》,其中规定:"督促和引导内地与港澳水路运输经营者遵循诚实守信的原则,依法经营,加强行业自律,公平竞争,共同维护市场价格秩序,保障内地与港澳水路运输市场健康稳定发展。"但并没有对垄断和不正当竞争的类型做出规定。可见,内地与港澳水路运输市场竞争规制同样存在立法空白,致使市场竞争秩序混乱。

2. 诚信管理

目前国家层面尚没有对内地与港澳水路运输市场诚信管理做出规制;有些省份尝试出台了诚信管理的相关规制。例如,广东省交通运输厅在全国范围内较早出台了《广东省水路运输行业诚信管理试行办法》(2013)①,主要从诚信管理、诚信评价两个方面对企业诚信实施动态管理。

---

① 早在 2007 年,浙江省交通运输厅在国内率先出台了《浙江省水路运输诚信企业管理办法（试行）》,但由于采取企业自愿申报的原则,实施效果并不理想。

3. 安全与防污染管理

这方面的规制主要有：（1）《中国籍小型船舶航行香港、澳门地区安全监督管理规定》（1996）；（2）《交通运输部办公厅关于进一步加强内地与港澳水路运输管理工作的通知》（厅函水〔2012〕157 号）中规定：从事内地与港澳水路运输的企业新增运力及新增运力投入运营审批，必须提供安全和防污染管理体系证明（DOC）；（3）《中华人民共和国船员港澳航线专业培训、考试和发证办法》（2002）；（4）《中华人民共和国船员服务管理规定》（2008）中规定：为航行于香港特别行政区、澳门特别行政区和台湾地区的船舶提供船员服务的，按照为国际航行船舶提供船员服务管理，应当取得《甲级海船船员服务机构许可证》。

（三）运力调控规制

1. 船龄调控

针对水路运输、老旧船舶数量多、船舶技术状况差、安全隐患多等问题，交通部先后下发了《老旧船舶管理规定》（1993）和《关于实施运输船舶强制报废制度的意见》（2001），并于 2006 年再次修订了《老旧运输船舶管理规定》。内地与港澳水路运力船龄调控实行不低于国内运输船舶的标准执行。

2. 船舶标准化

加强船舶船型标准化管理，有助于提高船舶技术水平，防止船舶污染环境，优化运输船舶结构，提高运输效益，促进节能减排。2001 年，交通部发布了《内河运输船舶标准化管理规定》，并于 2011 年在全国范围内征求意见对其进行了修订。目前内地与港澳水路运输船舶标准化参照这一规定执行，但实践中遇到很多突出问题，主要原因是香港关于避风港、公众货物装卸区、领港收费等规制与内地不一致。例如，港澳航线内河集装箱船舶如果超过 50 米，到达香港后会遇到 3 个难题：一是不能进入香港避风塘内的公共装卸区码头进行装卸作业；二是在其他装卸区作业期间，如遇到台风挂 3 号风球时，该船在香港海域难以方便找到合适的避风锚地；三是该船若运送内地到港货物，已在内地海关办理相关清关手续，货物未卸完不便返航内地避风,使船舶处于进退两难的境地。因此,船公司从经济效益等因素考虑,基本将粤港航线的集装箱船船长限制在 50 米以下,吨位控制在 1000 总吨以内。要增加载箱量主要靠增加船宽和吃水,因而形成了较为典型的港澳航线集装箱船型 "L49.99 米、B15.8、H5.5、T4.3 米",外表酷似 "火柴盒"。这样的集装箱船重心高,受风面积大,要求船型装箱量大、稳性好,所以粤港航线的集装箱船基本上是短、宽、深,船型主要是平底、方形;但这种船型存在耗油大、安全性不高等问题。

3. 运力紧急调控

《国内水路运输管理条例》第 23 条规定:水路运输经营者应当依照法律、行政法规和有关规定,优先运送处置突发事件所需的物资、设备、工具、应急救援人员和受到突发事件危害的人员,重点保障紧急、重要的军事运输。出现关系国计民生的紧急运输需求时,国务院交通运输主管部门按照国务院的部署,可以要求水路运输经营者优先运输需要紧急运输的物资,水路运输经营者应当按照要求及时运输。实践中,这一规定同样适用于内地与港澳水路运输航线。

二 内地与港澳水路运输规制的主要问题

(一) 立法滞后问题

1997 年 6 月 26 日香港主权回归前夕,交通部《关于香港回归后内地与香港航线有关航运管理问题的通知》中明确了我国恢复对香港行使主权后,香港与内地之间的海上运输航线为实行 "特殊管理的国内航线",着手研究制定《祖国内地与香港地区之间航运管理办法》,在《祖国内地与香港地区之间航运管理办法》未颁布实施前,香港与内地对外轮开放港口之间的客货运输暂按照此通知办理(按照当时的现行管理规定办理)。《国际海运条例》第 58 条规定:内地与香港特别行政区、澳门特别行政区之间的海上运输,由国务院交通主管部门依照本条例制定管理办法。但时至今日,内地与港澳水路运输管理办法迟迟没有出台。故而,目前内地与港澳水路运输管理仍然沿用改革开放初期交通部发布有关通知及地方性规章,如福建省主要按照 1985 年《从事香港、澳门航线运输船舶公司的暂行管理办法》执行。① 可见，我国内地与港澳水路运输立法仍停留在 20 世纪后期，无法适应现实需要；尤其是《行政许可法》对政府依法行政的要求更高。立法滞后带来的主要问题有三。

1. 管理定位模糊

虽然《关于香港回归后内地与香港航线有关航运管理问题的通知》中已将内地与港澳水路运输确定为"特殊的国内运输"，但一些法律法规更倾向于将内地与港澳水路运输视为国际海上运输。例如，《国际海运条例》第 58 条：内地与港澳水路运输依照本条例制定管理办法；《中华人民共和国船员服务管理规定》：为航行于香港特别行政区、澳门特别行政区和台湾地区的船舶提供船员服务的，按照为国际航行船舶提供船员服务管理，应当取得《甲级海船船员服务机构许可证》；《国内水路运输经营资质管理规定》（交通部令 2008 年第 2 号）第 38 条规定：经营内地与香港特别行政区、澳门特别行政区以及台湾地区之间的水路运输，其经营资质条件不适用于本规定。但在实际操作中，也有些省级交通运输主管部门按照国内水路运输的法律法规对内地与港澳水路运输进行管理。

2. 规制效力层级低

内地与港澳水路运输相关规制的法律效力层级较低，主要表现为：（1）我国当前尚没有专门调整和规范内地与港澳水路运输的法规，涉及内地与港澳水路运输的法规（如《国际海运条例》《国内水路运输条例》）并没有调整和规范内地与港澳水路运输的实质性规定，只有个别条款授权国务院交通运输主管部门制定关于内地与港澳水路运输的管理办法；（2）当前调整和规范内地与港澳水路运输管理的规制主要是以交通运输部的规范性文件和地方性规章为主，其法律效力层级低。

3. 相关规制缺位

目前我国水路运输领域的规制主要有《港口法》《海上交通安全法》和《海商法》等 3 部法律和 14 部行政法规。这些法律法规中：（1）水路

---

① 福州海事局对港澳经营运输的审批依据是《福建省交通厅对从事香港、澳门航线运输船舶公司暂行管理办法》，http://www.fuzhou.gov.cn：8080/LangChao. ECGAP. outPortal/ViewSource/SrcNotice. aspx？infoflowId = 01131。

运输业的规制较多，水路运输辅助业的规制明显不足。目前只有《水路运输服务业管理规定》（2009）是专门针对水路运输辅助业；虽然《国内水路运输条例》和《国际海运条例》中都有水路运输辅助业的规定，但只是一些笼统的描述；（2）水路运输中的经济性规制（准入、运价等）较多，而社会性规制（如环境保护、安全管理等）较少；（3）更重要的是，适用于内地与港澳水路运输的规制较少，在不少重要问题上存在立法空白。

（二）市场准入问题

1. 准入标准不一、准入门槛低

在内地与港澳水路运输市场准入条件方面，交通运输部并没有明确的条件标准，而省级交通运输主管部门实施许可的条件也不一致，如有些省份参照《国际海运条例》，而有些省份则参照《国内水路运输条例》。导致这种现象的原因是我国尚未制定完善的内地与港澳水路运输市场准入制度。目前内地与港澳水路运输市场准入门槛低主要体现在：（1）外国船公司不能自营内地与港澳水路运输，但存在以租船经营的方式变相经营；（2）对市场主体没有规模要求，即应拥有多少条船或多少载重吨才能投入运营没有明确要求；（3）各类船舶进入门槛的总吨位偏小；（4）船舶技术标准不具体、不明确；（5）无责任保险要求。

当然，既然部分内地与港澳水路运输市场准入授权省级交通运输管理部门负责审批，不同地方审批条件存在差异是正常的，也无须统一；但港澳水路运输作为统一的市场，不能由于审批条件的差异影响其统一性和公平性。为此，国务院交通运输主管部门制定内地与港澳水路运输市场准入的统一条件标准，供地方参照执行是必要的。

2. 审批权限上收、审批效率低

目前国务院与省级交通运输主管部门在内地与港澳水路运输市场准入权限划分的依据都是香港、澳门回归前后由原交通部发布的意见、通知和批复等政策性文件，即以1000载重吨为界限划分审批权限；但时过境迁，目前港澳航线1000载重吨以下的船舶越来越少。以广东为例，2012年广东省港澳航线船舶1259艘，其中1000载重吨以下的船舶数量仅为622艘，约占49%。这就意味着大多数港澳航线船舶审批权事实上又被交通运输部回收。

值得一提的是，《交通运输部办公厅关于进一步加强港澳航线运输管理工作的通知》（厅函水〔2012〕157 号）规定："经营国内沿海对外开放港口至港澳航线运输的，船舶载重吨应为 5000 吨以上；仅限经营广东省、福建省、海南省、广西壮族自治区各对外开放港口至港澳航线运输的，船舶载重吨应为 2500 吨以上；仅限经营广东省、广西壮族自治区各对外开放港口至港澳航线运输的，船舶载重吨应为 1500 吨以上。"如果这一政策得到执行，港澳航线 1500 载重吨以下的船舶将成为历史，这意味着省级交通运输主管部门将不再享有港澳航线审批权。由此引发的潜在问题是交通运输部拥有审批权，但却无法进行有效监管，这违背了管理学的一般原理即"谁审批、谁监管、谁负责"；而省级交通运输主管部门由于无权审批，也就没有加强监管的动力和压力。此外，内地与港澳水路运输审批权日益集中到国务院交通运输主管部门后，必然导致审批效率的下降。据调查，港澳航线经营者从筹建到开运都要上报国务院交通运输主管部门，来回至少需要 6 个月，包括造船时间则需 1～1.5 年。航线批文、建造船只、试运行等都需上报交通运输部审批，导致审批周期过长，不仅增加了行政许可成本，而且影响了经营者的收益。

（三）市场监管问题

1. 监管滞后

市场准入和市场监管是维护市场健康发展的两个最重要环节，但水路运输行业管理领域普遍存在重审批、轻监管的问题，主要原因有二：一是害怕失去审批大权的传统观念；二是体制机制因素。我国有反垄断、反不正当竞争的专门执法机构，但多数行业主管部门尚未与反垄断、反不正当竞争专门执法机构建立协调机制；水路运输行业的诚信制度尚不完善。随着社会主义市场经济的深入推进和国务院《关于深入推进行政审批制度改革的意见》的实施，重监管、轻审批必将是未来行业管理的趋势，这就要求国务院和省级交通运输主管部门尽快转变观念和行业管理模式。

2. 监管乏力

目前内地与港澳水路运输市场大多以期租方式租用中国籍船舶的方式进行运营，这种投入相对较低的运营模式，在一定程度上降低了市场准入门槛。出租港澳航线船舶的企业有很多是民营企业，其中大部分的船舶所有人是个人，属委托代管经营，企业没有实权和能力去管理好代管的船舶，只能任由代管船舶个体选择租船的经营人，大部分船舶出租给无船承运企业或货运代理企业。委托他人代管船舶，不利于船公司积聚成规模，规模化竞争就存在问题，因而也就没有了运输市场的运价话语权，投资大的港澳线航运企业也只能当配角。加之，近几年内地与港澳水路运输的燃油、人工、原材料等成本上涨，人民币持续升值等的影响，港澳航线船舶营运成本高涨。因此，较低的进入门槛、不断攀升的营运成本和相关规制的缺位，加剧了内地与港澳水路运输市场竞争的混乱状态，监管难度剧增。

3. 跨部门协作不顺畅

目前内地与港澳水路运输涉及交通、海事、海关、边防和检验检疫等多个职能部门的事权，但职能部门间的联动机制尚不完善，在现场监管特别是临时现场检查时，容易出现多头监管甚至执法冲突的情况。例如，由于海关不允许其他部门在海关监管区进行执法，而很多码头由于场地限制无法设置缓冲区，致使其他部门无法对载运危险品货物的集装箱开箱检查，危险货物漏报、瞒报情况广泛存在。

（四）运力调控问题

1. 运力结构不合理

整体来看，当前港澳航线运力结构存在的主要问题是船舶总运力相对过剩，而技术状态好的大吨位、标准化和专业化的船舶少，新型及专用船型发展缓慢。具体而言：（1）常规干散货船和客船运力过剩，企业之间以相互压价等手段进行恶性竞争；（2）船舶技术性能差，船型结构不科学，存在很大的安全隐患，不利于船舶的技术更新和低碳节能；（3）企业规模小，技术改造资金不足。大多数营运船舶存在吨位小、船龄长、性能差、油耗高等问题，但由于企业普遍缺乏更新改造资金，港澳航线运力结构调整很难取得实质性进展。

2. 退出机制不健全

就船舶的强制退出而言，《关于实施运输船舶强制报废制度的意见》

（交水发〔2001〕151 号）和《老旧运输船舶管理规定》（2006 年第 8 号）关于强制报废的规定同样适用于内地与港澳水路运输船舶。就内地与港澳水路运输企业而言，一旦获得经验港澳水路运输的经营资格，除非因市场竞争或经营不善而主动退出，缺乏强制性的退出机制，不利于内地与港澳水路运输市场的宏观调控。

3. 预警机制缺位

市场预警的基础是建立健全信息收集、处理和分析系统，虽然《国内水路运输条例》等相关法规都要求水路运输经营者应按照统计法律、行政法规的规定报送统计信息，但目前尚没有建成内地与港澳水路运输市场信息系统，不同职能部门从不同渠道收集的数据信息差异很大。正因为如此，内地与港澳水路运输经营者状况、运力供求状况、市场发展状况与趋势等都是一笔糊涂账，宏观调控很难奏效，致使运输市场供求关系失衡、秩序混乱的状况长期存在。

三 完善内地与港澳水路运输规制的主要建议

（一）"特殊管理的国内航线"的性质定位

1997 年和 1999 年，香港、澳门主权回归前夕，交通部先后发布《关于香港回归后内地与香港航线有关航运管理问题的通知》和《关于澳门回归后内地与澳门、香港航线有关航运管理问题的通知》，明确内地与港澳水路运输的性质从"特殊管理的国际航线"转变为"特殊管理的国内航线"。这种性质上的转变是基于港澳主权回归祖国的政治现实；然而，港澳航线管理的法规政策和体制机制在香港、澳门主权回归前后并没有实质性的变化，并一直延续至今。因此，如何界定"特殊管理的国内航线"，是完善内地与港澳运输管理规制的前提。从语义学角度，"特殊管理的国内航线"有两层含义：内地与港澳水路运输首先是"国内航线"；其次是实行"特殊管理"。具体可从 3 个层面来理解。

1. 政治层面

"特殊管理的国内航线"是"一国两制"方针的具体体现：（1）基于

国家主权独立和领土完整原则，主权回归后，香港、澳门都是中华人民共和国不可分离的部分，"一国"决定了内地与港澳水路运输在性质上首先是"国内航线"；（2）"两制"意指在"一国"前提下，香港、澳门可以实行不同于中国内地的经济社会和法律制度，这决定了内地与港澳水路运输需要实行"特殊管理"。

2. 法律层面

根据香港基本法和澳门基本法，香港、澳门主权回归后，原有法律制度体系基本不变；而香港、澳门的法律体系又分属于英美法系和大陆法系，而中国大陆地区实行的又是相对独立的法系。这就必然导致在内地与港澳水路运输管理上，同时存在3个具有独特法律体系的法域，区际法律冲突不可避免。较之其他多法域国家内的区际法律冲突，内地与香港、澳门之间的区际法律冲突具有鲜明特点：（1）内地与香港、澳门之间的区际法律冲突是单一制国家内的区际法律冲突，是在特定时期内属于平等地位的中央法律和特别行政区的地方法律之间法律冲突，不可能演变为国际的法律冲突。（2）内地与香港、澳门之间的区际法律冲突既有属于同一社会制度的法域之间的法律冲突，如港澳之间的法律冲突，又有不同社会制度的法域之间的法律冲突，如内地与港澳之间的法律冲突；（3）各法域都有自己的终审法院，而在各个法域之上无最高司法机关。内地与香港、澳门之间区际法律冲突的现实，要求中国内地在起草《内地与港澳水路运输管理规定》时，既要考虑内地的法律体系，又要考虑港澳的法律体系，着眼未来、求同存异；要建立常态化的沟通机制，努力实现两岸三地法律制度的有机衔接，避免产生新的区际法律冲突。

3. 管理层面

"特殊管理的国内航线"是国务院交通运输主管部门从内地行政管理角度对港澳运输的定性，但这一定性对香港、澳门的约束力有限，港澳地区在航运政策上单独进行基本自由的开放型船舶登记制度，这在事实上等于向世界开放了港澳与内地的沿海运输权，不利于国家安全和国内水路运输市场的健康发展。此外，内地与港澳水路运输中既有属于直接贸易货运、客运，又有属于经香港转运的进出口货物。因此，从管理层面看，应对"特殊管理的国内航线"做出明确界定：（1）属经香港转运进出口货物，具有国际航线属性，应按照国际航运进行管理；（2）属于直接贸易货运、客运，事关港澳地区的经济长远发展和民生问题，具有国内航线属性，应按国内沿海航线进行管理。

（二）审批权限重新配置

按照船舶载重吨标准（1000 载重吨）划分国务院交通运输主管部门与省级交通运输主管部门的审批权限已不能适应现实的需要。审批权限的重新配置有两个思路：一是通过提高船舶载重吨标准（如 2000 载重吨），重新配置审批权限；二是按照行政区划标准重新配置审批权限，即凡是本行政区域内的内地与港澳水路运输企业或船舶，由本省（自治区、直辖市）交通运输主管部门负责审批；而旅客运输、液（气）体危险货物运输及跨两个省份以上至香港、澳门普货运输的企业和船舶，须由国务院交通运输主管部门审批。

第一种思路现行做法的延续，无法从根本上解决未来将要面临的类似难题：一是权责脱节。即国务院交通运输主管部门只负责审批，但由于人力和空间的限制，很难履行审批后的监管职责；二是随着港澳水路运输市场和国际航运市场的发展变化，可以预见在不久的将来，航行港澳航线的船舶规模将进一步扩大、运力结构将进一步转型升级，到时将被迫进一步提高划分国务院和省级交通运输主管部门审批权限的船舶载重吨标准（如3000 载重吨）。因此，第一种思路是被动式的应对策略，不是预见性治理的战略抉择。

第二种思路是基于权责一致原则，清晰地划定国务院与省级交通运输主管部门的权力和责任边界。这一思路的优势有三：（1）国务院交通运输主管部门可以从微观的事务性审批中解放出来，集中精力做好宏观的行业发展规划、政策制定以及政策执行的监督与问责；（2）调动省级交通运输主管部门的积极性，一方面要切实履行审批权，严把市场准入关；另一方面要切实加强市场监管，担负起监管责任；（3）简政放权，简化审批流程，提升审批质量和行政效率，符合当前国务院关于审批制度改革的战略部署和发展方向。

（三）简化行政审批

简化审批并不是无原则地取消审批，而是合并、精简不必要的审批事项和审批环节，减少政府对市场的过度干预，这符合十八大报告的战略部署，即"深化行政审批制度改革，继续简政放权，推动政府职能向创造良好发展环境、提供优质公共服务、维护社会公平正义转变"。目前，内地与港澳水路运输行业管理中仍存在审批过度的问题。例如，新增运力审批和新增运力投入运营审批、港澳运输企业筹建申请和港澳运输企业正式开业申请等，这些实质上是同一事项的双重审批。因此，当前内地与港澳水路运输主管部门应根据国务院关于审批制度改革的战略部署和指示精神，考虑如何精简审批事项、提高审批效率，减轻企业负担。

（四）加强辅助业管理

就水路运输辅助业而言，《国内水路运输条例》仅涉及船舶管理、船舶代理、水路客运代理和水路货运代理等，其中，船舶管理业实行许可制；《国际海运条例》仅涉及国际船舶代理、国际船舶管理、国际海运货物装卸、国际海运货物仓储、国际海运集装箱站和堆场等业务，实行备案制。但都没有涉及港澳航线的辅助业管理问题，国务院交通运输部的相关政策文件中对港澳航线的辅助业也只字未提。我们认为，根据水路运输行业的最新发展和未来趋势，港澳水路运输辅助业不仅包括船舶管理、船舶代理、客运代理、货运代理和无船承运，还应包括航运交易和经纪管理等，辅助业的准入应以备案制为主、许可制为辅，具体管理办法可授权省级交通运输主管部门根据本地实际制定。

（五）加强市场监管

根据十八大报告关于深化行政审批制度改革的战略部署，在精简审批制度改革之后，如何加强市场监管就成为未来行业管理必须面临的重大难题。就内地与港澳水路运输行业监管而言，加强市场监管涉及的主要内容有：（1）加强企业诚信制度建设，对那些垄断经营、欺行霸市、不正当竞争的企业或个人，要在法定权限内，视情节轻重给予处罚。（2）港澳航线是走私活动的重灾区，对那些从事走私活动非法盈利的企业或个人，要在法定权限内，视情节轻重给予处罚。（3）安全责任重于泰山。对那些安全事故频发的企业或船舶，要在法定权限内，视情节轻重给予处罚。（4）对那些弄虚作假骗取经营资格的、不配合交通运输主管部门监督检查的、瞒报或不按要求上报经营信息的以及其他类似情况的经营者，要在法定权限内，视情节轻重给予处罚。

（六） 加强运力调控

国务院或省级交通运输主管部门应加强市场信息的收集和统计，通过对内地与港澳水路运输市场的现状和趋势进行分析和预测，并以此为基础进行宏观调控，决定是否暂停新增运力许可。对船龄、船舶标准不符合现行法规政策规定条件的船舶，实现强制淘汰机制；对那些获准进入港澳航线而长期不从事经营的经营者、不再具备经营资格的经营者或严重扰乱市场秩序的经营者，实现强制淘汰机制；通过经济或政策手段，引导、鼓励企业或船舶转型升级，或主动退出运力市场。

（七） 适度放开港澳资本的市场准入

国内水路运输市场不对外开放是世界各国的通行做法。港澳水路运输属于国内水运，原则上不宜对外资开放；而且在《入世后我国水运行业对外开放承诺》中，并没有对外资进入国内水路运输市场作出过承诺。但内地与港澳水路运输属于"特殊管理的国内航线"，因此，港澳资本的进入原则上应该是允许的；而 CEPA 及其系列补充协议也表明，内地与港澳水路运输辅助业有对港澳经营者逐步放松的迹象，未来的开放范围和形式可视情况而灵活确定。内地与港澳水路运输市场有条件地对港澳资本开放，能够倒逼国内水路运输经营者加快转型升级，而且长远来看，能够提升国内水路运输经营者参与国际竞争的实力和水平。

（八） 安全管理问题

内地与港澳水路运输作为"特殊管理的国内航线"，是国内沿海运输和国际海上运输的结合体，应当符合海事部门的安全管理体系（DOC）。正因为如此，《交通运输部办公厅关于进一步加强内地与港澳水路运输管理工作的通知》中明确规定：从事内地与港澳水路运输的企业新增运力及新增运力投入运营审批，必须提供安全和防污染管理体系证明（DOC）。①但鉴于目前内地与港澳水路运输的大多数船舶都是内河船舶，其安全管理在短时间内很难达到 DOC 标准体系。因此，可考虑在一定的过渡期内适当

---

① 这是针对企业新增运力及新增运力投入运营的情况，而对于原有运力并没有符合 DOC 的强制性规定。

降低为"符合国务院交通运输主管部门关于交通运输企业安全生产标准化达标等级二级及以上标准"。

（九） 加强市场监测与预警

信息时代的政府管理必须以及时准确的市场信息收集和分析为基础，方能提升管理的科学化水平。为此，必须明确内地与港澳水路运输经营者及时准确上报经营信息的法定责任，明确交通运输主管部门建立健全市场监测信息系统、加强市场监测和预警的职责。

（十） 跨部门、两岸三地协作问题

根据十八大报告关于"稳步推进大部门制改革，健全部门职责体系"的精神，进一步整合交通、海事、海关、边防和检验检疫等相关职能部门在内地与港澳水路运输行业管理上的职责权限，加强相关职能部门之间的协作机制建设，如信息共享机制、联合执法机制等；基于内地与香港、澳门在法律体系、体制机制上的差异在短期内无法解决，应考虑建立两岸三地定期磋商的常态化机制和平台。

粤港澳优质生活圈生态休闲发展模式研究

杨干生*

引 言

继 2008 年 "十二五" 规划后, 粤港澳共建绿色优质生活圈已逐渐达成共识, 粤港澳优质生活圈的建设, 势必带来大量的休闲需求, 但生活圈 (大珠三角区) 内的生态休闲资源却相对贫乏, 因此极有必要对其生态休闲发展模式进行研究, 以便有效地推动其建设。

据香港智经研究中心分析, 珠三角都市圈未来 20～30 年人口将会超过 5000 万, 社会和个人财富的雄厚将使该区域具有惊人的消费能力, 随着港珠澳大桥的贯通, 香港与珠三角西岸联络会更加紧密。而随着社会民生领域的公共治理政策架构进一步完善, 生活圈内的生活便利程度将显著提高, 三地生活地域界线将逐渐模糊或消失。生活圈内的大量居民和来自世界各地的高端商务客流, 无疑具有强大的休闲消费能力, 尤其集中于高端休闲产品——生态休闲的需求。发展生态休闲产业不但能满足圈内日益增长的生态休闲需求, 而且目前经济相对落后的粤东、粤北和粤西地区, 由于具有优质丰富的生态休闲资源, 也将迎来一个巨大的发展机遇。

生态休闲是指在生态环境中的休闲方式, 是以生态为背景、环境和内容, 以休闲为目标的休闲、游憩和生活方式。对生态休闲的需求, 源于工作环境的紧张、单调, 需要在生态环境中休闲、放松、舒缓压力, 以重新焕发活力继续投入工作的压力环境。生态休闲最终会成为一种日常生活的

---

* 杨干生, 管理学博士, 华南师范大学国际商学院副教授。

需求，融入人们的生活习惯之中。

国内外对生态休闲的直接研究并不多见，与之相关的研究大多分别集中于旅游、休闲、生态等领域，主要包括旅游经济学、休闲经济学、生态经济学等。

本文的研究内容包括：粤港澳优质生活圈生态休闲需求与供给机制；生态休闲资源分析与开发策略；生态休闲市场与营销策略；生态休闲产业政策设计。

一 生态休闲供求的系统动力学分析

系统动力学对问题的理解，是基于系统行为与内在机制间的相互紧密的依赖关系，并且透过数学模型的建立与操弄的过程而获得的，逐步发掘出产生变化形态的因果关系，从而形成一组环环相扣的行动或决策规则所构成的网络。

如图 1 所示，方框中利润、休闲产品价格、休闲产品知名度、休闲需求满足度、休闲意识等都属于影响生态休闲需求和供给的变量。这些变量通过正相关或负相关的作用影响着生态休闲系统，生态休闲供给通过影响相关生态休闲产品的资源、生态休闲企业的数量及生态休闲政策等变量间接影响生态休闲需求，生态休闲需求又影响生态休闲产品价格等作用于生态休闲供给，从而形成了一个不断循环作用的动态系统。

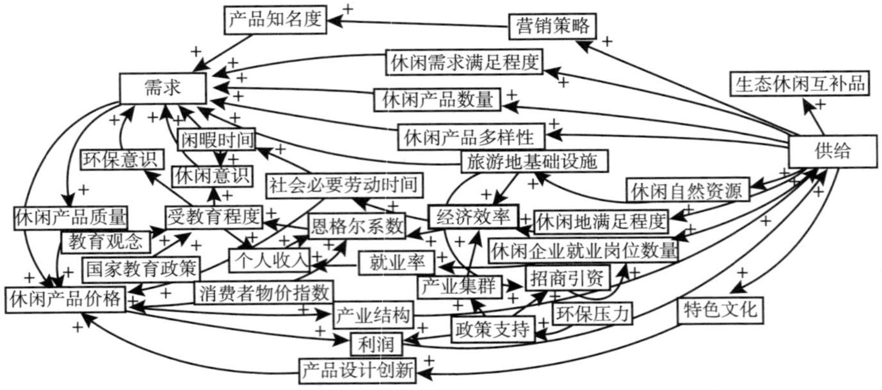

图 1　生态休闲供求因果

将以上生态休闲产品需求供给的因果关系图转换成如图 2 所示的流图。

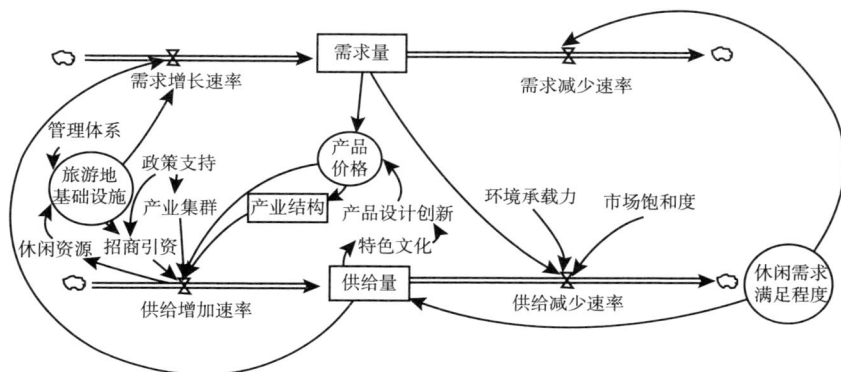

图 2　生态休闲供求关系

需求量与供给量均为存量，而招商引资、政策支持、休闲资源、旅游地基础设施等都属于使生态休闲供给速率增加的流量，即随着这些流量的增加能促进生态休闲供给的增加，相反如环境承载力、市场饱和度等属于使生态休闲供给速率减少的流量，故随着此类流量的增加将会使生态休闲供给减少。[①]

在生态休闲的需求与供给系统中，生态休闲需求与生态休闲供给相互影响，一般来说，生态休闲供给源自生态休闲需求，使生态休闲产业发展到一定程度后，生态休闲供给反过来又能刺激新的生态休闲需求，使生态休闲需求的数量和层次得到扩大和提升。因此，通过对其中的相关变量做出一些改进能够有效地刺激生态休闲的供给。

二　粤港澳生态休闲需求分析

（一）理论视角与假设

可以从需求层次、可持续发展等理论视角研究生态休闲需求。根据马

---

① W. L. Courtney, *Studies at Leisure*, Biblio Life, USA, 2009.

斯洛提出的需要层次理论，随着现代人的生活水平的逐渐提高，人们的旅游需求层次也会不断提高，观光型旅游已经不能满足人们的需要，生态休闲产品更迎合人们多元化的需求。可持续发展①强调的是环境与经济的协调，追求的是人与自然的和谐，而生态休闲符合这一理念。可持续发展的理念兴起将日益成为人们追求生态休闲的重要诱因。

基于此，本文提出以下重要假设。

（1）生态休闲者具有某些显著人口特征。

性别、年龄结构、职业、闲暇时间、受教育程度、家庭收入等人口特征因素是影响生态休闲需求的 6 项约束因子。② 那么，这 6 项因素如何导致休闲者选择休闲空间的差异呢？选择生态休闲的消费者是集中于某一具有显著特征的群体，还是平均分布于各群体中？这有助于分析生态休闲者的需求。

（2）生态休闲者具有探新求异与放松身心的需求动机。

随着人们消费层次与知识文化水平的提高，人们已经不满足于传统的大众化的旅游方式，而是追求更高层的、更新奇的旅游活动形式与内容，如生态旅游、探险旅游等。③ 不少人除了通过到户外休闲享受大自然的美丽风光外，还想通过一些参与性的休闲活动，如参与休闲地的生态环境保护活动等，获得科学文化知识，提高自身素质。

此外，社会竞争的激烈使人们长期处于紧张压抑的工作环境中，这种心理紧张与压力驱使他们在闲暇时间离开自己生活的地方，到一些远离喧嚣的郊外呼吸新鲜的空气，同时放松身心。生态休闲因此具有远大的发展前景，由此而逐渐发展起来。

（3）人们大多数会选择在节假日出游。

随着国民经济的持续增长，尤其是 1999 年国家开始实行"黄金周"休假制度以后，旅游逐渐成为国民生活的重要组成部分。众多数据表明，在黄金周期间，各地的旅游景点都出现"人满为患"的现象。闲暇时间充足是保证人们选择出游的重要因素，因此，尽管景区拥挤，可是人们还是会选择节假日出行，以保证充足的时间放松。

---

① 张建萍：《生态旅游理论与实践》，中国旅游出版社，2001，第 6 页。

② 徐菊凤：《度假旅游者需求与行为特征——以中、俄赴三亚旅游者为例》，《旅游学刊》2007 年第 12 期。

③ 徐泛：《中国旅游市场概论》，中国旅游出版社，2004，第 1 页。

（4）娱乐性、消遣性的自然体验活动更受青睐。

从已有的文献和休闲旅游的有关研究中了解到，在旅游时，人们最喜欢躺在沙滩上尽情享受阳光、沙滩、海水（3S），享受美食，同时喜欢参加各种娱乐休闲活动，尤其是探险性活动；还喜欢与同行者进行交流沟通。这种行为偏好是否也体现在粤港澳地区人们中呢？

（5）组织方式上大多数选择自助旅游方式。

国内许多提及休闲旅游出行方式的文献都认为，近年来，旅游者在选择出行方式时，一般选择自助游，而不需要旅行社提供服务。自助游因其时间灵活性而受到广大休闲消费者的欢迎。①

（二）实证研究

调查问卷由 17 个问题组成，具体内容涉及个人信息、以往度假方式、热衷的旅游类型等。调查对象均在广东省内，分别是惠州、梅州、佛山、深圳、清远、广州、湛江 7 个城市中的各类场所（包括居民小区、政府部门、旅游区、繁华商业区、交通枢纽等）里的行人。调查历时近 2 个月，实际发出问卷 300 份，回收有效问卷 259 份，问卷有效率为 86.3%。

1. 人口特征因素

（1）性别。

问卷统计结果显示，调查对象男女比例接近 1:1。随着社会经济的发展，女性在工作领域所占的比例逐年增长，随之收入、压力也增大，从繁杂的公务与家务中解脱出来的需要空前强烈，在休闲活动中的参与性越来越高，她们在休闲旅游中的比重也将越来越大。

（2）年龄结构。

近 82% 的的受访者年龄集中在 15 岁到 44 岁之间，属于出游经历较多的中青年群体。从年龄构成看，青少年一般精力充沛，对外界事物的好奇心比较强，喜欢探索，因此渴望外出旅游。中年人精力旺盛，又有工资收入及带薪假期，因此也会在空闲的时候与同事、伴侣或家人外出观光。而

① 徐菊凤：《中国休闲度假旅游研究》，东北财经大学出版社，2008，第 3 页。

老年人则主要受身体健康因素的限制，比较少外出。

（3）受教育程度。

超过 6 成的受访者具有大专以上学历，知识水平越高，对生态休闲的需求理解越深刻。有着专业知识、技能和实际工作能力的"白领"，在社会发展中的地位和作用将日益彰显。他们一般具有稳定、较高的收入，并且侧重于发展性和精神性的消费，所以将成为生态休闲消费的主体。知识分子阶层因其文化水平较高，文化底蕴深厚，所选择的休闲活动一般都具有学习功能，如文化旅游等。

（4）职业。

学生的闲暇时间较多，因此对休闲旅游的需求较为强烈。而公职人员也因工作需要到外地出差，接触到生态休闲的机会较多。比例最少的是离退休人员，休闲需求相对较弱。

（5）收入。

受访者的家庭月收入，约 30% 为 2001 ~ 4000 元，约 18% 为 4001 ~ 6000 元，另外还有少部分家庭超过 10000 元。调查数据表明，家庭月收入与生态休闲的需求量正相关，生态休闲需求富有收入弹性（约 1.2）。

2. 选择生态休闲的原因

在问卷中以"完全不赞同""不赞同""没意见""赞同""非常赞同"为衡量尺度，发现影响人们选择生态休闲的原因根据重要程度依次为需要放松自己（75.68%）、想体验旅游地的魅力（45%）、消费能力增强（39%）、一直喜欢（38%）、自身向往西方的旅游方式（21%）。

3. 生态休闲产品的选择

在问卷中从主体和客体两方面设计了 18 个影响因素，以"完全不重要""不重要""一般""重要""非常重要"为衡量尺度。经统计，主体因素对生态休闲决策的重要程度前 3 名依次是欣赏自然景色（82.72%）、领略城乡风光（72.68%）、享受异地美食（66.01%）；客体因素对生态休闲决策的重要程度前 3 名依次是度假环境（83.57%）、旅游地景观（78.98%）、住行等接待设施（74.93%）。人们对度假地的环境氛围、景观、服务管理关注度较高，而对旅游地的知名度、娱乐设施关注度较低，餐饮、住宿、交通等接待设施的关注度居中。

4. 生态休闲消费偏好

（1）生态休闲类型偏好。

调查表明，人们在生态休闲类型的选择上，较青睐于湖泊地带、游玩场所、大都市；在生态休闲产品的选择上，他们更倾向于自然体验、餐饮购物、文化民俗活动，而对艺术类、探索冒险、博彩体育、娱乐康体活动却鲜有人涉及。这表明人们在生态休闲消费中，都比较喜欢那些充满娱乐性、消遣性的自然体验活动，却忽视了发展性、智力性的活动，如艺术、探索冒险类活动；重感官性，轻体验性和参与性消费。

（2）生态休闲时间偏好。

时间是休闲旅游得以进行的重要保障，休闲需求量与人们的闲暇时间基本上呈同方向变化关系。在选择休闲旅游时间时，42.97%的受访者选择个人自由支配时间出行，使休闲旅游时间的安排更自主自由。34.42%的受访者选择法定节假日，认为在法定节假日更有旅行的气氛。15.23%的受访者选择在周末出游，显然短期休闲方式也仍受广大消费者的青睐。9.38%的受访者选择在带薪假期出行，带薪假期对游客来说心理压力相对较少，但是只有少部分人才能享受带薪休闲的待遇。

（3）生态休闲出行方式偏好。

在生态休闲出行方式的选择上，近一半的受访者喜欢自驾出游，认为自驾游更休闲轻松，同时在时间安排上也宽裕随意。在选择休闲旅游游伴的问题上，选择和家人一起的占 44.96%，选择和朋友或同事出游的占42.25%，而选择与伴侣或独自一人出行的所占比例较少。由此可见，生态休闲也成了人际交往的一种重要途径。

总的来说，大部分居民在闲暇时间活动都较为单调，种类不丰富，趣味不高雅。同时在每年外出旅游的次数这一问题上，66.8%的人表示他们每年外出旅游的次数在 3 次以下甚至一次也没有，而在一年里外出旅游次数达到 7 次以上的人也仅仅 4.2%。可见我国居民的生态休闲消费能力仍不乐观，生态休闲消费的观念也仍需提高。

三 粤港澳生态休闲资源分析与开发策略

（一）生态休闲资源分析

1. 圈内生态休闲资源分析

（1）港澳地区生态休闲资源分析。

图 3 香港又一城购物商城

图 4 澳门大三巴牌坊

香港是享誉世界的购物天堂，香港的商店将购物与休闲融为一体。各色购物场所一应俱全，荟萃了中西精品。香港是一个集世界美食于一地的"美食天堂"，是著名的"美食之都"。到香港只要看看香港人就能感受到这座城市的快节奏，其夜生活之繁华璀璨，可与任何著名的国际大都会相媲美。

以博彩业著称的澳门，与美国的拉斯维加斯和摩洛哥蒙特卡罗并称世界三大赌城，因而被冠誉为"东方拉斯维加斯"。博彩带动了旅游业，它也成为澳门四大经济支柱之一和外汇主要来源。澳门特殊的历史背景使中西文化在这里得以并存并和谐发展，因而它是东西文化交流的桥梁。

在历史上，香港和澳门曾经分别是英国和葡萄牙的殖民地，都受到了欧洲文化的深远影响和熏陶。港澳地区的居民无论是在文化思想方面还是在生活习惯方面都与内地居民有着一定的差别，传统的东方文化与现代的西方文化浑然天成地交融在一起。虽然如今香港和澳门都回归了祖国，但是两地都保留和继承了一些欧洲文化，这是港澳地区最大的特点。对于众多的内地的游客来说，这是极具吸引力的。

（2）珠三角地区生态休闲资源分析。

珠三角地区位于广东省的东南部，珠江下游，毗邻港澳，与东南亚地区隔海相望，海陆交通便利，其城市包括广州、深圳、珠海、佛山、江门、东莞、中山、惠州和肇庆，总人口 4230 万，土地总面积 41698 平方公里，是全国经济发展最迅速的地区之一。

图 5　广州小蛮腰夜景

珠江三角洲是个热带性三角洲，地貌水文上表现为多河道的良好水网，广宽深水河道众多；气候上热量和辐射丰富，对工农业生产至为有利。在中国热带地区较稀少的国情下，应重视充分发挥珠江三角洲的热带性特点和潜力。

珠三角经济区的大中城市，广州已成为工业基础较雄厚、第三产业发达、国民经济综合协调发展的中心城市。该地工农业生产持续稳定地增长，对外经济贸易蓬勃发展。珠海是一座著名的花园式海滨城市，东与香港水域相连，南与澳门陆地相接。海岸线长达690公里，拥有146个海岛，有"百岛之市"的美称。为确保本身的高科技和旅游地位，珠海抑制重工业发展。肇庆，有"中国山都"之称和"黄金水道"之称，交通便利，四通八达，形成了水陆衔接、江河相通、客货配套的水陆运输网络，是沿海发达地区通往西南各省的重要交通枢纽。惠州是中国大陆除深圳外，距离香港最近的城市，海湾众多，海边度假胜地良多。

2. 圈外可利用生态休闲资源分析

生活圈毗邻地区包括粤东、粤北和粤西的汕头、汕尾、潮州、韶关、茂名、梅州、河源、阳江、清远、揭阳、云浮、江门、湛江等地区。这些地区相比珠三角地区经济发展水平较落后，但各具特色，主要有潮汕文化、客家文化和广府文化三大块。

粤东山区经济区位于珠江流域的东部，包括梅州、河源。该区四面环山，气候温和，雨量充沛，水资源和森林资源丰富，森林覆盖率为71.7%。其生态休闲业的特色之处在于当地民风淳朴，热情好客的客家文化，衍生而来的一系列文化产品，如客家山歌、客家特产、客家民俗活动。同时，该区域农产品丰厚，别具风味，深受游客喜爱，能够极大地满足游客对美食的需求。

粤东沿海经济区位于广东东部沿海地区，包括汕头、潮州、揭阳、汕尾4市的行政辖区。常年温和，热量丰富，光照充足，雨量丰沛，为农林业发展提供了良好的自然条件。本区依山面海，海岸线绵长、曲折，海湾港口多，沿海滩涂资源丰富，是发展海洋养殖与围垦的良好场所。汕头市将按照建设生态滨海旅游示范区的总体要求，着力打造八大特色旅游区，包括南澳岛旅游区、潮侨文化旅游区、滨海旅游区、宗教文化旅游区、环海湾综合旅游区、小公园老城旅游区、大莲花山生态旅游度假区和东部城市旅游区。汕尾山地生态绿色旅游资源丰富，其特色是峰峦叠翠、山抱水绕、泉涌飞瀑、鸟类云集，拥有全国最大的红椎林母林基地，适合发展海上的各种运动。

粤北地区为清远和韶关，其中清远作为一座二线城市，其地势以山地

图 6　梅州客家田园风光

丘陵为主，水资源丰富。近年来，清远旅游发展着力打造清新生态、飞霞风景名胜、英西奇特峰林、英佛湖光山色、连阳民族风情等"五条热线"和温泉休闲、漂流感受、山水风光、溶洞奇观、民族风情等"五大品牌"。韶关，被称为广东的北大门，是粤北政治、经济、文化中心和交通枢纽，是广东著名的历史文化名城。韶关是广东省旅游资源最丰富、旅游文化品位最高的地区之一，拥有世界级、国家级景区景点 17 处和省级及以下景区景点 100 多处。韶关具有丰富的森林资源和独特的生态系统，是广东省最大的再生能源基地和天然生物基因库，森林资源及野生动植物资源极其丰富，是广东省重要的用材林、水源林、天然林基地及重点毛竹基地，是珠江三角洲的重要生态屏障，森林资源居省内首位。

粤西地区热带和亚热带气候兼属，热量资源仅次于海南岛，成为全省最大的甘蔗生产和糖业基地。本区海岸线长，渔港多，沿海滩涂资源丰富，有利于海水养殖业。

湛江，近海滩涂海湾众多，是得天独厚的天然良港，可发展为世界一流的国际大港口。同时，良好的生态环境使湛江盛产天然优质的海鲜食材，被授予全国首个"中国海鲜美食之都"称号。茂名的生态旅游资源优势主要为海滨旅游资源优势、生态旅游资源优势、温泉旅游资源优势。阳江是地广人稀的旅游地，其资源以自然风光为主，以规模大、数量多、质量好、景观美的优质滨海沙滩为代表，加上阳春的喀斯特峰林、溶洞风光以及丰富而优质的温泉群、高山瀑布和森林湖泊，构成了品种齐全、品位很高、空间组合良好的山海风光旅游资源。

图 7 湛江滨海一景

（二）粤港澳生态休闲资源开发策略

1. 资源与区位分类开发策略

休闲资源开发利用模式的确定，要根据休闲资源自身的状况与区位的配合条件及拟安排休闲活动的行为结构来进行。根据粤港澳地区的生态休闲资源及区位条件，划分为以下 4 种情况。

（1）资源丰富、区位条件良好的地区。

这种地区具有发展休闲业得天独厚的优势，例如香港、澳门及珠三角地区，经济发展迅速，生态休闲资源丰富，客流量大，生态休闲市场前景广阔。在开发其休闲资源时，综合要求较高，既要注重增加购物设施和娱乐场所，配以一定的为各种专门休闲服务的设施，并提高服务的质量和级别，使以住宿、餐饮为主的有限消费与以购物、娱乐为主的无限消费在档次上同步提升，从而显著增加休闲收入；同时还要考虑丰富休闲活动的行为结构，以利于开展形式多样的专项休闲。香港与澳门的特殊历史背景使其成为一座国际化、多元化、开放的城市，而珠三角地区经济的繁荣，得天独厚的区位优势以及丰富的水资源、历史遗迹、粤文化的积淀为该地的生态休闲资源开发带来了契机。但因这一地区均为高度城市化的地区，所以地少人多，土地利用率高成为发展生态休闲产业的最大障碍，因此，对港澳地区及珠三角地区的生态休闲资源应精细开发，科学规划。这一地区的开发适合都市娱乐休闲产品和购物美食休闲产品的开发，其中都市娱乐休闲产品的开发包括主题公园、环球嘉年华、KTV、慢摇吧等；购物美食休闲产品开发有商业街、大型购物中心、酒吧、特色餐厅等。如广州市荔湾区的中心游憩区的开发模式。

（2）资源匮乏、区位条件良好的地区。

这些地方往往人文、社会和经济环境良好，多在临海地带，但区内自然休闲资源明显不足，如茂名、湛江、揭阳、云浮、汕尾等均属于这一种模式。因此开发其休闲资源，应注意有针对性地增建人造和自然休闲项目，充分将每一份已有的生态休闲资源利用起来。同时，尽可能地发挥社会人文资源的吸引力，发掘当地独特民俗文化，完善休闲行为结构，并有计划地开辟"远郊一日游"活动，注重对体验情景的营造，以期创造出能使生态休闲者全面参与、值得回忆的活动和项目，以增强休闲区域的吸引功能，实现生态休闲产品主题形象化、产品内涵特色化、产品个性时尚化、产品优势品牌化。这一地区水资源丰富，温泉众多，适合开发水疗康体休闲产品，包括温泉、足疗按摩、SPA 等，沿海地带还可以开发相关水上活动。

（3）资源突出、区位条件欠佳的地区。

具备这种形式的休闲区极具开发潜力，其开发利用休闲资源的首要任务在于解决进出的交通条件，配备相应的服务接待措施，提高旅游地基础设施和生态休闲产品质量，同时还要提高休闲过程中购物和娱乐的内容，并通过积极宣传促销活动树立和塑造区域生态休闲的形象和品牌，提高旅游地的知名度，努力使其成为国内外休闲的温热点。广东肇庆、阳江、清远、韶关地区均适用于这一开发模式。[①]

（4）资源、区位条件都中等的地区。

针对这一类地区，生态休闲资源的开发工作不宜全面铺开，而应分清主次、突出重点。具体来说，要注意对自然资源进行分级评价，确定特色鲜明、价值含量大的自然资源作为优先发展的目标；此外，还要促进交通区位条件的改善，有选择性地发展相应的特殊休闲，适当增多购物和娱乐的内容，如广东的梅州、河源、潮州、汕头等地均为这一类型，地理区位较偏远，经济不发达，但地方特色文化浓厚，具有极大的潜在开发价值，但成本相对较高。这一地区多山地，因此适合户外运动休闲产品的开发，比如攀岩、蹦极、露营等，又因其经济欠发达，客家氛围浓厚，适合开发

---

① John Tribe, *The Economics of Leisure and Tourism*, Butterworth - Heinemann, USA, *1999*.

乡村体验休闲产品，有农家乐、农业观光园、民族风俗等活动形式。这一
方面，可以借鉴广西桂林旅游景点的农业生态旅游发展模式。

2. 都市旅游环带开发策略

目前，在旅游资源开发方面，各地旅游资源开发相对孤立地进行，缺
乏联合开发的意识和视野，即使是各市区域内部的旅游资源开发也很少顾
及本区内其他旅游资源的区位或性能。根据美国得克萨斯大学盖恩教授于
1792 年提出的"都市旅游环带模式"将城市分为 4 个旅游带，分别是城市
旅游带、集中休闲带、乡村旅游带、偏远广泛旅游带。[①] 这一发展模式，
可以对相关城市的生态休闲资源进行类似规划，根据这一规划模式可以将
其转变为旅游时间与旅游距离影响图（见图 8）。

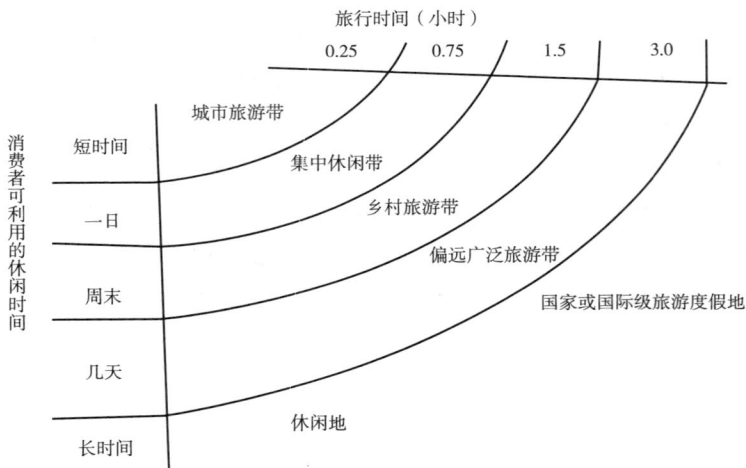

图 8　旅游时间与旅游距离影响下的"都市旅游环带模式"

（1）城市旅游带。

应将港澳珠三角地区建设为城市旅游带，重点建设自然风景、餐馆、酒
店、酒吧、节日和庆祝活动、画廊、历史吸引物（历史景点和建筑等）、博
物馆、体育竞技场和体育事件、音乐厅、剧院等文化艺术类场所、广场、塔
和高层建筑物、购物、会议和贸易中心、酒店和汽车旅馆群、少数民族街

---

① 程道品：《生态旅游开发模式及案例》，化学工业出版社，2006，第 7 页。

区、公园和开放的空间（绿色廊道等）、动物园等生态休闲设施。珠三角地区是广东省最繁荣、最有活力的地区，具有悠久的历史和岭南特色文化。

（2）集中休闲带。

珠三角周围地带如惠州、阳江、清远、汕尾等地可发展成为集中休闲带，主要发展短时间旅游，打造建设适合白天开展的生态休闲活动。可开发的生态休闲产品包括工业与科技园区、历史建筑与名胜观光、体育馆、酒店群、大型超市购物区、娱乐公园、水上运动地、野营地等。

（3）乡村旅游带和偏远广泛旅游带。

将梅州、河源、潮州、湛江、韶关等地打造为乡村旅游带和广泛度假地。这一地区由于远离城市工业化污染，有较好的原生态的田园风光和自然风貌，适合开发类似野营地、度假村、旅游服务中心、乡村旅游、农家乐旅游、观光农业生态旅游，历史与乡土建筑、特色街区、古镇、历史定居地（村落）、农场与牧场旅游等的生态休闲项目；偏远地带可发展成为偏远旅游带，开展国家或地方性公园、森林公园、野生动植物保护区、国家野营地、开车、打猎、钓鱼、爬山、野外体验、远足等生态休闲活动，发展周末旅游产业等，建设适合留宿度假等的生态休闲产业。梅州、河源、韶关及潮汕地区北部的生态休闲资源相当丰富，地方特色浓厚，具有很大的开发潜力，但因其地处山区地段，成为制约其经济发展、阻断对外交流的重要因素，对这一山区的生态休闲开发将大大地促进广东地区生态休闲产业的发展，扩大其生态休闲市场。

四　粤港澳生态休闲市场细分与营销策略

（一）粤港澳开发休闲市场细分

1. 按人口特征因素细分

生态休闲产品的需求量的流入速率受消费者的受教育程度、休闲意识、经济水平、社会阶层、年龄性别结构、消费习惯以及宗教信仰和民族等因素的影响，应制定适宜的市场细分营销策略以保证产品的供给量能满足需求。[1]

---

① 徐菊凤：《中国休闲度假旅游研究》，东北财经大学出版社，2008。

（1）性别。

由于生理上的差别，男性和女性在产品需求和偏好上会有所不同。比如，到一个陌生的城市度假，女性会对该城市的商业繁华地带充满好奇，而男性可能则会偏向需要体力的户外活动。因此，在产品设计上应该充分考虑到男女性的不同需求，求同存异。

（2）年龄。

青少年精力充沛，对外界事物的好奇心比较强，喜欢探索，喜欢外出旅游。但由于收入有限，所以较少出现在中高端生态休闲市场。考虑到青年群体对惊险刺激的需求，可以结合生态休闲与大型娱乐设施两者并存的方式，既可以满足该人群的需要，又可以发展绿色低碳消费。中国式农庄主题公园——顺德长鹿休闲度假农庄是典型范例。

中年人精力旺盛，有一定的购买力及假期，会在空闲的时候与同事、伴侣或家人外出观光，此人群遍布市场的各个消费层次。

老年人则主要受身体健康因素的限制，经济能力也有限，比较少出远门，但由于其闲暇时间丰富，依旧属于中低端产品的消费者。

因此，中年人和老年人是生态休闲产品市场的主体，设计产品和营销策略时应着重考虑此类人群的需求。

（3）经济收入。

消费者的经济收入水平是购买力的决定因素。当持在人们手中的可支配收入越高时，他们在选择产品的时候会充分考虑到产品质量、营养等各方面的因素，对产品的要求相对而言更高。但是对于较低收入水平的家庭，产品设计应更倾向大众化。

（4）受教育程度。

受教育观念的影响，一般认为，受教育水平较高的人群休闲意识较高，对休闲的需求也比较高，他们会在各种闲暇时间选择各种户外活动放松身心，因此，这一群体也将成为休闲产品的主要消费者。他们对产品的要求比较高，产品的设计除了在价格设置、质量等方面严格要求外，产品的创新、多样化会更容易吸引这一部分人的眼球。

（5）其他。

除了以上所提及的因素外，根据部分顾客的宗教信仰和民族的不同，产品设计也应充分考虑到这一小部分人的不同喜好与需求，以便更好地体现大众化的消费，体现产品结构的合理化。

2. 按心理因素细分

市场细分还应考虑心理因素和行为因素。各人不同的价值观将直接影响他们对市场的需求，从而影响他们对产品的购买计划，继而影响市场的扩大。同时，不同的价值观也将使人们形成不同的生活方式以及消费习惯，从而使他们购买产品的数量增加或者减少。

品牌产品会给企业带来可观的营业利润，与此同时，在日常生活中，部分人钟情于品牌产品，在消费者的需求下，品牌的范围将随之扩大。可是由于品牌产品较为重视质量和广告，因此成本较高，适合消费水平较高的目标群体，目标市场由此而缩小。

（1）社会阶层。

社会阶层是指在社会上具有相对同质性和持久性的群体，这些群体的成员一般具有相似的价值观、爱好、兴趣和行为方式。社会阶层一般可以分为上层、中层和下层，不同阶层的人在价值观、爱好、兴趣和行为方式等方面存在较大的差异。各社会阶层在生态休闲产品消费方面存在不同的偏好，消费水平也有很大的不同。企业应仔细分析各社会阶层消费者的需求偏好、购买方式和购买计划，并据此选定自己的目标市场，根据各阶层消费者的不同特征来制定自己的营销策略。

（2）生活方式。

这是指一个人或一个群体对消费、工作、娱乐的特定习惯和倾向性的方式。人们形成和追求的生活方式不同，对产品的偏好也不同，如有的人追求质量，有的人追求时髦，有的人追求高雅，有的人追求价格。据此，企业便可以将追求某种生活方式的消费者群体作为细分市场的标准，并据此来选择目标市场。

3. 按行为因素细分

行为细分就是按消费者的消费行为来细分市场。消费行为因素包括购买时机、消费规模、追求利益、市场进入程度和对品牌的忠诚度等。行为细分是市场细分最重要的因素之一。[①]

---

① 庄晨辉、陈星、李闽丽：《福建省滨海湿地生态旅游产品策划研究》，《华东森林经理》2007 年第 3 期。

消费者购买休闲产品时机很多，如中国的传统节日到来时（如元旦、春节、五一劳动节、国庆节等）。企业进行时机细分，就是要抓住时机销售机会，扩大消费者购买本企业产品的范围，促进产品销售。

在销售过程中，应该注重对产品的品牌效应的培养，将品牌的范围扩大化。

（二）生态休闲产品营销策略

根据市场细分，开发适销对路的生态休闲产品并采取正确的营销策略，是取得市场成功的关键。在前述研究中，我们发现年龄、性别、职业、收入、受教育程度等人口特征，使人们的生态休闲需求呈现出显著的差异性。因此，应根据消费者的这些人口特征设计开发差别化的生态休闲产品。

我们可以在生态休闲产品营销中应用以下策略。

（1）关系营销。

生态休闲消费观念尚未深入人心。因此，生态休闲企业需要加强与政府的合作，借助政府的宣传手段增强公民的生态休闲意识。生态休闲企业既可以改善当地自然环境，又可以增加当地的旅游收入和税收，他们可以以此为契机，与当地政府协商签订互惠互利的条约，这将极有利于企业进入当地市场。

当生态休闲企业面对高价值的高端客户时。如高档度假山庄的客户，应设法提高客户的忠诚度，应用 CRM、ERP 等现代客户资料管理软件管理客户信息，配套专人与客户联系，与客户建立稳定的关系。

（2）差别定价策略。

由于生态休闲景区在假期和平时人流量差异巨大，因此不仅产品按不同层次需要差别定价，不同的消费时间应用差别定价策略既可以提高企业利润，又可以分流高峰期的人流量，降低对自然环境和休闲区的人流压力。

（3）社会责任营销。

可持续发展是企业的社会责任。生态可持续发展为经济可持续发展提供基础，生态和经济的可持续发展又为社会的可持续发展提供基础。企业利用其可持续发展的社会责任营销生态休闲产品，既能赢得客户群体的支持，又能赢得政府和环保机构的支持，将对企业长期稳定发展十分有利。

（4）方向侧重。

深圳、广州是广东省最具旅游消费能力的两个一线城市，休闲企业在广告推广等宣传时，应加强一线发达城市的宣传力度，将主要的宣传资源配置在发达地区，使得宣传能够针对相应的受众。

（5）绿色营销。

绿色营销是指现代企业在市场营销活动中，要维护自然环境，有利于自然生态平衡。由于生态休闲企业本身的特点，宣传时着力打造企业有益个人身心健康、有益社会、有益自然环境的正面形象。应用绿色营销理念时应先制订绿色营销战略计划，保障绿色营销策略长期的施行和监督；同时还需设计绿色营销组合方案，以确保绿色营销策略的有效施行。

五　港澳生态休闲产业政策设计

（一）生态休闲产业发展中的问题

中国的生态休闲产业是缺乏创新的，只有较少的生态休闲企业能够创造出自身独有的市场竞争优势，而众多生态休闲产品趋向同质化，各企业之间相互模仿，使得原本能凭借各自不同文化背景、地理特点而发展形成的各具特色的生态休闲产品消失殆尽。较少的选择种类会给消费者带来较低的福利。较低的效用使得顾客不愿意支付较高的价格，较低的利润令企业无法提供高质量的生态休闲产品，并容易因此恶性循环。

同时，生态休闲产业本身的特点也导致了几个投资生态休闲产业的难题。首先，由于生态休闲产业一般需要远离都市的繁华，需要亲近自然，因此往往需要在开发程度较低的地区租得较大的一片地皮，然后才能按照设计方案，进行较大范围的基础性的生态改造。其次，如此规模的建设，使生态休闲投资需要较多的启动资金具有较长的成本回收期，使得普通规模的企业难以或不愿意涉足该领域。最后，生态休闲产业以自然资源为本，运营过程中需要十分关注企业对周围自然环境的影响，并且需要付出较大的保护资源的成本，具有较大的正外部性。这些特点就会降低企业投资生态休闲产业的积极性，所以需要相关的政策予以激励，以补偿其为产品外部性所支付的成本，同时也需要相关政策对这个新兴产业进行适量的引导并规范其产品和服务。

（二） 生态休闲产业政策目标

基于以上生态休闲产业发展中所显露出的各种问题，我们有必要针对性地制定产业政策。生态休闲产业政策目标大体可分为 9 类，即：

（1）发展生态休闲产业的同时保护生态资源；

（2）塑造具有当地特色的生态休闲企业品牌；

（3）培育具有高效益、高产值的产业链；

（4）使生态休闲产业的管理者具备自律意识；

（5）用法律手段规范生态休闲企业行为；

（6）为新兴的生态休闲企业所在地提供必要的交通、通信等基础设施；

（7）为缺乏资金的生态休闲企业引进投资；

（8）保证生态休闲消费者的基本权益；

（9）对违反相关法律法规的企业进行惩处，以儆效尤。

（三） 生态休闲产业政策设计

1. 生态资源保护政策

政府必须出台相关的生态保护政策以支持相关企业，吸引更多的投资者，从而间接推动刺激生态休闲产业的供给。

具体政策包括：构建区域环境科技教育平台；加强法制建设与政策引导，提高绿色行政能力；设立国家生态保护基金；构建"一环、三核、一区面"的生态安全与发展格局①；合理区划生态功能区；调整产业结构；加强生态旅游景点的环境保护，优化自然保护区结构；构建区域环境科技教育平台，提高社会生态文明。

2. 市场培育政策

打造一个有利于生态休闲文化市场健康运行的政策环境和公平竞争环境；大力推进生态休闲文化产品市场尤其是市场要素的发展；加大各方对生态休闲市场培育的支持力度；进一步强化生态休闲市场监管机制；转变观念，培育符合市场需求的项目。

---

① 即构建陆域环形生态屏障；保护广佛都市经济圈、深（港）莞惠都市经济圈和珠（澳）中山城市经济圈三大城市群现有的公园绿地；建设整体的生态防护区面。

3. 生态休闲品牌塑造政策

生态休闲品牌是区域旅游开发成果和旅游业发展水平的集中体现，它同某个具体旅游产品或旅游产品群相关。生态休闲品牌在提升旅游地整体形象，巩固和拓展生态休闲市场方面起着重要作用。从某种意义上说，生态休闲地之间的竞争表现在品牌的竞争。我国生态休闲产品竞争力不强，一个很重要的原因就是无法形成强有力的生态休闲品牌竞争优势。

可以采取以下政策加强品牌塑造：围绕品牌整合生态休闲资源；强化生态休闲行业品牌建设，规划有效的市场沟通；合理分工、密切协作打造地域品牌；培育保护地域品牌。

4. 产业集群政策

生态休闲企业间无序竞争激烈，专业化分工协作产业不成熟，上规模的星级酒店多，经济型的中小规模酒店少；旅行社多，但大型旅行社少，经济效益不明显，总体竞争力不强；生态休闲旅行景点多，但规模化的景点少。生态休闲产业本身具有很强的关联性，行业间的互补性和竞争性造成了它们之间不仅关联性强而且互动性也很强。粤港澳地区丰富的旅游资源是发展生态休闲产业集群的重要保证。

可采取的政策有：

（1）发挥政府在旅游产业集群化发展中的支持和推动作用；

（2）优化生态休闲产品结构，推动集群区域差异化发展，品牌带动产业发展；

（3）树立区域品牌，推进生态休闲产业集群文化品牌建设，重视品牌的营销活动；

（4）拓展分销渠道，提高认知程度。[①]

5. 行业自律政策与规范生态休闲行业的政策

可采取的政策有：主管部门强化服务，指导产业的发展；鼓励促进多元化发展政策；完善产业体系，加强有效的引导；规范生态休闲行业的政

---

① 常叔杰：《西安曲江旅游产业集群发展 SWOT 分析》，《经济与社会发展》2008 年第 6 卷第 9 期，第 9 页。

策；处理好高端休闲资源与大众休闲资源的关系；加强休闲产业的专业研究；培养专业性人才，创新休闲服务及经营。

6. 基础设施建设政策与引资政策

生态休闲基础设施建设在生态休闲供需市场中占有举足轻重的地位，供给对生态休闲基础设施建设成正相关关系，生态休闲基础设施建设对需求成正相关关系，因此为了满足消费者的需求，必须建设好生态休闲地的基础设施，有助于消费者的消费需求得到满足。

加强基础设施的政策有：

（1）交通设施建设。

依据当地实际情况，开设公交、船舶等专线途径景区，加紧建设高速公路、轻轨、铁路等，减少消费者前往的路途时间。优越的交通条件会加大对外资投资的吸引力。

（2）设立环保部门。

针对重要生态资源所在地设立专门的环保部门，负责园林绿化、垃圾收集与处理、污染治理，监督该地企业的经营对环境的影响，并干预过度开发资源或污染环境的企业的经营行为。

（3）邮电通信项目。

建设当地电信、通信、信息网络等，确保顾客在景区内通信顺畅，网络便捷。

（4）保障能源供应。

包括电力、煤气、天然气、液化石油气和暖气等；充足、稳定的能源供应可以确保当地的生产生活正常有序地进行，因此可作为吸引外资的有利条件。

引资是生态休闲产业建设的首要工作，合理的引资政策必然能吸引一大批投资者投身到生态休闲行业中，提供更多的生态休闲产品。可采取的引资政策有：

（1）鼓励民营资本投资休闲度假项目建设。

把旅游资源开发推向市场，通过参股、合资、独资或多种形式的资产重组，形成投资主体多元化，项目开发市场化。

（2）多方向引资。

开发景区的生态、农业和旅游资源，同时吸引 3 个产业的企业入驻。

提供给企业一个完善的产业链，为企业创建一个优越的经营环境。

（3）制定优惠政策。

对处于起步阶段的生态休闲企业进行税收减免及放宽信贷等多方面的扶持。

（4）设立产业发展基金。

利用财政拨款和休闲企业的税收设立生态休闲产业发展基金，主要用于编制旅游规划、建立项目库、宣传促销、项目招商费用以及对生态休闲产业发展有突出贡献的单位与个人进行奖励。奖励可按固定资产投资额、景点等级、游客数量等标准。①

7. 产品售后服务政策与违规处罚政策

产品售后服务政策包括承诺服务、合同服务、跟踪服务、消费者意见调查、建立消费者档案等。违规处罚政策包括：（1）超范围经营的处罚；（2）价格欺诈行为的处罚；（3）收受回扣索要小费的处罚。

六　结论与展望

现代社会，生态休闲对人们越来越重要，人们对它的需求也呈增加的趋势。同时，人们生活水平的提高，物质满足与精神满足的差距，使人们越发觉得精神满足的重要性。生态休闲产业是跟上低碳时代潮流、顺应社会可持续发展而出现的产物。生态休闲产业的出现，可以在很大程度上去满足人们精神的需求，从而均衡人们在物质和精神的满足。因此，在广大居民积极倡导和推广以生态为背景的休闲消费方式以及注重自身精神上的需求，在中国经济社会结构加速转型的关键时刻有着十分重要的意义，是实现可持续发展的必然选择。

广东省居民消费能力居我国前列，旅游业规模占全国总规模的1/4。广东省内多个经济特区处于我国改革开放的前沿，思想、经济、文化全面开拓发展，使得以享受生活，感受自然为目的，提倡人与自然和谐共处的生态休闲产业得到极大的发展。休闲产业被专家称为改变世界的第五浪潮，而生态休闲则是休闲产业中符合可持续发展的重要分支。广东省如此多的大中城市

---

① 夏林根：《乡村旅游概论》，东方出版中心，2007。

都在大力摸索绿色低碳的生态休闲发展模式，由此为该省居民提供了大量生态休闲资源，但是由于我国生态休闲产业仍处于初步发展阶段，经验相对缺乏，因此在建构生态休闲产业的过程中出现的问题不容忽视。

以珠三角环保一体化为契机，深化粤港澳合作，拓展合作领域，创新合作机制，打造绿色大珠三角优质生活圈，是未来珠三角地区规划的重要蓝图。

《珠江三角洲环境保护一体化规划（2009～2020年）》对珠三角地区的发展规划设定了明确的目标：把珠江三角洲地区建成全面、协调的可持续发展示范区。到2020年，基本形成生态环境安全格局，循环经济体系逐步完善，生态环境良性循环，所有城市达到生态市要求，建成生态城市群。

因此，珠江三角洲地区的发展在今后将更重视生态资源的保护，以提高人民群众的生活水平和改善环境质量为目的，坚持污染防治与生态保护并重，发展循环经济，推行清洁生产，倡导生态文明，走生产发展、生活富裕、生态良好的发展道路，促进经济、社会和环境协调发展。

在这个发展过程中，应结合当前建设的实际，在各种政策的指导下，调整产业结构，促进经济发展带动区域的发展，合理建设粤港澳优质生活生态圈，实现可持续发展产业开发模式。

参考文献

［1］张建春：《生态旅游研究》，杭州出版社，2007，第2页。

［2］广东省环境保护局：《珠江三角洲和广东省环境保护规划（简报）》，中国环境规划院，2003，第11页。

［3］广东省政府：《珠江三角洲环境保护一体化规划（2009～2020年）》，2010，第7页。

［4］《我国休闲产业发展中的问题与不足》，中国杭州政府门户网站，2006，第5页。

［5］陈国生：《旅游政策法规》，东南大学出版社，2007。

［6］夏林根：《乡村旅游概论》，东方出版中心，2007。

［7］张希：《休闲度假之供给特征》，《人民日报》2010年2月29日。

［8］高亚芳、王三北：《休闲经济视角下的旅游产品供给》，《光明日报》2008年4月29日。

［9］唐湘辉：《休闲经济学——休闲经济视野中的休闲研究》，中国经济出版社，2009，第4页。

［10］约翰·特莱伯、李文峰：《休闲经济与案例分析》，辽宁科学技术出版社，

2007，第 5 页。

[11] 李成威：《公共产品的需求与供给评价与激励》，中国财政经济出版社，2006，第 3 页。

[12] 徐菊凤：《中国休闲度假旅游研究》，东北财经大学出版社，2008，第 3 页。

[13] 庄晨辉、陈星、李闽丽：《福建省滨海湿地生态旅游产品策划研究》，《华东森林经理》2007 年第 3 期。

[14] 于光远：《论普遍有闲的社会》，中国经济出版社，2004。

[15] 李谋监、周淑月：《台湾休闲农业之经营发展及其消费行为之研究》，《台湾经济》1993 年第 200 期。

[16] 王婉飞：《休闲管理》，浙江大学出版社，2009，第 2 页。

[17] 吴承忠：《国外休闲经济发展与公共管理》，人民出版社，2008，第 9 页。

[18] 刘水良、吴吉林、田金霞：《湘鄂渝黔边区发展休闲旅游的思考》，《资源开发与市场》2008 年第 10 期。

[19] 徐菊凤：《度假旅游者需求与行为特征——以中、俄赴三亚旅游者为例》，《旅游学刊》2007 年第 12 期。

[20] 于江：《度假旅游者需求与行为分析——以海滨度假旅游为例》，《经济研究导刊》2010 年第 96 期。

[21] 杨文琪：《城市居民生态旅游消费调查研究》，《合作经济与科技》2010 年第 397 期。

[22] 杨永：《影响国内旅游需求因素的实证分析》，《北方经济》2010 年第 6 期。

[23] 范智军：《广东乡村生态旅游开发探讨》，《广东农业科学》2010 年第 12 期。

[24] 姚铁明：《江苏沿海发展生态休闲产业前景广阔》，《科技创新导报》2011 年第 5 期。

[25] 陈梦：《铁山国家森林公园生态旅游产品结构与可持续开发研究》，成都理工大学出版社，2008。

[26] Urry, J., *The Tourist Gaze - Leisure and travel in Contemporary Society*, Sage：London, 1990.

[27] 李旭：《社会系统动力学》，复旦大学出版社，2009。

[28] 菲利普·科特勒：《营销管理》，王永贵、于洪彦、何佳讯、陈荣译，格致出版社，2009。

[29] John Tribe, *The Economics of Leisure and Tourism*, Butterworth - Heinemann, USA, 1999.

[30] Ken Roberts, *Leisure in Contemporary Society*, Oxford University Press, USA, 2006.

[31] T. Haworth John, Haworth, John Trevor Haworth, *Work, Leisure and Well - Being*, Routledge, China.

[32] W. L. Courtney, *Studies at Leisure*, Biblio Life, USA, 2009.

中国（上海）自由贸易试验区
对广东经济的影响

左连村　缪晨刚　吴丽华[*]

改革开放以来，广东得改革开放风气之先，取得了优异成绩。目前正面临转型升级的关键时期，发展需要新的动力和新的增长点。在广东经济爬坡升级的关键时期，国家把新一轮发展改革开放的实验区域首先设在了上海，这将会带来社会资本、技术、人才等重要资源的东移现象，对广东的经济发展带来一定压力和挑战。但上海自由贸易试验区是中国新时期改革开放的窗口试验区，必将对整个中国的进一步发展提供新的经验，对全国各地的经济发展也必将起到推动作用。及早研究上海自由贸易试验区对广东的影响并寻找应对措施，对广东实现两个率先和跨越中等收入陷阱具有重要战略意义。

一　中国（上海）自由贸易试验区开辟
中国改革开放的新格局

第一，中国（上海）自由贸易试验区的设立，是从国家发展的战略高度，培育中国面向全球的竞争新优势，拓展经济增长新空间，打造中国经济升级版。上海自由贸易试验区的设立是国家战略，是中国在改革开放新的历史条件下，适应经济全球化新形势、在更高层次上推进改革开放的积极尝试。目前，全球金融、贸易、投资环境不断发生变化，新的全球化经济治理模式正在形成，通过建立自由贸易试验区，以开放促改革，建立融

---

[*]　左连村，广东外语外贸大学教授；缪晨刚，广东轻工职业技术学院讲师；吴丽华，南国商学院讲师。

入全球经济新格局。新规则的倒逼机制和战略载体，实现我国开放型经济的转型升级。因此，上海自贸区肩负着构建新的全球价值链和庞大的内需市场，促使加工贸易转型升级，吸收国外高级生产要素以及高水平参与国际分工的重要使命。

第二，中国（上海）自由贸易试验区作为推进改革和提高开放型经济水平的试验田，将形成可复制、可推广的经验，发挥示范带动、服务全国的积极作用。国务院常务会议原则通过的《中国（上海）自由贸易试验区总体方案》指出，试验区要推动建设具有国际水准的投资贸易便利、监管高效便捷、法制环境规范的自由贸易试验区，使之成为推进改革和提高开放型经济水平的试验田，形成可复制、可推广的经验，发挥示范带动、服务全国的积极作用，促进各地区共同发展。根据中央的发展蓝图，自贸区内实施自由贸易和投资便利政策，将对贸易、投资、金融、航运、物流、仓库储存等方面有着巨大促进，上海将逐步成为国际航运中心、国际金融中心和国际贸易中心。在推动人民币国际化方面，自贸区内进行利率市场化、汇率市场化、金融产品创新、放开资本账目管制等措施，所有这些变革将完全颠覆目前的法律框架，一旦试验成功，其经验可以在全国范围内复制。

第三，中国（上海）自由贸易试验区是顺应全球经贸发展新趋势，更加积极主动对外开放，成为推进我国进一步融入经济全球化的重要载体。上海自贸试验区的设立就是要先行试验国际经贸新规则新标准，积累新形势下参与双边、多边、区域合作的经验，为与美国等发达国家开展相关谈判提供实证样本和参考依据，进而为中国参与新的国际经贸规则的制定提供有力支撑。长期以来，中国在对外开放过程中经常将国外规则加以改造运用于国内，结果形成的市场规则有不少不符合国际惯例，这在很大程度上影响了企业的国际发展空间。自贸区将遵守3项原则：严格的政府不干涉原则、严格的政府不补贴原则、严格的知识产权保护原则。有了这些原则，作为试点的中国（上海）自由贸易区就能为中国参与各种类型的国际自由贸易区提供符合国际惯例的样本。

二　中国（上海）自由贸易试验区对广东经济的积极影响

第一，为广东的进一步改革开放提供发展方向。上海自贸区的建设意味着中国经济升级版正式启动，如果推进顺利，将为全国性的改革破局，并引领其他地区的改革开放。广东省虽然一直走在中国经济发展模式改革的前沿，但是在探索中仍遇到不少问题。上海自由贸易试验区实施的政策具有可复制的特色，其成功的实践将为广东深化改革和扩大开放提供方向。这其中包括思想的进一步解放，改革开放的原则和目标以及运行中证明是正确的具体操作措施等，对广东都将有直接的复制意义。上海自由贸易试验区也为广东设立更加开放的地区提供先导效应。广东是中国改革开放最早的前沿地带，无论是政治、经济，还是文化、地缘似乎都可以仿效上海实施更加开放的政策。随着未来上海自贸试验区有关政策和实施细节的出台，在岸与离岸、物流与结算、外贸与内贸等将逐一统筹起来，外汇管理、货物出入监管、税收政策、贸易模式等方面无疑将在全国先迈一步。这些都会给广东带来发展方向性的模板。

第二，为广东产业结构的升级提供发展思路。上海自贸试验区的重点是金融开放，以助力上海跻身国际金融中心。在上海自贸试验区的带动下，以金融服务业为中心的服务业将会在全国得到较快发展。广东是制造业为主的经济大省，服务业虽然近些年发展也比较快，但整体上处于滞后状态。借助上海自贸试验区服务业开放发展的东风，广东的服务业也将得到快速发展，这对于广东的产业结构升级将带来促进作用。上海自贸试验区实行包括金融、贸易、航运等五大领域的开放政策以及管理、税收、法规等5个方面的一揽子创新。值得关注的，一是金融领域试点包括利率市场化、汇率自由汇兑、金融业对外开放、产品创新、离岸业务等内容，企业法人可在区内完成人民币自由兑换。这实际上是把自贸区当成人民币国际化的试验田，使上海的在岸人民币市场与离岸金融中心有机结合，推动与国际经济一体化发展；二是贸易领域实施一线逐步彻底放开、二线安全高效管住、区内货物自由流动的创新监管服务模式，这是与已有保税区的主要区别；三是推动税收创新。广东效法上海推进服务业的发展会形成自身的特色。

第三，上海自贸试验区的可复制性有利于充分发挥广东对外开放的优势。上海自贸试验区在金融、税收、贸易、政府管理等方面的一系列政策变革，核心是扩大改革与开放的试验，一个重要特点是打造一个国际化自由港，推动服务贸易更加开放和自由化发展。对外开放是广东的优势所在，上海自贸试验区所展现出来的扩大开放的导向，使广东能够更好地发挥优势。广东的服务业不如上海，但上海在口岸业务、进出口贸易方面则不如广东。一线放开、二线安全高效管住的创新监管服务模式，是上海自贸区的一大亮点。同时，横琴实行的也是一线放开、二线管住的分线管理的创新通关制度，但横琴更多强调的是货物贸易的通关。相比之下，上海自贸区在服务贸易领域将获得更多突破。上海自贸区成立后，中国新一轮开放程度更大的贸易窗口正渐渐打开。十八届三中全会公报提出的放宽投资准入、加快自由贸易区建设，更为各地申报提供了动力。广东作为中国对外开放的前沿地区，将继续乘着自贸区的开放东风，充分发挥广东对外开放的优势，效法上海加快服务业领域的开放步伐。

三 中国（上海）自由贸易试验区对广东经济的不利影响

第一，国家经济发展的重心东移现象，短期内可能弱化广东经济的竞争力。中国凭借本土高增长的市场容量，正由全球跨国公司的制造中心转变为战略中心和决策中心。在这个大趋势下，我国理应改变片面的以市场换技术的外向产业发展战略，通过充分挖掘庞大的内需市场，尽力吸引全球高级生产要素向中国集聚。在这个层面上，上海自贸试验区担当了先行军的新角色。截至2012年9月底，上海已累计吸引跨国公司地区总部达393家，成为中国内地跨国公司地区总部最集中的城市，无疑，上海自贸试验区将肩负着如何进一步吸引全球高级要素向中国集聚的洼地角色。上海自贸试验区作为对外开放的新战略，肩负着中国深层次参与全球价值链、提升全球价值链竞争力的历史重任。

国家把经济发展重心放在上海，建立上海自由贸易区，对于上海而言，获得的机会是全方位的。（1）上海将首先突破已有的条框，放宽税收、外汇使用等优惠政策，有利于跨国公司内部的全球调拨，导致更多的金融机构在上海注册开业。（2）自由贸易试验区的推进将使得海上保险等航运服务业务在上海得以培育和集中，解决航运中心建设中的金融支持问题，这将使得上海获得更多的制度红利。（3）国务院2012年底批复同意，自2013年1月1日起，经浦东和虹桥国际机场中转第三国的45个国家外籍旅客将享受72小时过境免签政策，再加上自由贸易区的项目，自贸区将有望成为贸易和购物零关税的自由港。（4）免税和自由港将有利于吸引高端制造业，而贸易区将有利于吸引更多的加工、制造、贸易和仓储物流企业聚集，叠加中国的产业升级。因此，自由贸易区对物流的集聚效应将更加显著。自贸区的设立必将给上海带来种种效益，进而对广东至少在短时间内造成一定的压力，弱化广东经济发展的竞争力。

第二，上海在高端服务业领域将处于领先地位，香港高端金融服务业将向上海集中，一定程度上影响粤港澳高端服务业合作。香港最大服务贸易输出在于运输服务、金融服务和旅游服务，最大的输入服务贸易在于制造服务、运输服务和旅游服务。作为区域性国际金融中心，香港金融体系在风险管理、定价机制及制定准则方面，都达到了国际先进水平，在配合国家处理全球经济、金融、贸易等事务上的角色无可替代。上海自贸区建设中，金融创新是重要内容，也是上海建设国际金融中心的重要内容。上海虽然不具备广东那样与香港合作的地缘优势，但上海具有较强的资源全球配置和投送能力，这正是沪港可以合作在国际舞台上大显身手的重要凭借。

上海自贸试验区与香港并不构成零和博弈，反而将会创造更多发展机遇令香港受惠。香港尽管已有发展多年的人民币离岸市场，但受人民币国际化现状的限制，规模还很小、产品不够多。如果上海自贸区能进一步推动人民币国际化步伐，届时人民币会有更多用途，对香港整体的影响是正面的。上海自贸试验区重点在于推动金融、服务贸易，而这正是香港的优势所在。在服务贸易领域，香港机会众多。此外，新一轮改革将吸引更多国际金融、服务贸易机构进入内地，预计这些国际机构仍会以香港作为其地区总部或地区管理基地，令香港获益。上海创设自由贸易试验区，事实上推动沪港合作进入了一个新的历史阶段。可能会促进香港高端金融服务业将向上海集中，进而在一定程度上影响粤港澳高端服务业的合作。

第三，改革开放优惠政策的区域平衡布局，使广东原有政策优惠的优势地位弱化或丧失。在产业发展和产业结构选择方面，上海自贸区发展的基础应当是货物贸易的自由化、便利化，特别是转口贸易可望取得长足的发展。除此之外，服务贸易自由化将是上海自贸区试点的重头戏，其中包括金融创新方面的先行先试，特别是离岸金融业务可望获得巨大发展。在管理制度创新方面，上海自贸区将继续我国经济特区试验田的功能，对我国开放经济的发展会有更上一层楼的作用。

上海自贸试验区发展是一次以开放红利激发改革红利的良好契机，对整个自贸区及其辐射范围内的港口、物流、贸易、地产、金融等相关行业构成利好。改革开放以后，广东得到了很多改革上的政策红利，但近年来却在政策和制度创新上显得有些滞后。可以说，原有的政策优势已经因为改革开放的大趋势而慢慢消失，但在新的政策优势上的挖掘力度却显得不够。实际上，从争取各个新区的政策开始，广东就已经没有上海、天津的动作快，这次上海、天津在自贸区申报上走在广东的前面，对广东的经济发展的确造成了一些压力。上海自贸试验区的建立，使得一些国内没有开放的领域和政策将在上海先行先试，体现了改革开放优惠政策的区域平衡布局，广东没有优先获得新一轮改革开放和体制创新的红利，使广东原先享有政策优惠的优势地位相对弱化或部分丧失。客观上在直接利益和短期利益上广东显得有些失落和被动。

四 新形势下广东进一步深化改革开放的对策

第一，努力争取在广东设立自由贸易园区。十八届三中全会通过的《中共中央关于全面深化改革若干重大问题的决定》中指出，要在推进现有试点基础上，选择若干具备条件的地方发展自由贸易园（港）区。广东在全国来说是最有条件设立相应自由贸易园（港）区的地方，应通过设立自由贸易园（港）区争取改革开放的优先试验机会，以及进一步争取获得与上海自由贸易试验区相当的优惠政策。中国（上海）自由贸易试验区，并非以给予优惠政策为重心，而主要是围绕深化改革和扩大开放而展开。虽然不像当年深圳经济特区那样直接给予优惠政策，但各种试验的做法自然需要中央的认可，从这些方面看，当然也是一种优惠措施。从深化改革的角度看，广东完全可以争取到这些改革的措施进行试验。目前广东省在前海、南沙、横琴等地方建立自由贸易园区的设想应加快推进。

第二，充分发挥 CEPA 协议赋予广东先行先试的有利条件。对上海自由贸易试验区实行的一些措施，广东也可以在 CEPA 框架下先行先试。从某种意义上来说，CEPA 协议的不断完善所带来的开放度可能比上海自由贸易试验区更加广泛。广东应珍惜 CEPA 协议给广东带来的发展实验空间。目前对于广东来说，不仅要努力建立更多类似上海自贸试验区的开放区域，而且要更好地践行 CEPA 协议的丰富内容。上海自贸试验区的主要目标有 3 个大方面：一是要转变政府职能，探索推动行政审批的改革；二是要推动服务业的扩大开放;三是在创新投资管理模式方面做出探索。这些内容在 CEPA 协议的框架下,广东完全可以先行先试。

第三,充分发挥广东对外开放的优势,借助中国新一轮改革开放的热潮,进一步提升对外开放的质量和水平。对外开放是广东的优势所在。目前,广东已经与世界 230 多个国家和地区建立了贸易往来关系,全省贸易总量连续 20 多年居全国首位,占全国贸易总额的 30% 左右,成为名副其实的外贸大省。在利用外资方面,广东实际引进世界 100 多个国家和地区的外商直接投资占全国总额的 1/4 左右,居全国各省区的首位。在对外投资与合作领域,广东省特别是珠三角地区积极实施"走出去"战略,开展对外投资。在境外设立营运中心、研发中心,建立自主营销网络,开展境外资源合作开发,加快并购方式投资,开拓对外承包工程市场以及建设境外经济合作区,经济国际化步伐明显加快。广东经济的外向型发展还表现在与毗邻的香港和澳门两个独立关税领土地区的密切合作,粤港澳合作直接增强了广东经济的国际化程度。珠三角地区经济的开放性和外向型特色,带来广泛而紧密的国际经济联系,使广东尤其是珠三角地区具有较强的国际拓展力,这成为该地区提升对外开放质量和水平的坚实基础和巨大优势。在新的历史发展阶段,广东应抓住机遇,充分发挥对外开放的优势,在过去几十年改革开放基础上,提升对外开放的质量和水平。

2013 年 8 月,广东省政府常务会议审议并原则通过了《广东省人民政府关于支持前海加快开发开放的若干意见》,内容共涉及 10 个方面及 36 项支持措施。广东省将通过在前海湾保税区率先落实 CEPA 框架下运输、物流、货物检验等方面的政策,积极将前海打造成深港国际航运服务平台。在支持现代服务业集聚发展方面,提出 13 项政策措施。其中,支持将前海建设成为珠三角金融改革创新综合试验区的核心功能区、国家进口贸易促进创新示范区、设立各类创新型金融机构和要素交易平台,及支持前海在 CEPA 框架下降低港澳金融机构进驻前海的资产规模、持股比例、业务范围等。前海已经进入实质性的建设阶段,前海转型为自由贸易园区也正在谋划之中,政策支持不亚于上海自由贸易试验区。

第四,充分发挥毗邻港澳的优势,借助中国新一轮改革开放的热潮,全面加强粤港澳区域经济的融合发展。改革开放以来,珠三角依托毗邻港澳的区位优势,抓住国际产业转移的历史机遇,在国家优惠政策的支持下,逐步率先建立起开放型经济体系,成为中国外向度最高的经济区域。

CEPA 协议的实施以及粤港、粤澳合作框架协议的签署，为内地与港澳合作提供了便利的制度安排。港澳地区一直是广东省进出口贸易的主要市场和吸收外资的主要来源地。粤港澳合作成为国家发展战略，不断得到加强。香港澳门作为国际自由港，国际联系广泛而紧密，成为内地进入国际市场的重要接点和开展国际经济合作的重要平台。改革开放 30 多年来粤港澳合作十分密切，为三地的经济快速发展做出了重要贡献。在中国改革开放的新的发展阶段，广东在转型升级大转变中，要充分发挥毗邻港澳的优势，以创新发展为核心动力，率先在先进制造业、现代服务业、高科技产业和战略性新兴产业等领域获得突破，推进广东产业结构的转型升级。同时应借助中国新一轮改革开放的热潮，利用 CEPA 不断完善的制度安排，进一步推动粤港澳区域人流、物流、资金流和信息流的自由流动，深化与加强粤港澳区域经济的融合发展和一体化发展。

参考文献

［1］郭芳、王红茹：《上海自贸区：中国新一轮改革开放的起点》，《中国经济周刊》2013 年第 35 期。

［2］葛丰：《上海自贸区试点激发改革红利》，《中国经济周刊》2013 年第 19 期。

［3］李慧勇、孟祥娟：《上海自贸区制度设计及其影响》，《银行家》2013 年第 10 期。

［4］李正图：《创建中国（上海）自由贸易试验区的国家战略价值》，《中国远洋航务》2013 年第 8 期。

［5］隆国强：《上海自贸区既是改革也是开放》，《金融经济》（市场版）2013 年第 10 期。

［6］徐明棋：《上海自贸区，带动中国下一轮改革开放》，《社会观察》2013 年第 10 期。

［7］夏善晨：《中国（上海）自由贸易区：理念和功能定位》，《国际经济合作》2013 年第 7 期。

［8］张明香等：《中国（上海）自由贸易试验区对港航业发展的影响浅析》，《中国港口》2013 年第 10 期。

［9］周艳芳：《上海自由贸易试验区的构建与探索》，《管理学家》2013 年第 18 期。

南沙、前海和横琴三地协同发展的
制度创新研究

彭轶丽*

大都市群（megalopolis）是大都市区和区域一体化发展到较高阶段的新型生态组织形态。大都市群是由若干个城市组成的经济综合体系，一个区域内有一至两个大都市区和若干个小城市形成一个地理组合。在这种组合中，各个大都市区在大都市群中承担着不同的功能，其中每个城市各具独立性和特色，而整个大都市群保持着整体功能的完整性，管理体制先进、各种基础设施有效连接，是多种城市职能作用的复合体。大都市群顺应当前全球扁平化发展趋势，集合强大的资金流、人流、物流、信息流等，在流量的节点上最大限度发挥大城市对世界经济运行的辐射作用，也是对传统行政区划和管理模式的挑战。地方政府若能顺势而为并尽快提升本区域大都市群的竞争地位，将为后续数十年发展奠定坚实的政治与经济基础。

一 广深珠大都市群政府管理制度改革的必要性

目前中国只有珠三角、长三角和环渤海三大区域有培育出大都市群的基础。2000年广深珠、京津、上海三大都市区GDP合计占全国GDP总值的15.29%，其中广深珠占5.61%，京津与上海分别占4.59%、5.09%；同年三大都市区地方财政收入约占全国各地方财政收入总量的23.66%，其中广深珠占8.5%，京津与上海均占7.58%。到2013年（见表1），广深珠、上海、京津三大都市区，从空间面积看，京津范围最广，为28353.42平方公里，是广深珠的2.5倍；从人口规模看，京津人口也最多。从经济发展总量

---

* 彭轶丽，广东外语外贸大学国政商务研究中心主任。

看，京津与广深珠 GDP 相当，截至 2013 年第三季度，分别为 23989.22 亿元和 22387.57 亿元，分别占全国 GDP 总值的 6.2% 和 5.79%，超过上海（4%）的水平。三大都市群的地方财政收入约占全国各地方财政收入总量的 45.14%，其中广深珠占 9.76%，京津与上海分别占 20.41% 和 14.97%。与 13 年前相比，三大都市群在国民经济中的地位均已提升。其中，京津的总体实力由第三升至第一，广深珠则不再拥有绝对优势。

消费与投资是决定城市持续竞争力的关键要素。比较京津与广深珠的消费与投资指标（见表 1）可知：在消费方面，截至 2013 年 10 月，广深珠与京津的社会消费品零售总额相当，分别为 9807 亿元和 10509 亿元，分别占全国 GDP 总值的 5.2% 和 5.5%；在贸易与投资方面，截至 2013 年 10 月，广深珠外贸出口总额在全国的占比为 17.9%，远远超过京津的 5.2%，体现了进出口贸易方面的绝对优势。但在固定资产投资与实际利用外资两个指标的全国占比上，广深珠分别为 1.7% 与 11%，是京津同类指标的 2/5 和 1/2。综上所述，广深珠相对京津而言，存在消费内需实力相当、内资外资投资薄弱的问题，这将严重削弱珠三角的后续发展潜力。若要在全国经济社会发展中担当起更重的责任，广东可以借鉴国外城市发展的改革经验，通过深度发展广深珠大都市群，最大限度地发挥大都市群对周边区域的辐射作用，实现广东的新一轮繁荣。

表1　2013 年 1~10 月中国三大都市群中心城市经济运行数据

	全国	广深珠		上海		京津	
	数据	数据	全国占比（%）	数据	全国占比（%）	数据	全国占比（%）
面积（平方公里）	9600000	11088	0.12	6340.5	0.07	28353.42	0.3
人口（万人）	13540	2488	18.38	2380.43	17.58	3482.45	25.72
地区生产总值（亿元）*	386761.7	22387.57	5.79	15474.13	4	23989.22	6.2
第三产业生产总值（亿元）*	386761.7	13229.37	7.5	9527.96	5.4	15423.87	8.8
规模以上工业利润总额（亿元）	40453	769.7	4.1	180	4.5	2059	5.1
固定资产投资（亿元）	351669.25	6013.1	1.7	2279.69	0.65	14413.53	4.1

续表

	全国	广深珠		上海		京津	
	数据	数据	全国占比（%）	数据	全国占比（%）	数据	全国占比（%）
社会消费品零售总额（亿元）	190308	9807	5.2	4828	2.5	10509	5.5
外贸出口总额（亿美元）	18002.11	3231.01	17.9	1675.49	9.3	933.73	5.2
实际利用外资总额（亿美元）	970.26	107.26	11	148.62	15.3	216.87	22.35

说明：＊该指标为 2013 年 1～9 月数据。

资料来源：国家统计局、工信部、国家海关。

2012 年 5 月，广州南沙新区、深圳前海合作区、珠海横琴新区在南沙签署《南沙、前海、横琴三地友好合作协议》，协议敲定了三大层面的合作沟通机制：成立三地合作领导小组、实行联席会议制度、建立部门日常联系机制。政府层面之外，南沙、前海和横琴还将支持三地工商企业和专业组织、行业协会、学术界等社会各界加强交流与合作，搭建合作与交流平台，为三地企业的投资、贸易、研发等活动提供有效的信息机制和载体。自此，南沙、珠海、横琴三地区域协同发展已迫在眉睫。2013 年 9 月底，中国（上海）自由贸易试验区正式挂牌成立，其制度性、机制性的创新突破，加强了广东南沙、前海、横琴一体化改革的紧迫性，也为其制度创新改革提供了宝贵借鉴。

二　大都市群政府组织模式演变

自 20 世纪 30 年代始至今，全球各地的大都市群政府组织模式先后经历了 4 个阶段，分别是：分散的自治模式、单中心的大都市区政府模式、多中心政府的市场竞争模式、大都市群政府的协同治理模式。

20 世纪 30 年代以来，战争与贫困带来的信任缺失与资源流动阻隔，导致各地城市发展以自力更生为主，兼顾周边区域的合作，由此自然形成了分散的城市自治管理模式。但到了 20 世纪中叶，随着战后复苏与经济重建，跨市的合作与人员流动日益频繁。以美国为例，美国大都市区规模扩张，中心城市和周边市郊逐渐在经济和社会活动中不断融合。但由于行政划分为不同的市、区、县，各州都有不同的地方政府组织法律以及地方势力，没有上级政府的指导或控制城市增长的综合规划，各地政府分化割据，地方政府分散化或零碎化，地方政府过多甚至重叠，进而导致效率低下和社会财富分配不均、公共服务不平等。大都市区政府的零碎化使区域内的政治领导层缺少对区域的整体性关注，难以对社会经济问题负责，无法对未来做清晰规划。此时，战前的城市自治模式已经无法适应战后新形势的需要。

为此在 1950~1970 年，美国展开了以创建单中心的大都市区政府为主旨的第一轮城市政府管理模式的改革，通过区域性兼并或市县合并扩大城市地域范围，建成一体化的大都市政府。具体而言，其改革措施包括中心城市的扩张、市县合并以及建立广泛权限和自治的双层制度，上层大都市区政府功能主要集中于跨地区的事务，而地方性事务由低一层级地方政府处理。但这段期间美国构建大都市区政府的改革大多数失败。统计表明，每有一个市县合并成功，就有 3 个市县合并被否定。失败的最重要原因在于单中心的大都市区政府模式过度强调政府体制改革中的集权化。

进入 70 年代后各国开始探讨城市政府零碎化的优势以及多中心政府的都市管理模式。研究认为政府零碎化客观上具有优势，包括：（1）比大一统的大都市区政府能够对市民的多样化需要提供成本低、有针对性的服务和选择。（2）在小规模社区中更可能培植社区意识，满足不同社区与邻里的不同偏好。为市民提供更多的参政或协助公共服务的机会，并减少垄断性局面形成的概率。（3）能促进地方政府良性竞争，找到各自适宜的最有效方法提供服务，避免重复建设。从实践效果来看，美国、英国通过长达 20 多年的第二轮城市政府管理改革运动，以引进市场机制和竞争为手段，为本国打造了一个多中心模式的竞争性政府。市区政府之间的竞争提高了政府行政效率和公共服务质量，但也产生了部门主义、各自为政和眼光狭隘等诸多缺陷。此外，多中心政府模式强调地方政府为个人需要和选择提供服务，却较少从区域范围出发通盘考虑大都市区的公共问题，这导致中心城市和次级城市、郊区发展日益失衡的问题无法解决，引发社会对政治伦理上的争议。引入竞争机制导致部门之间缺乏合作与协调，带来了碎片化的制度结构。

从中国政府公共管理改革实践来看，80 年代曾经主张行政性整合，如 80 年代中期国务院为实现长三角区域一体化，建立"上海经济区"办公室，但是遭遇到强烈政治阻力。随后 90 年代国家开始给予地方一定的自治权，以各式经济指标作为政绩考核与激励标准，各地在争夺外来投资、发展高新技术产业、引进人才资源、改善投资环境、改革行政管理制度等方面均展开了激烈竞争，由此滋生了严重的地方保护主义与重复建设问题。

至此，国内外大都市政府管理模式的改革，均进入了一个集权与竞争两条路都走不通的境况。与此同时，很多大城市 80 年代后开始实施综合治理，为舒缓城市压力，开始开发中心城市附近郊区。在大都市区内，郊区各中心点借助中心城市的信息和服务，自身功能日益完备，与中心城市结合构成了大都市区的复中心结构，出现一种全新的大都市群景观。因此，郊区化与中心城市的发展又是一个互动的过程，在此过程中，大都市区的地位得到强化。

认识到大都市群趋势的必然以及近 10 年城市治理的改善，英国、澳大利亚和新西兰等国家自 20 世纪 90 年代中后期，开始正式启动第三轮的协同政府改革运动。此后，加拿大、美国等国家的地方政府也进行了类似的政府改革探索。其改革的重点是走第三条道路、在保持多中心政府的基础上，从结构性分权、机构裁减和设立单一职能的机构转向协同政府（Joined – up Government，JUG），成为当代西方国家政府改革的新趋向。

协同政府（Pollit，2003）是指一种通过横向和纵向协调的思想与行动以实现预期利益的政府治理模式。它包括 4 个方面的内容：排除相互破坏与腐蚀的政策情境；更好地联合使用稀缺资源；促使某一政策领域中不同利益主体团结协作；为公民提供无缝隙而非分离的服务。实现"协同"的关键就是用不同的文化、动机、管理制度与目标相结合，形成工作联盟和伙伴关系，由公共政府组织、私人组织、志愿者组织等联合地完成工作任务。

20 世纪 90 年代末，中国也开始提倡以政府主导的区域合作，如泛珠三角区域合作论坛和泛珠三角区域经贸合作洽谈会、粤港澳高层联席会议制度、泛珠三角高层联席会议制度等。以政府为主导的区域合作在合作初期建立相关制度的运行上提高了效率，但由于合作中的地方政府往往作为全能者的角色，大中小企业和其他非政府组织不能完全参与进来，即使参与，也热情不高。最终区域合作成了政府及其相关部门的独角戏，大都市群协同政府模式的缺失，令区域合作的绩效没有充分发挥。

从实践来看，大都市群协同政府走的第三条道路，是一种适应变革、实现社会政府转型的柔性机制，它为重建和革新公共机构提供手段，使政府能以复杂的方式应对经济全球化。政府既可以保留多中心政府所秉持的区域竞争文化与市场机制来实现提供公共服务的高效性，也可以通过保留原有组织边界、不追求组织机构整合的条件下，实现跨域跨部门的协调与合作，而且技术变革也为协同政府跨越组织界限提供了可能。大都市群在美欧日韩等发达国家的大都市群治理模式的几度转折，均先后步入大都市群协同政府的治理模式。中国正值城市化进程的起始阶段，若能顺应城市发展规律，建立符合广东经济政治特征的大都市群协同政府治理模式，将在下一轮改革发展中，帮助广东建立稳固的国家经济中心地位。

三 广深珠大都市群协同政府模式的战略框架

通过对国外几十年现代化城市政府改革实践与理论的归纳，并根据广深珠大都市群特有的文化、地理、资源、结构等要素，广深珠大都市群协同政府理论应包括下述五大内容。

多重伙伴关系。这主要包括广深珠都市群的各级地方政府之间的伙伴关系、地方政府与企业和非营利组织之间的伙伴关系以及地方政府与社会公众之间的伙伴关系，在扶贫、教育、就业、环保、人权保护等各个领域对资金使用与分配实现合作。

跨部门合作。这主要包括广深珠都市群内各个部门间的工作伙伴、部门领导者团队及类似的跨越组织边界进行协同工作的策略。例如地方政府的住房与社会保障服务、住房与环境卫生、住房与交通等在中央和各个层级的地方城市政府之间协作完成。

网络信息服务平台。这主要包括广深珠大都市群中涉及跨区域跨部门的公共服务业务的协调管理过程网络化以及广深珠大都市群的公共政府部门内部共享的信息管理系统，将各种社会服务集结在一个屋檐下，以求最大限度地向公民提供跨越各种服务的一站式服务。

项目协同管理。这包括在特定时期对特定项目，临时组建工作团队，项目成员来自广深珠大都市群各级城区政府职员，专门负责上下层级以及横向组织之间的工作推进，并配套该项目的专项财政预算方案。一旦项目结束，工作团队成员自动返回原单位。

协同文化培养。这包括融合广深珠中式文化与港澳西化文化差异的组织文化，建立团队建设、责任共享、注重文化审核等方式，鼓励通过多元化价值观、交互行为等建立起共同的文化，树立权力分享理念，建立共同的价值体系，实现部门间的合作。

四 对未来研究的述评

总体上看，有关广深珠大都市群协同政府的课题还有许多问题可以进一步研究。比如，国外不同协同政府特征的概括及其可借鉴的具体措施；协同政府不同层次政策如何协同；如何实现跨领域的政策协同；怎样实现项目管理中的协同；在政府仍然扮演着绝对领导者角色的中国社会，城区政府部门如何与私人部门进行协作？不同城区政府部门之间怎样才能突破级别限制，以业务结果为导向实现功能整合？在不同层级政府之间，如何在协同中实现合理利益分配与责任分担？这些问题的有效解决，都将影响协同政府治理模式的成果，并值得在今后的研究工作中，重点深入探讨。

参考文献

[1] 斯蒂芬·戈德史密斯、威廉·D. 埃格斯：《网络化治理：公共部门的新形态》，孙迎春译，北京大学出版社，2008，第 14~15 页。

[2] "中国地方政府竞争"课题组：《中国地方政府竞争与公共物品融资》，《新华文摘》2003 年第 1 期。

[3] Allan D Wallis, *The Third Wave*: *Current Trends in Regional Governance*, National Civic Review, 1994, 83: 290-310.

[4] Charles M. Tiebout, A Pure Theory of Local Expenditures, *Journal of Political Economy*, 1956 (2): 416-424.

[5] Christensen, T. and P. Legreid. Rebalancing the State: Reregulation and the Reassertion of the Centre. InT. Christensen and P. Legreid (eds.), Autonomy and Regulation. Coping with Agencies in the Modern State. Cheltenham: Edward Elgar (forthcoming). 2006.

[6] Christopher Pollit. Joined-up Government: A Survey. Political Studies Review, 2003 (1): 34-49.

[7] David K. Hamilton. Governing Metropolitan Areas, New York: Garland Publishing,

Inc., 1999.

[8] F. Scharp. Games Real Actors Play, Actor – Centered Institutionalism and Policy Research, Boulder (CO): Westview, 1997.

[9] Fu – chen Lo and Yue – man Yeung (eds.). Emerging World Cities in Pacific Asia [M]. Tokyo: United Nations University Press, 1996.

[10] ICTA. Joined – Up Government: Overview of Main Issues, Background paper for the videoconference on "Public Sector Transformation towards Citizen – Centric Joined – up Government: Lessons Learned from UK and India" May, 30th, 2006.

[11] R. B. Parks & R. J. Oakerson. Metropolitan Organization and Governance: A Local Public Economy Approach, Urban Affairs Quarterly, 1989, 25 (1): 18 – 29.

[12] Tom Ling. Delivering Joined – up Government in the UK Dimensions, Issues and Problems. Public Administration, 2002 (4): 615 – 642.

[13] U. S. Bureau of the Census, Census of Governments, Vol.1, Washington, D. C.: Government Printing Office, 1992.

[14] Vincent Ostrom, Robert Bish & Elinor Ostrom. Local Government in the United States. Calif. Institute for Contemporary Studies, San Francisco, 1988.

[15] William R. Dodge. Regional Excellence: Governing Together to Compete Globally and Flourish Locally, Washington, DC: National League of Cities, 1996: 47 – 49.

[16] 曾维和:《当代西方"整体政府"改革：组织创新及方法》,《上海交通大学学报》(哲学社会科学版) 2008 年第 5 期。

[17] 刘晓娇:《从传统官僚制到整体政府改革——西方政府改革的路径回顾》,《广东青年干部学院学报》2010 年第 3 期。

[18] 吕俊平:《行政改革进程中整体政府：概念、缘起、实践和理论》,《山东行政学院山东省经济管理干部学院学报》2010 年第 4 期。

[19] 上海财经大学区域经济研究中心:《2003 中国区域经济发展报告——国内及国际区域合作》,上海财经大学出版社,2003。

粤港澳合作的法律基础

蔡镇顺[*]

前　言

粤港澳合作的性质是具有一定特殊性的国内行政区域之间的合作，是在一个主权国家之内不同的行政区域间的合作。香港和澳门是中国的特别行政区，是中国的组成部分。不论香港、澳门拥有多大的自治权，其自治权始终来源于中央政府的认同和授权，从这个角度说，粤港澳合作是国内行政区域之间的合作。

粤港澳合作也是具有一定特殊性的国内合作。根据中央"一国两制"的基本设计，港澳是特别行政区，实行资本主义制度，因此，港澳不是一般意义上的国内法主体。港澳虽然是中国的行政区，是国内法主体，但由于历史的原因，它们都是国际条约中的主体，在国际法意义上具有相对的独立性，分别是两个独立的关税区。而广东虽然也是中国的行政区，但不具备独立关税区的地位，只是中国的一个省。因此，粤港澳合作是相对独立的合作，不是国内意义上行政区域之间的合作。

粤港澳合作的法律基础，既不完全是国内法，也不完全是国际法或国际条约，而是综合性的法律基础，其中包括宪法及港澳基本法、WTO 协议、CEPA 协议、区域合作的各种安排及协议等。这些合作的法律依据有一部分与国内其他行政区域与港澳合作是相同的；除此以外还有一部分法律依据不同于国内其他区域，如珠江三角洲改革发展规划纲要、广东省与

---

　*　蔡镇顺，广东外语外贸大学法学院院长、教授。

港澳政府的府际协议等。

国际经验表明，区域合作发展是否顺利与是否有完善的法律保障措施直接相关。以目前运作最为规范的欧盟为例，作为制度一体化的欧盟，每个阶段都制定国与国之间的高层次条约和协议，这些条约和协议起到了规范各成员国行为的作用，为区域内的经济合作提供了有力的法律保障。虽然国与国之间的合作与一国内不同区域之间的合作有本质上的区别，但需要高层次的法律合作这一点是一样的，如果仅仅是部门之间一些具体的协议，是远远不能满足合作需要的。因此，要深化并且稳定三地的合作，现有的法律保障体制从形式到内容都需要加以完善，这也是根据十八届三中全会依法治国思想处理内地与港澳关系的具体要求。

一 粤港澳合作法律基础的范围

（一）宪法性文件

宪法、港澳基本法等宪法性文件是粤港澳合作最基本的法律基础。《中华人民共和国宪法》是我国的根本大法，香港、澳门基本法是港澳地区的基本法。这些宪法性文件不但是调整粤港澳经贸合作的基本法律框架，也是粤港澳合作基本的法律基础和制度。

我国宪法规定了国家最根本的问题，在法律上具有最高效力，是制定其他法律的依据，任何其他法律、法规都不得与宪法相违背。一切国家机关、社会团体和全体公民的最高行为准则就是宪法，港澳地区作为中国的一部分也不能例外。

粤港澳合作是在"一国两制"的政治构想下，对香港和澳门的政治、经济和社会制度以及中央和地方关系进行规定的基本法律规范，其效力分别及于港澳地区，是我国宪法的有机组成部分，内地和港澳地区也应像遵守宪法一样遵守港澳基本法。

（二）WTO 系列协议

WTO 系列协议是粤港澳合作的重要法律基础，因此，粤港澳三地都必须遵循 WTO 系列协议。香港、澳门的国内法地位是中华人民共和国的两个特别行政区，国际法上的地位是在世界贸易组织体制内的"单独关税区"。香港、澳门作为中华人民共和国的两个特别行政区，与广东省之间往来的调整属于中国国内法调整的范围。然而，在世界贸易组织体制内，中国内地、台湾、香港、澳门是在一个主权国家概念下分别以"单独关税区"名义加入的，即出现了"一国四席"的现状。在国际交往方面各单独关税区具有一定独立的地位，单独关税区之间的经济贸易方面的交往应受到 WTO 系列协议规则的制约。

粤港澳合作，从国际法角度来看，是 3 个 WTO 成员之间的合作，内地与港澳之间的合作从长远目标来看，将是在经济、政治、文化等方面的全面合作，但是就阶段性目标来看，内地与港澳之间的合作范围首先必须是在经贸范围内展开。经贸合作属于 WTO 的管辖范围，根据"条约必须遵守"这个国际法的古老原则，中国有遵守 WTO 系列协议规定的义务。同时，根据国际法的习惯规则，国际条约的效力显然要高于各成员方的国内法。这就意味着无论通行于粤港澳的全国性法律，还是在内地与港澳各自适用的法律都必须遵守 WTO 的多边规则。因此，在 WTO 框架下，三关税区之间进行的粤港澳合作，除了以国内法为基础之外，还要以 WTO 系列为法律基础。

WTO 文件对于区域贸易一体化提出了种种要求，中国在其逐步推进区域经济一体化的过程中，要以积极融入全球经济的姿态，使自己满足世界贸易组织的相关要求，同时使中国国内的区域经济一体化在长远的发展中能在 WTO 中寻找到充足的法律基础作为支撑。WTO 是一个国际经济组织，其管辖的范围主要是经济与贸易，随着经济贸易的范围在不断地扩张，其适用的范围也相应扩张。对于粤港澳合作来讲，需要合作的内容更加广泛，涉及经济、社会和法律等范围，远远超越 WTO 的范围，例如，大量的投资活动、金融、技术和环保等都没有纳入 WTO 的框架之下。因此，对于 WTO 管辖范围的事项我们有义务遵循 WTO 协议的规定，对于没有纳入其管辖范围内的事项，在不与其规则冲突的条件下，我们有权利选择对我们最有利的方式开展区域内的合作。

（三）CEPA 协议

CEPA 是中国内地与香港、澳门之间签订的"更紧密经贸关系安排"的英文缩略语，它是在坚持"一国两制"前提下，充分发挥中国在 WTO 中"一国四席"的有利条件，利用 WTO 关于区域贸易自由化的例外规定缔结的一个涉及货物贸易、服务贸易和贸易投资便利化的国内区际法律安排。它是中国内地入世后签订的第一个具有自由贸易协议性质的法律文件。

CEPA 主要内容包括三个方面：（1）三地实现货物贸易零关税；（2）扩大服务贸易市场准入；（3）实行贸易投资便利化。即从 2004 年 1 月 1 日起，273 个内地税目涵盖的产品（涉及食品、药品、纺织品、电子产品等），符合原产地规则进入内地时，可享受零关税优惠；对港澳扩大服务贸易市场准入，涉及的行业包括诸如管理咨询服务、会展服务、广告服务、会计服务、建筑及房地产、医疗及牙医、分销服务、物流等 8 个部门；关于投资便利，规定内地将在通关及电子商务等 7 个领域简化手续以便港澳资金更加自由地进入内地。

随后，内地与港澳签订了一系列的补充协议，具体落实内地与香港、澳门之间签订的"更紧密经贸关系安排"。其中 CEPA《补充协议五》于 2008 年 7 月在香港签署，34 项涉及服务业、贸易投资便利化及专业资格互认 3 个领域对香港进一步开放的措施，其中有 10 多项与广东直接相关。34 项政策措施有一半条款被允许在广东先行先试，加上中央批准的另外 8 项，国家允许在广东试点项目达到 25 个。为配合 CEPA 的深入实施与推动粤港澳合作，粤港合作联席会议第 11 次会议于 2008 年 8 月在广州举行。根据会议达成的共识，粤港双方有关专责小组就推进 CEPA 实施和加工贸易企业转型升级，以及加强粤港在教育、医疗、旅游、建筑、社会服务、科技创新、人才中介、应急管理等领域的合作签署了 11 个合作协议。广东将采取 4 方面的措施来加快实施中央给予粤港合作的 25 项在广东"先行先试"政策。2009 年 5 月签订的 CEPA《补充协议六》包括了 9 项以广东省为试点的开放措施，涵盖法律、会展、公用事业、电信、银行、证券、海运及铁路运输等领域。实施这一部分措施，目的是了解这些可能要在整个内地实施的措施的实际效果如何，由广东省作为一个先行试验的先锋，起到一个由点带面的效果。①

从宏观层面上看，为粤港澳紧密合作提供了更广阔的空间，从微观层面上看，CEPA 为粤港澳紧密合作提供了更具体的措施。

---

① 香港工业贸易署网站（2008 年 8 月 13 日修改公布），http：//www.tid.gov.hk/tc_ chi/cepa/further_ liberal.html，访问时间：2010 – 02 – 11。

（四） 民商事司法合作方面的协议

民商事司法合作是解决三地经贸争议的重要途径，也是落实 CEPA 的重要内容之一。粤港澳司法合作，实质上是区际司法协助。区际司法协助是指一国内部不同法域的主管机关之间，根据该法域的法律或彼此间所订立的协议，互相委托，代为履行或实施某些司法行为或与司法密切相关的行为。① 区际司法协助的性质介于国际司法协助和域内司法协助之间。它不具有域内司法协助的强制性，但由于各法域处于同一主权国家内，拥有共同的中央政府，因而较之国际司法协助而言，它又较容易实现。除非明显有悖于本法域的公共秩序，被请求法院一般会依法提供司法协助。这里作为进行司法协助依据的"法"，一般是国内法，但也有可能是国际条约，这事实上同各复合法域国家对区际法律冲突的不同认识以及具体国情密切联系的。

随着港澳回归，珠三角地区与港澳两地无论是在政治、经济、文化等方面的交往都得到很大程度的促进与提高，这对深化粤港澳三地全方位合作有着重要的意义。在这一区域经济一体化的发展进程中，三地的经济生活联系日益紧密，因而不可避免地产生了多种形式的法律纠纷。然而由于粤港澳三地的法律制度存在很大的差异，使得不少内地涉港澳地区的法律纠纷不能得到及时有效的解决，这对进一步深化粤港澳合作十分不利。三地为这些法律纠纷的解决设计了很多方法和机制，这些机制具体表现为相关的安排以及协议等。这些协议安排都是各方经过商讨而制定出来的，都是三地在进行政治、经济和文化交往时应当遵循的依据。因此，这些粤港澳司法合作所依据的安排协议成为了粤港澳三地现阶段进行合作的重要的法律基础。

（五） 国务院以及广东省的规范性文件

2008 年 12 月，国务院发改委公布了《珠江三角洲地区改革发展规划纲要（2008 ~ 2020 年）》，随后，2009 年 8 月，中共广东省委、广东省人民政府根据《珠江三角洲地区改革发展规划纲要（2008 ~ 2020 年）》的精神颁布了《关于推进与港澳更紧密合作的决定》，这两个规范性文件为粤港澳紧密合作提供了重要的制度保障，以下分别进行论述。

---

① 韩德培：《国际私法》，高等教育出版社，2000，第 471 页。

1.《珠江三角洲地区改革发展规划纲要（2008~2020 年）》

我国的国家机构组织制度是单一制。对于国家经济的发展我国实行中央统一领导的前提下充分发挥地方的积极性与主动性的政策。国务院发改委于 2008 年 12 月公布的《珠江三角洲地区改革发展规划纲要（2008~2020 年）》属于国务院的重要规范性文件，从法律效力层面来说，珠江三角洲地区必须遵循。因此，它首先对珠江三角洲地区的改革与发展具有统筹效力。其次，该《珠江三角洲地区改革发展规划纲要（2008~2020 年）》将粤港澳紧密合作的相关内容纳入规划，为进一步深化粤港澳的紧密合作建立了全新的行动纲领和指南。所以，它对于粤港澳紧密合作的开展也具有统筹效力。最后，该纲要理所当然地必须成为推进粤港澳紧密合作的共同法律基础。

2.《关于推进与港澳更紧密合作的决定》

根据《珠江三角洲地区改革发展规划纲要》的精神，2009 年 8 月，中共广东省委、广东省人民政府出台《关于推进与港澳更紧密合作的决定》，这是认真贯彻落实《珠江三角洲地区改革发展规划纲要（2008~2020 年）》的重要举措，更是《珠江三角洲地区改革发展规划纲要（2008~2020 年）》中关于推进粤港澳紧密合作部署的细化与对接。国务院的《珠江三角洲地区改革发展规划纲要（2008~2020 年）》从国家战略的高度提出从基础设施、产业结构、共同生活圈以及合作方式四大方面推进粤港澳的紧密合作。而广东省《关于推进与港澳更紧密合作的决定》，是立足于广东省当前实际、着眼于与港澳长远合作与发展的需要，提出的落实《珠江三角洲地区改革发展规划纲要（2008~2020 年）》的具体措施。

这些措施包括 8 个方面的内容：第一，要推进与港澳服务业的紧密合作；第二，要推进在粤的港澳资企业转型升级；第三，要加强与港澳自主创新合作；第四，要推动与港澳重大基础设施对接；第五，要建设大珠三角优质生活圈；第六，要加强与港澳社会管理合作；第七，要建设亚太地区最具活力和国际竞争力的城市群；第八，要推进与港澳更紧密合作的保障措施。

《关于推进与港澳更紧密合作的决定》作为对《珠江三角洲地区改革发展规划纲要（2008~2020 年）》具体细化的政府文件，表明这一政府规范性文件也是粤港澳紧密合作的法律文件。

（六）粤港澳府际协议

粤港澳府际协议，是指在粤港澳区域合作中，由粤港澳地区的行政机关，即香港特别行政区政府、澳门特别行政区政府和广东省、市人民政府或其职能部门就各合作事项签署的协议。粤港澳府际协议是以尊重各方意愿为前提而达成的共识，体现了经济一体化中双方求同存异、互信互让的精神，在粤港澳经济一体化的过程中发挥了重要的作用。

1. 《粤港共同落实 CEPA 及在广东先行先试政策措施的合作协议》

粤港合作联席会议。1998 年 3 月，中央批准广东与香港建立粤港合作联席会议制度，这是第一个内地省份与香港特别行政区之间的合作机制。该机制使粤港合作上升至政府层面，使粤港合作由香港回归前民间的有限合作，向由政府推动的全方位合作转变；由自发分散、完全由市场决定的合作，向市场主导和政府协调相结合的合作转变。粤港合作联席会议前 5 次会议由广东省常务副省长与香港政务司司长联合主持，而到了 2003 年，粤港合作联席会议升格为由双方行政首长共同主持。粤港两地政府在联席会议上签署的各种合作协议加强了两地的合作关系，使得两地的合作领域不断扩大、合作内容更加务实。

2009 年 8 月 19 日，粤港合作联席会议第十二次会议在香港举行，会议确定了下一阶段推进粤港更紧密合作的思路和重点，并签署了《关于推进前海深港现代服务业合作的意向书》《粤港教育合作协议》《粤港共同落实 CEPA 及在广东先行先试政策措施的合作协议》《粤港研发生产药物（疫苗）合作安排》《粤港环保合作协议》《关于推进深港西部快速轨道合作安排》《粤港金融合作专责小组合作协议》《2009～2010 年粤港知识产权合作协议》等 8 项合作协议，进一步推进和深化了服务业合作、金融合作、基础设施和环保合作，推动了在粤的港资企业转型升级，把《珠江三角洲地区改革发展规划纲要（2008～2020 年）》落到实处。

粤澳合作联席会议。2003 年 12 月，广东政府代表团与澳门特区政府代表团举行了会谈，双方就建立粤澳合作新机制达成一致，在原来的"粤澳高层会晤制度"基础上，建立"粤澳合作联席会议制度"，定期就粤澳合作的方向、重点及重大经济社会问题进行磋商和决策。粤澳合作联席会议机制的启动，进一步深化了粤澳两地的合作。粤澳合作联席会议上签署的各项协议更是为两地的合作提供了强有力的保障。

2008 年，在全球金融危机的背景下，粤澳合作联席会议在珠海举行，会议重点讨论了在经济危机下加强粤澳双方合作的重要性及合作思路，并就进一步推进粤澳重点合作项目及加强合作机制建设等问题进行了深入的探讨和磋商。在这次会议中，双方签署了《粤澳旅游合作协议》《粤澳双方共同推进中医药产业合作项目协议》《粤澳文化合作项目协议》《粤澳教育交流与合作协议》《粤澳体育交流与合作协议》《粤澳城市规划合作框架协议》《关于成立珠澳合作专责小组的备忘录》及《粤澳应急管理合作协议》等 8 项合作协议。

2009 年的粤澳合作联席会议就在《珠江三角洲地区改革发展规划纲要（2008～2020 年）》和《横琴总体发展规划》的框架下加大粤澳合作的力度进行了深入的探讨，双方签署了《关于贯彻落实全国人大常委会决定、推进横琴岛澳门大学新校区项目的合作协议》，粤澳合作的项目取得了突破性进展。

2. 《泛珠三角区域合作框架协议》

通过泛珠三角 "9 + 2" 模式，2004 年 6 月，在中央政府的支持下，由广东省提出的泛珠三角区域合作构想成为了现实。粤、闽、赣、湘、桂、琼、川、贵、云 9 个省区的政府领导和香港、澳门的行政首长共同签署了《泛珠三角区域合作框架协议》，广东与香港、澳门的合作已发展成为由三地参与的泛珠三角区域合作。泛珠三角的区域合作使粤港澳三地的合作更加紧密。

二　粤港澳合作法律基础之缺陷

（一）作为粤港澳合作依据的文件法律地位不确定

1. CEPA 协议缺乏国内法意义上的法律依据

自 2003 年内地与香港签署 CEPA 协议以来，至今为止，已经签署了 8 个补充协议，这些协议对促进粤港两地深度合作具有重要的现实意义。从国际法角度看，CEPA 协议是中国内地与香港、澳门两个单独关税区之间签订的类似自由贸易协定的协议，当属于建立在 WTO 基础上的一项区际协议，应适用 WTO 规则。但从国内法的角度看，作为粤港澳深度合作基础性文件的 CEPA 协议，其在国内法上的效力却不明确。CEPA 协议是内地与香港、澳门特别行政区签订的经贸合作协定，其缔约主体分别是内地和香港、澳门特别行政区，因而属于同一国家之内的不同行政区域之间缔结的合作协定，并且是一国之内不同法律制度区域之间的合作协议。然而，由于我国中央层面法律没有关于内地与特别行政区缔结协议方面的相关规定，因此，内地的立法中没有对这类合作协定的法律性质和地位的规定，因此，CEPA 协议在国内法上的性质、地位和效力在法律上处于不确定状态。

2. 《珠江三角洲地区改革发展规划纲要 （2008 ~ 2020 年）》是行政指导性文件，不属于《立法法》规定的法律渊源

行政指导是指行政主体基于国家的法律、政策的规定而作出的，旨在引导行政相对人自愿采取一定的作为或者不作为，以实现行政管理目的的一种非职权行为，对行政相对人没有强制力。行政相对人可以是公民、法人或其他组织，也可以是包括国家行政机关在内的国家机关。《规划纲要》是国家发改委对珠江三角洲地区的改革发展实施行政指导所制定的规范性文件，旨在基于国家战略全局和长远发展的目标，引导珠江三角洲地区政府采取积极有效的改革措施，努力将珠江三角洲地区发展成粤港澳三地分工合作、优势互补的全球大都市圈。该文件规划了珠江三角洲地区在 2008 ~ 2020 年期间的具体发展方向，但没有规定各地政府机关的具体权利义务，也没有规定不服从其行政指导时的行政处罚措施，是典型的行政指导性文件。但由于该行政指导性文件并非由具有立法权的机关按照法定程序制定颁布，因此不属于《立法法》确定的法律渊源。

（二）《泛珠三角区域合作框架协议》缺乏法律明确授权

《泛珠三角区域合作框架协议》是粤、闽、赣、湘、桂、琼、川、贵、云 9 省区和香港、澳门为落实 CEPA 协议、《规划纲要》，促进泛珠三角更紧密合作而制定的综合性合作协议。由于我国宪法和地方组织法只授权各

级政府管理其辖区范围内的事务，没有明确规定地方政府可以自主缔结跨行政区划的合作协定，更没有关于缔结协定的权限、程序及法律效力等问题的规定。《香港特别行政区基本法》和《澳门特别行政区基本法》也没有对香港特别行政区政府、澳门特别行政区政府与内地各省区之间缔结区际合作协定的权限作出规定，因此，港澳两地政府和粤、闽、赣、湘、桂、琼、川、贵、云9省区订立《泛珠三角区域合作框架协议》缺乏法律的授权，致使其法律效力不确定。

（三）粤港澳合作联席会议缺乏宪法依据

我国宪法和地方组织法只有授权各级政府管理其辖区范围内的事务，并没有授权地方政府之间、内地地方政府与香港、澳门等特别行政区之间建立跨行政区划的合作机制。《香港特别行政区基本法》和《澳门特别行政区基本法》也没有授权两特别行政区政府与内地各地方政府之间建立合作机制。对比我国《宪法》第89条第（4）项的规定："中央政府（国务院）统一领导全国地方各级国家行政机关的工作，规定中央和省、自治区、直辖市的国家行政机关的职权的具体划分。"根据我国《宪法》和《地方组织法》的规定，县级以上地方各级人民政府依照法律规定的权限，管理本行政区域内的经济、教育、科学、文化、卫生等事务；县级以上的地方各级人民政府领导所属各工作部门和下级人民政府的工作，有权改变或者撤销所属各工作部门和下级人民政府的不适当的决定。由此可见，粤港澳合作联席会议制度虽然经过国务院批准，但在《宪法》和《立法法》上并没有明确的依据。

推而广之，粤港澳合作的系列文件与相应机构也不是严格按照《宪法》和《立法法》制定或建立的，而是粤港澳三地政府在中央政府许可下，为减少三地合作过程中的体制障碍而制定的工作细则或建立的联络机制，就性质来讲仅仅是一种政策行为，是号召性的措施。粤港澳合作能否顺利进行，完全取决于三方是否能够自觉遵守合作协议。说直接一点就是如果任何一方不遵守协议也不用承担法律责任。

综上，港澳回归祖国以来，粤港澳经贸合作获得迅猛的发展，取得举世瞩目的成绩，但是，粤港澳经贸合作在法律上缺乏明确的依据已经成为粤港深度合作面临的最重要的问题。如果这一问题不能妥善解决，粤港澳未来长期的全方位的经贸合作的法律基础就不会稳固。

三 对策建议

第一，随着我国改革开放的迅速发展，各地政府为打破地区行政壁垒，促进商品和各种要素的自由流通，增强本行政区域的经济实力，已经签订了各种形式的地方政府间合作协定。事实证明，这些地方政府间的合作协议对经济发展、协作、协调起到了非常重要的作用。从世界范围来看，加强政府合作已是全世界公共行政改革的趋势。从这个角度上说，我国《宪法》《地方各级人民代表大会和地方各级人民政府组织法》（以下简称《地方组织法》）关于地方政府的职能和权限方面的规定已经滞后，需要完善。必须尽快在《宪法》和《地方组织法》中明确地方政府包括港澳特别行政区政府缔结地方政府间合作协定的权力。

第二，在《立法法》中明确合作协定的法律地位。根据我国《立法法》的规定，地方政府间缔结的合作协定不是《立法法》中规定的法律渊源，因此，即使《宪法》和《地方组织法》赋予了地方政府享有政府间合作协定的缔约权，其缔结的合作协定在法律上的地位依然不明确。理论上讲，地方政府将缔结的协议具有权利义务的内容，应该属于立法活动。我国是单一制国家，传统上强调国家立法权力的集中行使。事实上，随着市场经济的发展，集中立法权的思维模式已经不能适应需要。我国此前也已经出现立法权适度下放的情况，如特区立法权、较大城市立法权等。笔者认为，法律上可以认为我国一定级别地方政府间缔结协定的行为是地方政府确定彼此间权利义务的行为，属于立法活动。如果不将一定级别地方政府间的合作协定纳入国内法的渊源，则协定能否得到履行将只能由协议主体的自律程度决定，显然很难成为国内法的渊源。因此，在《立法法》中明确规定一定级别以上地方政府间合作协定是我国国内法的渊源，可以为这些合作协议的履行奠定法律基础。

第三，应明确粤港澳政府之间所缔结协议的效力级别。地方政府彼此间有了缔结协议的权力，其缔结的协议也具有法律渊源的地位，至此还不能完全解决问题。从粤港澳合作的具体进程来看，粤港澳三地政府之间、政府部门之间的协议形式多样，包括安排、框架、宣言、会议纪要、合作备忘录、协议、倡议书、意向书等名称都有。实际上就是三地往往需要就某个领域的协助问题进行协商，就专门派出人员进行协商，在法律效力上缺乏统一而系统的考虑，也缺乏有效的沟通、协调。目前三地间制定的安排、框架、宣言、会议纪要、合作备忘录、协议、倡议书、意向书、框架、宣言等形式的文件，有部分只是这些部门的内部行为，有的甚至是相对完整的工作记录，其内容不具有普遍约束力。总之，呈现出效力无序状态。这在很大程度上影响了合作的深化，制约了其他方面的合作发展。

结 束 语

"一国两制"下的法律合作是没有先例的，其成功发展首先需要的不仅是解决法律技术层面上的问题，还有不同法域之间的相互了解和信任，应当鼓励和加强三地间各个层面的法律文化交流和合作。无论是内地的中央国家机关还是地方国家机关，无论是澳港的律政、学术团体、科研机构或仲裁机构，凡是彼此间进行的法律文化交流，我们都应当积极支持。只有通过交流，才能增进相互了解、消除先入为主的模糊甚至错误的认识，从而为三地间法律合作奠定良好的基础。

深化粤港澳高等教育合作研究

王鲜萍　朱建成*

《珠江三角洲地区改革发展规划纲要（2008～2020年）》提出珠三角要着力加强与港澳合作，扩大对内对外开放，率先建立更加开放的经济体系，为我国全面建成小康社会、加快推进社会主义现代化做出新贡献。《广东省中长期教育改革和发展规划纲要（2010～2020）》和《广东省教育发展"十二五"规划》也提出要以新的思维和机制推动广东高等教育发展上水平，大力推进高等教育合作国际化。自2003年内地分别与香港、澳门签署CEPA（《关于建立更紧密经贸关系的安排》），粤港澳高等教育合作借这一东风呈现出融合发展的新局面。在CEPA签署10周年之际，粤港澳高等教育合作又站在了一个新的起点上，需要进一步深入思考的是：未来如何推进粤港澳高等教育深度融合，为实现广东高等教育的现代化、国际化，建设南方教育高地，实现由人力资源大省向人力资源强省的跨越提供新经验、新启示，也为粤港澳三地在世界高等教育领域谋得更大的话语权。

一　深化粤港澳高等教育合作基础研究

（一）政治基础

"一国两制"是粤港澳高等教育合作的重要理论基础。"一国两制"不但是一种新的统一观，而且是一种全新的发展模式。它把国家统一、改

---

* 王鲜萍，广东外语外贸大学发展规划处副研究员；朱建成，广东外语外贸大学高等教育研究所原所长。

革开放和现代化建设作为一个整体进行考虑，既可以实现中华民族统一的愿望，也可以在深化经济、文化、教育合作过程中有效地维护港澳的繁荣发展和促进中国特别是广东的现代化建设。《珠江三角洲地区改革发展规划纲要（2008～2020年）》（以下称《纲要》），提出珠三角要着力加强与港澳合作，扩大对内对外开放，率先建立更加开放的经济体系，为我国全面建成小康社会，加快推进社会主义现代化做出新贡献。今天，粤港澳经济深入合作已成为粤港澳三地政府的基本共识。粤港澳经济的进一步合作，使得粤港澳经济对外形成了一种利益同求的社会连带关系，即为了实现共同利益而结成的不可分割的团结协作关系；在内部形成一种分工的社会连带关系，即为了实现共同发展和繁荣而结成的相互依赖、各种资源综合配置的分工合作关系。也就是说，它们之间可以在政府有意识的推动下，结成一个利益共同体并且互为合作伙伴。逐步深化粤港澳的高等教育合作，是三地共同利益的需要。共同利益是什么？它来自三地为中国21世纪的现代化进程所承担的历史使命。历史使命的承担能力与完成状况是其"共同利益最大化"的根本保证，即中国的现代化能否实现决定着粤港澳能否同步获得最大利益。而现代化不仅是物的现代化、经济的现代化、制度的现代化，根本在于人的现代化，即人的思想、观念、文化、心理的现代化，而这些正是高等教育所要承担的责任。

（二）法律基础

30年来，粤港澳合作经历了3个重要的发展节点——港澳相继回归、中国入世和CEPA的签订，相应地，也产生了4个重要的可资成为粤港澳合作依据的法律文件群：以特别行政区基本法为核心的宪法性法律文件群、WTO协定群、CEPA法律文件群、纲要及其相关文件。WTO协定是经贸事项上的安排，它的"一揽子接受"原则使其在法律适用上处于相对优先的地位，以特别行政区基本法为核心的宪法性法律文件群则突出了"一国两制"的政治框架，它们分别构成了CEPA法律文件群的经济基础和政治基础。粤港澳合作是兼具对称性和不对称性的统一体。一方面，在以特别行政区基本法为核心的宪法性法律文件群所设计的"一国两制"框架中，港澳尽管是施行特殊制度的具有高度自治权的区域，但它们和广东省一样处于一个单一制的多民族国家之内，三地之间在行政层级上是相同的。这就决定了粤港澳三地政府之间的关系是一种地方政府之间的协作关系。事实上，近年来由于意识到大珠三角地区在经济一体化进程中进行协调的必要性，三地政府之间加强了沟通和交流，粤港和粤澳联席会议制度就是这种努力的产物。另一方面，在 WTO 法律框架内，广东作为一个统一的关税区又与港澳处于平等的地位。以前，中央对港澳较为慎重，只是在"十一五"规划中提到港澳，此次在《纲要》中专门把港澳纳入"粤港澳"，并把与港澳合作提升到国家战略的位置，无疑将极大推动区域整合。

（三） 经济基础

三地独特的区位优势，在粤港澳区域合作中有其特殊的作用。粤港澳三地的经济总量在 2007 年达 7100 亿美元，以区域比例计算居全国第一位。由于特殊的制度创新优势、区位优势和资源禀赋条件的比较优势，使粤港澳三地的经济合作不但在国际产业分工、产业转型和经济全球化过程中占有重要地位，而且在国内区域经济格局中也具有排头兵和增长极的独特作用。广东作为港澳的经济腹地和保持港澳繁荣稳定的可靠保障，成为广东与港澳经济合作的"先行区"和继长三角后中国经济发展的重要引擎。港澳是广东走向国际的重要跳板、桥梁和转换枢纽；是国际航运、商业、商务、金融、信息中心。正因为如此，粤港澳优势才得到了最佳互补，才得以构建最具竞争力的国际化都会区域。

粤港澳合作已远远超越区域性、地缘性经济合作的范畴。对于粤港澳三地未来 10 ~ 20 年的发展定位，目前三地已经有了明确的目标：广东要发展成为世界上重要的制造业基地之一，香港将成为世界上重要的以现代物流业和金融业为主的服务业中心之一，澳门的定位则是世界上具有吸引力的博彩、旅游中心之一和区域性的商贸服务平台。这一切都为粤港澳高等教育的深入合作打下了坚实的经济基础。同时，粤港澳经济的合作也呼唤着该区域的高等教育融合，而作为高素质人才培养高地的三地高等院校在此过程中扮演着不可替代的重要角色。

（四） 社会与文化基础

强化粤港澳区域高等教育也是三地社会、文化发展的要求。区域竞争力表现为区域中合作各方各自的人才，文化竞争力；也表现为合作各方经济，文化与高等教育互动的合力。这两种力互相影响，互相促进。区域各方的自身竞争力越强，互动的合力就越大，而各方的互动合力越大，各自的综合竞争力就越强。粤港澳三地文化特征的同质性是高等教育深入合作的文化基础，即文化的同质使三地高等教育具有整合的可能；而三地文化的异质性则表现出其整合的必要性，即在文化趋同的背景趋势下，文化的异质使三地文化需要进行有效整合。而三地高等教育深入合作的必要性可以理解为高等教育整合对区域文化、经济整合与发展的促进作用。厚重的人文内涵是粤港澳高等教育深入合作的先导。传承文化是高等教育的基本功能之一，粤港澳高等教育深入合作发展战略的提出，正是基于以下的理由：基于深厚的地缘、史缘、亲缘等关系，粤港澳三地文化都以岭南文化为根本。粤港澳的历史发展铸就了岭南文化"兼融和谐"的精神本质，具有很强的亲和力。现代岭南文化继承了传统岭南文化的精神本质，兼收了国内外文化之精华，是具有与时俱进和创新精神的典范文化。粤语，作为汉语七大方言之一，构成了粤港澳独特的语言文化系统，强化了该区域的文化特征：文化风格细腻、恬淡、婉转、雅致、清新，与北方各区域文化形成鲜明的对比。类似的历史、文化基础与经济的深入合作一道成为该区域高等教育深化合作的坚实基础。正是在岭南文化亲和力及创新精神的作用下，珠三角，粤港澳成为资金流、商品流、人才流、技术流和信息流"五流"的交汇之地，从而促成了粤港澳经济的持续快速发展。岭南文化之亲和力和创新精神，同样也是实现粤港澳高等教育深入合作不可或缺的重要因素，它在文化领域打破了行政区划的概念，推动着粤港澳高校的交流、合作与发展。粤港澳三地的高等教育都根植于岭南文化。虽然港澳高等教育由于历史原因受西方文化影响较深，但其本质仍是岭南文化的延伸和繁衍，在社会习俗、宗教、语言、信仰等方面保留着浓厚的岭南文化特色和传统。这种对传统岭南文化的继承和延续，是粤港澳三地高等教育深入合作的优势所在。在粤港澳社会文化交融中，西方文化的精髓与我国传统的文化和谐元素在碰撞中可以产生新的先进的教育理念，能够促进完善广东高等教育的新规范。那就是粤港澳高等教育紧密合作中最值得重视的文化因素。

二 深化粤港澳高等教育合作的政策设计及制度安排设想

科学、合理、有效的制度与政策有利于规范运作，减少摩擦和冲突，降低区域合作成本和代价；制度的整合功能有利于整体合力的形成，通过制度的整合并制定相应的可行性政策，粤港澳各方就能够在双赢预期的前提下达成合作共识，进而促进高等教育深入合作；粤港澳高等教育合作进程发展的快慢与是否有完善的制度、政策保障是直接相关的，因此建立科学、合理、有效的制度与政策对推进粤港澳高等教育深入合作有着举足轻重的意义。

（一）加强三地高等教育体制综合改革的总体战略设计

根据区域经济的发展和高等教育的传统特色对整个粤港澳三地高等学校进行合理布局和结构定位。研究编制推进三地高等教育深入合作的战略规划，确定和争取高等教育合作的重大项目；提出总体规划，对涉及合作中的各种改革进行统筹。政府还需要从统筹区域高等教育发展层面上，营造公平、开放的合作环境，有步骤地构建三地高等教育合作的平台。从易到难，从间接到直接，稳步前进，不要有急躁情绪，急于求成，而要视时机的成熟程度，逐渐推进，否则可能适得其反。依照循序渐进的原则，最大限度地减少消极面。建立并进一步健全完善粤港澳高等教育合作的利益协调机制，建立梯度合理的三地高校、专业与学科的合作共赢关系，要为合作各方提供一个有效的利益交换和利益补偿的平台。

（二）建立、强化、完善粤港澳府际协议

以尊重各方意愿为前提而达成共识，双方求同存异、互信互让的精神，建立粤港澳高等教育磋商沟通机制。三地在政治、法律、经济、行政管理及社会管理制度上存在巨大差异，存在竞争和利益冲突的现实，注定了三方的高等教育深度合作将非常坎坷，需要艰难而切实的努力。过去粤港澳高等教育合作主要是以民间自发的和分散的合作为主，合作各方大多从自身利益来考虑高等教育发展问题，区域高等教育的整体利益在合作中显得弱化。为了深化三地高等教育合作，就要构建多层次、网络化的高等教育协调体系，建立信息及时交流互通的平台，消除由于信息沟通等不及时以及不沟通造成的人力物力资源浪费和重复建设。逐步开放三地的高等教育投资市场。制定合理、合法并且有吸引力的教育财政、税收和金融政策，降低教育投资风险，鼓励港澳民间资金投资广东高等教育，鼓励三地私立高校之间强强联合优势互补，鼓励三地教育集团品牌扩张，鼓励组建涉及三地的规范化的高等教育发展股份有限公司，通过资本市场筹集高等教育发展资金，鼓励港澳教育资本和教育服务提供商在 WTO 和《纲要》框架内开展高等教育服务贸易，来广东独立或合作办大学。

三 深化粤港澳高等教育合作运行机制与对策研究

高等教育区域合作的运行是靠机制完成的，是在一个机制框架内进行的。机制建设的状况直接影响着高等教育区域合作的成效，进而影响一个地域高等教育的发展，因此，研究高等教育区域合作运行机制与对策具有重要的战略意义。高等教育区域合作的运行机制是指高等教育合作区域内各行为主体之间相互联系和相互作用的制约关系及其功能，它是实现高等教育区域合作持续、稳定发展的保障。高等教育区域合作进程发展的快慢与是否有完善的运行机制与对策是直接相关的，因此建立科学、合理、有效的运行机制及实施切实可行的对策对推进粤港澳高等教育深入合作有着举足轻重的意义。目前，粤港澳高等教育合作还停留在浅层次的合作，无法越过行政区划的界限进入深层次的合作，合作的内容和方式有待进一步拓展。为此需要建立科学、合理的运行机制，提出有效对策，以保障和增强粤港澳高等教育融合的内在利益驱动，提升粤港澳高等教育合作的制度化程度，从而约束与引导粤港澳区域高等教育合作的良性发展。

（一） 建立三地间的充分信任机制

由于粤港澳三地之间关系的相对脆弱性以及环境变化的不确定性和各行为主体的独立性带来合作目的的多重性，因此完全依靠强制性的规定，例如合同、协议等控制方法来协调、规范行为主体，维护合作的秩序，提高和增强合作主体之间的凝聚力是远远不够的。粤港澳高等教育深入合作的有效运行，还需要信任机制。信任机制的建立与否是粤港澳高等教育深入合作发展程度高低的重要标志。信任机制是粤港澳高等教育合作中重要的运行机制，它对于保障和促进系统内子系统合作共生，从而保证粤港澳高等教育区域合作的长久生存和发展起着重要的作用。该作用主要表现在：信任减少了合作主体间所面临的不确定性和复杂性，降低了合作的风险和合作成本，在一定程度上可以抑制各自为政、机会主义以及投机取巧行为，从而加强合作的稳固性。

（二） 建立三地间利益协调机制

粤港澳高等教育合作是建立在区域各方合作基础之上的，并存在多重博弈关系，各行为主体有着不同的战略部署，且都有自身的优势和利益追求，其合作的结果并不必然使得合作的各方利益同时达到最大化。因此各行为主体之间要建立一个有效的协调机制，设计一套制度，通过规范的制度建设来实现中央与地方、地方与地方的利益转移，实现既得利益在地区间的合理分配，从而保证粤港澳高等教育合作稳定、高效、持续、深入地运行。

（三） 建立三地间竞合机制

粤港澳三地的高校之间既有为了追求自身利益的最大化而与同其具有利益关系的其他高校或组织争夺市场和资源的竞争关系；又有基于共同的利益、共同的目标，基于资源共享的协作与合作关系。竞争与合作是高等教育深入合作的两个轮子，缺一不可。粤港澳高校之间的竞争能够提高高校的活力，使高校能够获得不断发展的重要驱动力量；而合作使原本分立的高校及其他组织走向融合，从独立式竞争走向协同式竞争。基于合作关系的竞争，能规范竞争秩序，削减过度竞争带来的不利影响，提升竞争层次，促进高校在合作中通过学习与比较获得竞争优势的持续改善。在粤港澳高等教育深入合作发展的过程中，既有竞争，又有合作，在竞争中合作，在合作中发展，从而实现粤港澳三地高校共同发展的多赢局面，排斥合作的竞争和缺乏竞争的合作都不利于高等教育的健康发展。

（四） 切实落实《纲要》精神，积极推动粤港澳高等教育深入合作

国家发展和改革委员会发布《珠三角地区改革发展规划纲要（2008～2020 年）》，标志着珠江三角洲的发展被列入国家发展战略。《纲要》尽管只是对广东珠三角经济区做出了全面规划，"港澳因素"在《纲要》中得到了集中的体现。《纲要》在第九部分第一点提出要"优先发展教育"，要求"以新的思维和机制推动高等教育的发展水平。支持港澳名牌高校在珠江三角洲地区合作举办高等教育机构，放宽与境外机构合作办学权限，鼓励开展全方位、宽领域、多形式的智力引进和人才培养合作，优化人才培养结构"。第十一部分第二点提出要"推进与港澳紧密合作"，要求"共建优质生活圈。鼓励在教育、医疗、社会保障、文化、应急管理、知识产权保护等方面开展合作，为港澳人员到广东工作和生活提供便利"。《纲要》同时强调："本规划

纲要是指导珠江三角洲地区当前和今后一个时期改革发展的行动纲领和编制相关专项规划的依据。"可见，《纲要》为粤港澳教育深入合作提供了较大的发展空间，在这个大的框架下，粤港澳三地应该积极探讨如何进一步深化高等教育合作，加大高等教育改革创新力度，积极探索优良的政策环境，为粤港澳三地经济社会文化的发展提供智力保障与人才资源。

（五）建立良性互动关系

一是互通，建立粤港澳高等教育信息及时交流互通的平台，消除由于信息沟通不及时或不沟通造成的人力物力资源浪费和人才资源等的重复建设；二是互认，粤港澳三地关于高等教育方面的有关标准可以相互认可，从而降低人才流动、教育、使用的成本；三是互流，这是高等教育深入合作的直接体现，即除三地高校的师资、实验室、图书馆等教学资源可以共享外，还可以进行广泛的产学研合作以及办学方针、办学理念的借鉴和交流。教育资源的共享、教育理念的渗透、教育信息的交流、教育成果的互认等举措，皆能产生难以估计的叠加效应。

（六）成立由三地教育行政部门与专家组成"粤港澳高等教育合作协调指导委员会"

该委员会具体对三地高等教育协调发展提出战略性、方向性的指导意见，对高等教育发展规模、人才需求进行预测分析，对该区高校层次结构、科类结构、布局结构的调整和改造实施统筹决策。减少高校布局、专业设置的重复，实现高校资源互补。

（七）建立粤港澳高校协作专项基金

通过建立该项基金，制定有关优惠政策，鼓励和扶植一批高校联合组建产学研联合体、高科技开发集团等，甚至可以成立粤港澳国家级大学科技园，或者筹建粤港澳高校科技实业股份有限公司，由三地有关高校共同出资入股，上市发行进行市场化运作。在实际的产学研合作过程中，重点是进行优势互补和资源共享。比如，三地的名校如华南理工大学、香港中文大学、中山大学、澳门大学、香港科技大学等也可以打造一个像美国常春藤盟校一样的粤港澳重点高校联盟。总之，分工与合作是粤港澳高等教育深入合作中不可分割的两个方面，粤港澳地区的高等学校只有站在三地共同发展的高度，各扬所长，互动互补，互相合作，才能获得个体与整体发展的双赢，并最终促进粤港澳地区整体竞争实力的提高。

（八）加强对粤港澳三地高等教育合作的宣传

在高等教育信息的传播方面，港澳应该强化面向珠三角地区与整个广东的宣传。本研究的调查显示，广东学生和家长对港澳教育资源的了解十分有限，很多方面仅限于"听说"，并不了解具体内容和具体程序。有必要通过有效的途径，面向广东和珠三角地区介绍港澳的教育资源，加大对港澳的国际学校、专业和国际考试服务、资格认证服务等教育形式的宣传。把握和利用各种路径宣传粤港澳高等教育合作，在争取国家对港澳教育深入合作做出适当安排的同时，粤港澳三地还应该充分把握和利用各种路径和载体，有效利用各种媒体推进粤港澳高等教育合作。

（九）将粤港澳高等教育合作纳入"粤港澳紧密合作区"

根据广东提出的建立"粤港澳紧密合作区"的倡议，相关职能部门应该力争将高等教育合作作为其中的一个重要组成部分，并争取在穗深珠先行先试。2008年6月，中共广东省委、省政府发布《关于争当实践科学发展观排头兵的决定》，明确提出要"构建粤港澳紧密合作区，增创国际竞争新优势"。粤港澳紧密合作区的内容包括了经济、社会、文化、科技、教育、卫生等各个方面，提供了合作的广阔空间，同时需要三地政府在战略上达成高度共识，并争取国家的政策支持，港澳应正面呼应这一倡议，并为此寻求国家和广东省的支持，力求使粤港澳合作成为构建粤港澳紧密合作区的先行先试之地，为粤港澳教育深入合作创造良好的环境。例如，中央政府已经指示教育部与广东省建立联合审批机制，共同审批粤港澳合作办学机构和项目，粤港澳三方有必要就这个议题深入研究。而澳门大学整体搬迁到珠海，也成为粤港澳教育深入合作的一个重要先行指标。

（十）要减少和规范粤港澳高等教育合作中行政审批事项

要按照合法、合理、效能、责任的原则，进一步取消不符合《行政许可法》、妨碍高等教育开放和公平竞争以及实际上难以发挥作用的审批事项，提高办事效率。

从粤港澳的远景发展来思考，深化粤港澳高等教育合作的意义并不仅限于强化该区域的经济合作、调整高等教育发展政策以及高等教育资源配置模式，而且会对我们传统的高等教育管理体制、利益格局、发展战略带来巨大的影响和严峻挑战，也表明我们的高等教育改革已经从自发阶段进入自觉阶段。从这个视角去审视，我们会发现，进一步深化粤港澳高等教育合作的重大机遇已经显现，但要抓住机遇就必须破除现行体制中不利于合作进程的种种体制性障碍。广东高等教育要实现现代化和国际化，就必须敢为人先，用足"先行先试"政策，开拓粤港澳高等教育深度合作发展的新局面。

粤港澳文化创意产业融合发展研究

陈孝明[*]

一 前言

在知识经济和创意经济勃发的时代背景下，文化创意产业已成为衡量一个国家或地区综合竞争力高低的重要标志，对经济的贡献日益增强，并逐渐替代传统支柱产业成为经济增长的主要动力。目前，粤港澳三地都把新兴的文化创意产业作为主导产业的发展方向，并且随着粤港澳经济一体化程度的不断加深，三地联合发展文化创意产业的机遇越来越多。三地文化创意产业在内容创作与研发、产品制造、市场推广等方面各具特色，有着较强的产业互补性和共同的发展要求。三地理顺市场与政府的关系，通过文化创意产业的融合发展，打造具有国际影响力的"粤港澳创意产业带"，争取成为亚太地区最具活力和竞争力的创意集聚区，世界文化创意产业中心区域，这对推动粤港澳地区的产业升级和经济转型，增强区域整体竞争力，促进三地共同繁荣具有非常重要的战略意义。

二 粤港澳文化创意产业融合发展的基础

文化创意产业是知识经济时代经济发展的重要推动力量，经济一体化程度不断加深对文化创意产业的合作提出了新的要求。广东、香港、澳门三地同属于岭南文化，加上地缘优势，文化创意产业融合发展有坚实的基础。

---

* 陈孝明，博士，广州大学经济与统计学院讲师。

（一）广东

广东文化创意产业虽然起步较晚，但是具有巨大的发展潜力。第一，广东省政府很早就注意到了文化创意产业的重要性，适时推出相关政策鼓励、支持和引导本省文化创意产业的发展。第二，广东省具有丰富的文化资源，包括客家文化、潮汕文化和广府文化等，为文化创意产业的发展提供了坚实的文化基础。第三，广东经济发展水平处于全国领先水平，文化创意产业是文化与经济的结合，经济发展水平的提高为文化创意产业发展提供了动力，而且现在珠三角地区的经济发展迅猛，消费能力不断增强，对文化创意产品的需求很大。第四，在经济全球化和科技革命的背景下，广东省积极发展科学技术，自主创新能力不断提高，为文化创意产业奠定了技术基础。但是到目前为止，广东省发展的文化创意产业主要还停留在文化创意产品的制造和加工环节，并没有转移到附加价值较高的设计和销售环节。虽然广东省经济发展水平较高，但是缺乏具有全国影响力的人才，既缺乏具有原创精神的人才和高端设计者，也缺乏专业的文化创意产业经营管理人才。在中国，知识产权保护的相关法律不健全，市场监管和执法力度不够，文化衍生品的开发困难重重。相比之下，港澳作为多元文化的国际大都市正好可以弥补广东的不足。香港具有优良的工艺设计传统，弥补了广东文化创意氛围的不足。

（二）香港

中国香港地区长期以来是亚洲的创意中心，数码娱乐、电影、设计、出版等文化创意产业在业内享有盛名。在过去10年中，香港文化创意产业占本地生产总值的比例介于3.8%～4.1%，香港文化创意产业经过多年的发展，已经形成了相当大的规模，具有广泛的影响力。但是，随着市场对文化创意要求的不断提高，相对于香港本身而言，其文化创意产业近几年在本地市场的发展已经接近饱和状态，而且其本土市场太小，加上土地及生活费用极其昂贵，无法满足文化创意产业发展所需要的场地。单靠其自身的力量发展文化创意产业具有一定的局限性，因此，寻求与其他地区的合作成为香港地区突破文化创意产业发展瓶颈的新出口。从改革开放到20世纪80年代末，为摆脱制造业成本压力与实现经济顺利转型，香港地区制造业的加工、组装环节（低附加值环节）大量转移到珠三角地区。经过20

多年的发展，现在制造业基本上都转移到珠三角，第二波浪潮的转移将是文化产业的转移。而且在《内地与香港关于建立更紧密经贸关系的安排》（CEPA）的框架下，香港的文化产业进入内地市场的门槛逐渐降低，为香港的文化创意产业进入广东提供了良好的契机。

（三）澳门

澳门特区经济突飞猛进的同时却陷入博彩业"一业独大"的困扰，在一定程度上出现"经济越发展越依赖博彩业"的怪圈，因此，澳门文化创意产业的发展具有非常重要的战略意义，它肩负着促进经济多元进程的使命，影响着澳门经济转型和产业转型的进程。澳门特区发展文化创意产业有着一定的基础和优势，澳门作为一个以博彩业闻名于世的国际旅游城市，旅游休闲产业的发展已经积累了多年的经验基础，"世界旅游休闲中心"的定位更是显示了澳门旅游业发展的强大后劲。这意味着澳门文化创意产业的发展有着强大的消费需求的消费市场的支撑。同时，与葡语国家长期以来的良好经贸合作，使澳门拥有海外市场推广的独特优势。为谋划长远，澳门政府越来越重视利用其自身丰厚的历史文化资源，为争取在文化创意产业上取得长足发展，与粤港合作、整合三地创意资源将成为必然。

从以上分析可以看出，虽然粤港澳三地都具有其独特的发展文化创意产业优势，但是各自独自发展具有一定的局限性。粤港澳三地在文化创意产业发展过程中存在的这种差异性、互补性，为联手打造完整的创意产业链条提供了内在需求和可行条件。在市场化程度不断加深和资源的稀缺性条件下，资源的有效整合和利用成了新的发展要求，通过三地的融合发展，相互取长补短，发挥出更大的融合发展效应。

三 粤港澳文化创意产业融合发展的制约因素

（一）制度差异

作为合作关系的支撑，只有较完善的制度安排才能使合作规范、持续和稳定。香港、澳门长期以来受到英国、葡萄牙等国家的殖民统治，形成的风俗习惯、政治制度和法律体系等和内陆的大有不同。港澳回归之后，中国政府实行的是"一国两制"的方针，即香港、澳门继续实行资本主义制度，内地则实行社会主义制度。因此，在粤港澳文化创意产业跨境整合过程中，政治制度、伦理、道德、法律制度、管理、国际化程度等的深刻差异，会带来沟通协调、文化融合等方面的矛盾和障碍；同时，由于制度的不同引起的贸易壁垒和市场垄断壁垒、地方保护壁垒、不规范的商业壁垒等非贸易壁垒也会阻碍粤港澳三地文化创意产业的融合。由于两岸产权保护程度不一，文化创意衍生产品的开发与创新程度不对等。尽管 CEPA 对专业服务资格的限制正逐步放宽，由于三地法律制度的差异，专业资格互动仍无法实现，许多港澳金融、国际贸易、法律、会计等专业人才还是难以通过现行考试制度取得内地职业资格。

（二）营商环境不完善

香港、澳门实行资本主义市场经济制度，经济环境比较自由，政府干预较少，而在内地做生意往往要面对烦琐的行政审批。而且香港专业服务分工细化，专业程度高，但规模实力偏小居多，但内地专业服务分工还未达到香港的发达程度，如果要承揽一项工程，香港企业一般会采用临时将几个相关的企业集合到一起，发挥各自优势降低成本，而内地工程在招标时往往要求应标企业提供多种证照和资质。如果将这两种不同的市场环境强硬融合到一起，非但不能促进三地文化创意产业的发展，反而会产生许多摩擦和矛盾。广东虽是我国经济最发达的省份之一，但比起香港还有较大差距。三地间明显的经济发展水平的差距，加上香港、澳门市场化程度与内地市场化程度的不对称，也会在一定程度上阻碍文化创意产业融合发展的步伐。虽然粤港澳在经济贸易方面早已有所合作，改革开放后曾形成了长期的"前店后厂"格局，但在目前的营商环境下，粤港澳文化产业的合作却还处在初级阶段，三地文化创意产业总体上仍处于产业发展的低端环节，整体原创力不足，与国际水平有较大距离，特别是将文化和科技紧密结合的原创内容创作环节存在缺失。

（三）缺乏协调机制

粤港澳三地各自都具有丰富的资源，比如说广东有丰富的文化资源，香港具有古老的设计传统，而澳门拥有古老的文化遗产并且被定位为"世界旅游休闲中心"，这些资源都有非常丰厚的内涵。但是各地在发展文化创意产业、塑造各自创意形象的同时，却忽略了粤港澳整体形象的塑造，从而导致粤港澳没能确立一个能够体现其文化特色、概括创意资源整体优势的形象。而且，由于粤港澳三地文化创意产业合作处于初期阶段，相关的机制仍未实质性地建立。缺乏合作与整合机制，使得城市的文化创意产业分工与协作不明确，定位不清晰。缺乏交流平台，使得在发展文化创意产业时基本都是在各辖区内运作项目，辖区之间的合作很少。缺乏资源整合机制，往往造成重复建设，创意资源支离破碎、残缺不齐，资源配置的互相排斥，不利于三地文化创意产业融合的健康发展。

（四） 缺乏大型龙头企业

由于香港、澳门企业的专业化分工程度较高，形成了众多规模较小的专业化分工程度高的企业群。而内地企业的专业化分工程度没有港澳企业那么高，同时由于科技水平有限，管理层次人才匮乏加上融资环境不够完善等因素，也无法形成市场集中度高的大型企业。因此，粤港澳三地缺乏能够进行跨区域合作的大型龙头企业，集群效应难以发挥。尽管粤港澳地区已有不少网游、动漫、影视制作、设计、咨询企业，但行业集中度低，企业普遍规模偏小，缺乏能够进行跨区域、跨行业合作的大企业和产业集团，未能在大区域范围内建立起大中小企业紧密配合、专业化分工协作的创意产业组织体系，产业集群尚显稚嫩，难以在更大范围内整合创意资源并形成产业合力。

（五） 创意人才缺乏

文化创意产业是一种知识密集型或技术密集型的产业，而人才是知识和技术的载体，文化创意产业的这些特点，决定了人才是文化产业发展的原动力。近年来，文化创意发展非常迅速，而文化创意产业人才却没有相应的增长，这给粤港澳三地文化创意产业的发展带来极大的困难。与总量不足相比，人才结构性短缺问题更为突出：一是缺少高端原创人才；二是缺少管理人才；三是缺少经营人才；四是缺乏复合型人才。人才结构性短缺的问题已成为制约粤港澳三地文化创意产业融合发展的重要因素。

四 粤港澳文化创意产业融合发展的构想

（一） 粤港澳文化创意产业融合发展的思路

粤港澳要融合发展文化创意产业，必须抓住文化创意产业的发展特点，文化创意产业具有明显价值链阶段性特征。查尔斯·兰蒂（Charles Landry，2001）首先将"生产价值链法"引入文化创意产业的应用研究，提出了文化产业五阶段：创意的形成、文化产品的生产、文化产品的流通、文化产品的发送机构和最终消费者的接受。安迪·C. 普拉特（Andy C. Pratt，2004）也认为，文化创意产业与以文化形式出现的材料生产中所涉及的各种活动有联系，在全球化时代构成一个巨大的产业链，他从生产体系的角度提出，文化创意产业包括内容的创意、生产输入、再生产和交易四个链环。本文借鉴上述理论，将文化创意产业分为直接涉及创意产业产品和服务的"内容生产业"，为内容创作"提供生产输入或基础支持的行业"，以及"再生产与分销产业"三部分，文化创意产业在价值链上各个阶段显著的区分为粤港澳融合发展文化创意产业奠定了坚实的理论基础。

充分利用香港、澳门在信息、人才、创意的产业化运作、国际交流等方面的优势，在文化创意产业价值链的前端——"内容生产业"以及后端——"再生产与分销产业"两个方面进行发展，利用广东丰富的文化创意资源及较为良好的产业基础、辐射范围的扩展和制造业强省的优势，在文化创意产业价值链的中端——"提供生产输入或基础支持的行业"方面深入挖掘。

（二）粤港澳文化创意产业融合发展的路径选择

根据粤港澳三地文化创意产业发展互有优缺、各具特色的特点，广东文化创意产业相对更侧重在"制造与基础设施支援"环节，而在"内容创作与创造"环节具有良好基础和发展潜力，面向国内市场的分销也有一定的优势；香港凭借内容创新、专业服务以及国际市场营销能力，在"内容创作与创造"以及"再生产、服务供应及分销"两个环节均具有比较优势；澳门则在创意产业的海外分销环节有一定的基础。充分发挥各地自身优势，灵活选择文化创意产业价值链的相应环节进行合理分工合作，并以集群化的方式进行发展，"互为厂店"的模式开拓市场。

1. 采取合作延伸价值链的方式合理分工

粤港澳融合发展文化创意产业可以与产业结构的转型升级结合起来，通过发挥各自的比较优势，共同延伸价值链的各个环节，提升三地文化创意产业的竞争力。延伸粤港澳文化创意产业价值链可从 3 条路径入手：一是向上游发展，提高创意产品研发设计能力；二是在中游精选，从事创意产品深加工、后期制作等增值大的环节；三是向下游拓展，提升营销服务水平。通过粤港澳文化创意资源的互动融合，打造一个创意研发、创意产品生产、推广销售等完整的产业链，使产业上下端相互促进，这将大大提升粤港澳文化创意产业的竞争力，同时也将带动传统产业向高增值产业升级。在文化创意产品制造业包括印刷、包装、珠宝、工艺美术品等领域，充分发挥港澳在投资、科技研发和专业人才方面的优势，特别是利用香港在理念创新与商品生产相结合方面的丰富经验，打造"创造＋制造"的新模式，将自主研发设计、时尚创意等融合、渗透产品生产环节，提升创意衍生产品的附加值和文化知识含量，推动文化创意产品制造业的升级换代和区域分工。

2. 采取集群发展的方式促进产业融合

结合粤港澳三地的功能定位、区域特色和创意产业基础，以创意产业关联链条为纽带，诱导创意资源向特定园区集聚，通过同一产业链条中不同环节优势企业间资本组织形式和技术组织形式的重组，共同构筑相互衔接和配套的优势创意产业集群，保持和进一步发挥产业的整体竞争优势和产业聚合效应，建设成为具有核心竞争力、内容产业和设计创意产业高速发展、关联产业高度发达、具备品牌效应和国际影响力的"粤港澳创意产业带"。将粤港澳三地各自的长板相互组合，实现跨区域的强强联动，建立粤港澳文化创意产业一体化发展的产业链条，并嵌入全球产业价值链中。充分利用香港作为"亚洲创意中心"的区位优势以及广州承办亚运会的契机，加大粤港澳创意产业区域品牌推广力度，提升在亚太地区的知名度和影响力，打造成为亚太地区知名的设计创意中心、数字文化娱乐中心、内容创意与生产基地、创意产品和设备制造业及流通业中心。

3. 采取"互为厂店"的模式拓展国际国内市场

首先，深化原有"前厂后店"模式，拓展国际创意产业市场。发挥港澳在资讯、物流、金融、商贸等方面的突出优势，扩大港澳作为文化创意产业价值链中"交易"的发展空间。广东则应大力改造和提升文化创意制造业的技术层次，承接国际上技术更复杂的创意衍生品生产订单。其次，开展"前厂后店"的合作，开拓文化创意产业国内市场腹地。以港澳作为"前厂"，根据内地创意产业市场需求，在港澳进行高端创意产品的后工序生产加工，或对创意产品和服务进行包装，将广东作为"后店"，充当港澳进军内地创意产业市场的门户和前沿基地，利用广东在国内的营销渠道，帮助港澳创意产品和服务加快向国内广大腹地发展。最后，创新"互为厂店"模式，联手开发国内外文化创意产业市场。三地文化创意产业应该进一步突破"前店后厂"或者"前厂后店"的关系，走产业融合之路，建立"互为厂店"的创新模式。通过三地文化创意产业的相互对接、相互融通、相互促进，在内容原创、生产制造和服务供应、分销等环节强化资源整合和细分合作，建立起垂直分工和水平分工复合型的区域创意产业创新与产业化体系，形成产业间分工、产业内分工与产品内分工并存的多层次合作格局，以一体化的方式拓展国际国内文化创意产业市场，提高对内对外辐射力和影响力。

五 粤港澳文化创意产业融合发展的对策建议

（一） 加强三地文化创意产业融合发展的政策衔接

以国际化、粤港澳经济一体化视野进行政策制度的设计，理顺政府与市场的关系，根据 CEPA 确定的条款和依据，制定《粤港澳文化创意产业更紧密关系安排》战略文件及相应的实施细则，作为粤港澳文化创意产业合作发展的纲领性文件，报中央批准和审定后执行，从法律层面明确合作的依据，并争取中央政府的重视与支持。在《粤港澳文化创意产业更紧密关系安排》框架文件基础上，进一步制定、编印《粤港澳文化（创意）投资指南》《粤港澳文化创意产业融合发展规划》等，能够弥补三地制度文化差异的政策，统筹规划三地文化创意产业蓝图，让三地文化创意产业集群化发展有坚实的政策基础，促进三地文化创意产业融合发展。

（二） 构建良好营商环境

在营商环境上，香港、澳门拥有更加成熟的经验，广东可以在国际政策法律许可的范围内，逐步缩小与港澳的差别，扩大共同面，粤港澳市场规则尽量与国际接轨，尤其清除各种各样的商业壁垒，包括市场垄断壁垒、地方保护主义壁垒，充分发挥市场对资源配置的决定性作用。广东要借鉴香港成熟的政策与法律体制、引进其知识产权理念，和香港在知识产权保护、专利技术转移与产业化等方面进行区域合作，加大保护知识产权的执行力度，在社会上形成保护和尊重原创作品和个人创造力的氛围，营造文化创意产业发展的良好环境。在创意产业共性技术标准、创意作品评价认定标准以及文化创意专业学历及从业资质认证等方面应尽快建立统一的标准体系，搭建三地文化创意产业融合发展的制度平台。

（三） 成立粤港澳文化创意产业融合发展委员会

区域文化创意产业融合发展战略的实施更离不开各地政府间的协调与组织，需要建立三地政府共同的组织架构。建议粤港澳三地利用 CEPA 的协商框架，由三方文化创意产业主管部门共同成立粤港澳文化创意产业协调发展委员会，作为区域文化创意产业协调发展的指导组织机构。作为规划、指导、协调三方文化创意产业共同发展的常设机构，委员会成员可由三地政界、学界、业界资深人士组成，在尊重产业市场规律和企业自主行为的基础上，就三地文化创意产业融合发展的领域和前景做出评估和规划。通过这个机构加强三地文化创意产业的合作，使得城市的文化创意产业分工与协作更加明确，减少无序竞争，发挥三者的协同效应。

（四） 鼓励文化创意企业整合与并购

大型文化创意企业在人才、资金、创意等资源的配置上，有着更大的影响力，通过大型企业在三地的合理布局能够迅速加深文化创意产业的融合程度。应逐步放宽港资进入广东文化创意产业领域的限制，加快珠三角创意企业特别是内容产业企业的整合与并购，提升产业的集约化程度与规模化水平。大力开展文化创意企业的资本运作，鼓励和扶持一批文化创意龙头企业利用香港或内地资本市场进行上市融资。通过要做大做强国有或国有控股的文化企业和集团，可以重点建设一批有实力、有活力、有竞争力的大型文化企业和集团，扶持具有成为世界级大企业潜质的优秀民企，比如腾讯、长隆欢乐世界等，让它们在融合发展过程中做出更大的贡献。

（五）大力培养文化创意人才

加强粤港澳三地文化创意产业学术机构之间的合作与交流，积极推动高校及科研机构在创意人才培养方面的合作，甚至考虑共建创意学院。在高等教育层面，广东应建构一套完整的学术及培训架构，成立一个专门的文化产业职业学院，同时建立配套的科研及技术开发中心。在加强自身培育的基础上，还注重引进一批懂文化产业、创意产业的科技精英，形成关键环节的技术创新人才优势；引进一批懂市场、懂经营、有关系的管理人才，努力造就一批精通文化创意业务、熟悉国际国内文化创意市场规则、具有先进管理理念和现代科学素养的复合型、外向型文化创意管理人才队伍。

参考文献

［1］Landry, C. "The Creative City: A Toolkit for Urban Innovators," *Comedia*, 2000, 8.

［2］Pratt A. C. "The Cultural Industries Production System: A Case Study of Employment Change in Britain, 1984 – 1991," *Environment and Planning A*, 1997, 29: 1953 – 1974.

［3］刘奕、夏杰长：《全球价值链下服务业集聚区的嵌入与升级——创意产业的案例分析》，《中国工业经济》2009 年第 12 期。

［4］厉无畏、王慧敏：《创意产业促进经济增长方式转变——机理·模式·路径》，《中国工业经济》2006 年第 11 期。

［5］陈孝明、田丰：《文化产业的核心能力及培育》，《学术论坛》2011 年第 12 期。

［6］冯梅：《中国文化创意产业发展问题研究》，经济科学出版社，2009。

［7］彭劲松：《粤港澳区域创意产业发展思路探索——基于系统思考视角下的研究》，《科技管理研究》2013 年第 12 期。

［8］郭海宏：《粤港澳服务业合作发展的现状及对策思考》，《中央财经大学学报》2009 年第 2 期。

［9］祁湘涵：《粤港澳创意产业合作的历程、现状及未来构想》，《国际经济合作》2009 年第 2 期。

［10］梁庆寅、陈广汉：《粤港澳区域合作与发展报告（2010～2011）》，社会科学文献出版社，2011。

发展粤港澳制造业电子商务创新合作，
助推广东经济结构调整和产业转型升级

李春景[*]

2012 年让人们看到了电子商务的火爆，仅"双 11"一天淘宝的销售总额就高达 191 亿元！但这个数字又被 2013 年"双 11"天猫淘宝 350 亿元的交易额远远地甩在了后面。[①] 电子商务在中国的发展势不可挡。为了推动中国电子商务实践的发展，国务院在 2005 年颁布了第一个专门指导电子商务发展的政策性文件——《国务院办公厅关于加快电子商务发展的若干意见》（以下简称《意见》）。《意见》中指出发展电子商务是以信息化带动工业化，转变经济增长方式，提高国民经济运行质量和效率，走新型工业化道路的重大举措。2012 年 3 月，工业和信息化部发布了《电子商务"十二五"发展规划》，预计到 2015 年中国电子商务交易额将达到 18 万亿元。统计数据显示，2013 年上半年我国电子商务规模达到了 5.4 万亿元，增长了 38.5%。[②] 如此高速的增长，显示出电子商务已经成为拉动中国经济增长的亮点和热点。

在电子商务的热潮之下，很多制造业企业也纷纷投身其中。广东省作为中国最重要的制造业基地，也非常重视电子商务产业的发展。"十二五"时期是广东省"加快转型升级，建设幸福广东"的重要时期。在 2012 年《广东省电子商务"十二五"发展规划》中指出广东省的电子商务正处于快速扩展的阶段，电子商务与其他产业的融合加快，助推了经济结构调整

---

[*]　李春景，广州大学外国语学院讲师。

①　网易财经：《双"11"网购疯狂！天猫及淘宝成交额破 350 亿》，http：//money. 163. com/13/1112/16/9DGCT0BJ00253B0H. html。

②　中国日报网：《上半年我国电子商务规模达 5.4 万亿元》，http：//www. chinadaily. com. cn/hqgj/jryw/2013 - 07 - 26/content_ 9687508. html。

和产业转型升级。在《规划》中还进一步提出了要加强粤港澳电子商务合作，积极探索建立粤港澳电子商务互动发展模式，探索构建"9（珠三角9大城市）＋2（港澳）一体化电子商务"体系，采取多样化、多层次、多模式的合作发展战略，推动粤港澳电子商务应用合作。

一 广东发展制造业电子商务的优势

制造业电子商务就是在制造业业务流程的各个环节充分利用信息通信技术，形成电子化的业务流程，建立一条"供应商—制造商—批发商—零售商—消费者"完整的电子化业务链，改变传统制造业运作模式的低效率和对市场反应迟缓的弱点，精简生产过程中一些不必要的环节和程序，减少生产规模扩大带来的边际成本增加的影响，从而达到降低制造成本、提高企业盈利空间、提高经营效率、提高客户服务水平和企业竞争能力的目的。[①] 制造企业参与电子商务活动可以利用互联网创造最佳的资源配置方式和网络化有序使用方式，降低制造企业生产和经营成本，可以促进企业产业变革和经济模式的转型。

（一）广东的地理位置优越，拥有发达的现代物流业和金融业

电子商务的发展离不开物流业和金融业等支撑体系的不断完善。广东的地理位置优越，运输业发达。它东邻福建，西连广西，北与江西、湖南交界，东南和南部隔海与台湾、海南两岛相望；毗邻香港、澳门；隔南海和越南、马来西亚、印度尼西亚、菲律宾等国相望，是我国重要的海上交通要冲和对外交往的南大门。海运去日韩、东南亚、欧洲、北美、南美洲、非洲的平均航程最短。优越的地理位置促进了广东和周边省份的交流，拉动了广东商品的出口。广东的航空、港口集装箱吞吐量、铁路和汽车运输都很发达。广东地区正逐步发展成为以广州、深圳为轴线，国际国内双向物流和陆、海、空立体物流相结合的国际性和区域性物流中心。广东地区的运输车辆以及从业人数是全国最多的，不仅很多世界知名的物流公司在广东设立了总部，广东还培育出了全国最大的民营快递企业：顺丰

---

① 姚国章、丁秋林：《我国制造业发展与应用电子商务研究》，《南京审计学院学报》2005年第2期。

速递公司。2012 年全国社会物流总额 177.3 万亿元，广东省以 14.66 万亿元的物流总额占 8.27%，居于全国第一。

近年来，广东的金融业也发展迅速。2009 年广东金融业整体规模首次超过香港；2013 年，广东省金融业实现增加值 3800 亿元，同比增速高达 18.9%。广东的金融业为电子商务的发展提供了强有力的支持，在融资、信用、支付 3 个方面为电子商务的发展提供便利。在融资方面，广东的金融业使用货币政策工具、信贷市场、票据市场、银行间市场、外汇市场加大对电子商务发展的融资支持；在信用方面，通过建立和完善守信的激励机制和失信的惩罚机制，为电子商务的发展提供良好的信用环境；在支付方面，通过完善全国性的支付系统和广东地区的支付系统，形成了支持社会资金运转的"高速公路"网络，为电子商务资金的高效运转提供了基础性平台。

（二）广东在产品竞争方面拥有厚重的优势

电子商务的竞争最终是产品的竞争。目前，广东珠三角地区已经逐步成为全国乃至全球的加工制造业基地，其中小企业的数量占全国的 1/3，全国形成规模的产业集群就达到 123 个，有 70 多种产品产量居全国第一。[①] 广东的电子信息产业规模居中国内地第一，已经成为当今中国乃至世界最重要的 IT 产品生产基地之一，全省已经有 20 多家企业进入全国电子百强企业之列；广东的机械工业产品出口居于中国内地首位，工业总产量一直居于中国内地前列；广东的家电业在全国家电业中占据举足轻重的地位，是中国也是全世界重要的家电出口基地；广东的石油化工总量规模居中国内地前列。主要产品如原油、汽煤柴三大类成品油、乙烯、合成树脂、涂料、胶鞋等产量均排在全国前三名；广东是全国纺织品生产和出口大省，也是全球第三大服装出口基地；广东省食品饮料工业实施名牌战略，珠江啤酒、金威啤酒荣获"中国名牌产品"称号；广东是中国的建材生产大省，其总量居全国之首；广东省是全国造纸及纸制品生产举足轻重的大省；广东是医药大省，整体实力位居全国前列。中药、化学药物制剂、生物制药产品领域在全国处于领先地位；广东汽车整车的工业增加值、工业利润、销售收入等有关汽车工业综合经济指标排在全国汽车行业前列。[②]

---

① 《电子商务真是"救世主"？》，http://epaper.nfdaily.cn/html/2012 – 07/20/content_7106415.htm。

② 《广东省人名政府网站》，http://www.gd.gov.cn/tzgd/tzhj/tzhjhy/20070921_20566.htm。

　　广东已经形成了以大企业为中心、大量专业化协作的配套企业、关联企业和上下游企业整体联动的产业链形式，带动形成了一大批生产配套型产业群，已形成了一个强大的由供应商、销售商和服务商共同组成的区域商务体系和面向全球的庞大的制造业工业体系。[①] 广东发展电子商务促进经济结构调整、产业转型升级离不开已有的制造业优势。

（三）广东地方政府的大力支持

　　广东省不断推出相关政策、措施大力促进本地区电子商务的高速发展，其中重要的举措包括：

搭建交易平台	广东省信息产业厅/省中小企业局/阿里巴巴共建"广东省电子商务专区" 召开首届网商交易会,帮助中小企业开拓内贸市场,组织货源
资金扶持	设立中小企业电子商务/在线管理软件金,对 2 万家企业给予补助
制定可持续规划	2007 年制定《广东省电子商务发展"十一五"规划》 2012 年制定《广东省电子商务发展"十二五"规划》
政府积极应用电子商务	建立政府采购网,有效降低采购成本,规范竞价采购活动 建设了国内领先的电子政务平台
鼓励行业电子商务	通过试点方式,推动银行、企业、保险机构的合作,发展电子化贸易金融 鼓励发展旅游电子商务,推进旅游信息化建设
推动粤港澳合作	投资 2 亿美元,以广东为中心打造粤港澳台电子商务运营和发展中心 明确粤港两地电子签名证书互认的程序、行为以及证书互认试点的效力

　　目前广东省正在积极推动"信息化与工业化融合"和"生产服务业与制造业融合"的发展战略，着力推动经济转型升级，这也为广东省发展制造业电子商务提供了有利的契机。

　　但是由于观念的问题，广东的一些制造企业并未意识到信息化的重要性，大多数制造企业还停留在传统的管理运营模式中，缺乏对电子商务业务的驾驭能力。广东目前尚未建立适应电子商务的法律法规[②]，网上支付的安全也存在一定的问题，如何建立更加高效的物流配送体系也是相当棘手的问题。

---

① 唐川、朱金伟：《电子商务环境下 CEPA 与粤港澳区域经济一体化》，《商场现代化》2005 年第 9 期。

② 《发展电子商务，增创广东新优势》，http：//www.gdei.gov.cn/flxx/xxhgyh/rdgz/200912/t20091224_ 93858.htm。

二 港澳在发展制造业电子商务方面的优势

电子商务在港澳地区发展较早，积累了很多宝贵的经验。港澳电讯业的基础设施和服务水平在亚太地区位居前列。

（一） 建立了稳妥可靠的电子商务法律架构（环境）

香港特区政府在 1999 年立法通过了电子交易法例，这一法律架构的建立时间比美国还要早。[①] 其后为适应新情况，香港立法会又对该条例草案进行了比较大幅度的更新和改善，先后于 2003 年 8 月 22 日和 2004 年 6 月 30 日通过了《电子文易条例》（即第 553 章）和《2004 年电子交易（修订）条例》（即修订条例）以及《电子交易（费用）规例》（第 553A 章）和《电子文易（豁免）令》（第 553 章）两个补充规定。[②] 电子交易法例及其修订条例为香港电子商务活动的开展制定了一个清晰的法律架构，使电子商务可以在有所依据及稳妥可靠的情况下进行。

（二） 建立了数字证书的电子认证系统

目前香港特区政府已通过香港邮政为企业开展电子商务设立了公共密码钥匙基建（Public Key Infrastructure，PKI）。通过建立认证系统，使交易的双方能够确认到对方的身份，为交易的实现提供了信用保证的基础。公共密码钥匙基建主要包括两大方面，即企业数字证书的发放和密钥管理。具体包括认证拥有者的姓名、公共密钥及其有效期、获得认证的机构单位、认证的序列号、获得认证单位的电子签名等。

（三） 建立了较为完善的网上支付系统

数字认证、密钥管理、网关及支付系统是电子商务的关键系统工程。香港利用国际金融中心的优势，较早开始电子支付系统。目前，香港的主要商业银行都拥有完善的网上支付系统。[③]

但是香港和澳门的市场狭小，电商突破空间局限性的优势体现不出

---

① 林宏：《香港电子商务的建设发展》，《城市管理》2005 年第 2 期。
② 蒋廉雄：《香港电子商务的发展及未来趋势分析》，《当代港澳研究》2003 年第 1 期。
③ 蒋廉雄：《香港电子商务的发展及未来趋势分析》，《当代港澳研究》2003 年第 1 期。

来。所以，如果能将港澳在电子商务方面的优势和广东制造业的产品优势相结合，那么广东的产品优势就可以通过电子商务发展得更出色。

三 大力开展粤港澳制造业电子商务的创新合作

多少年来，由于人缘、地缘和血缘的关系，粤港澳地区的友好往来和经贸交往从未间断，而粤港澳在制造业电子商务领域的合作可以实现优势互补、优势整合和优势再造。

（一）粤港澳具备开展制造业电子商务合作的先天优势

20 世纪 80 年代后，广东从香港和澳门地区引进了大量的资金、设备、技术以及先进的管理经验，将广东发展成世界上重要的制造业基地之一。与此同时，香港和澳门也顺利地实现了产业的转移升级：香港发展成世界上重要的以现代物流业和金融业为主的服务业中心之一；澳门发展成世界上具有吸引力的博彩、旅游中心之一和区域性的商贸服务平台。广东和港澳成功探索出"前店后厂"的合作模式；2003 年，《内地与香港关于建立更紧密经贸关系的安排》和《内地与澳门关于建立更紧密经贸关系的安排》签署实施。广东紧紧抓住这一机遇，大力加强与香港和澳门之间的经贸合作，进一步密切了粤港澳地区的联系，同时也提升了粤港澳地区的经济竞争力；港珠澳大桥预计将于 2016 年建成。港珠澳大桥的建成将彻底打破广东和香港、澳门之间的距离感，粤港澳之间的融合发展也将更进一步。多年的合作使得广东和港澳之间形成了你中有我、我中有你的良好局面，所以粤港澳之间开展制造业电子商务合作具有天然的优势。

（二）粤港澳制造业电子商务的创新合作就是要优势互补、优势整合和优势再造

1. 让广东的制造业拥抱互联网

虽然制造业是广东的优势，但是以前是通过大规模制造来实现产品的低成本，先生产再销售；而今天，中国经济已经从以产品为中心过渡到了以消费者为中心的时代。消费者行为模式的改变倒逼企业改变生产模式，提升产品和服务体验。广东的制造业企业可以把港澳的资金、法律、人才

引入企业中，搭建起电子商务平台，然后利用港澳在信息产业方面的优势及时搜集客户、市场以及技术等方面的信息。无论消费者身处何地，企业都可以通过电子商务这个平台与消费者进行充分的沟通，根据消费者的需求对产品不断进行调整，使消费者参与到产品的设计中来。电子商务在广东制造业中发展起来后，可以带动推动广东其他产业迈向信息化和现代化，从而助推广东经济结构调整和产业转型升级。

2. 建立合法有序的电子商务竞争模式

目前中国的电子商务还处于成长期，还有很多不够规范的地方，如：虚假宣传、假冒伪劣、价格混战、透支消费、库存倾销等，这些都成为我国电子商务行业发展的绊脚石。目前国家发改委、工信部、商务部、国家工商总局和国家税务总局等部门都曾先后出台多类政策来规范电子商务。但有业界人士反映，这些相关管理措施由于主管部门不够明确，存在部门利益之争，个别领域存在多重管理、管制过严的情况，反而为一些电商企业带来不必要的麻烦。我国首部"电子商务法"已经列入全国人大财经委、法工委的立法日程，正在起草，但是其正式出台还需要一段很长的时间。香港和澳门一向重视知识产权的保护，法律观念强，有相对完善的电子商务法例体系。因此粤港澳制造业电子商务必将建立在规范的法律框架基础上，带动行业的电子商务起到良好的示范作用。

3. 带动跨境电子商务的发展

近几年，由于欧美市场不振，加上人民币汇率升值和中国劳动力成本上升等因素，广东的外贸出口额也受到了严重影响。但在这样的形式下，跨境电子商务却呈现强劲的发展势头。2012 年广东跨境电商交易额达到 1.46 万亿元。[①] 跨境电子商务被视为我国对外贸易未来的发展趋势。目前，香港是广东产品进入国际市场的主要渠道之一，广东每年约有 70% 的产品经香港转口，64% 的海外买家通过香港的企业到内地进行产品采购，约有 97% 的外商选择在香港设立办事处，处理与珠三角企业间的贸易。粤港澳

---

① 《广东跨境电商交易额占全国七成》，http://epaper.nfdaily.cn/html/2013 - 08/27/content_7220254.htm。

制造业电子商务的发展可以开拓更多的国外客户，利用港澳先进的物流条件，带动跨境电子商务的发展。

结　论

越来越多的人已经认识到，电子商务在中国已经到了一个由量变到质变的关键时期，在互联网环境的新消费方式驱动下，电子商务从一个新兴的商业模式已经逐步走向主流成熟的商业模式，扎实推进粤港澳合作是广东在新的历史起点上谋求转型发展的重要着力点。[①] 为此，广东要努力探索粤港澳合作的新模式。[②] 粤港澳制造业电子商务合作正是粤港澳合作的一种创新模式。发展粤港澳制造业电子商务合作要发挥粤港澳各自在电子商务领域的优势，实现优势互补、优势整合和优势再造，从而促进广东的经济结构调整、实现产业转型升级。

---

① 《推进粤港澳合作：广东转型发展重要着力点》，http：//epaper. nfdaily. cn/html/2013 – 05/06/content_ 7186516. htm，2013 – 05 – 06。
② 郭楚：《 "中国梦" 开启粤港澳合作新征程》，《广东经济》2013 年第 8 期。

基于空间产业关联的粤港澳
服务业合作发展研究

李惠娟[*]

随着经济一体化的迅速发展，区域之间的经济联系越来越紧密，产业分工协作不断向纵深发展，能否实现大区域范围内的优势互补与协调发展，成为提高区域乃至国家竞争力的关键。《珠江三角洲地区改革发展规划纲要（2008～2020年)》提出"发展与香港国际金融中心相配套的现代服务业体系，加强与港澳合作，并且赋予CEPA'先行先试'的权限"，这些都为深化粤港服务业合作提供了重要的制度安排。

本课题以粤港澳服务业合作发展为研究对象，从新的研究视角——空间产业关联出发，分析区际服务产品流、区际服务劳动力流和区际服务技术流在粤港澳城市间的空间演化特征与机制，为城市化进程中的粤港澳服务业合作发展研究提供新的理论依据。

一 粤港澳服务业合作的现状以及存在问题

（一）粤港澳服务业合作的现状

自2003年签订的CEPA——《内地与香港关于建立更紧密经贸关系的安排》以来，粤港澳服务业合作涵盖42个多领域，逐渐成为粤港澳经济合作的重点，从广东省外经贸厅提供的数据来看，2012年广东服务业实际利用港澳资金所占的比重上升到43%。粤港澳服务业合作呈现以下特点。

1. 粤港澳服务业合作的行业主要集中在生产服务业上。自CEPA实施

---

* 李惠娟，广州大学旅游学院讲师。

以来，粤港澳服务业合作快速发展。2004～2012 年，广东生产性服务业利用港澳资金占广东服务业利用港澳资金的比例平均达 85%。港澳资金流入较多的生产服务业主要有：商务服务业（法律、会计、咨询、租赁、房地产等）、物流业、旅游业、会展业和金融业。

2. 粤港澳公共服务业合作也有较大幅度的增长。CEPA 补充协议签订后，放宽了社会及个人服务的准入门槛，包括降低注册资金和允许独资经营，这导致粤港澳公共服务业合作迅速增长。2004～2012 年，广东教育、卫生、社会保障和社会福利业利用港澳资金的年均增长率分别达到 68% 和 65%。

（二）粤港澳服务业合作存在问题

1. 强调从港澳地区向广东地区的单向服务输出，粤港澳地区之间服务产业关联较弱。由于广东面临土地和劳动力等生产要素成本上升，国际出口市场萎缩，工业结构急需升级转型等压力，对生产性服务业（研发、金融、保险、物流等）提出了强烈的需求，另外，香港作为航运、贸易、金融、旅游服务中心，其现代服务业高度发达，澳门的旅游业和娱乐业也处于领先地位，由于这两个地区的本地市场狭小，导致其服务业以输出为主，广东由于地缘关系成港澳地区最大的服务输出地；但是与此同时，由于广东服务业发展相对较弱，因此由广东地区向港澳地区进行的服务输出较少，并且以个人服务输出为主，如旅游输出和物流输出。这种单向流动还体现在要素流动上，旅游业方面允许香港永久性居民中的中国公民取得内地出境游领队证后，可受雇于内地相关旅行社经营港澳游，但广东导游在资格互认以及以自然人进入香港提供相关服务方面，未能得到对等的开放。这种产品和要素的单向流动，加上共赢的合作机制未能形成，削弱了粤港澳地区之间服务产业关联，也降低了广东与港澳地区进行服务业合作的积极性，从而阻碍两地服务业合作的深化。

2. 粤港澳服务业尚未达到深度合作，存在许多制约服务产品和要素在粤港澳地区之间流动的制度障碍。CEPA 签订后，一方面许多实施细则制定不足，另一方面已制定的细则部分可操作性差。另外，CEPA 服务业准入的审批权大多集中在中央，导致环节多、程序烦琐、时间长、费用高。行业进入资质与资格互认协调机制没有完全畅通，两地行业标准、专业企业运作模式、相关法律也存在较大的差别，这些均成为港澳专业服务业进入广东的制度障碍。

总而言之，粤港澳服务业合作是区域经济一体化的必然选择，目前粤港澳服务业合作尚处于初步阶段，距离深度合作还有一段距离，而粤港澳服务业深度的合作应该建立在合理区域产业分工以及紧密产业关联的基础上。

二 粤港澳服务业的空间产业关联特征分析

（一） 空间产业关联的文献综述

空间产业关联思想可以追溯到 20 世纪 50 年代法国经济学家弗朗索瓦·佩鲁提出的增长极概念，佩鲁所指的增长极是具有创新能力的推进型产业对经济的带动作用。随后经济学家布代维尔把佩鲁的增长极概念从区域内推广到区域外，他认为增长极将通过一系列联动机制而不断向周围地区进行要素和经济活动输出，最终将对周围地区产生较大的促进作用。缪尔达尔（1957）的循环积累因果理论用"回流效应"和"扩散效应"来进一步阐述了区域经济增长的相互作用机制。早期发展经济学研究缺乏严密的数学推导，以克鲁格曼（Krugman，1991）为代表的新经济地理学派建立的数学模型，从微观基础出发，系统地阐述了产业的空间分布与要素流动、需求关联、技术溢出等因素的关系。总的来说，尽管早期发展经济学和新经济地理学都对空间产业关联形成机制进行了理论阐述，但相应的经验研究却多数是探讨国家之间的产业关联，对一个国家内部地区之间产业关联的经济研究甚少，并且对空间产业关联缺乏清晰的概念界定和准确的计量。

产业关联概念正式出现在 1936 年美国经济学家瓦西里·利昂惕夫的投入产出理论中，20 世纪 50 年代后，学者们把投入产出理论扩展到空间层面上，本课题"空间产业关联"是指不同区域的不同产业部门之间通过供求机制形成的经济技术联系。地区间投入产出表通常被认为是测量空间产业关联程度较为有效的方法。

近年来，空间产业关联理论被广泛应用于城市服务业的研究之中，拜尔斯（Beyers，1985）认为服务业可通过出口和进口对城市内部与外部的联系产生作用，进而影响到城市经济的发展。格莱姆斯（Grimes，2007）等学者得出计算机服务业的集聚与产业之间关联相关。

国内学者利用产业关联理论解决服务业与制造业的互动关系（马凤华，2008）以及测量服务业对整体经济的影响力和感应度系数，或者分析各产业最终需求对生产的诱发作用。空间产业关联理论只见于探讨服务业集聚和服务业的溢出效应的文献。

上述研究的局限性：第一，对产业关联理论使用较多，对空间产业关联理论的重视不足，后者在解释大空间尺度的产业融合具有优势。第二，忽视空间产业关联理论在区域服务业合作发展研究上的指导作用。在区域服务业合作发展的高级阶段，产业协同和融合发展至关重要，它影响着区域服务业合作的层次和效益。第三，未能论述区际服务产品流、区际服务劳动力流和区际服务技术流对区域服务业合作发展的作用机制，而这是本课题研究的重点。

（二）空间产业关联模型、指标和数据来源

1. 空间产业关联模型

服务业跨区域产业关联通过城市间的服务产品贸易、人口迁移、技术扩散来实现。在服务业集聚与扩散过程中，市场力量会促使服务产品和要素流动，改变了服务市场范围和要素空间配置，推动城市服务部门的分工和专业化的发展，促使城市之间服务业形成紧密的跨区域产业关联，其中，服务要素关联与服务产品关联是两种最重要的服务业跨区域产业关联（见图1）。

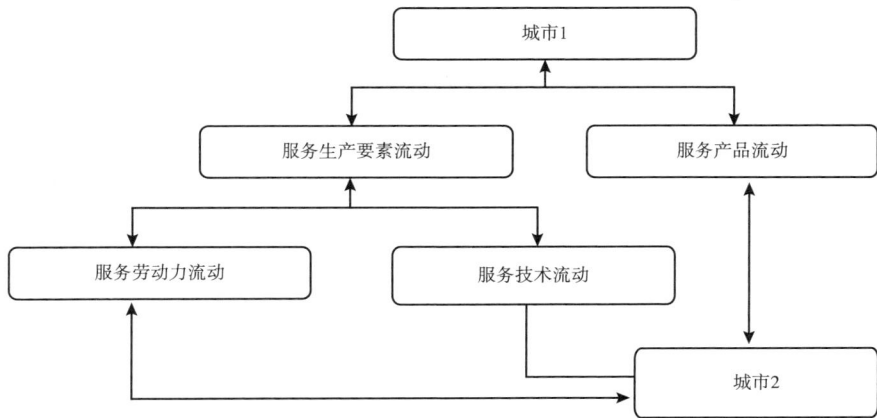

图 1 服务业跨区域产业关联的形成

2. 空间产业关联指标

（1）区际服务产品流评价指标

本文用市场潜能来表示服务产品的区际流动，市场潜能表示消费者与市场的接近程度以及市场容量大小。本文采用哈里斯（Harris，1954）的度量方法来衡量各地区的服务业市场潜能，其计算公式为：

$$mp_r = \sum_{r \neq j} \frac{Y_j}{d_{rj}} + \frac{Y_r}{d_{rr}} \tag{1}$$

mp_r 表示地区 r 的服务业市场潜能，Y_j、Y_r 分别表示地区 j 和地区 r 的服务业发展水平，d_{rj} 表示地区 r 和地区 j 的距离，d_{rr} 表示地区 r 的内部距离。

（2）区际服务劳动力流动评价指标

服务业劳动力流动用服务业劳动力净流动率表示，由于劳动力流动数据不能直接获得，本文借鉴林理升、王晔倩（2006）的估算方法，在时间（t，T）里，i 地区的服务业劳动力净流动率的计算公式为：

$$SNM_i = \frac{SEMP_i(T) - SEMP_i(t) \prod_t^r [1 + N_i(t)]}{SEMP_i(t)} \tag{2}$$

（3）其中，SNM_i 表示地区 i 的服务业劳动力净流动率，$SEMP_i(T)$、$SEMP_i(t)$ 分别表示地区 i 在 T 时刻和 t 时刻的服务业就业人数，N_i 表示地区 i 人口自然增长率。

（4）区际服务技术流评价指标

区际服务技术流用地区 i 第 t 年服务业的专业化指数表示，专业化指数的计算公式为：

$$LQ_{is} = \frac{EMP_{is}/EMP_i}{EMP_{ns}/EMP_n} \tag{3}$$

EMP_{is}、EMP_{ns} 表示服务业在地区 i 和全国的就业人数，EMP_i、EMP_n 表示地区 i 和全国所有产业的就业人数。EMP_{ic}、EMP_{nc} 表示产业 C 在地区 i 和全国的就业人数。

3. 数据来源

本文使用的数据为 2012 年广东地级市的"全市"数据所构成的地级

面板数据，主要来源于 2013 年的《广东统计年鉴》，香港和澳门的数据来自各相关统计年鉴。对于两个城市的距离，本文用各城市行政中心之间的欧式直线距离来表示。各城市的内部距离用公式 $\frac{2}{3}\sqrt{\frac{Area}{\pi}}$ 计算得出。$Area$ 为城市的土地面积。

（三）实证分析

表 1　粤港澳服务业的区际服务产品流

单位：亿/公里

广州	深圳	韶关	珠海	汕头	佛山	江门	湛江	茂名	肇庆	惠州	梅州
684	665	273	405	254	657	399	201	190	321	640	239
汕尾	河源	阳江	清远	东莞	中山	潮州	揭阳	云浮	香港	澳门	
202	306	218	456	601	664	252	223	281	1852	384	

表 2　粤港澳服务业的区际服务劳动力流

单位：%

广州	深圳	韶关	珠海	汕头	佛山	江门	湛江	茂名	肇庆	惠州	梅州
27	43	9	29	1	11	13	−3	−2	−1	19	3
汕尾	河源	阳江	清远	东莞	中山	潮州	揭阳	云浮	香港	澳门	
−4	2	10	4	21	23	1	−3	20	1	7	

表 3　粤港澳服务业的区际服务技术流

单位：%

广州	深圳	韶关	珠海	汕头	佛山	江门	湛江	茂名	肇庆	惠州	梅州
0.98	1.07	0.94	0.48	1.07	0.83	0.71	0.34	0.30	0.92	0.41	0.29
汕尾	河源	阳江	清远	东莞	中山	潮州	揭阳	云浮	香港	澳门	
0.92	0.82	1.24	0.77	1.04	0.63	0.39	0.29	0.52	1.47	1.33	

第一，从粤港澳服务业的区际服务产品流数据可以看出，服务产品流动规模较大的城市有：香港、广州、深圳。香港、广州、深圳是粤港澳区域的经济中心，由于其强大的经济水平、经济实力和人口规模形成的拉力效应，使得它在粤港澳区域旅游中一枝独秀，成为粤港澳区域内服务产品对外辐射力最强的城市。服务产品辐射力较强的城市有：东莞、中山、佛

山、惠州。这4个城市经济发达,人口众多,而且具有丰富的服务资源,拥有相对较大的人口拉力和庞大的经济总量。这些因素促使它们成为粤港澳区域对外输出较多的服务产品的城市。服务产品流动较差的城市有:茂名、湛江、汕尾等,这些城市或是服务业发展水平较低或是地理位置距离区域中心较远,成为区域内服务产品的输入地。

第二,从粤港澳服务业的区际服务劳动力流数据可以看出,服务劳动力流动最频繁的城市有:深圳、广州。这两个城市的人均可支配收入较高,对劳动力的吸引力较强,又是区域内交通枢纽中心,这些是其成为区域内服务劳动力汇集地的重要原因。服务劳动力流动率较高的城市有:东莞、中山、珠海、惠州。无论是经济还是交通,这些城市仅次于广州与深圳,是粤港澳地区的第二服务劳动力汇集地。东莞市与中山市人口总量巨大,交通便利,具有较强的吸引服务劳动力的能力。服务劳动力流动较少的城市:茂名、湛江、汕尾、揭阳,这些城市由于地理位置或者是经济发展水平等原因,对服务劳动吸引力相对较低。

第三,从粤港澳服务业的区际服务技术流数据可以看出:香港、澳门的服务技术溢出能力最强,广州、深圳、东莞次之,茂名、湛江、梅州的服务技术溢出能力较弱。

从以上分析结果可以看出,粤港澳服务业空间产业关联呈现以下特征。

第一,一级空间服务产业关联度的城市:香港、澳门、广州、深圳。粤港澳地区东南部中心城市的服务产品、劳动力和技术流动最为活跃。香港、澳门、广州、深圳的服务产品流动规模最高,说明这几个城市的服务业发展水平较高,空间服务产业关联度较高。同时,这4个城市服务劳动力和技术流出的规模也较大,是粤港澳地区服务产品和技术主要输出地,与其他城市之间经济联系非常紧密。东南部中心城市对粤港澳地区的服务业整体带动力最强,也反映其他城市服务业发展对东南部中心城市服务产品的需求量最大。

第二,二级空间服务产业关联度的城市:珠海、佛山、东莞、中山、惠州、江门等。这几个城市与中心城市的地理距离较近,经济水平发展较高,与中心城市有较强的经济联系,服务产品和要素流动规模仅次于中心城市。

第三,三级空间服务产业关联度的城市:茂名、湛江等。粤港澳地区中西部城市的服务产品、要素和技术流动比例最低，比如茂名、湛江，服务业的输出能力最弱，其服务产品和要素绝大部分服务于本区域的需求。这说明粤港澳地区中西部城市在城市间的经济交流中处于弱势地位，其他城市服务业发展对中西部城市服务需求量最小，这种弱势地位对中西部城市服务业的进一步发展非常不利。

第四，城市间服务产品和要素流动受地理距离、区位和经济发展水平的影响较大。服务产品和要素输出总体上与地理距离呈负相关关系，距离最近的地区往往是各地区产品和要素流动比例最高的地区，距离最远的地区往往是产品和要素流动比例最低的地区。粤港澳中部城市与其他城市的地理距离都较近，因此与其他各城市的经济联系比较频繁，西部城市相对偏远，因此服务产品和要素流动规模相对较小。东南部沿海服务产品和要素流动活跃，与其明显的区位优势和较高的经济发展水平有关。

三 粤港澳服务业合作发展的措施

通过从服务产品、服务劳动力、服务技术三个方面的区际流动对粤港澳服务业空间产业关联进行评价和分析，得出粤港澳服务业整合的路径。

（1）根据空间服务产业关联程度可将粤港澳服务业划分为三个不同空间服务产业关联等级结构；其特征是总体分布的不平衡性、空间分异的规律性、内部集聚的异质性。

（2）基于空间服务产业关联程度的粤港澳服务业城市体系属于以香港、澳门、广州、深圳为轴线的双极放射状模式，这种模式在目前和未来一段时期内有利于粤港澳服务业的发展。

（3）空间服务产业关联等级不同的城市在空间组织上分别承担着竞争与合作的角色：一级空间服务产业关联城市可以依托城市自身以及聚集区内的优质服务产品，形成绝对优势，参与区际和国际服务竞争，争夺国际客源和服务中心地位，同时以自身优势向周边城市扩散，推动区域服务业发展；二级或者三级空间服务产业关联城市一方面凭服务资源、产品和城市特色的相对比较优势与香港、澳门、广州、深圳合作，面向国际竞争；另一方面又以比较优势与区域内同等城市争取省内客源，开拓港澳市场，在竞争中提升各自的城市服务综合素质。

（4）粤港澳城市之间需要建立既有竞争又有合作的服务业发展战略，

形成在竞争中提升，在合作中共赢的城市服务业竞合机制，通过科学组织管理形成合理的城市服务空间网络结构，从而推动粤港澳区域服务业的健康发展。

（5）提高粤港澳地区中心城市服务业聚集力，增强其空间服务产业关联度。香港、澳门、广州、深圳等区域性中心城市的服务业产品和要素流动频繁，具有较高的空间服务产业关联度，服务产品相当大的部分用以满足外地需求。随着通信和交通技术的发展而不断增强。随着网络时代和高铁时代的来临，网络快线和铁路快线的发展将进一步突破制约服务产品流的空间和技术障碍，这将使得区域性中心城市的服务产品市场腹地得到快速的扩张，也使得中心城市的服务业将在更大的市场范围内进行竞争与合作。例如，粤港澳的商贸、会展、金融等服务业相对发达，随着广珠轻轨的开通将有更多的服务产品输出到珠海和中山；另外，珠海和中山的旅游资源相对丰富，将会吸引更多的广州人去消费。因此，在新的形势下，能否提供优质服务产品并进行大规模的服务输出，将成为区域性中心城市能否在服务经济竞争中胜出的关键所在。各中心城市在发展服务业的过程中，不仅要着力培育和优化本地服务需求，而且还要高度重视和大力开拓外地服务市场，要发挥自身比较优势，打造具有竞争优势的服务企业和服务产品，强化服务创新和服务品牌效应，引领服务消费新潮流，优化服务市场环境，全面提升集聚辐射和空间服务产业关联。

（6）充分发挥粤港澳中心城市的空间服务产业关联效应，努力提高中西部城市服务产品和要素的流动能力。粤港澳东南部中心城市的服务业发展水平较高，具有较高空间服务产业关联效应，对粤港澳地区服务业发展起着主要的促进作用，应该充分发挥这些城市空间服务产业关联效应，鼓励它们的服务产品和要素的对外输出，使区域间服务贸易联系更紧密。同时努力提高中西部城市服务产品和要素的流动能力，通过东西部城市的服务贸易，促使中西部城市服务业加快发展。

（7）调整粤港澳地区服务贸易结构，从而加强城市间的服务产业关联度。粤港澳服务业合作发展关键在于扩大双方的服务业需求市场，在保持传统服务贸易市场的同时，应该积极开拓新的服务贸易市场。要调整服务贸易结构，加大高附加值、低能耗的现代服务业的输出比重，降低低附加值、高能耗的服务业的输出比重，从而加强粤港澳地区城市间的服务产业关联度。

（8）粤港澳专业服务合作尽力达到"互惠互利"。在 CEPA 实施中，既要港澳向广东开放专业服务业市场，也要考虑广东向港澳地区开放专业服务市场，实现互惠互利。只有互相开放市场，达到完全互惠互利，才有更强合作动力。

参考文献

［1］ P. R. Krugman， "Increasing Returns and Economic Geography"，*The Journal of Political Economy*，1991。

［2］沃尔特·克里斯塔勒：《德国南部中心地原理》，常正文译，商务印书馆，1998。

［3］西蒙·库兹涅茨、戴睿：《现代经济增长》，易诚译，北京经济学院出版社，1989。

［4］李江帆：《第三产业经济学》，广东人民出版社，1990。

［5］梁琦：《产业集聚论》，商务印书馆，2003。

［6］保罗·克鲁格曼、藤田昌久、安东尼·J. 维纳布尔斯：《空间经济学：城市、区域与国际贸易》，梁琦译，中国人民大学出版社，2005。

［7］丹尼尔·贝尔：《后工业化社会的来临》，丁学良译，商务印书馆，1984。

［8］陈建军、陈国亮，《新经济地理学视角下的生产性服务业集聚及其影响因素研究——来自中国 222 个城市的经验证据》，黄洁译，《管理世界》2009 年第 4 期。

［9］倪鹏飞：《中国城市服务业发展：假设与验证》，《财贸经济》，2004 年第 7 期。

［10］肖文、樊文静：《产业关联下的生产性服务业发展——基于需求规模和需求结构的研究》，《经济学家》2011 年第 6 期。

［11］马风华：《第二产业生产服务与第二产业生产率——基于面板数据的实证研究》，《当代经济管理》2010 年第 6 期。

低碳经济下的粤港环境影响
评价制度比较研究

黄晓慧[*]

目前，环境问题已经成为城市社会和谐和可持续发展的瓶颈，必须通过真正的法治，对发展方式和生活方式进行根本性的变革，才能使资源和环境支撑经济社会的长期稳定发展，才能在保持高密度的同时维系城市的舒适性，才能吸引企业投资和人才集聚。而低碳经济下智慧城市建设是一个极具宏观性、系统性的问题，本课题仅从智慧城市生态建设中亟待解决的环境保护问题入手，以香港的环境影响评价制度为比较范本，对我国环境影响评价制度在移植过程中出现的问题展开研究，窥豹一斑，切入全局，揭示出智慧城市生态建设中的法制困局，为低碳经济下的城市建设提供可资借鉴的域外成功法治经验。

一 城市建设中粤港两地环境影响评估个案实证比较

案例之一：广东佛山张槎某住宅小区商品楼已建好环评尚未通过案。2013 年 5 月，购买了佛山张槎某住宅小区商品楼的业主们发现，该小区外北有大型机械厂噪声不断，南有丝织漂染厂臭鸡蛋味四溢小区。而当初这些业主们在购房的时候，开发商的销售人员拿出佛山市政府的红头文件，文件黑纸白字写明东亚集团和漂染厂将会在 2013 年底搬迁，周边的环境会改善，而且肯定能够拿到房产证和过得了环评。业主们于是在佛山市禅城区网络发言人平台向职能部门问政该小区的环评是否已经通过？对此疑问，佛山网络发言人平台（WZ. foshan. gov. cn）、区环境保护和城市管理局

的答复要点有三：一是承认由于星晖盛汇园周边环境至今不符合环境影响评价的要求，目前仍未通过建设项目环评审批。二是罗列张槎星晖盛汇园周边企业工厂设施均通过环保部门验收。诸如佛山全纺纱线漂染有限公司已于 2012 年 11 月 30 日歇业停产；主要从事棉纱染色及棉织品加工生产的佛山东亚股份有限公司项目有环保审批，安装了除尘脱硫治理设施、烟气自动监测设备和废水自动监测设备，并通过环保部门验收。主要从事热双金属等材料生产制造的佛山通宝精密合金股份有限公司，项目有环保审批及验收资料，并通过了清洁生产审核。三是该声明张槎环保分局对生产过程中产生的噪声已发出整改通知书，并将督促企业做好各项污染防治工作，保证治理设施的正常运行，确保废水、废气和噪声达标排放。①

对于上述答复，开发商亦十分委屈。按照《环境影响评价法》第二十五条和《广东省建设项目环境保护管理条例》（2012 年修正）第二十三条规定，环评是一个楼盘项目开工建设的前提条件，环评没有通过，是不能取得项目施工许可证的，更不用说进行出售。可是，星晖盛汇园在没有取得环评的情况下，不但开工建设了，更取得预售许可证进行出售，且直到业主们收楼期限届满，都还没能取得环评。不是开发商无法无天，而是政府同意先建项目，建设过程中同时搬迁处理周边的污染源。小区建成后，才到环保部门补办环评手续。开发商拿出佛禅府办函〔2011〕31 号文件，文件抬头是"为配合加快推进张槎街道中心区边片按规划改造函"，这是发给其中一家拟搬迁厂的函，上面写道："请贵司尽快做好相关搬迁和改造计划，于 2013 年底前完成搬迁工作。"文件落款章是"佛山市禅城区人民政府办公室"，时间是 2011 年 5 月 24 日。目前楼已盖好，政府 3 年前承诺的污染源搬迁还未进行，环评无法通过，开发商也很无奈。

对于环评未过仍能开工，佛山市禅城区发展规划和统计局解释说，这个与佛山市近年来尝试的行政审批制度改革有关，星晖盛汇园的问题是改革尝试中的一个特例。该局副局长李海龙说："之前要审批一个项目是十分烦琐的，现在对于一些重点项目，我们都是采取一些并联做法，在大胆尝试。这个项目实际上就是一个并联做法，各个单位先出具一些前置条

① 佛山网络发言人平台（WZ. foshan. gov. cn）、区环境保护和城市管理局，发表于 2013 - 05 - 24，http：//wz. foshan. gov. cn/viewthread. jsp? tid = 71261&page = 1#pid0。

件，各单位再按程序做。"李副局长还说，改革后楼盘的建设不再是将环评前置，而是将环评和一些审批并联同步办理，今年，广东省发改委印发的《广东省企业投资项目并联办理实施意见》，肯定了这种做法。"几乎所有重大项目、重点项目都是这么做的。有些地方可能在设计当中、在实践当中有些放的位置不足，不到点。这个项目有望在近期有一个根本性的解决方案。"①

案例之二：香港老太以《环境影响评估条例》逼停港珠澳大桥建设案。2011 年 4 月 18 日，香港高等法院裁定香港环保署批准的 2009 年大桥环保报告无效，败诉的环保署更需支付原告人香港东涌 66 岁的朱绮华女士 1/3 诉讼费。内地媒体一片惊诧，"香港老太逼停大桥建设"成为各大网络纸质媒体的热点新闻。

港珠澳大桥连接香港大屿山、广东省珠海市和澳门，整体造价逾 700 亿元，据称建成后将成为世界最长的跨海大桥。2009 年 12 月 15 日大桥内地工程正式动工，人工岛挖泥工程已完成近 9 成。大桥香港段原定 2010 年初动工，因朱女士的法律诉讼而搁浅。声称患有糖尿病和心脏病的朱绮华通过法律援助，向香港高等法院申请司法复核，要求推翻环保署 2009 年 10 月通过的港珠澳大桥香港口岸段及香港接线段的两份环评报告。朱绮华的代表律师在司法复核中指出，环保署署长批准港珠澳大桥的两份环评报告，没有评估臭氧、二氧化硫及悬浮微粒的影响，是不合理的也是不合法的，因而要求推翻有关决定。2011 年 3 月，司法复核在香港高等法院开庭进行。3 月 18 日下午，香港高院正式裁定港珠澳大桥香港段环评报告不合规格，要求环保署署长撤销环境许可证。

法官的判词指出，港珠澳大桥环评报告应作出两套预测数据，除了分析大桥建成通车后的空气状况，也要预测不兴建大桥情况下的空气质量情况，以供环保署署长进行比较，然后决定是否通过工程环评报告以及向工程批发环境许可证。而环保署长批核的环评报告，欠缺关于空气质量的独立评估，未能符合港珠澳大桥研究概要及技术备忘录的要求。有关环评报告只提出兴建两段道路后对空气造成的影响，而对于不兴建两段路的空气情况则没有给出数据，所以缺乏基础作出判断。高院判词指出，如新环评报告可提供工程相关的环境影响，环保署署长届时可决定可否批准工程再

---

① 《楼房建好要收楼环评竟然还没过》，http://www.fstv.com.cn/138608。

动工。同时，败诉的环保署需支付朱绮华 1/3 诉讼费，其余诉讼费则由法律援助按规定支付。①

2011 年 5 月，香港环保署认为上述裁决将对目前进行及未来的一系列环评工作以及香港《环评条例》执行原则有重大影响，决定就裁决提出上诉。香港特区高等法院于 8 月下旬开始审理此项司法复核上诉案，9 月 27 日裁定特区政府在港珠澳大桥司法复核案的上诉中胜诉。法庭指出，港珠澳大桥工程目前的环境影响评估报告内容已经足够，无须添加预测在不兴建大桥的情况下有关地区空气质量的资料。其长达 39 页的书面判词指出，工程目前的环评报告已就港珠澳大桥日后对环境的影响进行全面分析，无须再预测有关地区在 2016 年没有大桥存在的情况下空气污染的数据。法官认为即使空气质量受影响，相信特区政府环保署会采取措施，将工程对空气质量的影响降至最低，法庭不用干预有关工作。②

上诉两个案例，一个是区级政府以改革审批制度，提高行政效率为名，置《中华人民共和国环境影响评估法》于不顾，让"重点项目"先开工后环评。一个是普通老太依 1997 年制定的香港《环境影响评估条例》提起诉讼迫使重点项目推迟开工。这两案的差别，提示了两地环评制度在保护环境的力度、评价作用空间、环评次级等方面发挥的作用的不可比拟性。

二　比较中看环境影响评估法在借鉴中的变异及失效

环境影响评价制度（以下简称"环评"）是一项创始于美国，现已为世界各文明法治国家仿效、成为全球环境法律核心的制度。该项制度在大陆法系的欧洲、日本、韩国以及英美法系的香港和大陆法系的台湾地区的移植都非常成功。我国 1979 年制定的《环境保护法（试行）》引入环评，2002 年 12 月 28 日通过《环境影响评价法》，2009 年 10 月 1 日《规划环境影响评价条例》）正式实施，但总体上实施效果不尽如人意。发达国家和地区已经广泛实施的战略环评我国尚无立法，仅要求规

---

① 康殷：《香港老太逼停投资 700 亿的港澳珠大桥》，南都网，http：//www. nddaily.com SouthernMetropolisDailyMark。

② 陈宁：《港珠澳大桥环评复核上诉案昨裁决：香港特区政府胜诉》，http：//www. zhnews. net/html/20110928/072254，324665. html。

划环评，且项目环评"先上车，后补票"现象严重。究其原因，在于立法借鉴移植过程中，对一些关键性条款的取舍是以经济效率和部门利益为先。

在效率的语境下，我国的《环境影响评价法》首先抛弃的是被美国环境质量委员会称为环评"心脏"的替代方案。所谓替代方案是指除拟议活动以外的其他可供选择的备选方案。《美国国家环境政策法》明确规定环评说明必须有"拟议行为的各种替代方案"，目的是通过环评，选择对环境不利影响最少的方案。替代方案是环评的关键内容，对实现科学决策有重大作用。如果没有替代方案用来做比较的基础，决策者就无法就拟议活动的优劣、对环境影响的大小程度、方案的可行性以及是否存在比拟议活动方案更好的方案进行比较、选择，也就无法就审核的方案做出合理的判断和决定。替代方案不仅能更好地实现环评目标，也是贯彻风险预防原则的要求。它允许没有直接参与决策制定的人们评估拟建项目的各个方面以及参与决策的制定。对替代方案的讨论能鼓励分析者将分析重点放在所选择方案与替代方案之间的差别上。此外，它还为主管部门的决策提供了一个参考框架，而不仅仅是为开发活动提供辩解。如果在项目建设或运行阶段中出现不可预见的困难，对替代方案进行重新审视有助于得出快速、经济的解决方案。尽管有批评者认为制作替代方案会耗费大量的时间和金钱，但实践证明，替代方案在促进决策科学化方面起着非常重要的积极作用。

香港法制属英美法系，虽有成文法，但法官判决主要循先例，故有法官造法之谓。香港老太逼停港珠澳大桥建设案的一审判决书中，法官认为，港珠澳大桥环评报告应作出两套预测数据，除了分析大桥建成通车后的空气状况，也要预测不兴建大桥情况下的空气质量情况，以供环保署署长进行比较，然后决定是否通过工程环评报告以及向工程批发环境许可证。由于港珠澳大桥的环评报告中未有分析不兴建大桥的情况，故被裁定不符合要求。① 这里所谓的两套预测数据实质就是替代方案。根据香港《环境影响评估条例》研究概要及技术备忘录中的要求，法官认为环评报告应包括指出、预计及评估有关工程对环境的影响，让环保署署长及市民

---

① 陈宁：《港珠澳大桥环评复核上诉案昨裁决：香港特区政府胜诉》，http://www. zhnews. net/html/20110928/072254，324665. html。

能了解影响。若环评报告未能符合研究概要及技术备忘录的要求，环保署署长应该否决该报告。

港府环保署不服裁决，上诉审中，环保署代表律师认为，《环境影响评估条例》立法原意是确保环评报告的制定及审批程序合法，务求在环境影响与基建适时竣工两方面取得平衡，而未有硬性规定报告细节。由于每项工程性质有异，不同工程须按各自的《研究概要》去撰写报告。《环境影响评估条例》《技术备忘录》及《研究概要》都没有硬性规定要预测没有工程的数据，法定要求的基线是指"现时"情况。大桥环评报告包含现时空气状况的数据，也有预计将来大桥通车后的情况，而原审法官认为缺漏的部分，其实只是累计在数据内而未有另外列出，而大桥通车后的空气污染源自汽车，港府可透过其他法例或渠道，例如限制车辆数量或汽油种类去减少排污。换言之，两审之争的焦点不是环评报告是否缺失替代方案，而是替代方案中是否必须提供独立基线数据。因此，环保署强调环评报告已符合法例及文件要求。上诉审法官支持了环保署的诉求。

我国的《环境影响评价法》没有替代方案的规定，全国人大法律委员会在该法草案修改过程中删除了"替代方案"条款，理由是"要求所有的建设项目都要另搞替代方案，难以做到，也没有必要"。[1] 如此一来，许多建设项目无须替代方案就直接报送到发改委，甚至直接由后者发起某项项目。由于部门利益的驱动，能"创造经济效益"的项目当然能在发改委等处立项，换言之，立项阶段中无须准备环评报告等通过立项，项目的规模、选址、设备等要素基本已经确定，后来环评程序的功能也就是论证该建设项目没有不利的环境影响，或者寻求减少环境影响的对策。完全失去了从源头上把关环境影响项目的良机。而该法有关擅自开工，责令停工和限期补办手续的法律责任规定更是直接使该法形同虚设。[2]

近年来，政府以行政审批改革为名，建设项目环评审批后置的情况时有发生。上述佛山某住宅小区案例，更是小区建成后，环评还不知何时能通过，购房业主们只能以群体方式维权。这说明环境保护不是简单地制定一些法律法规就能达成目标，环境法的移植涉及立法本身的科学性、配套性和可操作性以及相关司法制度的改革，是一个全方位的系统工程。如果

---

① 全国人大法律委员会关于《中华人民共和国环境影响评价法（草案）》修改情况的汇报。2002 年 8 月 23 日在第九届全国人民代表大会常务委员会第二十九次会议上。
② 《中华人民共和国环境影响评价法》第 31 条。

我们在借鉴和移植国外法制时，对所移植的法律的本质特征及其生存环境缺乏比较研究，失去灵魂的法律移植只能是南橘北枳。2009 年广州番禺、花都的垃圾焚烧发电项目、2014 年 3 月底茂名 PX 项目引发居民的抗议潮一再实证，这种如同虚设的立法既不利于政府诚信形象的建立，也无助于环境的保护，更延缓了公共工程决策制定进程，增加了运营成本。良法难觅的更大危害是它摧毁了人们对法律的信仰。由于制度设计上的瑕疵，"环评"制度缺乏公信力，导致公众对任何建立在自家周围的建设项目始终持抵制态度，群体性冲突时有发生，影响社会稳定，降低公共建设的效率，城市品质得不到提升。

三　开放公益诉讼是制约行政权力的最佳路径选择

香港环境影响评估法律制度的移植吸纳秉承了美国的环境影响评价制度的精髓，其制定是为了在行政机关的行政活动中强力植入环保理念，转变并规制政府行为，提高行政决策水平。美国环境影响评价制度的诞生源自印第安纳大学林顿·戈得维尔教授的一项建议，即要实现《国家环境政策法》以一种综合的方法挑战传统的环境管理方式的目标，"应在具体操作方面有一个强制执行力"[①]，迫使行政机关判定其行政行为的环境影响，这就是环境影响评价制度。该项创新制度能够成功有效运行的关键有三点：一是强制公开披露信息；二是公众参与贯穿始终；三是司法审查完善制度。基于此，公众参与环评是实质性的，是以制度主体的身份参与者到公共权力的运作中，这使得公众对行政机关的监督作用得到充分有效的发挥。

环评制度是预见性环境制度的支柱，对转变环境行政管理理念起到关键性作用，是贯彻落实以预防为主方针的基石。该制度把保护环境的任务赋予政府环保署，而非公众关注的企业污染者。这一立法理念认为，政府机构与区域范围内重大的生产和经济发展活动密切相关，涉及区域内植被砍伐、水资源和海洋、高速公路和机场建设、城市建设、沿海填埋开发等。政府是最大的潜在的环境影响者，因此，香港的环评制度的审查对象

[①]　赵绘宇、姜琴琴：《美国环境影响评价制度 40 年纵览及评介》，《当代法学》2010 年第 1 期。

一开始即聚焦于政府，通过要求行政机关遵守环评程序，迫使其在决策过程中考虑和照顾环境价值。环评的审查范围指向了立法机关的立法行为、政府抽象与具体的决策行为，环评的审核范围涵盖项目环评、规划环评与战略环评。

从上述香港老太逼停港珠澳大桥建设的案例的法官裁决书中，我们可能看到，环境影响报告书的主要目的是提供一种强制行动手段，以保证法律规定的政策和目标能够纳入环保署进行中的项目和行动，环境影响报告书不只是一个披露文件，它应当和其他相关材料一同被环保署用来计划行政和做出决策。同时，环境影响报告书是一个对社会公开的、征求政府其他行政机构和公众及非政府组织评论的文件。由于有了这些规定，环境政策变成了一个可以影响和改变行政决策的实在而完整的制度。保护环境从可被行政机关当作口号利用的东西变成了对行政决策的新的、具有法律效力的约束。港珠澳大桥被一普通香港老太逼停，是因为有一套能保证公众充分参与规划的制度，有一个容纳公众利益诉求的通畅渠道。香港的信息公开制度十分完善，这是公众有效参与环评的基础。根据 1997 年制定的香港《环境影响评估条例》，大型项目开建前，至少有两次公众参与讨论的机会。首先，由开发单位向香港环保署提交"简介"的同时公示，之后的14 日内，由专家组成的环咨会和公众对"简介"提出意见。在此基础上，环保署署长决定是否批准"简介"。然后，开发单位根据"环评研究概要"以及评估技术规定，编制"环境影响评估报告"，再递交给环保署，同时公示。此时，公众又有了一次参与机会。之后，再由署长决定是否批准。最后，即使署长批准了环评报告，如果有居民认为规划侵害了自己的利益，也可就个案提起诉讼，由法院裁决。这就是朱女士走的程序。

公开披露制度让利益相关的个人、团体影响环评中包含的信息种类和质量，迫使政府决策机构考虑到相关的私人团体所掌握的信息。公众深度参与环评和通过公益诉讼提起的司法复审监督，提高了政府做出决策的责任感和透明度。有助于保持更高的决策水平和更广泛的政府问责制的建立。香港朱女士原审时提出环评报告存有 7 项错漏，但只有其中 1 项获法官接纳，虽然朱女士凭着这 1 项理据已成功击败港府，得以一审推翻环保署的批准。司法审查对大型项目建设踩了刹车，但并不意味着项目被撤销，而是建设方需要重新评估之前环评中没有考虑到的因素，使环境影响评估报告更加完善。

公益诉讼是公众参与的最有效途径。诉讼不仅能促进法案内容的清晰化、明确化，更能推动环评制度的发展。正是这些诉讼的既判力以及规范力，香港的环评制度才真正由先进的环保理念转化为环保制度的强大执行力。事实上，香港环保署在准备和等待上诉的几个月里已就结果有两手准备，若胜诉，环境咨询委员会尽快复会，重新审议因案件叫停的环评项目，估计有 10 多个，包括港铁的沙田至中环线工程及环保署的垃圾焚化炉环评报告。① 若败诉，则要重新检讨环评报告审批通过标准。就这样，普通市民（含非政府环保组织）通过环境影响评价诉讼程序，建立起对政府有关环境的行政行为的监督和制约制度，并将环境政策和目标纳入行政机关的决策过程，成为决策中同经济等其他因素相制衡的一个重要砝码。

我国现行的环评制度是以单个企业为规制重点，评价对象主要限于具体的建设项目，规划环评虽有规定，但实践中其本没有实施，战略环评尚未纳入立法。实际上，比之具体建设项目对环境的局部性影响，国家地方立法及公共政策对环境的影响是全局性的。国家的重大经济、技术和产业政策，区域和资源开发规划，城市和行业发展规划，重大基础设施建设等对环境的影响更大。由于这些对环境有重大影响的宏观决策没有纳入环境影响的评价对象，一些轻率的决策已经危害到区域甚至全国的环境质量。而上述佛山案例中，一个区级政府竟然就能将《中华人民共和国环境影响评价法》的有关规定②以及省政府一个部门的文件改革掉了。由此，可以看出是以政府活动为环评对象，还是以企业活动为环评对象，这两者的差别决定了两地环评制度在保护环境的力度、评价作用空间、环评次级等方面发挥的作用的不可比拟性，甚至两种环评制度已是名同实异。源自"人治"惯性思维的管理型立法模式，最终将一项以改善政府行政决策、监督和制约政府有关环境的行政行为和权力为根本目的的环境影响评价制度，借鉴移植成我国的一部仅针对具体污染企业的行政管理法。

公众参与政治生活，不仅体现在立法的程序上，也体现在立法的内容

① 陈宁：《港珠澳大桥环评复核上诉案昨裁决：香港特区政府胜诉》，http://www.zhnews.net/html/20110928/072254，324665.html。
② 《环境影响评价法》第二十五条规定，"建设项目的环境影响评价文件未经法律规定的审批部门审查或者审查后未予批准的，该项目审批部门不得批准其建设，建设单位不得开工建设。"

上，更体现在生效法律的司法实践中。香港朱女士诉环保署批准港珠澳大桥环评报告不当案的意义就在于，香港市民理解港珠澳大桥对三地经济发展和区域融合的重要性，"但政府不应因为经济利益和加速区域融合，而放弃行之有效的监督机制，比如通过环境评估保护生态和公众利益。"

从环境影响评价制度在借鉴吸纳过程中异化的个案，我们能够看到，良法的制定并不仅仅是纯技术层面的移植那么简单。广东是"深化改革先行区"，应当利用毗邻香港的便利，借鉴吸收香港环评法制经验，"先行先试"，以地方立法细化完善法规，强化信息披露与公众参与，适度放宽对社会组织的限制，强化法院审判的独立性，为良法的制定和良性运行创造良好的环境，使新型城市化建设真正纳入法治的轨道，从而达成"智慧"城市的建设目标。

粤港澳应对气候变化的区域合作及其对策

程雨燕[*]

一 粤港澳应对气候变化区域合作的必要性

粤港澳通过区域合作应对气候变化的必要性体现在：一方面，全球气候变化的严峻形势下，相关问题的区域性、外部性、复杂性特征使得区域合作成为应对气候变化的核心途径；另一方面，在粤港澳合作的新兴发展态势下，环境与民生备受关注，从而使粤港澳应对气候变化的区域合作成为新一轮的合作方向——共建优质生活圈的重要内容。

(一) 区域合作是应对气候变化的核心途径

首先，气候变化本身是区域性的跨界环境问题，需要通过区域合作加以回应。全球气候环境的一体性及区域性决定了各国、各级政府都难以独善其身，而其中珠三角气候环境具有更紧密的关联性，粤港澳三地的陆地、河流与海洋直接相连，共同面临大气污染等跨界环境问题。其次，气候变化作为跨界环境问题体现了污染负外部性特点，需要通过区域合作加以克服。区域合作可以让单一的地区或政府在环境一体化的基础下考虑或决策自身的行为方式，从而对气候变化这类蕴含污染外部性特点的环境问题具有特殊的意义。最后，应对气候变化是影响范围大且解决难度高的异常复杂命题，需要通过区域合作整合优势。气候变化问题关系到能源与经济、政治与民主、生存与发展等多维领域，超越了传

---

* 程雨燕，中共广东省委党校法学教研部教授。

统的国家主权范畴，需要全人类的共同努力，因此必须通过整合各国各政府，全球全区域的科研、经济、制度、技术、资源等优势加以实现。

（二）气候变化区域合作是共建优质生活圈的重要内容

共建优质生活圈是 2009 年《珠江三角洲地区改革发展规划纲要（2008～2020 年）》（以下简称《珠三角规划纲要》）中粤港澳三地达成的推动大珠三角区域转型发展的重大共识。在这一共识的指导下，2012 年 6 月 25 日，中国首部以"优质生活"为主题的区域合作规划——《共建优质生活圈专项规划》在粤港澳三地共同对外发布，并涉及推进应对气候变化区域合作内容，提出包括建立低碳发展区域合作机制等建议。

由此可见，粤港澳合作已经从原有的经济、技术、旅游等领域不断向新的层次与高度发展，共建优质生活圈将成为新一轮合作的方向，而气候作为环境的基本要素，是优质生活的前提，因此应对气候变化的区域合作正是其中的重要内容之一。

二　促进粤港澳应对气候变化区域合作的时机评估

诚如上文所述，粤港澳通过区域合作应对气候变化具有必然性。然而，在为粤港澳应对气候变化区域合作的促进提出对策之前，还应当在三地相关合作现状及意愿考察的基础上对促进合作的时机是否成熟加以科学评估。

（一）区域合作的现状

1. 行政管理手段为主

粤港澳应对气候变化的区域合作目前主要是以行政管理手段为主。三地政府制定了一系列的规划、管理计划或者实施方案等，并在此基础上以行政命令等方式加以实施和管理。宏观的综合性的区域合作规划诸如《内地与香港关于建立更紧密经贸关系的安排》、《内地与澳门关于建立更紧密经贸关系的安排》（合并简称为 CEPA）、《珠三角规划纲要》、《横琴总体发展规划》、《粤港合作框架协议》、《粤澳合作框架协议》等。中观的环境领域的管理计划如 2005 年《泛珠三角区域环境保护合作协议》建立泛珠三角区域环境保护合作机制，共同研究处理区域环境问题，联手加强区域污染防治和生态保护。大气污染防治合作方面，共同探讨酸雨和二氧化硫污染区域防治途径，采取措施削减二氧化硫等大气污染物排放量，逐步降低区域内酸雨频率和降水酸度。具体的实施方案如 2002 年粤港双方政府共同发布了《改善珠江三角洲空气质量的联合声明》，明确在珠江三角洲地区内削减二氧化硫、氮氧化物、可吸入颗粒物和挥发性有机化合物的排放总量，并作出了具体的削减比例和时间安排。

2. 政府主导的合作

粤港澳区域合作经历了两个主要阶段，目前正处于第二阶段，即以政府为主导的合作阶段。第一阶段从广东实施改革开放政策到 CEPA 协议的签署，这一阶段粤港澳区域合作以市场运作为主，即由社会主体自主响应获利机会而对现行制度作出相应的调整和更新，以潜在收益作为驱动力，具有内生自发性特征。改革开放基本国策的确立为广东开展与香港、澳门的区域合作开启了制度大门，并为三地的经济发展创造了广阔的获利机会。第二阶段从 CEPA 协议签署至今，这一阶段粤港澳区域合作以政府为主导，即由政府颁布法令、制定政策等并靠强制性手段来保障实施。"伴随着 CEPA 以及粤港、粤澳合作框架协议的实施，粤港澳合作正经历从以民间自发、企业主导、市场运作为主阶段，向三地政府联手推进粤港澳更紧密合作阶段迈进。"①

3. 法律保障不足

一方面，粤港澳区域合作的法律环境异常复杂，面临一国两制、三法系、三法域的区际法律冲突。在一国两制的前提下，广东作为内地的一个省份归属于社会主义法系，香港地区回归之前长期沦为英属殖民地而归属英美法系并继续保留，澳门地区回归之前长期受葡萄牙管治而基本归属于大陆法系并继续保留，这样就在一国之内呈现出三法系、三法域共存的特殊现象。法系法域不同必然导致法律理念、价值和文化等诸多方面，立

---

① 朱最新：《区域一体化下粤港澳政府合作的法律基础思考》，《广东外语外贸大学学报》2013 年第 3 期。

法、执法和司法等诸多领域的巨大差异，从而使粤港澳区域合作中的矛盾和冲突更加多样，与之相应的是，解决矛盾和冲突的法律方案也更加复杂。

另一方面，粤港澳区域合作的法律基础存在效力隐患。目前粤港澳区域合作的法律基础主要是由中央政府与港澳特别行政区政府之间，或者粤港澳三地政府之间签订的一系列行政协议。由于签署主体及法律环境的特殊复杂性，这些行政协议在内容针对性、法律有效性、实施可操作性方面可能存在隐患。一是在中央与港澳特别行政区之间签订的区域合作协议，尽管只是作用于粤港澳区域，但中央政府仍会更多从全局出发，在综合考虑内地与港澳地区政治、经济、社会各方面的基础上确定协议内容，而较少直接从广东需求出发，以致协议内容的针对性不足。二是在粤港澳三地政府之间签订的区域合作协议，广东省作为内地的一个省份，其所享有的地方立法权和司法权远不及香港、澳门特别行政区。粤港澳三地政府作为平等主体签署涉及属于特别行政区权限范畴，但不属于地方政府权限范畴的协议时，相关协议的法律效力则不免尴尬。三是现行促进粤港澳区域合作的行政协议大多停留在政治宣言或框架协议层面，内容往往过于原则而在实践中缺乏可操作性。

（二）区域合作的意愿

其一，从历史传承上来看，粤港澳存在区域合作的基础与传统，并且较早就开展了应对气候变化的行动。粤港澳三地毗邻，位于同一个自然地理区域，血脉相连，共同继承中华民族的文化伦理传统而语言相通、文化相承、法缘相循，尽管因为"一国两制"而具有相对独立的法律地位和地方利益，但是自古至今仍一直保持着密切的关系。并且早在1997年，全球范围内应对气候变化的行动才刚刚起步之时，粤港澳区域的气候研究工作就已经展开，近年来的相关合作仍在不断延续。

其二，从民主程度来看，在环境不断恶化及公民环境意识持续增长的当下，"环境民主"氛围促成粤港澳在应对气候变化区域合作中采取较为积极的态度。广东的"环境民主"氛围全国领先，而香港、澳门则更胜于广东。

其三，从政治动机来看，广东定位于"发展中国特色社会主义排头兵"，粤港澳定位于亚太地区最具活力和国际竞争力的城市群。有学者指出："粤港澳三地一直是我国区域经济发展最快的地区之一，不但在国际产业分工和经济全球化过程中占有重要地位，而且在国内区域经济格局中也具有排头兵和增长极的独特作用。"[①] 粤港澳在经济发展领跑全国的同时，在十八大将建设生态文明列入"五位一体"的总体布局之下，也深刻认识到生态治理的重要性和迫切性，必然力争在应对气候变化行动中亦保持领先姿态。《粤港合作框架协议》即提出"要逐步实现优于全国其他地区的空气质素指标及机动车、船舶燃料与排放标准，完善区域空气质量监测网络。"因此，粤港澳三地为了维系竞争力将在气候变化治理中持有较为强烈的合作意愿。

其四，从自然生境来看，广东相较其他省份能源总量不突出而人口密度却很大，人均资源禀赋并不充沛，加之人口分布不均，贫困人口情况复杂；香港是一个拥有 680 万人口、1102 平方公里土地的城市服务经济体；澳门则更是地域狭小，资源贫乏。三地都较多依赖容易受到气候变化影响的海洋资源等，加之粤港澳所在的珠三角区域正面临严重的气候问题。因此，对于粤港澳而言环境保护的收益高、环境污染的代价大，从而采取气候变化区域合作策略将是收益大于成本的理性选择。

其五，从经济的比较优势来看，粤港澳具有较高的市场化和国际化水平。广东相比其他区域已经形成低碳产业集群的比较优势；香港服务业产值占 GDP 的比值高达 92%[②]，支柱产业是贸易、物流和金融业；澳门以旅游娱乐业为中心。广东省是全国第一个启动碳交易试点的省份，积极培育基于《京都议定书》的国际碳交易清洁发展机制项目，有力地促进了绿色低碳发展。通过绿色税收、环境收费、生态补偿、绿色信贷、绿色保险、排污权交易和绿色贸易等环境经济政策，加速推动发展转型，并以港澳作为国际接轨的窗口，在应对气候变化领域聚焦国际顶尖人才、拓宽科技合作渠道。因此，气候变化行动对三地经济发展产生良性促进作用的比率较高，粤港澳将在应对气候变化的区域合作中持有较为积极的态度。

综上，一方面，粤港澳区域合作的现状——以行政管理手段为主、政府主导的合作，并且面临法律保障不足，不能完全适应气候变化区域合作的需要。另一方面，粤港澳三地无论是在环境保护的历史传承、民主程

---

① 王鹏：《粤港澳跨行政区域创新系统的理论与实践》，经济科学出版社，2011，第 2 页。
② 港澳研究中心编《港澳经济年鉴》（2009），港澳经济年鉴社，2010。

度、政治动机，还是在自然生境与经济优势等方面都具有拓展区域合作的动力和潜能，具有进一步提升区域合作能力的可行性。因此，促进粤港澳应对气候变化区域合作的时机已经成熟，三地可以效仿欧盟经验在气候变化应对中采取更为积极的合作策略。

三 促进粤港澳应对气候变化区域合作的对策

要促进粤港澳应对气候变化的区域合作必须针对其合作现状——以行政管理手段为主、政府主导的合作、法律保障不足，分别从合作理念的突破、合作领域的拓展、合作的法制保障3个方面作出相应的完善。

（一）区域合作理念的突破

现行的粤港澳应对气候变化区域合作是建立在一系列规划、管理计划或者实施方案基础之上，以行政管理手段为主的合作方式，而这是导致粤港澳应对气候变化区域合作初期较为容易达成一致意见，但是实施时却很难深化推进的原因之一。一方面，粤港澳的市场经济已经非常发达，90%以上为个体经济、私营经济及外商企业，用单一的行政管理手段要求低碳或减排将缺乏激励措施并使监管难度增大。另一方面，粤港澳经济发展水平、环境污染程度以及管理模式都处于不同的发展阶段，合作主体于具体层面的利益、诉求、动力并不完全一致，对长远利益和共同利益的认识亦存在差距，很难在相对宏观的规划、计划或方案中完全展现，从而更无法通过行政管理手段对其加以实施来实现充分有效的资源配置与利益协调。因此，粤港澳应对气候变化的区域合作不妨借鉴欧盟的成功经验，以经济转型、市场导向和主动融入为着力点在区域合作理念上有所突破，有效弥补当前区域合作以行政管理手段为主的不足。

"一国两制"下的粤港澳应对气候变化区域合作必须依赖行政管理手段来解决基础障碍以跨出合作的第一步，但是粤港澳应对气候变化区域合作要从被动的责任承担转化为主动的利益追求，就必须结合经济与市场手段。粤港澳的经济合作源远流长，现将气候变化区域合作演化为以低碳为核心的经济合作，对于粤港澳而言自然是驾轻就熟，将促使粤港澳三地在应对气候变化区域合作中保持更加积极的态度。

（二）区域合作领域的拓展

现行的粤港澳应对气候变化区域合作是政府主导的合作，因而面临诸多刚性约束。其一，粤港澳政府之间的某些合作事项需要中央的审批和解释，无法自主决定。其二，粤港澳政府之间的合作因为省与特别行政区的权限不一样而合作能力有差距。其三，粤港澳体制和相关政策差异较大，缺少政府合作的统一标准和互认制度。因此，应当将粤港澳应对气候变化的区域合作领域从传统的以府际合作为中心，扩展到蕴含民主合作、部门合作、国际合作等内容的多维立体合作。

首先，需要继续开展较为成熟的政府与政府层面的官方正式合作。府际合作包括中央与粤港澳的纵向合作以及粤港澳三地政府之间的横向合作。府际合作的主要任务是从宏观上把脉三地应对气候变化区域合作的全局，并把其纳入环境保护合作以及区域社会经济可持续发展的整体规划之中。

其次，需要关注政府与公民的民主合作。气候变化行动的主要监督者、核心行动者以及最终影响者是与气候环境息息相关的个人、企业及组织，从而需要公民社会的全体行动。粤港澳应对气候变化的区域合作应当更加关注非正式、非传统的参与和不满机制，努力把个体的经历与整体管治相结合，并明确公民活动影响环境议程的重要性以及可行的路径。

再次，需要关注跨地域的同部门合作、同地域的跨部门合作以及二者之交叉。前者例如粤港澳的气象部门合作早已展开，但是还有待进一步制度化。后者是建立某种机制使得海洋、林业、大气等部门可以共同应对综合性的气候变化议题。粤港澳三者以及其不同政府部门间在气候变化议题上存在不同程度的相互依赖关系。现行环境体制下，政府系统之间及其内部各相关部门关系复杂、职能分散、权责不清、配合不顺，常常导致政府及其部门于气候变化治理中的协作困境，因此气候变化的区域合作必须协调部门之间的合作机制。

最后，需要关注国际合作。国际合作不仅是国家与国家的合作，还包括不同国家的地方之间的合作。气候变化治理需要最广泛领域的合作，但是国家政府之间的国际合作由于涉及主权问题而变得敏感脆弱，地方政府作为次国家政府在开展环境领域的国际合作方面反而具有一定的优势。因此，粤港澳作为国际大都市应当在应对气候变化的区域合作中发挥各自的国际优势引入更多的国际资源、技术、合作方式等。

（三）区域合作的法制保障

现行的粤港澳应对气候变化区域合作面临法律保障的不足，然而欧盟等发达国家应对气候变化行动的经验表明：有效解决气候变化问题的关键在于健全法制基础上的区域合作，因此必须全方位构建粤港澳应对气候变化区域合作的法制保障。

1. 合作理念的法制保障

在经济转型、市场导向及主动融入的合作理念导向下，以粤港澳低碳经济发展的制度体系完善为核心。设计符合粤港澳特色的低碳发展规划，制定促进低碳发展的地方性法律法规及区域合作法律法规，建立统一的低碳发展标准体系、考核机制及情报机构以构织低碳决策、执行、监督、激励等环环相扣的管理链条及沟通机制。例如 2007 年粤港双方达成的《珠三角火力发电厂排污交易试验计划》让区域内的火电厂在自愿参与原则下，运用排污权交易方法实现政府减排要求，就是以行政管理手段确定计划方案，经济市场手段加以实施运行的区域合作尝试。

2. 合作领域的法制保障

通过法制环节确认粤港澳府际合作、民主合作、部门合作、国际合作等多维立体合作的可能性。

首先，在府际合作方面，目前尚未出台专门针对气候变化区域协作的法律协调机制，要么是宏观规划中浅涉气候变化协作内容，要么是针对机动车尾气排放或空气污染等单一事项。因此要发挥官方正式合作的优势，尽快出台专门的协议或方案作为三地应对气候变化区域合作的法制基础。

其次，在民主合作方面，要通过法制建构和完善合作的具体方式，例如，支持粤港澳环保组织建立联系机制、设立合作平台；推动环境标准及资格认定；支持三方学术界、技术部门、企业等社会各界加强交流与合作；完善公众参与机制，增加公众及利益相关方参与合作决策的机会等。

再次，在部门合作方面，现行区域合作主要是依赖粤港、粤澳政府高层联席会议制度下的环境合作小组，但是其结构松散，并执行"一事一议"的不定期工作机制，需要借鉴国际经验建立一个相对稳定的跨境气候治理组织，对不同政府的不同部门进行统一协调沟通。

最后，在国际合作方面，现行粤港澳地方政府缺乏完全的国际法律人格，这既是其国际合作的优势所在，也是难以回避的阻碍所在。因此，相关立法应着力解决关乎法律人格的这一基础性问题。其一，在一国两制的背景下，继续保持香港和澳门于环境保护方面的国际合作具有独立的国际法律人格，并鼓励其拓展具有先导性的国际经验、技术交流；其二，通过中央政府的授权赋予广东省以限制性的国际法律人格；其三，将广东省的国际合作法律人格限制于不涉及主权，例如应对气候变化合作领域，并强调其定位于国家政府国际合作的补充。

3. 合作达成的法制保障

区域合作法制保障的重点和难点在于：如何在粤港澳地区法律冲突无可避免的前提下，通过立法促进粤港澳应对气候变化区域合作的达成。

首先，尝试通过立法创新克服粤港澳区域合作法律基础的效力隐患。例如，通过立法授权适度扩大广东的立法权限，允许其在符合法律目的、精神和原则的基础上享有《立法法》规定的法律保留事项以外的权力，但是区分具体情况设置事前备案或事后备案制度，并由中央保留对相关事项的最终裁量权，以做监督之用。通过确保粤港澳区域合作法律基础的效力促进粤港澳政府应对气候变化区域合作的制度创新。

其次，尽量运用促进型立法作为粤港澳应对气候变化区域合作的法律基础。促进型立法的主旨是鼓励并推动基础、薄弱产业或事业的发展，通过提供一些原有制度安排下无法得到的获利机会来诱致性地改变人们的行为，具有促进功能，从而在调整手段、法律责任等方面相异于传统管理型立法的法律规范。从三地30年合作经验得知，互利共赢是区域合作最重要的基础，因此通过利益促进这类诱致型立法加大资金投入、强化技术支撑、加强智力支持、鼓励三地气候变化议题交流等，相较传统管理型立法将具有更为显著的效果。

最后，针对现行区域合作的法律基础往往仅规定规划及目标，而欠缺实现目标实施的监督措施，欠缺争端的解决机制，欠缺相关法律责任的规定，欠缺执行细节和程序规定的普遍情况加以改善。一是建构立法监督、行政监督、司法监督以及政绩考核等合作履行的监督机制，并且应当包含地方政府内部的监督，跨区域的统一监督，外加充分的政府信息公开3个维度。二是在应对气候变化的区域合作协议中完善争端解决机制的内容，根据三地气候合作的特殊性在政府指导、市场主导、平等协商的原则下，参照已经初步形成的经济问题争端解决机制建立包含金融、环境、法律等各专业人才的气候治理合作争端解决机构。三是尽管合作的法律基础以促进型立法为主，但对于公民、法人及组织、地方政府及公职人员的某些行为，仍然存在相关强制性要求或限制性手段，因此必须设定包含民事责任、行政责任，甚至刑事责任的法律责任体系。四是明确细化气候治理区域合作的程序、方法、步骤等，尤其根据其促进型立法为主的特征注重明确鼓励措施的来源、标准、时限等实施细节。

两岸三地保险业交流合作前景与路径

赵立航[*]

中国大陆由于停办 20 年国内保险业务，比台湾和香港地区少了 1/3 的保险业发展时间。由此形成的两岸三地保险业发展落差，过去以及未来相当一段时间内，成为三地交流合作的基础和动力。

改革开放以来，一些学者从不同角度对两岸三地保险市场进行了研究分析。2008 年，广东保监局还组织编写了粤港保险对比研究报告。然而，这些研究大多只停留在笼统的分析上，没有大量的调查研究做基础，更加没有紧密围绕保险业两地交流和共同发展的应用目标，制订出粤港澳三地保险业开展交流与合作的实践方案和跟进措施。因而，没有产生应有的学术影响，应用成果更是寥寥无几。因此，有必要对两岸三地保险业交流合作前景与路径问题进行深入研究。

一　两岸三地保险业交流合作历史回顾

1988 年深圳平安保险公司成立之初，面临当时一统天下的人保的围堵追截。此时跟在人保后面邯郸学步，可以说是永无出头之日。只有闯出新路，才能出奇制胜。当时，我国改革正处在摸着石头过河的阶段。对此，平安创始人马明哲提出：如果河上有桥，最合理的办法，就是花点过桥费过河。

在这种过桥论的指导下，平安公司把眼光转向了境外。但直接向西方取经，不仅存在语言和文化的障碍，而且有可能患上水土不服症。而台湾和香港经过多年努力，已经成功地将源于西方的现代保险本土化，双双发

---

　　* 赵立航，广东财经大学保险学教授，广东财经大学理财研究中心主任。

展为保险发达地区。于是，平安公司把橄榄枝抛向台湾和香港，拉开了两岸三地保险业交流合作的大幕。

平安与港台保险业的交流合作，经过了两大阶段。第一个阶段是 90 年代与台湾保险业的合作，其重点是促进业务发展，内容主要包括平安寿险与台湾国华寿险公司实行合作，平安产险与台湾明台产险公司合作。以平安寿险为例，上至寿险总经理，下至营部经理到处可见台湾保险人的身影，最多时总数超过 500 人。在保险营销、培训、契约管理、客户服务等部门，全面引入台湾保险公司的管理团队、产品和制度，带来了平安保险的第一轮高速发展。

第二阶段是 90 年代末期开始的引入美国麦肯锡公司和香港保险的阶段。这一阶段交流合作的重点是管理，其标志是麦肯锡公司专家张子欣和香港梁家驹先后担任平安公司总经理。引入的崭新管理理念和管理体制，带来了平安保险的第二轮高速发展。

作为大陆与港台保险合作的先驱者和标杆，平安是大陆与港台保险合作的最大受益者。合作中，公司成长为大陆唯一一个由保险业起家而拥有金融全牌照的综合金融集团，其保险业务稳居市场第二宝座，银行、投资业务也发展迅猛。据中国平安保险（集团）股份有限公司公告：截至 2013 年首季度末，平安集团总资产超过 3.11 万亿元人民币，与创始之初的 3000 万元相比，25 年里暴增超过 10 万倍。[①] 在全球最大的品牌咨询公司 Interbrand 发布的《2013 年最佳中国品牌排行榜》上，中国平安品牌价值为 757.33 亿元人民币，较 2012 年上升 9%，名列榜单第 6 位，成为中国保险业第一品牌。[②] 与港台保险业的合作，培育造就了一大批平安管理人才和业务精英。他们成为许多保险公司尤其是寿险公司竞先聘用的人才，以至于在大陆保险业流传着这样一种说法：如果说人保是中国保险业的黄埔军校，那平安就是中国保险业的哈佛大学。因为，中国寿险公司的许多总经理都出自平安。由此可见，平安与港台保险成功合作的影响，远远超出了平安保险公司的范围，可以说，带动了整个大陆保险业的发展。

看到平安引入港台保险的成功，中国人寿也不甘示弱，开始尝试与港台保险业的合作。中国人寿的策略是部分引进，先后引入以台湾广场

---

① 《平安集团总资产突破 3 万亿》，《南方日报》2013 年 5 月 15 日。

② 《中国平安品牌价值 757.33 亿，成为中国保险业第一品牌》，中国平安官网，2013 年 10 月 31 日。

文化的梁天龙为领军人物的台湾寿险讲师队伍和香港的寿险培训课程，取得了一定的成功。然而，由于重点限于引入港台的寿险培训课程，效果远不及平安。平安引入美国麦肯锡公司诊断和改造成功之后，中国人寿也曾花巨资聘请美国麦肯锡公司进行流程改造。然而，麦肯锡公司咨询专家组离开中国人寿不久，该公司流程便回复原形。流程改造最后以失败告终。

要指出的是，两岸三地保险业交流合作也促进了台湾和香港保险业了解内地保险市场，充分发挥自己在保险经营理念、经验、投资、管理和人才上的优势，把握在大陆保险市场的发展机遇。

二 两岸三地保险业进一步交流合作的市场基础

经过 20 多年的发展，两岸三地保险业的发展水平落差已经缩小，但差距仍然巨大，存在更全面更深入和更系统地开展交流合作的市场基础。

（一）大陆保险业与台湾的发展落差

1. 保费收入与资产的比较

台湾的经济总量只相当于大陆的 7%，年保费收入却超过大陆的 1/3。台湾地区 2010 年保费收入位列全球第 12 位（764 亿美元），在亚洲地区排名第 5，仅次于日本（5574 亿美元，世界第 2）、中国大陆（2146 亿美元，世界第 6）、韩国（1144 亿美元，世界第 9）和印度（784 亿美元，世界第 11）。

台湾寿险资产额为大陆的 0.6 倍；资产额在 24 年间增长了 110 倍，年复合增长率高达 21.7%。总资产增速在 24 年间达到 21.7%，即使经历了金融危机的洗礼，最近 9 年的年复合增速仍然高达 16.0%。年底资产总额高达 12 万亿元新台币，约合 2.4 万亿元人民币，而同期大陆地区寿险业资产总额约为 3.9 万亿元人民币。

2. 保险密度与深度的比较

2010 年，台湾地区保险密度为 3296 美元，位居世界第 17，亚洲地区排名第 3，仅落后于世界第 6 的日本和世界第 14 的香港。当年，大陆地区保险密度排名世界第 60 位，人均 158 美元，尚不及台湾人均保费的 5%。2001 年台湾人均保费为大陆的 28 倍，到了 2010 年，台湾的人均保费约为大陆的 27 倍（见图 1）。

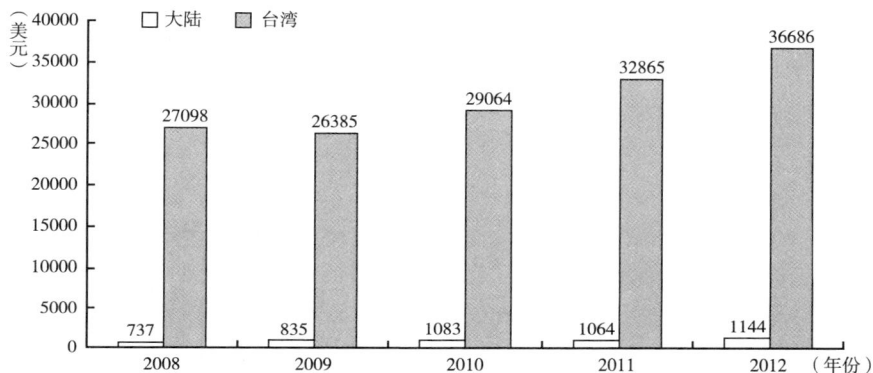

图 1　2008 ~ 2012 年大陆与台湾保险密度比较

根据 2010 年的统计数据，台湾保险深度世界第一，达到 18.4%，超过排名第 2 的南非 3.6 个百分点，超过工业化国家和地区中位居第 2、第 3 的荷兰和英国 6 个百分点，同时也远超 6.9% 的世界平均水平，而大陆同期的保险深度仅为 3.62%（见图 2）。①

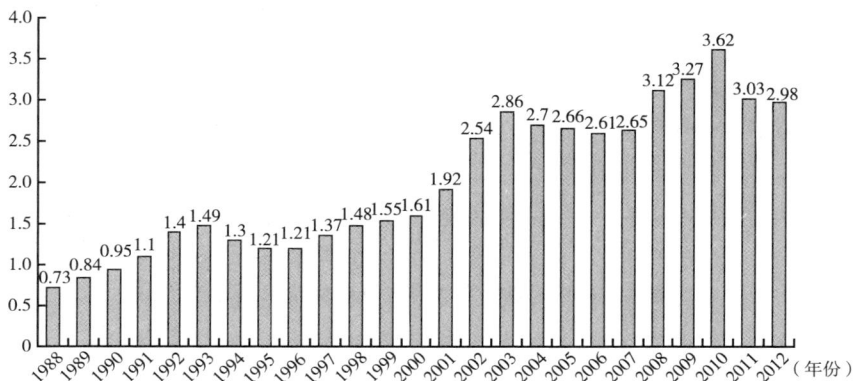

图 2　1988 ~ 2012 年中国大陆保险深度

---

① 财团法人保险事业发展中心：《招商证券》2013 年 11 月 20 日。

（二） 内地保险业与香港的发展落差

再看内地保险密度和深度同香港的比较：以 2010 年为例，当年香港保险密度达到 3775.5 美元，在全球排名第 14 位，保险深度为 11.5%，在全球排名第 8 位，分别是大陆保险市场的 21.5 倍和 3.2 倍（参见图 3、图 4）。

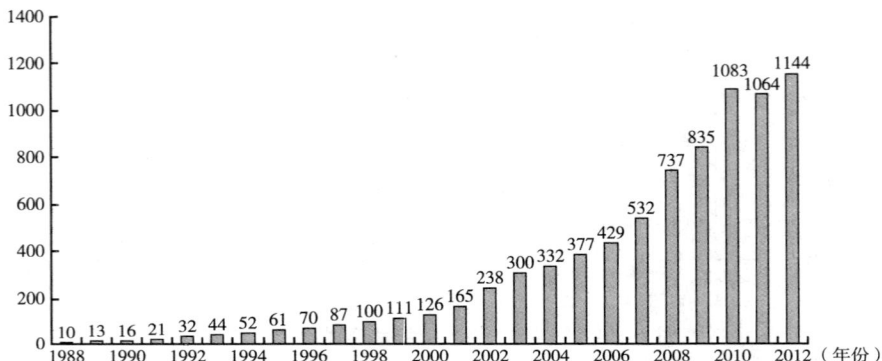

图 3　1988～2012 年中国大陆保险密度

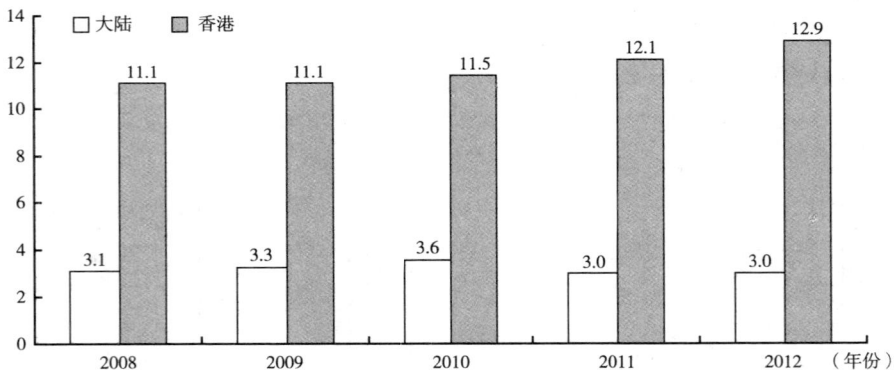

图 4　2008～2012 年大陆与香港保险深度比较

（三） 其他方面的比较

来自瑞士再保险经济研究与咨询部的数据显示，早在 2003 年，每 10 万人口拥有保险从业人员数量，美国 1357 人，日本 331 人，香港 551 人，台湾 619 人，中国大陆 110 人。

2010 年，台湾保险从业人员有 51 万人，相当于每 46 人里就有一名保险从业人员，香港 6.5 万人，相当于每 108 人里有一名保险从业人员，而大陆 346.85 万人，相当于每 387 人里只有一名保险从业人员。差距更大的是在保险从业人员人均产能方面，2010 年香港为 409618 美元，台湾为 149804 美元，大陆仅 67855 美元，不及香港的 1/6 和台湾的 1/2。①

三 两岸三地保险业发展速度放慢

由于一些因素的影响，近年来两岸三地保险业发展均出现不同程度的放慢。2000 年以来，台湾地区总保费虽然保持了 10 年的连续增长，年均复合增速达到 13%，但近年来台湾保费增速呈现疲态。2008 年和 2009 年两年，总保费增速低于 5%，产险保费更是 2006~2009 年 4 年连续出现负增长。②

香港毛保费的增长同样如此：2008 年增速仅为 4%，2009 年甚至负增长。近 3 年增速加快，但其中的主要动力是大陆居民赴港购买保险的增加。最新资料显示，2013 年上半年，内地访客在香港购买的新单保费达到 60 亿元（港币），占同期个人寿险新单保费的 13.1%。③

再看大陆保险业在恢复国内业务以来，总保费经历为期 20 年年均超过 30% 的高速增长之后，2009~2012 年大陆总保费年均增长速度已降到 10% 以下，2011 年甚至首次出现负增长，2012 年也只恢复到 8% 的水平，均低于同期 GDP 的增长速度。④

可以说，两岸三地保险业都面临发展的瓶颈，但由于处于不同的发展周期，瓶颈的性质和成因不一样：香港和台湾面临的是成熟期的发展瓶颈，成因是保险市场饱和、竞争激烈、发展空间狭小，人才、资产和管理上的优势难以发挥。大陆面临的是成长期的发展瓶颈，人才、资产和管理上的短板限制了市场的开发。尽管改革开放以来大陆保险市场一直处于高速发展之中，但是，无论是与香港和台湾这样的保险发达地区相比，还是

---

① 《保险业从业人员 354 万人　从业者数量居金融业之首》，《人民日报》2012 年 9 月 21 日。
② 财团法人保险事业发展中心：《招商证券》2013 年 11 月 20 日。
③ 香港《保监透视》2013 年第 40 期，保险业监理处出版。
④ 根据中国保险监督管理委员会网站历年资料整理。

与大陆经济发展和人民生活提高的内在需要相比，大陆保险业的发展仍显滞后，仍有巨大的发展空间和潜力尚待挖掘，问题在于刀耕火种的粗放经营方式与市场的发展不适应，保险文化不成熟，业务队伍素质不高，经营管理缺乏经验，培训和管理无力，产品不灵活，费率等市场化程度不高，保险投资受限，效益不好。

四 两岸三地保险业交流合作的新动向

两岸三地保险业发展瓶颈的差异，正好可以通过交流合作，取长补短，在协同发展中得到解决。以前两岸三地保险业交流合作的特点是民间性、不系统性和局部性，虽然在局部发生很大影响，但影响面很小。

由于政府重视等因素的出现，两岸三地保险业交流合作呈现出由民间自发转向政府倡导和推动，从无法可依转向出台政策，从散乱到系统，从部分到全面，从表面向深入的方向发展的新动向。

第一，由民间自发转向政府倡导和推动。

以前，两岸三地保险业交流合作基本上是民间自发进行的。目前，政府开始积极倡导和推动：2009 年 4 月 26 日，海峡两岸关系协会会长陈云林与海峡交流基金会董事长江丙坤在南京签署《海峡两岸金融合作协议》，以促进海峡两岸金融交流与合作，推动两岸金融市场稳定发展，便利两岸经贸往来。2009 年 11 月，海峡两岸保险监管机构签署了《海峡两岸保险业监督管理合作谅解备忘录》（MOU），正式确立了双方合作机制。2013 年 8 月 12 日，广东省政府和中国保监会在广州签署《关于促进广东保险业加快改革创新发展的合作备忘录》，将在深化粤港澳保险合作创新、支持广东保险改革创新先行先试等 10 个方面开展合作。2013 年 10 月 17 日，海峡两岸首次保险监管合作会议在台北召开，大陆方面保险监督管理机构负责人项俊波和台湾方面金融监督管理机构负责人曾铭宗就进一步加强海峡两岸保险监管合作、促进保险机构互设及业务经营、深入交流保险事务等进行了富有成效的讨论。① 2004 年 11 月 26 日，《中国保险监督管理委员会与香港特别行政区保险业监理处保险监管合作协议》正式签署，标志着

---

① 《海峡两岸首次保险监管合作会议召开》，中国保险监督管理委员会官网，2013 年 10 月 17 日。

内地与香港保险业合作进入一个新的阶段。

第二，建立交流合作机制。

海峡两岸首次保险监管合作会议就进一步加强监管合作达成如下共识：一是双方明确了日常联系人员、联系事项、联系方式和书面资料提供方式等内容。二是双方机构主要负责人及业务技术层面将分别举行定期及不定期会议，就双方共同关心的监管合作问题交换意见。互访参与人员为双方机构主要负责人或指定人员，原则上每年举行一次，由双方轮流在两岸主办。业务技术层面互访视实际需要不定期举行。三是双方原则同意在有关规定的许可范围内，经协商同意，采取适当方式进行现场检查。

在促进保险机构互设及业务经营方面，大陆方面欢迎符合条件的台资保险业机构到大陆设立或参股保险营业机构，对于相关申请将根据有关规定予以积极考虑；对于合资寿险公司增资事宜，双方将协调解决；支持符合资格的已在大陆设立营业性机构的台资保险业机构参与上海税收递延养老保险试点项目。海峡两岸保险业将进一步加强保险业业务往来及专业交流，在保险理赔服务及损害风险防范等方面开展合作。加强两岸技术交流以共同防范保险欺诈和销售误导。台湾方面欢迎符合条件的大陆保险业机构赴台设立代表处或办事处及参股保险业机构；就取消大陆保险业机构赴台设立代表处或办事处及参股评级要求事宜，台湾方面已进入修改规定阶段。

第三，取得了一些新的合作成果。

2011 年 7 月 22 日，由中国建设银行控股、台湾中国人寿保险股份有限公司为第二大股东的建信人寿保险有限公司在上海正式成立。2011 年 8 月 19 日，大陆方面保险行业协会与台湾方面财团法人保险犯罪防制中心签署了《海峡两岸共同防范（防制）保险欺诈（诈欺）犯罪合作谅解备忘录》，并在框架下开展了积极合作，未来双方将进一步完善相关合作机制。双方还就应对人口老龄化发展趋势、自然灾害风险、发展相关保险服务等议题交换了意见。

第四，从地下保单、黑保单的指责，到放松大陆居民到香港购买保险的限制，大陆监管方甚至开始探讨如何协助香港保险业在大陆开展客户服务问题。

五　两岸三地保险业进一步加强交流合作的路径

差异背后隐藏着的就是机会。两岸三地保险业完全可以取长补短，寻找到突破瓶颈的协同发展之道。港台由于自由经济体制和保险发展历史悠久，在保险文化和保险经济上比较先进；但由于市场狭小，发展空间比较小，需要了解大陆保险市场，从中发现新的发展机会。大陆保险发展历史短，存在许多发展中的问题，就近学习港台保险发展经验，对于大陆保险市场健康持续发展非常重要。

为了加快两岸三地保险业交流合作，需要将以前民间自发进行的交流合作提升到官方主导和企业唱戏的层面，需要改变以前的零散性和局部性，进入开展全方位和深层次的交流合作。建议选择以下路径。

（一）　成立两岸三地保险业交流合作促进会

作为两岸三地保险业交流合作的平台。促进会可以组织进行与促进两岸三地保险业交流合作有关的调研、咨询和培训等活动，也可以承接两岸三地保险业客户联谊、客户服务、理赔代理等项工作。

促进会地点建议设在广州。之所以设广州，是因为广东省毗邻港澳，在经济、语言、文化等方面容易交流合作，与港台经贸关系密切，应当也完全可以在两岸三地保险交流合作中发挥积极作用。广东省保费收入多年占据大陆第一的宝座。广东的经济总量在2001年已超过了香港，但广东的保险深度还落后于全国平均水平，保险密度仅相当于香港的5%，迫切需要学习港台保险业的先进经验，实现由保险大省向保险强省的新跨越。

（二）　通过两岸三地保险市场的对比调研

寻找大陆保险市场发展滞后的症结，揭示大陆保险市场的发展路径和保险业在内地的发展机会，促进两岸三地保险业交流合作，共同繁荣发展。

（三）　开展两岸三地保险业交流合作活动

在对比调研的基础上，建议由两岸三地轮流主办每年一度的两岸三地保险业交流合作论坛，或不定期举办交流合作专题会议，出版会刊，力争将调研成果转化为应用成果，引导和促进两岸三地保险业开展富有成效的交流合作活动，形成两岸三地保险业交流合作的长效机制。

参考文献

［1］朱增镰、吴朝生：《从比较优势看海峡两岸保险业交流合作》，《福建金融》2010 年 3 月 15 日。

［2］徐爱荣：《加强保险业合作，促进两岸三地和亚太地区经贸发展——"2009 第三届亚太保险教育和培训论坛"综述》，《上海金融学院学报》2009 年第 4 期。

［3］高嵩：《两岸四地保险业共话融合发展》，《中国保险报》2013 年 9 月 30 日。

港澳地区"多言多语"教育政策对广东多语种人才培养的启示

张桂菊*

前 言

香港和澳门特区是一个多民族、多语言，汇集世界各地群体的社会，展现出丰富的语言生态。由于历史与现实的原因，港澳两地的语言教育既呈现出"多言多语"、中西融合的共同特点，同时，又依据其具体情况保持着各自的特色。其"多言多语"教育政策研究关乎两地政治、经济、文化、教育等发展问题，有助于满足两地社会发展对语言教育政策的需求和民众对多元语言和文化的诉求，有助于两地语言规划的订立和语言教育的发展，对促进两地经济发展、构建和谐区域文化起着重要作用。

地处改革开放前沿的广东省为了增强在国际市场的竞争力，经济从劳动密集型向技术密集型转型正在不断加速。随着广东经济的不断发展、国际地位的日益提高、对外贸易的不断扩大以及文化交流的日益频繁，广东各行各业对非通用语种人才的需求也在不断增加。近年来广东省高校的英语专业不断扩招，但由于缺乏教师资源，非通用语种专业却扩招不明显，每年的毕业生相对较少。许多行业对非通用语种人才的旺盛需求仍然得不到满足。再者，目前缺乏全面规划的语言教育政策，外语语种设置不合理，各类外语的区域性布局及规划发展不协调，语种过于单一、英语独大、缺乏可供学生选择的语种。因此，研究港澳地区"多言多语"的教育

---

* 张桂菊，博士，广东金融学院外语系教授。

政策，不但有利于培养广东省经济建设和文化发展所亟须的各种语言人才，而且对粤港澳经贸合作的蓬勃发展、贸易的快速增长以及相互投资的不断扩大，起着不可或缺的作用。

一 港澳地区"多言多语"教育政策的概况

（一）香港特区的"两文三语"教育政策

香港是一个双语社会，社会语言资源极为丰富，语言教育政策和法规较为完善。《中华人民共和国香港特别行政区基本法》对香港的教学语言、经费分配做出了相应的规定。此外，具有法律效力的绿皮书、白皮书以及教育委员会或者教育统筹委员会提出，并经由香港政府批准后执行的各种《报告书》也对语言教育政策做出了相应的规定。1982 年《香港教育透视——国际顾问团报告书》提出：（1）母语教学是教与学的最佳语言；（2）政府应颁令以广州话作为中一至中三的教学语言。1990 年《教育统筹委员会第四号报告书》提出了母语教学的重要与成效的问题，建议考虑是否需要采用更有效的措施，以达到鼓励学校使用中文教学的目标。[1] 1997 年《中学教学语言指引》颁布，一改港英时代的"英语独尊"政策，明确了"母语教学、中英兼擅"的目标，开始全面落实母语教学。简而言之，香港的语言教育政策经历了一个"重英轻中"—"重中轻英"—"两文三语"的嬗变过程。

（二）澳门特区的"三文四语"教育政策

澳门是个多语社会，"三文四语"是当今澳门人日常生活中不可缺少的交际工具。"三文"指中文、葡文、英文。中文和葡文是澳门官方语言文字，英文是回归后不断兴盛的语言。"四语"是指普通话、粤语、葡语及英语。1987 年《中葡联合声明》规定：澳门特别行政区政府机关、立法机关和法院，除使用中文外，还可以使用葡文。1991 年第 455/91 号法令出台并规定：中文在澳门具有与葡文相等之官方地位及法律效力。1993 年3 月 31 日中华人民共和国主席令第 3 号公布，自 1999 年 12 月 20 日起实施

---

[1] 教育统筹委员会：《第四号报告书》，香港政府印刷局，1990。

的《澳门特别行政区基本法》第一章第九条规定：澳门特别行政区的行政机关、立法机关和司法机关，除使用中文外，还可使用葡文，葡文也是正式语文。以上几部法令确立了澳门执行双语、推行双语的法律依据。为了应对澳门社会中双语或多语的挑战，第 9/2006 号《非高等教育制度纲要法》于 2006 年 9 月生效，2007～2008 学年开始实施。可以看出回归后的"三文四语"教育政策促进了澳门包容性的多元文化的发展，为澳门社会和政治的稳定奠定了基础。

二　港澳地区"多言多语"教育政策的特征

港澳两地有着特殊的历史、政治、经济背景，语言生活丰富多样，错综复杂。香港特区政府在处理英语与母语的关系时，采取了积极务实、中英兼擅政策措施，澳门特区政府在处理中文、葡文和英语之间的关系时，采取了延续既有传统，追求多种语言和谐发展的政策措施。在应对语言多样化的问题上，港澳特区政府表达了重视"多言多语"教育政策的经济功能的意愿，规避了语言教育政策脱离本地区的经济和社会发展、文化多元的潜在风险。然而，语言教育政策发展也不能过于注重语言的实用功能，忽视教育功能和教学效率，忽视学生的身份认同与自我认知发展。港澳特区政府有必要制定符合两地价值观的语言教育政策，注重语言之间的尊重与共同进步，使学校更好地发挥教育的文化传播功能及作用，引领学校、家长和学生从本地区及国家战略长远发展的眼光对待"多言多语"现象，并做出合理的选择。

港澳两地不但有着丰富的语言资源，而且还能充分利用这些资源，培养"多言多语"人才。除了重视英语教学外，两地均已注意到了应该利用本地区独特的外语环境，加强其他语种的学习，因为只用英语与世界交往是远远不够的。制定英语或中文加日语、法语、菲律宾语、缅甸语、印度尼西亚语、越南语、柬埔寨语等语种的教育政策也逐渐引起了港澳两地相关部门的关注。港澳特区政府还加大了对基础教育阶段外语教育的投入，利用儿童阶段是学习外语的最佳时机，为培养具有区域优势的"多言多语"人才奠定了坚实的基础。此外，澳门作为中国与葡语国家的经贸平台，有必要加强葡语的学习，注重培养中葡双语人。①

---

① 张桂菊：《港澳"多言多语"教育政策对比研究》，《教育评论》2011 年第 6 期。

港澳特区政府能够正视"多言多语"给当地社会带来的积极因素,积极对待"多言多语"的消极因素,科学地考虑各种语言内外部的供给与需求,并制定出相应的"多言多语"教育政策。香港作为中国,特别是广东省最大的服务出口目的地、进口来源地和顺差来源地,其语言教育政策对广东省未来制定多语种教育政策有一定借鉴意义。澳门是一个汇聚东西方多元文化的国际都市,也是一个语言的拼盘或语言博物馆,它扮演了不同于国内其他城市的角色和作用,为广东省与葡语国家进行经贸联系和文化交流搭建了良好的平台,为广东省高校提供较高层次的葡语学习以及后续培养高层次的翻译和双语精英打下良好的基础。

三 广东非通用语种教育政策的"缺位"

广东是经济、外贸大省,也是人口大省,更是中国改革开放的排头兵。改革开放 30 多年来,广东省的经济增长速度实现了跨越式发展,进出口贸易连续 17 年居全国首位。"十五"期间广东省进出口额年均增长 20.3%,2005 年达到 4279.8 亿美元,2011 年广东省进出口总额为 9134.76 亿美元,比上年增长 16.4%。其中,对美国、欧盟、日本、中国香港、东盟等主要传统市场出口年均增长 20.1%;对非洲、拉丁美洲、中东、俄罗斯等新兴市场国家和地区出口不断扩大。① "十一五"期间,省政府鼓励企业利用港澳地区的语言优势,共同开拓国际服务外包市场,进一步推进赴港澳投资便利化,在继续巩固现有的商贸合作、物流合作和劳务市场的基础上,寻求深度合作的空间,使港澳成为广东企业"走出去"的桥梁。

不难看出,在当下经济国际化、信息全球化的大背景下,广东省在进行投资协定谈判、科技合作和加强网络安全领域合作及保护知识产权等方面,不仅仅与讲英语的国家有合作和交流,与拉丁美洲(34 个国家)、非洲(60 个国家)、中东(11 个国家)、东欧(18 个国家)及东南亚联盟(10 个国家),共计 145 个优先支持的国家和地区的交流和合作也越来越广泛。近年来,广东省陆续举办了亚运会、大运会,出境与入境旅游、留学人数等逐年攀升,网络信息化的发展水平也呈现出日新月异的新气象,上

---

① 《广东省外经贸发展"十一五"规划》,http://www.gddoftec.gov.cn/deptdetail.asp?deptid=038&channa lid=1256&contentid=10556,2013-05-11。

述诸多因素扩大了广东省在国际上的影响力。

　　然而，广东省拥有的非通用语种的种类和数量已经远远跟不上社会经济和文化发展的需求。2010 年亚运会曾陷入非通用语种导游奇缺的窘境，广东省旅游局的数据显示：广州市获得导游资格证的非通用语种共 150 名，亚洲语系导游奇缺且水平参差不齐。广州市共有 1 万多名持证导游，其中法语导游 45 人、德语导游 32 人、汉语导游 24 人、菲律宾语导游 1 人、泰语导游 17 人、印度尼西亚语导游 19 人、越南语导游 5 人、俄语导游 13 人，而葡萄牙语、老挝语和阿拉伯语等非通用语种在广州的注册导游人数为零，这远远满足不了广州旅游业发展的需要。另外，"具备英语及非通用语种能力者优先录取"经常出现在各种企业的招聘广告上，其中，精通韩语、泰语、阿拉伯语、马来语等语种的人才更是各种企业纷纷争抢的对象。① 每年两届的广交会上，懂得英语之外其他语言的人才成了来自世界各国贸易公司和企业的香饽饽。究其原因，我国高校，包括广东省高校非通用语种专业设置不够健全，社会上能够提供非通用语种专业的培训机构也不多，加上整个广东省英语之外的非通用语种师资力量匮乏，导致了广东省非通用语种人才匮乏。

　　目前多语种人才严重匮乏，给广东省的社会、经济、文化和教育带来巨大的挑战，同时也给政府决策者重新审视该省外语教育政策，特别是多语种的教育政策带来了机遇。不言而喻，无论从广东省社会发展、经济利益的提升，还是从公民素质、教育和文化传播交流的扩展角度来看，科学合理地规划多语种教育有助于提高经济发展效率和国际交流能力。

四　广东社会经济发展对"多语种"教育政策的诉求

（一）保障广东对外贸易往来和文化交流需要的多语种人才

　　目前，无论是国际还是国内，对外语语种需求量有了明显的变化，像英语这样的大语种将逐渐降温，而非通用语种受到社会及市场热捧。随着广东省中小型企业对外贸易范围的扩大，与不同国家进行贸易的日趋频繁，社会和用人单位对非通用语种人才的需求日趋增多，特别是复合型的

---

① 《小语种人才奇缺》，http://epaper.xkb.com.cn/view.php? id = 506841，2013 - 11 - 12。

非通用语种人才在就业市场上非常走俏。诸如旅游、金融、IT、电子、通信等行业的非通用语种人才显得十分紧缺,通晓目标语国家的文化且具备国际经济贸易、营销、管理等专业知识的复合型非通用语种人才,更是备受用人单位的青睐。鉴于外语人才需求多元化趋势日趋明显以及单一的英语专业人才已无法满足社会经济文化事业发展的要求,外语界与教育界专家共同呼吁外语教育必须保护、发展非通用语种教学。[①]

然而,非通用语种类的设置跟不上广东社会经济和文化交流的需要。广东省当前的外语教育尚未完全摆脱计划经济的桎梏,缺乏从经济发展、教育繁荣、文化交流等战略层面思考外语教育,为国家和区域利益服务的外语教育政策长期未能提到议事日程。广东省在非通用语的种类数量上有着较大的差距,这反映了决策者尚未能够从国家的战略利益来安排广东省的整体外语能力及非通用语的建设和研究。

缺少依据本地特色的"多语种"教育政策,不能为广东经济发展、文化交流提供高层次的多语种人才,长此以往,广东的社会经济发展和对外文化交流就会缺乏后劲。随着国家综合国力的提升,我国在政治、经济、外交、军事、教育、文化等领域进行国际接触、国际合作的活动日益增多。地处改革开放前沿的广东省,在上述经济、教育、文化等活动中,都离不开语言这一不可或缺的重要因素,而只会英语还远远不够,因为我们并不只是和讲英语的国家打交道,我们还要和讲各种语言的国家进行经济往来和文化交流。因此,在全球化和信息化时代,多语种的教育、应用、管理等问题都关乎到广东省的总体发展,尤其是关系到广东的对外交流与合作、信息安全、软实力、民族关系、语言文化遗产的保护与保存等重要领域。因此,多语种人才的培养不是光靠花钱就能够解决的,它需要省政府相关部门尽早做出长远规划和科学有效的管理。

(二) 规划外语教育政策,拓展非通用语种教学

一个社会的开放程度越高,它对贸易的依存程度也越高。这足以证明语言在促进贸易竞争力的贡献不容忽视。《国家中长期教育改革和发展规划纲要 (2010~2020 年)》指出,高校应该合理定位,克服同质化倾向,形成各自的办学理念和风格,在不同层次、不同领域办出特色,争创一

---

① 戴炜栋:《我国外语专业教 60 年:回顾与展望》,《中国外语》2009 年第 5 期。

流。每个学校应根据自己的办学理念、师资特长、资源优势及学生特点，结合本地外语人才需求实际，合理定位人才培养规格，处理好适应性和针对性之间的矛盾，使不同学校毕业出来的外语专业人才各具特色，具有不可替代性。① 广东省高校目前开设的外语专业语种单一，非英语语种开设严重不足。如何应对、如何制定适合的多语种的教育政策，可以反映出广东省的经济实力、政策引领和教育理念等多方面的变化。因为社会经济的发展需要强化外语教育，外语教育的发展反过来会支持社会经济进步和全球一体化进程。

　　鉴于此，广东省政府决策部门应该审时度势，规划好本省的外语教育政策。首先，可以将非通用语种的培训列入广东省紧缺人才培训工程。在师资、教材、资源等条件允许的情况下，高校可以多开设一些非通用语种专业，如韩语、阿拉伯语、葡萄牙语、越南语、泰语、意大利语、西班牙语、德语、法语、俄语等，以便满足市场对多语种人才的需求。目前华南师范大学开设了日语与俄语专业，中山大学开设了德语、法语和日语等3个专业，广州外语外贸大学设有西方语言文化学院和东方语言文化学院，开设了包括法语、德语、泰语、越南语、朝鲜语、阿拉伯语等在内的13个非通用语种专业，并新增设了葡萄牙语专业。虽然，广外、中大和华师3所高校的非通用语种人才培养规模有所扩展，但是多语种人才仍旧供不应求。其主要原因是广东省的政府机关、外交、外事部门、部队、外经贸局、公安部安全部门等机构对非通用语种人才的需求一直处于上升势头；另外，省内的内资企业、外资企业和中外合资企业以及外资企业寻找国内代理等，对非通用语种人才的需求也日益增长。

　　另外，在高校资源有限的情况下，应大力鼓励民办高校、社会培训机构承担起开设英语之外的非通用语种专业的社会责任，在具备资质和条件的情况下，开设多语种的短期培训班，以满足社会和个人对非通用语种的市场需求以及用人单位的迫切需求。当然，高校要针对非通用语种就业范围狭窄，缺乏实际工作技能的局限，为学习非通用语种的学生多开设一些选修与辅修的课程，设置双学位课程，鼓励学生针对未来的职业规划，选修、辅修其他学科的专业知识，确保学生掌握外事、外宣、经贸、旅游、

---

① 《国家中长期教育改革和发展规划纲要（2010～2020 年）》，http：//www.edu. cn/zong_he_ 870/ 20100730/t20100730_ 501910. shtml，2012－12－20。

公安、安全、企业及高校、科研、文化等部门所需要的专业素养和多语种技能。

五　港澳"多言多语"教育政策对广东多语种人才培养的启示

（一）审时度势，培养"多语种"人才

政府通过语言政策来规定或影响不同语言在本国范围内的地位，进而影响个体的语言技能资本投资决策。一般而言，个体往往会投资或者不得不投资政府语言政策中所规定的要使用或可以使用的语言，外语教育不是单纯的语言教学，它折射出时代的需求、国家的开放程度和经济社会的发展水平。一个国家和地区的外语普及程度往往可以反映出其公民的国际意识以及国家和地区的国际化程度，预示国家和地区未来的发展前景。香港和澳门特区回归后，注重制定符合本地区主流语言价值观的政策，注重语言之间的尊重与共同进步，使学校更好地发挥教育的文化传播功能及作用，引领学生家长和社会从本地区社会及国家长远发展的视角对待"多言多语"现象，并做出合理的抉择。

（二）以学生利益为上，确保外语教育政策的延续性、稳定性

"多语种"的教学、培训、考试关系到全社会公民的个人发展、求职就业，涉及面广，关注度高，是政府和公民都十分重视的社会行为。港澳地区"多言多语"教育政策给我们的启示是，推广语言教育政策不能靠行政命令大于一切的做法，要给予学校充分的自主选择权及相应的问责制，避免政策执行者在教学中成为政策制定者的现象发生；另外，决策者必须站在教育的公平性、家长和学生多元化的教育需求以及国家民族利益和传统文化传承的长远利益的高度，规划、协调并管理好"多言多语"的教育政策，注重平衡语言教育政策的延续性、稳定性与社会整体发展需求之间的关系。

（三）"多语种"教育与社会经济发展互为需求、良性互动

语言没有大小之分，都能为使用者带来经济效益，具有经济价值。语

言的市场价值，是由社会对语言的需求量、使用某种语言的国家或者地区的经济实力以及某种语言使用后带来的显著的物质利益等 3 方面决定的。①政府决策部门站在国家和地区的战略高度，适时制定符合科学发展观的语言教育政策，是引导和支持区域"多语种"教育发展的关键性保障。

根据香港和澳门特区的"多言多语"教育政策的实施情况来看，港澳两地有着丰富的语言资源，除了重视英语教学外，两地均能利用本地区独特的外语环境，加强其他语种的学习，因为只用英语与世界交往还是远远不够的。另外，注重加大对基础教育阶段，开设多语种课程、增加外语教育的投入，利用儿童学习外语的最佳时机，为港澳两地培养具有区域优势的"多言多语"人才奠定基础。港澳两地需要加强对日语、法语、菲律宾语、缅甸语、印度尼西亚语、越南语、柬埔寨语等语种的学习，此外，澳门作为中国与葡语国家的经贸平台，注重加强葡语学习，培养中葡双语人才。

科学合理的"多语种"外语教育应该与社会经济发展保持一个良性互动、互为需求的关系，省政府相关部门决策者有必要在国家现有的以英语通用语为主的外语教育政策的基础上，把多语种的外语教育放在广东省对外经贸战略发展的高度，着重提高公民的文化素质和国际意识，培养具有多元语言文化和国际竞争力的人才，有利于国家软实力的提升，适应持续稳健的经济社会发展的需要。②

广东省政府可以通过合理的资金投入，提供科学的、多元化的外语课程，引领公民学习英语之外的其他语种，为对外语学习感兴趣的学生提供学习多种外语的机会，以便对个体的语言技能资本投资产生重要影响，使那些掌握不同语种技能和拥有专业知识的人才能够融入当地社会或海内外的劳务市场。另外，广东省政府的相关职能部门可以通过科学合理的语言规划和语言政策，引领公民认识语言的人力资本属性，让人们主动进行英语之外的非通用语种的教育投资，以求在劳动力市场获得一定优势并取得相应收益。

结　语

语言在满足社会各层次需求的使用过程中可以取得相应的经济效益。

---

①　陈建民、祝畹瑾：《语言的市场价值》，《语言文字应用》1992 年第 2 期。
②　王克非：《外语教育政策与社会经济发展》，《外语界》2011 年第 1 期。

当某种语言技能运用于国家层面的经济交往或者文化交流时，所体现出的经济价值就是语言作为人力资本形式的微观体现的总和。[①] 制定多语种教育政策不但能够促进广东文化的传播、个人挖掘潜能和实现自我发展、增进社会交流，还能够促进人力资源的开发和经济的迅猛发展。

广东省政府当务之急应该：（1）从经济发展和粤文化输出等层面，规划本土性、可持续性、科学性、系统性的多语种教育政策，制定多语种的能力标准，培养公民应对未来国际化挑战所需要的各种语言能力和文化能力。（2）培养多语种人才除了需要广东省政府与教育界、工商企业与教育界等多方合作的国民教育体系完成外，还必须发挥非国民教育体系的作用；通过语言教育政策的引导，鼓励公民参加社会上各种语种的培训，充实外语人力资源的储备，提升广东省的外语能力。（3）通过广东省政府的教育经费资助，将社会上的多语种培训机构纳入该省多语种人才培养的规划，使之接受政府主管部门的规划指导和管理监督；将不同形式的教育券发放给参加社会多语种培训的人，特别是对学习该省急需的非通用语种的人，并根据他们参加国家语言能力标准评估的情况，减免部分或全额学费。（4）鼓励在粤的语言学家、教育学家及高校科研人员关注多语种人才培养模式、教材编写等，开发多语种的教学模式；通过增加经费资助，推广基于科研和实践证明行之有效的多语种教学模式和师资的培养模式等成果。（5）加大宣传多语种对广东区域经济发展、对外文化交流及学习者长远发展的重要性和必要性，使社会对多语种及其文化学习的紧迫性有清醒的认识；举办各种层次的多语种竞赛，增加社会各界及各级在校学生对多语种的认知度和学习兴趣，吸引更多优秀人才学习英语之外的其他语种，达到社会需要和个人利益的最大化。

[①] Vaillancourt，F.，"Demolinguistic Trends and Canadian Institutions：An Economic Perspective，" *Association of Canadian Studies*，1989：71 – 97.

基于区域融合的粤港澳公共
管理合作体系研究

陈 剑　王中志　刘 艳[*]

粤港澳地理位置毗邻，在社会文化习俗上具有高度的相似性，但在经济发展上存在较大的差异和不平衡，产业结构具有很强的互补性，正是经济上的区域差异和产业结构的互补，促成了经济发展上的高度合作。我国改革开放以来，粤港澳三地的经济合作创造了多项经济发展奇迹，在经济发展水平上"领跑中国 30 年"，成为我国，乃至世界最具有经济活力和经济实力的地区之一。但随着政策倾斜、劳动力成本低廉、经济体制方面的政策调整等改革能量的充分发挥，加之粤港澳三地之间经济发展水平差距缩小，经济增长速度和增长质量日渐下降，以经济合作为核心内容的粤港澳合作体系越来越难以适应时代发展的要求。有统计资料和实践表明，经济、社会、文化等诸多方面相互渗透、相互影响，有效促进了三地的合作与发展。但粤港澳三地政治生态各不相同，迥异的政治运行模式和公共管理体系，越来越成为粤港澳合作向纵深方向发展的障碍。

一　构建公共管理合作体制是粤港澳区域
合作发展的必然要求

粤港澳三地从 1980 年以前属于"三国分治"下纯外交关系，发展到 1980 年以后"市场主导"下的经济合作关系。在港澳回归之后，三地的经济合作关系更为紧密，也因为经济合作关系向深度发展遇到了障碍，逐渐

---

* 陈剑，管理学博士，广东金融学院工商管理系教授；王中志，广东金融学院保险系经济师；刘艳，广东金融学院工商管理系副教授，博导。

产生了以政府间的合作、公共管理合作为内容的更高层次的区域合作诉求。改革开放以来，粤港澳合作关系演变大致经历以下几个阶段。

（一）以市场经济机制为主导的合作阶段

改革开放以后到港澳回归以前，粤港澳三地治权分属不同国家，三地的经济水平差异巨大，经济互补性强，出于经济利益的考虑，民间经济投资和商业往来的需求强烈。广东充足的人力和土地资源，港澳丰裕的资本、丰富的经营管理经验和优越的实用技术成为多方合作的基础。合作形式以"三来一补"方式为主，在此基础上，合作、合资、独资企业等较为高级的合作形式迅速发展起来。这一阶段的合作，政府尤其是广东地方政府的功能主要体现在为民间的经济合作提供足够的政策空间，顺应经济合作，取消制约经济合作的规章制度，制定有利于经济合作的政策措施。从本质上看，三地只是一种空间地理意义上的区域经济体，而非经济社会方面相互整合的利益共同体。

（二）以市场主导和政府引导并重的合作阶段

1997 年香港、1999 年澳门回归之后，以制造业为主、较为单一的合作领域向服务业、信息产业等其他产业合作领域发展，这一阶段的合作，不仅要求按照市场主导规律来决定合作机制，政府在合作机制中扮演越来越重要的角色。市场主导型的粤港澳经济合作是自发形成的，存在诸多缺失，这些不足主要表现为价值规律诱引下的企业家之间的自由合作，缺乏政府官方集团利益兼容下的公共治理协同动作，引发大量的短期行为和盲目举措。出现恶性竞争、环境恶化、公共物品供给迟滞等"市场失灵"的诸多事实。对这些现象的治理，仅仅依靠市场作用是远远不够的，需要公共治理的参与，由于治理的地域范围跨越了单一地方政府的管辖范围，涉及不同行政区划之间，而且不同的行政区划之间的政府运作体系、公共管理模式大相径庭，不同区域之间的公共管理体系合作和政府之间的合作就益发显得重要。

（三）公共管理体系层面的合作成为粤港澳进一步合作的必然趋势

在政府合作引导下的粤港澳合作关系得到了进一步发展，粤港澳合作发生了重大变化，实现在政府层面对合作的推动、引导和规范，有效规避了市场引导下的民间自发合作体系的弊端，同时也继承了市场引导下的资源流动配置规律、逐步构建了以政府推动和引导下的市场体系运行合作模式。政府引导下的合作机制，刺激了合作的发展和深化。随着合作的社会深化和发展，三地民众之间的联系、接触和交往也远远超出了商业的范畴，逐步遍及日常生活，包括三地民众之间的交通、人口迁移、就业、医疗、入学等内容，三地之间政治体系和社会公共管理模式的差异必然对这些波及普通民众的交往合作构成影响和障碍。

在此背景下，自 1998 年起，粤港澳三地政府合作联席会议每年召开一次，2003 年粤港澳三地政府签署 CEPA 协议，2009 年出台了《珠三角地区改革发展规划纲要（2008~2020 年）》，所有这些，都是粤港澳深化合作的具体措施，这些措施表明三地合作已经从单一的经济层面向政府层面拓展，也是经济合作发展到一定阶段，向政府政策管理、公共治理提出的必然要求。广东省于 2009 年批准设立粤港澳合作促进会，促进会的根本宗旨在于整合三地资源，创设粤港澳民间交流合作的平台，促进会的形成与工作开展是三地合作从市场发展到政府，再发展到社会公共管理领域的重要表现。粤港澳合作的领域已经从市场、政府领域发展到公共管理领域，从事公共管理事务的社会机构和企业、政府一样，逐步成为粤港澳区域治理的主体。

二 粤港澳区域公共管理体制合作体系
构建的制约因素

粤港澳三地在经济发展差异是经济合作的基础，而公共管理体制上的差异却抑制了公共管理合作关系的构建和发展。尽管近年来粤港澳政府间的对话不断加强，每年召开粤港澳联席会议，但基本上仍是以具体的投资项目和基础设施方面的合作为主要议题，并没有涉及宏观领域的分工协作，无法从总体上协调区域的发展。而具体的经济合作领域狭窄，难以向纵深方向发展，基础建设亦各自为政、重复建设问题严重等问题层出不穷，究其原因，在于缺少科学合理的三地之间的公共管理合作体系引导和规范。而构建公共管理合作体系往往遭遇三地公共管理领域范畴的差异制约。这些因素包括以下几方面。

（一）政治体制方面的差异对公共管理体系合作的制约

粤港澳三地虽然同属中央政府管辖，但在政治体制上存在很大的差异。广东归属中央政府直接管辖领导，行政体制与经济政策从属中央政府，缺乏港澳两地在政治、经济等方面的自主决策权。港澳地区除了涉及国防、外交等问题事项之外，具有高度自决权，实现与西方国家接近的三权鼎立的制度。政治制度的差异导致产生迥异的指导思想、政体及政党制度，加大各方合作的政治障碍，也影响各方合作的积极性，最终导致在合作行动上的缓慢，甚至行动难以步调一致。不可避免地影响三地公共管理体系的衔接，造成了三地政府在涉及粤港澳推进合作的谈判中往往会行动不一致，构成公共管理体系合作障碍。

（二）法律制度的差异

政治体制方面的差异导致法律制度上的差异，从法律形成体系来看，广东和澳门属于大陆法律体系，而香港属于海洋法律体系，三地之间的经济、社会交往不可避免地造成冲突与纠纷，通过法律途径解决冲突和纠纷，自然会对不同法律体系的衔接提出更高要求。如果不能较为顺利地解决在民商融合过程中的冲突与纠纷，势必影响地区合作的顺利进行。

（三）缺乏完善的公共管理利益共享机制

粤港澳三地各自具有利益诉求的主体，在社会管理方面利益共享机制尚未形成明确的协调机制，粤港澳三地在诸多社会福利方面坚持"福利不可跨区域随人转移"的政策，使得社会公共管理无法衔接。例如在医疗行业，粤港澳三地居民在就医方面的约束较大，只能在各自的区域内就医，一旦超出这个区域范围，就得不到相应的医疗福利救济。在教育融合方面，也存在相同的障碍。这些社会福利水平的差异，加之三地之间就居民之间的福利安排缺乏统一的协调机制，不可避免地影响不同地区的社会融入。

（四）公共管理方式的差异

粤港澳三地的社会福利水平差异大，在社会管理方面所采用的政策、工具和手段也存在较大的差异。粤港澳在教育、文化、科技、卫生等职业资格资质认证、执业资格和评估标准方面差别较大。在税收也有较大不同，广东和港澳分属性质、标准、关税极其不同的关税区，香港、澳门都是独立的关税区，整体税负水平特别是关税水平较低，广东统属于中央政府的税务管制，关税水平较高。这也对粤港澳合作向深度和广度推进有影响。此外，经济的不平衡，导致了粤港澳之间大规模的跨境人口流动、就业、居住、求学、就医和养老，仅香港居民在广东长期居留者就达 40 万之众，由于粤港澳三地在社会保障、公共医疗、教育、养老等社会管理制度不同，给三地政府合作造成了障碍。港澳的社会管理体系，特别是社会福利体系均由政府、社会组织、个人 3 个层次的机制设计，共同分享社会福利的权利与责任。但内地的社会管理体系至今只有政府和个人两个层次，港澳地区的社会资源无法循正式渠道流入广东，大大影响了公共管理资源共享的规模和效率。

三 国际区域公共管理合作体系运行的经验与启示

在 20 世纪 50 年代以欧洲经济共同体成立为标志，形成第一次的区域公共管理合作浪潮，在全球贸易自由化的趋势下，多数区域间的公共管理合作并没有产生多少显著的成效。随着 20 世纪 90 年代全球化进程加快，世界范围内的区域合作再次受到广泛关注。国际上区域公共管理合作比较成功的地区，包括以让渡治权为典型特征的欧盟，建立了统一的欧洲监管机构并形成了以经济共同体、司法与警务合作、共同外交与安全为主的合作结构；也包括以经济为主的合作，如北美自由贸易区和东盟自由贸易区等；也有基于政治和安全的合作，如非洲统一组织、非洲联盟和上海合作组织等；还有以行政管理为主要内容的合作，如美国的府际区域行政专区合作。这些公共管理合作的成功典范，其经验和启示包括以下几方面。

（一）区域公共管理合作成功的根本基础在于合作各方具有共同的利益诉求

区域合作的各方之所以参与合作，其根本原因在，通过合作能够增强自身的利益，并因为利益的共同诉求而得以维持和加强合作。合作产生的增值利益，既可能是经济利益，也可能是政治和安全的利益，也可能是社会、文化、卫生、教育等方面的利益。概而言之，区域内不同主体的公共管理合作行为是基于利益考虑的政策选择，公共管理合作框架必须是基于各方的共同利益诉求，并且使合作各方意识到合作是最大化的增进利益的途径。诺贝尔经济学奖获得者罗伯特·奥曼研究国际区域合作时指出：在区域公共管理合作中，通过建立一个总的战略来促进合作是非常重要的，但这种合作的基础是要具备激励机制，让参与各方"有利可图"。

粤港澳虽然同属于中国主权范围内的行政区域，但三方政治、经济、公共管理体制的差异绝不比国家间的差异要小，而三方的经济相互渗透、政治相互沟通、公共管理体系相互融合的诉求要远比一般国际间的区域合作来得迫切。不管粤港澳之间的差异、对合作诉求的迫切性如何，三方在基于合作共赢的理念之下开展经济、政治和公共管理的合作，一定要切实增进三方利益的原则，切不可使合作各方的任何一方出现利益受损的状况。否则，合作必然难以开展和持续。在合作共赢的基础上，制定合作政策和方式，谋求合作各方的利益分配模式。

（二）政府是公共管理合作强有力的推动者和引导者

区域合作过程中，无论是经济导向，还是社会管理导向的合作，也无论是大到多国之间的合作，还是小范围的地方合作，政府都应在合作过程中发挥主要的推动者角色，扮演这种角色的方式有两种：一是搭建合作平台，创设合作机制；二是为合作创造良好的合作氛围，消除制约合作的制度与政策障碍。具体到公共管理合作领域，要求合作各方逐渐明确政府的管制范畴，创设灵活的、自由的公众参与公共管理的体制。政府科层制结构在区域公共管理合作中逐步向网格化、扁平化转变。不同层次区域政府公共管理合作，都应借助于科层制、市场机制以及民间组织等混合机制来对其进行"多中心"治理，从而最终在这一区域内形成政府、企业、民间组织等通力合作的组织间网络机制。

在粤港澳公共管理合作过程中，三地政府也应该借鉴国际范围内的区域合作典范的经验，减少政府在公共管理领域的干预。相对而言，澳门与香港在公共管理体系中具有高度的相似性和认同度，政府趋向于扁平化管理模式，广东则与港澳具有较大差异性，但广东因为地域面积、人口规模、市场容量等因素又决定了其在粤港澳公共管理体制中占据主要位置，离开广东，谈三地合作则失去了全部意义。推动广东各级政府的职能转变，顺应公共管理发展趋势的要求，汲取港澳公共管理体制的先进经验，将"全能型政府"和"建设型政府"的执政理念转变为"有限型政府"和"服务型政府"的执政理念，减少行政层级，简化行政流程，提高政府工作效能，使粤港澳三地政府对公共管理范畴和职能形成较多的共识和认同，唯有如此，才能有效发挥三地政府在公共管理合作中的引导作用和推动作用。

（三）建立跨行政区域的制度性组织协调机制

公共管理的区域成功合作离不开相应的跨区域组织协调机制。国际上区域公共管理合作成功典范表明，跨行政区域的组织协调机制对区域公共管理合作进程快慢和合作成效具有显著的影响作用。如欧盟就是一个跨越行政区域的协调机制，适时地在合作每一个阶段都制定或者调整合作准则和政策，在 1953 年制定巴黎条约，建立欧洲煤钢联盟；1957 年签订罗马条约，建立关税同盟，实现区域贸易自由化；1986 年制定单一欧洲法案，就实现劳务、资本、商品在区域内的自由流动，制定了百余项的合作规则以及合作进程表。1992 年建立欧共体，同意签署马斯特里赫条约，实现区域货币联盟。由此可以看出，区域合作的成功离不开对合作各方均有约束力的组织协调机制的规范和引导。大到一个国家之间的合作如此，一个国家范围内的区域合作也是如此。国家范围内的区域合作成功典范当属美国州际之间的合作，美国立国之初就在宪法中明文规范各州之间的合作与交往，制定州际协定，20 世纪 20 年代，州际协定又对各州之间的公用事业、资源流动和司法行政体制等领域做了翔实的规定，各州自觉遵守州际协定，将之看成政府间合作的有效途径，不能随意单方面修改或者撤销协定，甚至建立执行该协定的专门机构和监督机构。

这些不同主体间的区域合作，特别是公共管理合作成功的经验表明，区域间的公共管理合作需要合作各方磋商、博弈，最终制定一个共同认同和遵守的合作契约，并将契约以制度强制性规范合作各方对合作政策的执行，将合作契约上升为区域公共管理合作与管理法规。在粤港澳公共管理合作中，三地政府与市场、与社会的关系存在较大差异性。广东各级政府具有较强的政策执行推动力和较强的市场干预能力，而港澳政府普遍实行积极不干预政策，主要由市场进行自发调控，只有在市场失灵的背景下，才会主动干预市场和社会公共管理体制。借鉴国际经验，本文认为，粤港澳三地应该确立一个专司公共管理合作推动和监督执行的机构，组织、协调和推动落实三地在公共管理范畴的合作事宜，当下执行的粤港澳联席会议合作制度、广东省批准设立的粤港澳合作促进会等诸多机构，具备了跨区域公共管理合作协调机构的特征，但在职能设定和制度执行上，尚欠缺强有力的制度规范力，也缺乏将政策转变为行动的翔实计划。

（四）引导和支持多元化网络组织参与公共管理合作

随着政治经济文化的发展，各种社会行动主体不再是原子式的无规则的发展，相互之间的依赖益发强化，整个社会益发变成更为民主、更具开放、更具有彼此相互依赖的网络社会。与此相对应，组织间网络治理机制已经成为公共治理的一种主导模式。与传统的激励机制不同在于，网络治理机制不再以等级制为基础。在社会公共事务治理的主体上，国家机构与私人部门、第三部门的联系越来越网络化而难分彼此。

就粤港澳公共管理合作进程中的多元化网络组织参与能力和参与程度来说，较广东而言，香港、澳门有较好的社团基础，民众的民主参与意识也在不断提高，更重要的是政府有意识地开始借鉴尝试一些新的治理手段。在现阶段，特区政府的权威与社团的制度性合作，显然有利于社会治理模式的转型，推动社会进步。回归后，港澳在相关方面做了大量而细致的工作。以香港为例，其公共服务是由香港特区政府及法定公营部门直接提供，或由其特许、指定、出资委托、政策支持、法令允许部分非公共部门，包括社团和市民自治组织、私营机构等面向全体公众或部分特定公众提供的非营利或低营利性服务，主要目的是方便市民生活，为社会运行和经济发展创造外部环境。

四 构建粤港澳公共管理合作体系的政策思考

（一）从区域融合的角度考虑协调粤港澳政府职能

客观准确地把握粤港澳三地政府职能差异，做好三地政府部门的对接机制。广东各级地方偏向于全能型政府，压缩了民间组织的生成，也压缩民间组织在公共管理体系中的作用，对广东地方政府而言，应该充分认识到社会组织在完善公共管理体系中的重要作用，健全有关社会组织的法律法规体系，保证社会组织"依法成立，依法运行"，创造良好的内外部环境，构建一个全民参与公共管理的立体监管模式。对于港澳地区而言，行政机构偏向于有限政府性质，大量的民间社会组织，包括各种 NGO 组织在公共管理体系中发挥组织、协调和管理的作用，具有成熟社会参与公共管理体系的经验和模式。粤港澳的公共管理合作可以利用非政府组织结构富有弹性、边界模糊、调节手段弹性易变、包容性强等特点，化解政府间合作中因为僵硬化而产生的诸多矛盾和问题。社会民间组织的灵活、平等参与式的特征，使其在决策咨询中具有更为广泛的参与面、效率高的优势，动员社会民间组织和市民共同参与，增强区域的认同感。粤港澳三地政府间的对接，不仅仅包括政府与政府之间职能对接，还包括政府与民间社会组织、社会组织与社会组织之间的对接，唯有如此，才能使粤港澳三地的公共管理体系所涵盖的范围、功能、运作机制相匹配。

（二） 以社会融入推进以区域融合为目标的粤港澳公共管理体系合作

粤港澳社会融入的主要问题是三地社会政策不能相互衔接，港澳居民在内地的教育、医疗、养老以及工作生活方面存在很大的困扰。如果三地居民在日常生活、工作、交往当中难以与其他地区相融合，那就根本谈不上公共管理合作。粤港澳的社会融入问题可以从以下几个方面着手解决。

首先，要完善广东社会福利制度，提升社会管理服务水平。港澳地区的社会管理体制比较健全，社会管理经验比较丰富，社会福利制度较为完善与合理。这些社会福利制度和先进的社会管理水平，使港澳的公共管理体系模式更为合理，逐步形成了以政府监管为主要手段，以社会保险、社会服务、社会援助为主要内容的社会福利体系。当前广东正在全面推进社会管理服务创新，可以借鉴港澳社会福利管理模式和社会管理经验，不断提升社会福利水平，缩减粤港澳三地社会福利水平的差距，构建趋同的社会管理模式，降低社会融入的壁垒，促进三地居民、组织和政府的密切交往，实现三地公共管理体系的良好合作。

其次，协助解决港澳民生问题，为实现港澳持续繁荣提供有力支持。

香港与澳门人口密集，地域狭窄，而与之紧密相连的广东能够为港澳提供更为宽广的发展空间，特别是涉及港澳居民的入学、就医、居住等问题，剔除制度性原因，广东有能力提供更多支持，缓解港澳地区居民在上述问题上的制约。据相关统计，2009～2010 年度，香港居民跨区到深圳就读的学童人数达到了 6869 人，港人进入广东办学，解决教育问题，有效促进了两地居民的社会融合，强化了公共管理体系的对接。同样，在珠澳同城化中，澳门居民在珠海兴办学校、承接澳门的社会管理服务职能，有效缓解了澳门社会服务的制约要素，强化了澳门居民对广东的认同和融合，有利于粤港澳公共管理体系合作的开展。

最后，强化港澳居民对国家与中华文明的认同，实现身份和人心同时回归。中华文明认同、中央政权认同与社会认同是实现公共管理合作的重要基石。在具有共同价值认同、政权认同和文化认同的基础上，针对公共管理问题，容易找到共同的解决措施，能够就公共管理体制、公共管理合作模式取得共识。

（三）扩大非政府组织的参与广度，树立"多中心治理"理念，实现善治

在全球化与公共行政改革的推动下，治理理论强调"多中心治理"的理念，强调民间社会团体与非政府组织的参与。在当代"多中心治理"的精神之下，政府在整个社会中承担着十分重要的角色，但政府不再只是社会管理的唯一权力中心。非政府组织、民间社团及公民与政府一起承担管理公共事务的责任，这些权力也得到社会的认可。在"多中心治理"的模式下，重视"参与、互动、合作、服务"等理念。

参考文献

［1］谢宝剑：《一国两制背景下的粤港澳社会融合研究》，《中山大学学报》社科版，2012 年第 10 期。

［2］刘建党、张慧：《粤港澳区域治理结构的演进和优化》，《开放导报》2012 年第 6 期。

［3］雷颖剑：《粤港澳区域公共管理合作研究》，硕士论文，2012 年第 5 期。

［4］骆勇、吴叽超：《长三角区域融合与公共管理变革》，《安徽农业科学》2007

年第 6 期。

［5］ 李礼：《区域治理国内研究的回顾与展望》，《学术论坛》2010 年第 7 期。

［6］ 蓝庆新：《香港社会福利制度研究及启示》，《亚太经济》2006 年第 2 期。

［7］ 江治强：《澳门社会福利服务体系及特点》，《社会福利》2011 年第 4 期。

时空社会学视野下粤港澳合作发展前景探究

杨竞业[*]

在世界历史出现大转折、环太平洋西岸经贸格局大调整、中国继续发展崛起的背景下，粤港澳合作发展面临着新的重大机遇。为把握好这个机遇，粤港澳三地应以"经济共荣""文化共生""社会共进"为核心理念，着力推动"地方协调发展""区域和合发展"和"经济社会共生发展"，应在社会发展的时空观思想上建立更高的价值共识，通过"生产空间、节约时间、共享资源、提高效率、增长财富、幸福人民"来实现三地共荣共赢发展，创造重大合作成就，提供新的宝贵经验，为复兴伟大民族"中国梦"创建更强大的物质和文化基础。

一 粤港澳合作发展面临新的世界历史机遇

在全球化时代，处于环太平洋西岸的粤港澳三地出现了一个全新的发展机遇。这个机遇的生成根源于世界海洋发展中心的转移、中国整体发展方式的转型和中国社会发展内涵的转变等因素的综合作用。

（一）世界海洋发展中心发生转移为粤港澳合作发展创造了新机遇

进入 21 世纪以来，美国、日本经济持续走低，危机四伏。从本质上看，美日两国出现的经济社会危机是资本主义文化危机。这种文化危机具有深潜性、持续性、广泛性，因而它波及中美洲、南美洲以及亚洲许多国

---

* 杨竞业，仲恺农业工程学院思想政治理论课教学部副教授。

家，中国也受到很大影响。作为中国经济发展有机组成部分的粤港澳三地，其经济发展也大受影响。问题在于，相对美日等资本主义市场经济体而言是"危情"的经济危机，对中国这个庞大而较为健康的社会主义市场经济体而言则是一个发展机遇。随着中国综合国力的增强，逐步减持美国国债，减少来自日本的贷款，降低对外技术依赖，不断增加对东盟以及南亚、非洲等友好国家的投资或援助，中国的发展方位走向太平洋、印度洋和大西洋。就此意义来说，海洋发展中心日趋游离于美日，逐渐向西太平洋沿岸转移，中国的重要地位日益凸显。对粤港澳三地来说，世纪性发展机遇已来临。

（二）中国社会发展方式发生转型为粤港澳合作发展创造了新机遇

2002 年前后，国有企业产能过剩、能耗过大、自主创新不足的问题大面积呈现出来，而中小企业负担过重、生产力落后、产品附加值不高等问题颇为严重，从"经济增长方式"向"经济发展方式"迁移，实现经济发展方式的整体性转变已成为中国经济健康持续发展的头等重要问题。在解放和发展社会生产力的问题和压力的倒逼下，不但广东要推动发展方式转型，降低过剩产能，淘汰落后生产力，提升第三产业质量，增强综合竞争力，港澳地区也要与时俱进，提升科技创新、知识创新、管理创新、文化创新和服务创新的能力与水平。三地尤其要形成一种发展共识，即中国的崛起需要转变发展方式，粤港澳作为中国发展的前沿阵地应当担当排头兵重任，先行先试，锐意改革，科学发展，创新合作，共同打造新的发展平台，服务"一国两制"战略，联合落实粤港澳合作框架协议，联手建造充满综合竞争力的世界级经济圈。

（三）中国社会发展内涵发生转变为粤港澳合作发展创造了新机遇

改革开放之后，作为中国发展先行地的粤港澳地区获得了空前发展。但是，经济高速增长的中国社会也积累了不少突出问题，诸如环境恶化、资源短缺、结构失衡、两极分化、人口老化等，皆亟待综合治理。从空间维度上看，欧美国家对中国贸易持续顺差，东盟国家对中国贸易持续扩大，中国大陆经济转型压力增大，粤港澳地区的经济规模因生产空间榨化而出现平板化发展问题。在处理人与自然、人与社会、人与他者的关系上发生了新变化，主要表现在：人民群众对环境生态、健康保障、养老保险、资产增值、社会安全、公共服务、商务旅游、教育就业等问题提出了新的更高的要求，地方政府对推进经济体制改革，统筹推进政治体制改革、文化体制改革、社会体制改革、生态文明体制改革等问题变得更加迫切，依照全面发展、协调发展、可持续发展的原则，推动三地实现人本发展、民生发展、安全发展、质量发展、创新发展、和谐发展成为社会共识。在这种条件下，粤港澳三地在观光旅游、商务会展、文化体育、节能环保、批发零售、医疗保健、志愿服务等领域的产业投资和事业建设将会保持高增长态势，这就为三地走向高端化的合作发展造就了新的机遇。

二　粤港澳合作发展价值目标的三重维度

共生发展是人与社会和谐发展之大道，亦是粤港澳合作发展必须遵循之大道。粤港澳合作发展所谋求的价值目标是同一时空下的共生发展以及跨时间跨领域的共赢发展，其表现为"经济共荣""文化共生""社会共进" 3 个互相关联、互相支撑、互相促进的发展维度。

（一）实现经济共荣是粤港澳合作发展的首要价值目标

在殖民地时期，粤港澳三地被根本对立的社会制度割裂，造成了三地的生产空间高度隔离，三地的发展时间高度封闭。港澳两地回归祖国之后，推动粤港澳合作发展就具备了时空融合的历史条件和现实基础。

中国改革开放的 35 年，亦是广东与港澳经济交流合作发展的 35 年。在这 35 年中，广东以港澳为进出口前沿基地，获得了走向世界市场的通道，吸引了大量外资和急需人才，输入了民生商品和应用技术，积累了生产资金和发展经验，增强了管理能力和营销水平。就此意义而言，港澳回归祖国大大促进了广东经济社会的发展。对广东而言，它拥有优质的原料基地、宽松的商品集散地、良好的融投资基地、广阔的消费市场、丰富的人力资源以及由广阔地理空间构成的生产延伸带。对港澳而言，广东是港澳实现可持续发展不可或缺的可靠基地，港澳只有以广东为纵深发展腹地，才能实现经济社会持续发展。粤港澳三地之间形成的互利共生的生产关系和唇齿相依的发展空间，使三地经济 35 年来长盛不衰。

跨入 21 世纪以来，中国社会的结构性矛盾突出，挖内需和促外贸的风险因素增多。就广东而言，出现产能过剩严重，结构调整迟缓，资金配置失衡，生产成本上升，内需市场挖掘不足，国际市场开拓减缓，对外竞争力时有下降等问题。在这样的形势下，广东需要继续依借港澳在市场开拓、人才培养、管理升级、资金融投、制度创新等方面的优势和力量，建设性地消解广东经济社会发展中出现的突出问题。就港澳而言，面临着市场饱和、资金滞积、地理空间狭小、人力资源成本走高、产业转型升级困难、信息资源增值受限等问题。随着中国大陆商品市场的高度开放，信息流通速率的提高，多渠道交通条件的完善，上海金融中心地位的稳固，港澳地区的综合竞争力有所下降。直面这个事实，港澳需要与广东加强合作发展，加紧联合申报建立三地一体的自贸区，依借广东腹地全面开展产业合作、市场合作、社会管理合作、信用信息体系建设合作等，建立统一的市场体系、金融体系、监管体系，实现经济共荣发展。

（二）实现文化共生是粤港澳合作发展的核心价值目标

同属于中华文化圈的粤港澳三地文化具有共生性特征。粤港澳三地在地理空间上相毗邻，这一地缘特性形成了三地经济发展的相依互补性。港澳回归祖国后，粤港澳三地的空间阻隔随之消散。由于三地居民绝大多数是岭南人及其后裔，因而作为岭南人的生存发展方式之表征的粤港澳文化也具有同宗同源特性。对三地人民来说，具有惯常性的传统生活方式。正是这样一个充满文化魅力的生活方式造就了浓淡总相宜的岭南文化环境。人们置身于粤港澳三地任何一地，都会发现或感受到岭南文化对异文化、对世界多样性的包容与悦纳，它依靠自己独有的精神象征和适应方式被传播、被创造，也被有差别地分享。现实说明，粤港澳地区的文化既有岭南文化的自性，也有中华民族文化的根性。因此，三地文化在发展始源上具有同根性，在历史演进上具有互渗性，在现实活动中具有共生性。这些特征，在时间维度上彰显了文化共生的内在价值，也在空间维度上表现了空间绵延的生产逻辑。

粤港澳合作发展所谋求的基本价值是生产空间的扩大、社会时间的节约、物质财富的增值，由此带来人的发展自由的扩大和精神幸福的提升。这些价值的实现，既有科技力量的驱动，也有政治力量的推动，更有文化力量的促动。而源于"文化共生"的文化辐射力、文化影响力、文化融合力等文化力量对实现粤港澳合作发展价值的作用更深沉、更持久。"文化共生"是使粤港澳三地民众走向自由发展的精神价值共识，是三地实现共同发展的隐性媒介力量。媒介技术越先进，媒介文化越发达，人与社会发展的自由度就越大。因此，推进粤港澳合作发展，三地应当建立文化共生意识，促进文化和融会通，实现高起点合作、高标准规制、高水平运作、高效能发展。

（三）实现社会共进是粤港澳合作发展的长远价值目标

粤港澳三地全面实现社会共进的历史条件日趋成熟。粤港澳三地具有与共同市场建设、共同利益发展和共同愿景向往高度关联的"地缘相切""人缘相近""乡缘相亲"等优势。首先，粤港澳三地抬升"地缘相切"的优势，把广东的前海开发、南沙开发、横琴开发与港澳的产业转移、产业创新结合起来，必将开辟三地合作发展新天地。其次，粤港澳三地发挥"人缘相近"的优势，把讲普通话、粤语、潮语、客家话、雷州话的广东人、岭南人、香港人、澳门人团结起来，运用人民的智慧，总结三地发展的新鲜经验，借鉴国外发展的先进经验，戮力同心，开创三地合作发展新境界。最后，粤港澳三地彰显"乡缘相亲"的优势，在一些战略性、关键性合作平台上，推动改革创新，以"仁义""智信""同安""共富"的进步信念，开启三地深化合作发展新前程。

粤港澳三地服务"一国两制"的责任意识不断增强。"一国两制"是关于国家统一问题的新认识，也是反映客观实际及其规律的科学理论。进入 21 世纪以来，粤港澳三地适应世界和平发展的趋势，把握世界经济发展重心转向环太平洋西岸的态势，导入共同追求最大化利益的轨道，更加自觉服务"一国两制"战略，充分认识三地合作的历史机遇性、地域区位性和世界价值性，全面推进宽领域、多层次、跨专业的合作发展，构建生产发展、生活富裕、生态平衡、公平正义、民主法治的和谐社会，不断取得新的重大成就。

粤港澳三地建设地方现代化事业的文化自觉不断提高。粤港澳三地在建设共同市场、发展共同利益和向往共同愿景的过程，也是全面发挥"地缘相切""人缘相近""乡缘相亲"3 个优势的过程，而随着这些优势的充分发挥，三地将造成不必争斗就有浓厚民主氛围的自由空气，不经净化就有干净空气水土的生态环境，不用防范就有安全稳定处所的发展环境，不用检验就有互相信任态度的心理环境，不必劳心积虑于规范的效用就有民众的自觉自律精神。于是，粤港澳三地就能更好地建设世界级都市圈。

三　促进粤港澳合作发展成功的科学战略

粤港澳合作发展要实现全面深化和整体跃升，必须建立适应三地实际的科学战略。这些战略主要包括：以转换时空观念来促进粤港澳地区经济共荣和谐发展，以建构文化时间来促进粤港澳文化共生和合发展，以服务"一国两制"来促进粤港澳社会共进和平发展。

（一）转换时空观念促进粤港澳地区经济共荣和谐发展

粤港澳合作发展应着眼于时空观念转换，以空间生产和时间节约思想来引导三地开展全方位、宽领域、高层次、集约化、少环节的合作发展，促进三地经济共荣社会和谐发展。

第一，从历时性角度考察，随着经济发展水平的变化粤港澳三地的"中心"与"边缘"的地位发生了历史性变迁。在改革开放前，广东经济大大落后于港澳，那时的港澳是地区发展中的绝对"中心"，广东则是"边缘"地区。跨入 21 世纪以来，尤其是近 10 年来，改革开放继续深化，广东跨入中等收入时期，在经济总量上，广东已经全面超越了港澳，这时期的港澳不再是"中心"，而广东亦不再是"边缘"。在这种状况中，改革开放前粤港澳三地所形成的封闭空间，即生产和发展空间被分割、分类或分等的局面已逐渐被打破。于是，推进粤港澳合作发展就要在发挥地缘、人缘和乡缘优势的基础上重塑更科学的时空观，以时间节省开拓发展空间，以空间延展争取自由时间，不断提高空间开拓能力、时间控制能力、财富增值能力。

第二，从空间维度考察，广东经济特区从空间的透明性和易懂性的建设实践上为粤港澳合作发展提供了成功范例。推动粤港澳合作发展，三地要着力下述 3 点。首先，要重视包括物质生产空间、制度生产空间、文化生产空间在内的"空间"的生产，发挥社会主义市场经济体制的空间优势，推进经济快速健康发展。其次，要以时代特征的变化为转移，以民生吁求的变化为导向，树立共存发展意识和共富价值意识，创新以经济占有机制、经济交换机制、经济分配机制为统一体的经济机制发展系统，不断完善竞争机制、协调机制、激励机制和应急保障机制。最后，要联手总结经济合作发展的新鲜经验，联合担当探索地区科学发展新路的重任，联盟构建有利于地区科学发展的体制机制，形成有利于以时间节约去消灭空间和距离的发展新优势。

总之，粤港澳经济合作发展应转换时空观念，加强社会组织的时空重组，把行政主体合作、市场主体合作、媒介主体合作整合起来，把服务合作的信息化、绿色化、低碳化、便利化的基础条件夯实起来，把提升质量的城市化、产业化、市场化、社会化的发展价值融合起来，发挥技术密集型、资本密集型、管理高端化的产业行业优势，促进改革红利、政策红利、人口红利、质量红利多向度释放，推进三地居民消费质量升级，持续延展粤港澳合作发展的美好前景。

（二）建构文化时间促进粤港澳文化共生和合发展

推进粤港澳文化共生和合发展，要充分运用中华文明智慧，建构面向未来的和谐的文化时间。只有转换时间观念，把三地的地理距离、时间距离、空间距离、语言距离、制度距离、学术研究距离、社会发展距离、个人自由发展距离等所有的距离都压缩进共存的状态，清除空间的分割、等级化和精细化，消除制度的隔离、产业的分离以及科技对人的背离，才能实现文化市场统一、文化产业融合、文化事业均等化，不断提高三地文化软实力。

第一，要构建粤港澳学术话语体系，建设粤港澳"统一科学"的枢纽平台，实现信息文化资源共享，创造可以自由支配的增值财富的文化时间。首先，以国学研究为媒介，三地共同开展"港学""澳学"和"粤学"的研究及其交叉研究，以"研学"方式积储文化时间，为三地的自然科学、社会科学和人文学科的统一发展充实基础。其次，开展三地文化产业调查，实施适应后现代文化工业发展趋势的产业规划，科学调整文化产业发展布局，促进产业有机集群，以"产业"转移和升级的方式转换文化时间。再次，设立定期的粤港澳文化论坛、管理论坛、发展论坛等，以"论坛"集智汇明的方式传播文化时间。复次，创办培养本硕博专业学位的"粤港澳联合大学"，创建实体型研究机构，创办科技创新中心、学术研究中心，成立"粤港澳文协"，统筹督导三地文化合作发展事务，以"管理"升级换代创造文化时间。通过建构文化时间，促进三地在学术研究、高中等教育、科技文化创新、信息资源共享等方面加快交流合作步伐，既扩大合作空间，又提升交流层次，既传扬中华思想智慧，又促进经济文化发展。

第二，要汇聚全面深化改革正能量，推进三地信用法律制度衔接，整合广东六大经济新特区，建设服务粤港澳和合发展的取精用宏的文化平台。首先，要发挥人民的主体性，让人民参与改革过程，感受改革正义力量，分享改革发展成果。其次，要先行先试，探索促进三地金融、信用、法律、通信、检测认证等服务贸易领域的制度衔接，推进三地的合作制度、合作方式、合作渠道的创新①，增强制度文化优势，释放文化时间能量，形成与良好发展现实相适应的制度自信。再次，要从宏观上整合中新广州知识城、南沙新区、深圳前海新区、珠海横琴新区、佛山中德工业服务区和东莞台湾高科技园，促进三地生产要素自由流动，实现三地人力资本、金融资本和文化资本高效配置，推动三地科技、信息、管理和市场资源深度融合，提高文化时间价值，形成参与和引领世界经济发展的文化优势。最后，要尊重、学习异文化，还要坚定中华文化自信，"做到圆融汲取而不拘一格，取长补短而不崇洋媚外，革故鼎新而不妄自菲薄，适应时代而不数典忘祖，以我为主而不唯我独尊。"② 走向美美与共的大同境界，实现文化时间全面共享。

因此，推进粤港澳合作发展，应当以建构文化时间为价值指向，把建立科学发展模式试验区、深化改革先行区、扩大开放的重要国际门户、世界先进制造业基地、现代服务业基地、全国重要的经济中心与建设国家级科技创新中心、学术研究中心、信息交流中心、金融中心、商贸中心、休闲旅游中心结合起来，巩固以合作发展所形成的共存条件，充实以和谐发展所造成的共荣局面，升华以共生发展所生成的共赢境界，全面实现三地发展时空的内在延拓。

（三）服务"一国两制"，促进粤港澳社会共进和平发展

把粤港澳建设成为财富社会。建设粤港澳财富社会，要从两方面着

---

① 范恒山先生著文指出，区域合作应着力推进"从交换式合作向交融式合作转变""从被动式合作向主动式合作转变""从依靠单一力量推动合作向有效动员各种力量推动合作转变"这 3 个转变是合作方式的创新，对推进粤港澳合作发展颇有启发。参见范恒山《关于深化区域合作的若干思考》，《经济社会体制比较》2013 年第 4 期，第 7 页。

② 李建军：《中国传统文化的现代转型的战略构建》，《江西社会科学》2013 年第 6 期。

力：一方面，要建立公平均等的公共服务供给体制，形成在地方政府主导下的政府与市场相互共生的公共服务供给机制，促进融合发展的利益分配机制，全力保障经济民生，增加群众收入和实惠。另一方面，要建立高效规范的相互配套的竞争机制、激励机制和约束机制，加强成本管理、招标管理、全面质量管理，防止经济垄断，保障粤港澳合作事业成功发展，全面体现共建共享、共荣共富的社会主义价值观。

把粤港澳建设成为包容社会。粤港澳三地在文化结构、文化体系和文化价值上具有相融性、可延展性。跨入信息网络时代，三地要在尊重中国历史文化传统、传承中国历史文化记忆、丰富中国人文历史思维、坚定中国历史文化选择的基础上，"大胆吸收和借鉴人类社会创造的一切文明成果，吸收和借鉴当今世界各国包括资本主义发达国家的一切反映现代社会化生产规律的先进经营方式、管理方法。"[1] 赢得地区比较优势，增强推动合作发展的文化优势，提高社会的包容度和包容力。

把粤港澳建设成为进步社会。"进步社会"是一个生产安全、生灵健康、生态更好、生活更美的社会，是彰显科技价值和人文价值的社会，是多元文化共存共荣的社会，是发展人的自由个性的社会。在粤港澳合作发展中，应当抛弃落后的生产方式，反对不适应时代要求的增长方式，摒弃危害人类社会整体安全的发展方式，推动经济发展方式转变，促进人的潜力、活力和能力的充分释放，逐步把粤港澳建设成为人本化、道德化、智能化、生态化的美好社会。在这个社会中，三地人民实现健康生存、体面生活、乐智发展、自由创造。

把粤港澳建设成为幸福社会。"幸福社会"是粤港澳社会建设的最高境界。建设幸福社会要求三地把握好如下基本原则：要把服务"一国两制"和抓好中心工作统一起来，也要把坚持优势互补、共荣共赢统一起来；要把统筹兼顾、突出重点与分类管理、整体发展统一起来，也要把创新驱动、开拓空间统一起来，还要把固本强基、修德创文统一起来。这就是说，建设"幸福粤港澳"的全部工作，在于推进三地经济社会的全面、协调、持续发展与人的全面自由发展，在于形成"合天人""同人我""谐个我"的发展局面。因此，"幸福社会"是由亿万幸福人确立起来的多元共存、和谐共生的文明社会。

---

[1] 《邓小平文选》第 3 卷，人民出版社，1993，第 373 页。

　　总之，从时空社会学视野下考察，粤港澳合作发展问题是一个以"和合共生、共荣共进"为发展理念，以"全面发展、协调发展、可持续发展"为社会共识，以"空间生产、时间节约、资源共享、效率提高、财富增长、人民幸福"为价值目标，推动三地经济协调发展、文化融合创新、社会共生进步的问题。粤港澳合作发展的美好前景在于建成集"财富社会""包容社会""进步社会""幸福社会"于一体的和谐社会。这样一个和谐社会是中国地方社会科学发展实践的重要表现，也是伟大中华民族精神光耀世界的真实确证。

粤方言文学与粤港澳文化一体化研究

——粤港澳文学中"大一统"粤式叙事话语探析

肖绮雯*

　　粤港澳通用的粤方言是广府三大方言的首席代表，不仅比客家话、潮州话更有优势成为刻录广府文化的"活化石"重要代表，而且作为地域交际的通用工具，粤方言也是本土文化表达的重要符号与载体，20世纪粤港澳同根同源铸造的岭南文学更是一个时代文化创新与传统保护双重观照的产物。由珠江流域孕育、衍生而来的粤方言与岭南文学，是本土传统文化与外来文化民俗民性世袭与审美观照的结晶，注定蕴含着丰富的本土文化传统特色与外来移民文化的精华。作为珠江水系岭南文化的三颗明珠，粤港澳三地文化"大一统"发展的格局早已因同属岭南文化一母所生之手足兄弟关系而成为世人瞩目的文化体系。两岸三地粤语方言应用在文学叙事中，不仅丰富了本土文学反映社会生活的叙事模式、擦亮了岭南文学创作的本色招牌，而且还因方言介入作品形象塑造备感亲切而增值方言文学之人文关怀力度、扩容了地域文学彰显属地文化的言说空间。粤港澳文化内容丰富，以本土方言为承托的粤方言文学同样也博大精深，两者之间呈现相互依存的紧密关系：粤方言文学承载广博厚重的粤港澳文化，而一体化的粤港澳文化也亟待千姿百态粤方言文学成就使其华美转身。借助文学叙事话魠的范式研究粤港澳文化"一体化"与"大一统"的特色，发掘后现代语境下三地粤方言文学叙事的"粤式"特点，探讨粤方言作品叙事话语的"大一统"特色和区域文化"一体化"关系与趋势，为粤港澳三地更多"一体化"的文化交流与合作提供学术参略，意义重大。

---

　　* 肖绮雯，广东技术师范学院文学院副教授。

一 粤方言文学创作的蓬勃发展，为粤港澳文化一体化的战略实施提供了土壤与基础

粤港澳三地区域一体化发展是两岸三地的共同愿望。蓬勃发展的粤方言文学是培植粤港澳文化一体化战略的土壤与条件，更是实施区域一体化的优选捷径；三地文学创作中在叙事话语上形成的"大一统"叙事范式，已为这种一体化文化战略实施准备了外因基础。根据辩证唯物主义理论中内因与外因之辩证关系原理可知，属于同源同宗同音的粤港澳文化体系，以粤方言文学为文化载体，借力"全球一体化"东风而走向粤港澳区域一体化，既是符合事物发生发展的结果必然，也是区域城市化发展的大势所趋。长久以来，在三地通用、使用人口达90%的粤方言，像阳光与空气一样充分渗透粤港澳文化整体中。以粤方言表现普罗大众喜怒哀乐，流露"绿了芭蕉"般的"粤式"乡土情结的方言文学作品，多年以前就以该地通俗文学主流的身份在三地开花结果，辐射各地，香馥华夏，凭借深厚丰富的大众文化价值造就三地"一元为主多元并存"的局面，并与北派"红了樱桃"式的通俗文学平分秋色。一部名伶马师曾粤剧名作《搜书院》，一本黄谷柳写就的小说《虾球传》，一部让粤港澳三地百姓魂牵梦萦并荣获"亚太电视大奖最佳连续剧"奖的《十月初五的月光》，曾以扑面而来的粤式叙事粤韵南风镌刻在三地几代人脑海中，嵌入三地城市文化融洽发展的核心进程中。如果说粤港澳区域合作走向一体化风帆正悬，那么以粤方言叙述大众情感、以粤式叙事话语演绎三地粤方言文学、带动粤港澳文化"大一统"大融合之格局则已成熟。无论是活跃在20世纪的顺德籍女作家草明的第一部粤语短篇小说《万胜》及中篇小说《缫丝女工失身记》、欧阳山的《三家巷》等，因使用通俗的语言，平易的笔触，慨叹人生的辛酸、控诉社会的不平而得到普通老百姓的喜爱；还是21世纪港岛"无厘头"电影之王周星驰自导自演的电影《大话西游》《国产凌凌漆》等，澳门作家廖子馨的小说《奥戈的幻觉世界》等作品，均从大众文化审美习惯与角度，以夸饰、借代手法与谐趣辛辣粤俗粤语刻画人物，或者以简单粤语对白反映深刻的内涵和道理，或者以小人物的卑微叙事制造搞怪搞笑奇异剧情反讽生活百态、鞭挞社会恶俗，因而被奉为香港电影的"喜剧之王"。

比如《三家巷》里陈文雄一角的塑造,无论是人物的语言还是动作,"唔,你真是衰的了。"(埋怨之话,表示"坏透""糟糕");除夕年夜饭后遵从父母之命去花街"卖懒"和"行桃花运"时却傻里傻气地玩骑马游戏——将代表喜庆与祝福的年花桃花当成扫帚骑在胯下,口中还念念有词地发出"驾!驾!"的加油声音。这种本土居民才会懂得玩的"骑马"游戏、这种春节祈福才会摆放桃花增添喜庆的节庆年俗、这种利用节日祥和氛围闯祸闹事而小孩却免被惩罚才会出现的疯狂举动,无不打上粤地传统与"粤式"文化之标签,尤让往来该地或本土居民备感亲切与温馨!这种独特的方言文学叙事已表现出浓厚的"在地化"与"多元化"。同理,《奥戈的幻想世界》里奥戈形象的刻画中,以粤语为主要表现话语并交替穿插有葡语、英语与普通话等多种语言,再现澳门"土生族群"于回归前后的生存现状,以人物交流中语言的交替转换反映情节冲突与感情纠葛,运用"仉鸡(野蛮)""死鸡撑饭盖(死撑)"等俗语点缀家长里短的庸常意蕴,又以说粤语还是葡语折射"土生族群"寻根、寻找命运认同、寻找温暖的时代色彩,整部小说叙事中叙述视角呈现多样化、立体化。

这些成功的案例,无一不是吸收和采用本土群众熟悉的广东民间文学粤式叙事话语形式,尽可能运用群众日常的口语用语去解构复杂的社会百态,以方言或土语增加作品的地方色彩,通俗易懂,形象丰满且生动,不仅受到了各种本土人群、港澳地区以及海内外(如旧金山)侨胞的欢迎,并且还因在某种程度上较真切地反映了那些年粤港澳三地的风土人情、社会变革和地方色彩,而成为难得、珍贵的地方文学范本。

诚然,近年不少研究者已注意到岭南文化对粤港澳文学的影响,诸如探讨地域文化对文学在题材选择、风格定位、表达方式等方面产生的作用,尤其以黄伟宗、黄树森、程文超为首的相关研究较为给力。但是着眼三地文学发展现状,尤其是影视文学,喜用私人叙事话语模式打碎宏大叙事、还原被异化的小人物命运,极尽文学社会教化功用之能事,并已在三地形成共识——之前仍被忽略的方面,恰好成为本文研究粤港澳三地文化一体化之契机。同宗同源同声气的粤港澳三地文学在驻地地缘、文化史缘、文化族缘等方面的同一性,注定三地文学发展有史以来就有"和集";依托港岛与半岛、江河冲积扇等临水地形繁荣了两岸三地的水上运输与物华交融、中西文化结合等,也使珠水边上的三地文化打上"开放型""兼美性""多元化"烙印。因此,从粤方言文学叙事话语范式入手,利用集中原文化、海洋文化、商业文化于一体的"岭南文学"之优势，解构粤方言文学尤其粤语影视作品中的方言叙事特点，深挖三地方言文学叙事话语中的"和集"式、兼容性、开放型与草根性等文化品格与意识之厚，揭开粤港澳方言文学"一体化"、粤式叙事话语"大一统"的"粤式"面目，就能拓展崭新的一体化粤港澳文化学术研究视野，创立更开阔的粤式叙事美学梯度。

二 粤港澳文学叙事中的粤味特色彰显与方言符号运用，早已突破中国式叙事的惯有风格，为粤港澳文化放下自我求同存异走向"一体化"提供借鉴与方向

方言是一种叙事话语方式，所有的方言文学都是特定地域的通俗文学。粤方言文学就是通过创作将平民性诉求与本土城市文化意蕴结合，制造一种轻松愉悦、生活质量高的市民文化，"取悦人民大众歌颂草根情怀"。这就决定方言文学叙事话语必须突出通俗易懂晓畅等因素，也促使粤港澳三地的粤方言文学作品习惯重视语言通俗化和审美通俗化。属于粤方言创作教父级著名作家欧阳山曾明确指出，"文艺工作大众化的问题最先而且最主要的是语言问题——文学用语的问题。如果我们用一种广东人民所不懂的语言来写作，无论我们为了什么人，企图怎样，写些什么东西，广东人民大众还是觉得非常隔膜。"①综观现有粤方言作品，无论是叙事中的粤味故事处理手法还是人物方言符号运用，都已突破中国式叙事的既定风格。

所谓"叙事话语"，就是使故事内容得以呈现的口头或书面的陈述。从对叙事的接受角度来看叙事活动，首先观察作品主要人物的叙述语言，是分析叙事中叙述语言的一个重要层面。20 世纪粤方言文学作品的叙事，既大量继承了传统的中国式叙事方法同时又突破其一贯风格，形成以下 3 个方面的特点。

第一，保留中国叙事以各部分非同质性、非同位性以及部分之间存在的联结性或对比性的关系特点，内吸外纳各种文学元素，加强叙事结构的张力。

第二，以视角的流动贯通本土几种相关地域的文化特色，增加故事叙

述的整体思维空间。

第三，继续依靠对话和行动制造一种说话情景，借助粤语中"a""e"语音的延长音的表象暗示小说中的叙事时间，以便以连续的现场感来控制叙事时所延续的时间。

尤其是后现代语境下的粤方言文学在前人积淀的基础上继承并突破这种"间隙"式的叙事风格，更是利用粤语中古百越语变调频繁的构词、粤语语音长短、韵母交替等手法，使断续但又跨度长久的叙事时间企图浓缩并定位时间的流动，不论故事有多长，至少在表面上已让读者有种在一定时间内戛然而止的完整感，从而增大了故事中整体的叙事空间。

如香港电影《大话西游》里周星驰分饰的"至尊宝"及 500 年后变身"孙悟空"、广东电视台出品的《乘龙快婿》中的"上下九""西门口"等角色的台词与对白，无一不是借助粤语方言、方音、粤韵为叙事话语，在叙事时间跨度上巧妙地内吸外纳、分类延续或堆叠，使外来特色文化与本土经典方言文化共冶一炉；在叙事视觉选取上，善用后现代主义的非逻辑、零散话、神经质等喜剧手段，以反叛姿态和玩世不恭态度讥讽社会黑暗与人生不平，拼贴戏仿、游戏经典，结构传统、颠覆秩序以诙谐幽默方言表述透析小说情节以及社会下层小人物间的关系互动，制造笑料与喜剧包袱；并以没有逻辑关系的对话，有些游离的情节和夸张镜头特写等手法营造出极具后现代主义特点的"碎片感"，实现"间隙"叙事；通过人物对话的方言内涵结构，营造情节与对话上颠覆的前后偏差，使读者心中对情节的预期徒然生变，以此制造审美上的距离感——通过对传统的否定，达到了对现实的追问和质疑。比如"我打你应该，不打你悲哀"（周星驰《少年足球》）、"I 服了 You"（周星驰《大话西游》）等，就是借用叙事时间与视觉的错位制造一种跌宕突兀的情节冲突，体现"普世化"的文化价值。

这如同后现代的价值多元论所表达的，任何一种价值和存在都应有其存在的理由和目的。显然这已实现了对中国传统宏大叙事的"间隙"风格及方式的突破，也表明粤港澳方言文学在叙事话语情节处理手法上形成了"大一统"共识。

本来方言文学总是受到一定地域文化特色的制约，广东本土文学与港澳地区文学会因为地缘、文化史缘、文化族缘等因素影响而有所不同。如同广东名菜与港澳粤菜虽属一母（粤菜系列）所生但仍各有千秋，比如澳门文化比较自足游离、香港文化注重谐趣与"在地化"②、广东文化兼美宽容随和等。然而，随着史上 3 次大移民迁徙以及素有开放型文学品格的形成，特别是 1978 年代掀起的改革开放潮流的到来，均令两岸三地粤港澳文化选择抱团发展，求同存异。"同饮珠江水，共享两地文化情"乃粤港澳三地文化一体化的最早注脚，一衣带水的珠江、濠江与香江早已让三地百姓的工作与生活融为一体。以粤语为桥梁，一套粤方言的电视节目能令粤港澳三地家庭欢娱同乐，影响波及大江南北。追随一种简单对白之下的深刻道理、以"无厘头"或夸饰拼凑严肃，活化百姓的舆情娱乐，崇尚"我喜欢"的风趣幽默颠覆传统，表现平民性诉求与纯朴文化意蕴。当然，民众参与粤方言文学创作并创新其中的叙事话语，引导作家创作更接地气，也是刺激粤港澳文化一体化发展的因素。像香港王家卫执导电影《阿飞正传》、香港电视连续肥皂剧《真情》、广东舞台剧《七十二家房客》《外来媳妇本地郎》等，都是三地粤方言文学发展"大一统"的产物，其中充满粤韵的经典情节与人物的经典台词早已家喻户晓，也使三地的文化生活更加多姿多彩。因此，粤方言文学创作上的"大一统"丰收，将为粤港澳文化全面"一体化"提供成功借鉴。

三 "大一统"的粤港澳方言文学在后现代 社会语境下的叙事话语特点

通常，考察文学作品中具体叙述话语的特点，包括叙述时间、叙述视角和叙述标记等方面内容，即能窥探人物形象本身寄予的重要审美内涵。因为从作品蕴含的美学价值看叙事效果，则能更多地掂量作品中话语表达的技巧、话语释放的能量及其承载的智慧——话语的技艺能让故事成为迷人的世界，话语的能量能令戏里戏外的任务焕发出非凡的力与美，"话语的智能更能让作品抵达澄明的彼岸"③，阐释一种高超的美学意义。从欧阳山《三家巷》、杨华生《七十二家房客》到周星驰自导自演《大话西游》《功夫》、电视剧《真情》到廖子馨《奥戈的幻觉世界》等，无一不是以三地的风情景物、粤方言融合与开放的文化品格为叙述标记，揭示"一体化"叙述视觉下底层社会小人物的命运挣扎，用亲和兼美谐趣的粤语方言乡音和"有容乃大""乡思"纷呈的粤地民俗内容，重塑"粤式"叙事话语并承接经典叙事类型。无论是小说还是影视作品、粤剧等通俗文学形式，都呈现出对底层命运的人性关怀、对传统道义的坚守，显示当代社会"大一统"文化价值观的草根性、人文性；从而不断拓展"粤式"叙事范式的话语能量与智慧张力。因此，探讨粤港澳三地的粤方言文学中的叙事话语范式，就能更好发掘作品拥有的话语能量与美学张力。下面将就话语能量产生的 3 种形式来总结粤方言叙事话语的"粤式"特点。

1. 文化的底蕴与平民诉求契合的"和集式"特点

粤港澳三地自古就有一种深层次的文化联系。从一衣带水的地缘位置决定彼此特性相近。因史上的 3 次粤港澳民众和人口迁移大潮、20 世纪 80 年代初的南中国首推改革开放带来的新移民高潮，使随人口一起迁移的区域文化、文明素质、方言习俗以及沿途迁移体会，给粤方言注入了崭新的文化元素和异域风情，并影响聚居地的文化交流、文化传承与文学创作。多种地域特质不同人文风格迥异的文化交流与碰撞，便形成交集，必使本土文化产生"和而不同"。照顾本土大众审美需要的方言文学的叙述话语出现"和集式"，满足不同人群的审美趣味的粤式叙事就呼之若出；素有包容胸怀、内吸外引品格的粤方言正以前所未有的胸襟"和集"各地方言——古老的官话、移民客家话以及海外舶来的英语、葡语等外语。"和集"带来的特色体现在：一是造句手法变换，如影视语言"你妈贵姓？"（周星驰《大话西游》）其中"你妈"属于粤语，"贵姓"是北方书面语，南北语音混合；二是粤方言语序倒装——"中心语+修饰语"较普遍，如"鸡公"（公鸡）、"行先"（先走）、"食多啲"（多吃点儿）等。这些叙事语言的组装就是"和集式"。

2. 三地开放性与主体性的兼美特点

开放、兼容、务实一直是珠江文化的一种标签，也是本土居民性格特点。所谓的开放性与主体性的兼美，这个主体性无论是广东、香港还是澳门，都有各自很明显的特点。所谓"红了樱桃，绿了芭蕉"则形容出三地文化的兼美开放、南北风格混合搭配之特点。其中是以"芭蕉"的粗犷宽容形象去概括粤港澳文化的"主体性"，并且衍生出"芭蕉"式的岭南文派、岭南画派、广东音乐戏曲。

粤方言以其广府海洋性文化宽宏、归一的文化特性，包容接纳了最多的海外词和外来语，因开放和宣示主体带来的"兼美"主要有以下 3 种情形。

一是继承百越古语中的俚俗用语，并保留古汉语的词义或用法，如谚语"打破沙盆问到笃"（查根究底）、成语"失惊无神"（惊慌失措的样子），其中的"笃"属于《广韵》音"豚"。

二是包容所有外来词，包含少数族的语言和海外舶来词，如"狮子""士的"（拐杖，英语 stick）、"菲林"（胶卷，英语 film）。

三是境外新词辐射粤语，如"嘉年华"（盛会）、"蛇果"（delicious，地厘蛇果）等。其叙事因开怀接纳外来词语又不失主体性而成就"兼美"性。

3. 地方色彩与外来文化并峙的多元化特点

岭南文化或许没有中原文化的底蕴博大精深和厚重，但率性从容、自由混搭的文化品格自然天成。粤港澳三地本有属于自己的地域文化，代表了各自的时尚潮流：广东是改革开放的前沿地，香港是一个国际大都市，澳门也是代表了中西交融的离岛文化。无论是休闲、经商还是美轮美奂的时尚生活，都应成为传统与现代的结合，地方色彩与外来文化的一种并峙。从来开风气之先的粤方言更是将粤港澳三地文化的独特色彩与外来（海外与少数族的）文化并峙融汇，具有多元精彩、异彩纷呈特点。粤方言在所有方言文学中是最开明最多元化的语言，个性化的俗字俗语凸显粤方言文化的张力。这种并峙的"多元化"主要体现在 3 方面。

一是丰富的个性化的俗语俗句保留使用，如"姣婆蓝"（孔雀蓝）、"墨鱼头""死老鼠"等，反映出粤方言直观形象通俗、近景取材作喻的语言习惯。

二是对行业语、宗教用语、古汉语、外族语言借用等进行内吸与外纳，灵活应用吸收转化，大大丰富了粤方言词汇，如揸庄（赌博用语，做庄家，掌握控制权）、"打拼"（闽南话，努力）、"八卦"（宗教用语，原指占卜的 8 种符号，后比喻打听小道消息行为）、"差饷"等。

三是借用富有灵性的方言俗字表意，保留借意不借音也不借形的训诂字，如"凹"（ao，表下陷）、"甩"（shuai，表掉、脱）等都与标准语的通行字没有同源关系，均为粤方言利用汉字的"仿似"移用表行为；用构成该字的部首意义组成会意字，如"奀"（en，表瘦小、少）、"凼"（dang，表小水潭，水洼之地）；利用外来词"algebraic average"（意"代数平均") 也造出流行方言词 "AA 制";借音不借义的假借字,如 "痕"(意表 "痒")、"翻" 或 "番"(意表 "返回")、"点"(意表 "怎么样");还有一些以粤音为据生成的形声字、有意但音近、借字形笔画加减形成方言字的省形字,如 "晒"(意表 "全部")、"凼"(意表 "积水")、"甴曱"(意表 "蟑螂")等。生动形象的粤方言造字不仅为粤方言文学表达提供丰富又细致的词汇语义,极大地丰富话语表述的叙事视觉,提高了叙述话语的能量及其智慧。

综上所述,丰富多彩、历史悠久、文化底蕴深厚的粤方言文学是中华民族文化中独具特色的一块瑰宝,三地使用 "粤式" 叙事话语创作的粤方言文学追求的是 "游戏经典、戏谑狂欢" 的叙事范式。粤方言文学代表一种思维方式,一种刻录与传承方言文化的活化石,自有它存在的价值和发展的空间。以 "粤式" 叙事范式对开阔时空下的本土民间社会现实做故事重构与形象塑造,表达一种相对保守的情感,但坚守传统的道义与情理,从而显示一种草根性的文化价值观。而且,活动能力最强的粤方言在某些场合的作用是普通话所不能取代的——亲人团聚时,乡音使人备感亲切,使用方言创作的文学作品风格纯朴、自然。因为方言的话语除了传达信息,还能透射出一方人们特有的风韵、一地文化的人文精神与色彩,而独特的乡土情趣恰恰是文学意境所追求的一种审美境界。因此,粤方言文学中所彰显的 "粤式" 叙事话语特点,无疑成为岭南文学中独具特色的叙事范式和异彩纷呈的审美意境,也是粤港澳文化一体化中同声同气、同根同源的直接体现。

参考文献

[1] 欧阳山:《关于 "文化大众化" 问题讨论的看法》,《广州文艺》,1926。

[2] 葛亮:《在香港坚持写作需要勇气》,中国文化传媒网,http://www.ccdy.cn/,2013 年 6 月 28 日。

[3] 张育华:《电视剧叙事话语》,《影视艺术理论与创作丛书》,中国广播电视出版社,2006。

粤港澳咸水歌谣音乐形态比较研究

李　英[*]

　　广府音乐是岭南文化重要的有声载体，是多元一体的中华音乐文化重要组成部分。在岭南纷繁的音乐文化品类中，用粤语演唱的"咸水歌谣"（又名蜑歌）是岭南音乐文化的突出代表，是南方水上文化精华的高度凝练。有一首咸水歌这样唱道："有水行船没水食。"生动地记载了在珠江口长久生存、分居于粤港澳三地唱咸水歌的蜑民"以舟为室，赖水而生"的生存方式。随着社会生产方式的发展与演变，在政府的切实关怀下，蜑民这一水上族群被作为弱势群体予以对待。自 1956 年后，蜑民纷纷上岸，获得与陆上居民同等的居住权，从此水上族群逐渐消失于人们的视野。

　　生活于水上的蜑民群体，没有学校，也就丧失了受教育的机会；没有文字，自然就没有完整的历史记载。而粤港澳两岸三地的蜑民所唱的咸水歌，以其婉柔迤逦的曲调、热情奔放的旋律、朴实无华的歌词，最大限度地记载了蜑民的这一水乡民俗，更多的是，在咸水歌谣里能较大限度地追寻粤港澳经济文化发展与变迁的轨迹。

一　粤港澳音乐品类的杰出代表

　　"方言是中国地域文化最有特色的一个因素。"[①] 粤港澳三地是以广府为中心的文化，之所以具有独特的魅力，不仅仅在于广式民居、广式菜肴等，更重要的在于以粤语为载体的一系列文化品种，流行于粤港澳三地的

＊　李英，广东嘉应学院音乐学院副教授。

①　林有能：《广府文化与改革开放》，香港出版社，2010。

疍民咸水歌，充分体现了这一地域所共有的音乐文化的鲜明特色。

咸水歌为疍家传唱的蜑歌无疑。2002 年出版的《广东省志·风俗志》，将"蜑歌""咸水歌"并称。① 用粤语演唱的咸水歌，属粤港澳三地共有的重要岭南民歌品种。

清代王士祯《池北偶谈》中的《粤风续九》，收录民歌、瑶歌、僮歌、蜑歌各数首。其中的蜑歌就用了不少粤语特有的词汇，例如《隔水曲》："娘在一岸也无远，弟在一岸也无遥。两岸人烟相对出，独隔青龙水一条。"歌中的"无远""无遥"不说成"不远""不遥"；歌中所唱的"青龙"，在疍家有多层含义：第一，疍民属水上居民，靠捕鱼为生，在没有渔网的情况下，就只有徒手下水捕鱼，因此，疍民个个都是好水手。疍民善于潜水，有如蛟龙般的特殊本领，所以，疍民又被称为"龙户"。在疍民群落，会称特别熟知水性又会捕鱼的男子为"青龙"。第二，疍民多有文身的习性，在臂膀或肩背文上形似"龙"的图案，而文身所用的涂料，长期与皮肤作用，久之，就形成似深蓝的"青色"，此图案也被称为"青龙"；而此首歌中，将深水的河海寓意为青龙。从《隔水曲》一首，我们可以深切感受到疍民这一水上族群与水相伴相生的习俗。另有一首蜑歌《妹相思》这样唱道："妹相思，妹有真心弟也知。蜘蛛结网三江口，水推不断是真丝。"不说"冲"，而说"推"；"蜘蛛结网"说明蜑户艾萨克网捕鱼为生；"三江口"在此处并非实指，而是为了说明蜑户的蜑艇常年集聚在粤港澳之间水网如织的江河海交汇处。

咸水歌谣作为广府民歌，为岭南其他歌谣、音乐品类乃至地方戏曲，提供了丰富的土壤。

（一）咸水歌是木鱼歌的前身

王渔洋《南海集·广州竹枝词六首》第一首："潮来濠畔接江波，鱼藻门边净绮罗。两岸画栏红照水，蜑船争唱木鱼歌。"竹枝词中的木鱼歌其实指"摸鱼歌"。宋人周去非在《岭外代答》卷三里记载："以舟为室，视水如陆，浮生江海者'蜑'也……蜑有三，一为'鱼蜑'，善举网垂纶；二为'蚝蜑'，善没海取蚝；三为'木'，善伐山取木。"1927 年出版的第

---

① 萧亭主编、广东省地方史志编纂委员会编《广东省志·风俗志》，广东人民出版社，2002。

233 号《小说世界》上署名为秋山的文章《木鱼书》："注引《池北偶谈》及《后山丛谈》：'二广居山谷间，舟居谓之蛋人。蛋有三种：蚝蛋、木蛋、鱼蛋也。''此地有民歌，……大抵皆男女相谑之词。'据此……则木鱼歌者，木蛋、鱼蛋之歌也。"

木鱼歌也称"摸鱼歌"，这可在明末清初的朱彝尊（1629—1709）和王士祯（1634—1711）的诗中找到互证。1657 年朱氏曾到东官（东莞的旧称），并写下《东官书所见》："浦树重重暗，郊扉户户关。长年摇橹至，少妇采珠还。金齿屐一尺，素馨花两鬟。摸鱼歌未厥，凉月出林间。"王士祯和朱彝尊两人都是亲眼所见，虽说法不一，且"木"与"摸"发音相近，可王士祯和朱彝尊两人都是亲眼所见，虽说法不一，且"木"与"摸"发音相近，可见所指乃是同一事物。

（二）咸水歌对粤剧本土化的影响

咸水歌在粤曲的使用与五四以后新文化运动的蓬勃兴起、粤剧语言、声腔等变革有关。

五四之前，唱粤曲的小生或花旦使用西南官话、北方腔调演唱。白驹荣与金山炳、靓荣、千里驹、靓次伯等人提倡将粤曲戏台演唱语言从官话改为粤语，根据"依字行腔"的戏曲发展原则，因方言因素，粤曲声腔大大变革，随之的结果是将粤曲、粤语、广东民间音乐三者相结合。这其中最显著的变化是 1925～1930 年，广东民间曲调如《海南曲》《龙州歌》《咸水歌》等加入粤剧中来，引起粤剧唱腔向广东化发展。[1] 尤其是一些广东歌女对粤剧唱腔改革和创新做出了很大的功绩，这些歌者为了使唱曲更加丰富多彩，常常加入一些小曲和民歌，如上文提到的《海南曲》《龙州歌》《咸水歌》等，粤剧中引用民间音调最先是由这些歌女提倡并新兴起来。[2]

如唱调的南国化、粤语化，表现生活的近代化，还包括歌唱方法的探索等方面，她们比粤剧戏班的演技改革还要大胆，甚至对粤剧旦角的唱腔演唱都产生了很大的影响。咸水歌系统所固有的粤地本土唱腔影响深远，如"龙州""粤讴""木鱼""咸水歌音调"的引用，这些本身都是粤语音

---

① 李凌：《略谈广东音乐》，肖学俊编著《传统器乐与乐种论文综录：1901～1969》，人民音乐出版社，2006。

② 李凌：《乐话·〈望乡〉与广东歌女》，《随笔》第四集，广东人民出版社，1979。

乐，其音调和土语结合密切，而使所运用的旋律富于广东的白话特色，这一趋势一直延续到 1949 年以后。因此，1958 年出版的《粤剧音乐》称："粤剧从流传开始，至今还不断吸收广东的民间音调和其他剧种的一些乐曲，这就使粤剧音乐更加丰富多彩，更加优美了。"①

咸水歌因其独特粤地风味的民间音乐，对粤剧地方特色的形成功不可没。蛋歌独有的"越征"特性音调，也是整个粤海民歌色彩取得特性所在。② 咸水歌的音韵悠扬，婉转迤逦，往往被粤剧粤曲用作对唱的演唱艺术形式。这种方式方法广受粤港澳当地观众喜爱，成为粤港澳三地随处可闻的里巷之曲。

（三）咸水歌是粤港澳粤语民歌的突出代表

我国民歌有着悠久的传统，远在原始社会里，我们的祖先在狩猎、搬运、祭祀、娱神、仪式、求偶等活动中开始了他们的歌唱。如上古文献中记录的这样一首《弹歌》：□"断竹，续肉；飞土，逐肉。"它十分概括地描写了原始时代狩猎劳动全过程。全首民歌虽仅有 8 个字，却好像一幅栩栩如生的原始射猎图，是我们了解和认识原始时代人们生产和生活的珍贵资料和赏心悦目的艺术瑰宝。咸水歌作为广府民歌的杰出代表，起源于疍民族群，并在珠江口粤港澳两岸三地广泛流传，它融合了歌谣体这一民间文学的精华，是疍家文化乃至广府文化的重要组成部分。咸水歌在珠江口的粤港澳三地这一特殊的地理、气候、语言、文化、宗教的影响下，经历史沉淀，产生这一供疍民自娱兼文化留传并反映生活实质的音乐形式。

咸水歌的音调丰富，歌词表现的内容广泛，以多姿多彩的形色传递着疍民的历史、文明与热爱。它和蛋民的社会生活有着最直接最紧密的联系，它是经过广泛的群众性的即兴编作、口头传唱而逐渐形成和发展起来的。它是无数人智慧的结晶，音乐形式具有简明朴实、平易近人、生动灵活的特点。它是由疍民口头创作并在口头流传，过程中不断经过集体的加工，属疍民集体智慧的结晶，表达了疍民群落这一弱势群体的思想、感情、意志、要求和愿望，具有强烈的现实性，反映了疍民起讫数百年复杂的社会生活以及蛋民多方面的生活状况。咸水歌生动地反映了我国古代劳

---

① 李凌：《广东音乐·第二集》，音乐出版社，1958。
② 冯明洋：《越歌·岭南本土歌乐文化论》，广东人民出版社，2006。

动人民的精神面貌以及他们的创造才智，它们的高度人民性和现实主义精神，成就了广府民歌的优良传统，并成为广府文化的重要组成部分。

二　粤港澳共同文化特征的具体表现

疍民生活在咸水区，大多是海陆交汇地带，珠江三角洲、香港、澳门就是属于这种地势地形，与海洋连接，生活在咸水地域，粤港澳两岸三地水上人家闲来哼唱的都是咸水歌谣。粤港澳两岸三地疍民都是说粤语，这为咸水歌的流传创造了先决条件。咸水歌能在两岸三地广泛流传，更为深层次的因素还是来自粤港澳共同的经济文化圈是建立在一个统一的地理文化单元。①

这个共同的经济文化圈是建立在地缘基础之上。珠江三角洲既有坦荡平原，也有断续丘陵、台地，无高山阻隔，处两岸三地的粤港澳地域由大面积水网连接而成，其水路沟通渠道与方式多由水上人家的疍民完成，这使粤港澳地理上连成整体。受这样背景而感应、孕育、发生的文化，其原始特质是相对一致的。考古成果显示：香港屯门、涌浪出土的石钺、石环等较为先进的新石器与出土于广东曲江的同类器物十分相似。"从香港出土的文物来看，毫无疑问，香港是大陆文化的延伸。新石器时代的文物证明，它的根在大陆。"

历史时期，粤港澳经济社会的发展，促进文化关系的不断弥合，形成深刻的历史渊源。这种历史渊源最重要的因素是政区建置，它深刻作用于社会经济文化的各个层面。秦平岭南，粤地初开，首设郡县，整个粤港澳均属南海郡番禺县。在香港割让给英国的相当长时间里，香港先后属番禺县、东莞县、新安县管辖。澳门古代行政建置同香港一样，先后同属番禺县、宝安县、东莞县，至南宋，澳门归于香山县管辖，结束了与香港同属一县的历史。至光绪十三年（1887），《中葡和好通商条约》换文生效，澳门成为葡萄牙政府管辖地区。可见，港澳在被英、葡实行殖民统治之前，与珠三角所在州、府、县保持着不可分割的行政建制关系。这自然是港澳文化还不能独立出现和发展，而是岭南广府文化的一部分。而疍民在这段时间内肯定属相同的族群特质，流行在疍民族群的

---

① 司徒尚纪：《粤港澳文化创新及其扩散与区域性刍议》，香港出版社，2010。

咸水歌谣自然是一体。

人是文化的载体和传播的媒介。疍民是疍家文化具体指咸水歌的传播载体，粤港澳人口和民族、族群的迁徙，一则造成文化传播，二则是不同文化发生交流，形成新文化，推动文化向前发展。所以，咸水歌谣音乐曲调也会在此过程中孕育新的形态。

三 在粤港澳三地音乐形态各异

咸水歌在粤港澳两岸三地分布广泛，其中以中山坦州、东莞沙田为中心，并在珠江口沿海其他地区如阳江、湛江、香港长洲岛、澳门等地都存留与中心区咸水歌谣曲调和艺术风格相似或相近的蜑歌。

"十里不同音，百里不同俗。"是语言学家都知道的，山这边和山那边的方言肯定不一样，而相隔两三千公里的两地，在语言上却有很多相似之处。这看似简单的现象，背后却蕴含了深刻的族群或地域渊源。处在粤港澳两岸三地的疍民，经生存环境的转变，时段的更迭，不但在生活习性乃至信仰诸多方面会有不同程度的转变，且在语音语调上肯定会有很多的变异。这反映在我们所熟悉的咸水歌里，因语音语调的变迁，相应会使歌唱旋律和表达感情的程度或是方式变体。

很巧妙的是，人民音乐出版社编印的民歌教材收录的《海底珍珠容易揾》和东莞沙田立沙岛流行的《海底珍珠》两首民间歌曲，可谓相映成趣。这两首咸水歌，题材相同，都是以"海底珍珠"为中心思想，第一句歌词都是以"海底珍珠容易揾"为情感抒发之起兴，这是我国古民歌谣常用的记载手法，以第一句歌词为歌谣之名。两首曲词中都少不了男女之情、郎嫂之意，如东莞咸水歌词"姑呀妹""阿哥"，中山咸水歌中的"阿妹"，这是中国民歌乃至世界民歌谣最为通用的题材。绝非是咸水歌谣落入了俗套，它遵循了艺术创作最为广泛的思路。爱情是诗歌更是音乐艺术永恒的主题，有爱情才有人类繁衍，有爱情就有歌声。俄国伟大艺术家别林斯基告诉我们："爱情是生活中的诗歌和太阳。"从那渺远的"关关雎鸠，在河之洲。窈窕淑女，君子好逑"开始，中国民歌史上就留下了数不清的爱情题材。要分析以上两首咸水歌相异性，其实更多的还是相似性：中山咸水歌在开头有个衬词起兴"妹阿咧"音乐是 duo mi re，有歌词的第一小节都是 re re re re la，节奏型和音高完全一样。在第二小节，不同之处是，中山咸水歌谣进入不稳定音 si，而沙田咸水歌则完全遵照五声调式，用的是 6，两首歌谣的分歧从此处开始，调式调性和节奏型依此发展，最后的结束音都在 sol，即是我们中国五声调式的征音，即 sol，二者都遵照"依字行腔"，下行小三度，音乐进行到角音，即 mi，音乐结束在 mi 音。这样的音乐发展手法在我国曲牌音乐里随处可见，可以解释为"同名异调"，即同样的曲牌（歌名），在湖南有，在湖北也有，在四川也有，有很多相似性，也有些相异性，其实这就是中国民歌传唱的结果。在传唱过程中，你改几个音，我加几个音，同中有异，异中又呈现相同之处。这样，一首曲牌名就产生了流变。这种的传唱规律，不断适应中国民歌，在中国戏曲大家庭中也是随处可见。同样是《贵妃醉酒》唱段，在京剧中和昆曲中的音乐调式是完全不同的，但都是依照同样的典故创作而来。在音乐发展上我们今天能体会到的分歧，完全是由于在传承过程中，因产生流变所形成的结果。这就是口传民歌的重要特征：不受专业作曲技法的支配，是劳动人民自发的口头创作；其曲调和歌词并非一成不变，在长期流传过程中不断经过加工而有所发展，即是我们音乐界经常论及的民歌流变。

咸水歌谣以音乐性的声音形象为表现手段，以身口相传的文化链延续疍民始终，是疍民的生活记录本、是疍民的"荷马史诗"。蜑歌是岭南存留的唯一具有考古、考据、有文、有物，又有声的音乐文化形态。它的音乐节奏韵律不但体现了咸水歌谣与水相伴相生的规律，更记载了粤港澳两岸三地居民的迁徙交流史。

结　语

疍民世代以捕鱼为生，袭居咸水区，生于江海上；随船往来，漂泊不定。在祖国南疆的粤港澳咸水区间不断迁徙，随之而来的是他们之间文化习俗的互通有无、相似相近。致使粤港澳两岸三地的咸水歌看似大同小异，而就音乐形态或是依靠音乐形态而传播的其他文化形态，他们之间却存在很大差异。

粤港澳两岸三地疍民群体因其生活形式与方式的改变，离现代社会渐行渐远，疍民及其相关的文化正在消失。咸水歌谣在粤港澳三地只遗存其蛛丝马迹，成为中华民族祖国南疆现代生活的精神遗产。将粤港澳的咸水歌谣进行音乐形态比较研究，不但研究意义重大，且刻不容缓。

粤港政府合作机制的制度创新

官 华 李 静[*]

引 言

1997 年中国恢复行使对香港的主权后，香港作为特别行政区，实施不同于内地的政治经济体制，从而在粤港两地形成了 "一国两制" 下不同政治经济社会体制的区域治理结构。1998 年，两地经过中央批准建立了政府间合作机制——粤港合作联席会议制度，经过 10 多年的发展，其合作的广度、深度、稳定性都是国内其他区域合作少见的。目前，国内对区域治理的研究基本都是集中在一个国家之内，假设合作的主体是处于相同政治、行政管理体制下的地方政府，对于同一国家中跨政治体制的区域治理的研究还比较少。由于 "一国两制" 的原因，粤港两地在宪制地位、管治权力、体制安排等方面存在一种 "非对称府际关系"，即在综合实力、经济发展程度、权力结构、制度安排等方面存在不同的政府或政府部门间的关系，是跨政治体制的一个典型区域治理案例。这是区域治理实践和理论的创新，对地方政府的横向合作产生了新的推动要素。

一 粤港政府合作的发展

（一）改革开放前的粤港政府合作

新中国成立初期，广东省政府根据中央指示对香港实行维持现状、避

＊ 官华，广东省中山市广播电视大学校长；李静，北京和信诚软件有限公司研究员。

免冲突的方针，而港英当局唯恐新中国的革命活动蔓延到香港，实施了包括限制内地居民自由入境等管制政策。但香港与内地的联系一直没有割断，如香港的食物、供水等生活必需品主要来自广东。因此，当时中英两国政府间围绕香港问题所进行的协商，经常都要有广东的代表参加，两地政府间的关系是从属于更高一级中央政府外交关系之下的。1963 年香港大旱，广东省从广州每天免费供应香港 2 万吨自来水，并同意香港派船从珠江口无偿运取淡水，这是两地政府间的直接合作肇始。为了从根本上解决香港的食水问题，1963 年周恩来总理批准了东江对港供水工程建设。1964 年 4 月 22 日，广东省水利厅厅长和香港副工务司长兼水务局局长签署《关于从东江取水供给港九地区用水协议书》，开创了两地政府间协议的先河。这一时期涉及两地合作的重大事项，广东省必须先向中央汇报，在中央的批准下才能采取行动，两地交往带有浓厚的"外交事务"性质，粤方处于被动局面，一般事项都是先由香港向中央提出，然后通过外交途径解决，合作领域比较狭窄。

（二） 改革开放到香港回归前的粤港政府合作

改革开放以来，得益于毗邻香港的区位优势和中央政策支持，广东省在开放改革方面"先行一步"，吸引了大量的香港资金、技术、人才，由此催生了频繁的人员、经贸等方面的交流。1984 年中英签署了《中英联合声明》，香港进入了历时 12 年的回归过渡期，粤港之间的交流合作进一步密切和频繁。1984 年底，广东省制定《联络官工作规则》建立联络官制度，对与港英当局的交流事项、人员、地点、程序等进行了专门规定。这一时期，粤港两地在部分领域的合作有所发展，如成立了香港与内地大型跨界项目协调委员会、粤港环境保护联络小组等，但总体上政府的合作远远滞后于经贸频繁的联系，产生了通关效率低、基础设施对接慢等问题。一直到回归前 5 年，粤港在政府层面的接触仍然比较少，香港大部分公务员长期处于跟内地不接触、不认识的状态，对于粤港合作更是毫无头绪，影响了两地经济合作和社会交往的深入发展。

（三） 1997 年香港回归后粤港政府合作的发展

1997 年 7 月 1 日，香港回归成为中央统一领导下的实施资本主义制度的特别行政区域，与广东的关系也转变为一国之下、实施不同政治经济社会制度、相邻区域地方政府之间的关系。这种横向地方政府间关系性质的全新转变，把以前讳莫如深的对不同制度、体制、政策运行机制和习惯等方面差异的协调和处理纳入了合作范畴。① 由时任香港行政长官董建华提议，经国务院批准，1998 年 3 月 30 日，由广东省常务副省长与香港特区政府政务司司长共同主持举行了首次合作联席会议。这是内地省级政府与香港特区政府之间建立的第一个双边、高层次、经常性的协调机制。2003 年 8 月 5 日，粤港合作联席会议第六次会议在香港召开。经时任香港特区行政长官董建华提议并经国务院批准，粤港双方决定将粤港合作联席会议升格为双方行政首长主持，会期也由原来的半年一次改为一年一次。同时完善合作架构和运作机制，确立新的合作目标和合作项目，明确了"粤主制造、港主服务"错位发展定位，避免了无序竞争，为缔造"双赢"的合作发展格局奠定了基础。2010 年 4 月，广东省人民政府和香港特别行政区政府在北京签署了《粤港合作框架协议》，确定了两地在跨界基础设施等 9 大领域的合作内容，并且明确提出顺应区域合作基本规律，不断完善和创新粤港合作机制，包括高层会晤、联席会议、工作机构、咨询渠道、民间合作等 5 个方面内容，政府合作机制进一步完善。

二 粤港政府合作的制度安排

粤港两地政府在 1998 年经过中央政府批准建立起双边的合作机制，在制度创设方面不断进行探索，联席会议制度从比较务虚的层面向务实的层面改进，从比较宽泛的联席会议到专责工作机构，都是在不断将制度具体化，以期更好地为粤港合作服务。具体机制安排包括以下 6 个方面。

一是粤港合作联席会议，是经国务院批准而设立的粤港两地政府最高层次的合作机制，原则上每年举办一次。

二是高层会晤，定期会晤包括全国"两会"期间、粤港合作联席会议期间以及泛珠三角区域合作论坛期间；不定期会晤主要是双方领导人访问对方期间，或者有重大或者紧急问题需要沟通时进行。

三是粤港合作联席会议联络办公室（联络办），主要工作职责包括向

---

① 张紧跟：《制度学习：拓展粤港合作的新思路》，《岭南学刊》2010 年第 2 期。

各自行政长官反映区域合作的进展情况及提出问题建议、加强与本地区各有关部门的沟通联系、跟踪落实联席会议及政府秘书长协调会议确定的事项、筹备行政长官联席会议等。

四是专责工作小组，由两地政府有关职能部门人员和专家组成，负责各专题合作项目的研究、跟进、落实、监督，鼓励、支持各专责小组加强政策协调，提出推进合作项目建设的措施意见。

五是政府主导下的民间合作，第六次粤港合作联席会议上双方明确两地的企业、行业、商会之间进行经常性的研讨，搭建互动平台，双方每年召开两至三次工作会议，各类民间组织成为两地政府联系社会人士的桥梁和纽带。2009 年 9 月 10 日，粤港合作促进会在广州举行成立大会，为深化粤港两地民间的合作发展搭建了新的平台。

六是专责工作机构。1989 年广东省在省外办内单独设立了香港事务工作处，后来加挂了"省港澳办"的牌子。2006 年 3 月 28 日，广东省人民政府港澳事务办公室从省外办下面独立出来，成为省政府的组成部门，负责统筹协调、归口管理和服务粤港澳合作工作。而在香港方面，香港立法会于 2005 年 12 月批准在政制事务局设立内地事务联络办公室，于 2006 年 4 月 1 日正式成立。2007 年 7 月 1 日行政长官曾荫权实行政策局改组，政制事务局改称为政制与内地事务局，促进香港与内地不同地区特别是广东地区的合作项目。

三　粤港政府间的非对称关系及影响

"对称"在《现代汉语词典》中是指图形或物体相对两边的各部分，在大小、形状和排列上具有一一对应的关系。在自然界和人类社会中都充满了不对称性和对称性的复杂关系，政府间关系的对称性与非对称性可表现在实力、经济发展程度、权力、制度 4 个方面。[1] 一般而言，在同级别横向政府间关系上，由于作为行政主体的两个部门或政府级别相同，不存在领导与被领导、监督与被监督、管辖与被管辖等关系，彼此间的地位、管治权力是对称的。但在香港特别行政区政府与广东省政府这两个同属于

---

[1]　官华：《区域地方政府间的非对称关系研究——以粤港政府合作为例》，《福建论坛》（人文社会科学版）2011 年第 12 期。

"一个中国"框架下的实施不同体制的省级地方政府间，从以上 4 个维度出发都存在一种非对称关系：经济发展程度与总体实力上，香港发展水平、国际化程度等方面高于广东；而在宪制地位（制度安排）、管治权力（权力）安排上，香港作为中央政府直辖下的特别行政区政府，拥有广东省所不能比拟的特殊地位和管治权力。因此，粤港政府间的关系是横向政府间一种典型的非对称府际关系。在区域公共事务日益增多、合作需求日益强烈的趋势下，非对称的府际关系对双方合作的意愿、机制、治理模式等带来新的要求和挑战，容易增加合作的沟通协调成本，影响了合作的实现和绩效。

（一） 制度安排差异

由于"一国两制"的原因，粤港两地的经济社会管理模式、法律法规体系、政府行为模式等方面都存在较大差异。而且粤港各有自己特殊的制度环境和具体因素，也都有自己特定的历史文化、传统习俗、价值观念、伦理规范及道德观念，造成粤港的正式与非正式制度安排不完全相同，对两地的进一步合作容易造成体制性障碍。以跨越了广东、香港、澳门三地的中国建设史上里程最长、投资最多、施工难度最大的跨海桥梁项目——港珠澳大桥来看，由于"一国两制"的原因，对于项目决策、建设运营管理等都有较大差异，适用法律也不一样，从而引起制度不一、法律冲突的问题，同时也会受政治制度安排的影响，需要三方大量的协调以及中央政府释法和仲裁，这一过程是比较困难的。粤港合作初期，巨大的经济落差为粤港两地提供了发展机遇，两地合作的法律法规障碍因素表现没那么明显，而随着粤港合作逐步提升和深化，粤港两地存在的制度和体制落差将可能成为粤港合作面临的巨大挑战，有可能直接影响到合作的实现和效果。

（二） 内部利益平衡的复杂性

从大的方面讲，粤港合作是广东省与香港的合作，但是广东省是一个 18 万平方公里面积、有 21 个地级市的大省，在粤港政府合作的框架下，还包括了每一个地级市，特别是广州、深圳两个特大城市与香港的合作，其内部经济发展水平差异也很大，这种发展水平的不同层次性也决定了各利益主体需求的差异性，使得粤港合作面临了很多的不确定性和复杂性，对于广东省政府的平衡能力是个挑战。香港虽然面积、人口都没有广东多，但社会力量较强，利益分散，达成一致意见的难度比较大，程序也比较烦琐，某些合作项目（如港珠澳大桥，连接香港、深圳、东莞、广州四地的广深港高速铁路等）就算已经与广东方面协商好，如果得不到立法会通过就无法进行，也增加了合作的不确定性。

（三）公务员行为的差异性

早期学者，例如美国的安德森认为，府际关系的核心是公共事务官员私人之间的关系。① 政府公务人员作为政府合作的执行者，其行为对合作会产生影响。香港已形成了比较完善的管理制度和运行机制，公务员的既定思维是严格按法律行事，程序大于一切，法律和制度没有明确规定的事情，公务员没有权力自主决定。而广东省"强政府"模式下的公务员行为具有较大的行为空间，实际工作中也鼓励大胆创新，对于政策的制定和执行具有较大影响。因此合作过程中会出现这样的情况，广东省提出的合作事项，迟迟得不到香港方面的回应。对于香港公务员来说，他们收到这样的合作要求时，不能作出决定，而是要层层上报，某些重大的事项还要征求社会意见，拖延就是正常的了。而香港方面提出的要求，不管是来自政府还是来自民间，由于涉港性质，广东省一般都会较快处理，而且基本给予正面的回应。这导致广东省部分公务员的不理解和不平衡。这种情感和理解上的误区，对推进粤港合作以及粤港合作机制的有效运作具有较大的影响。此外，由于广东省各部门、各地公务员队伍的素质和工作能力水平差异性比较大，程序的规定和理解也不一样，行为办事随意性较大，一样的事情，在某个部门可能很快就答复或办理了，另外一个部门却可能不答复或者说不能办，也是造成困惑的一个原因。

（四）中央权威的约束性

"一国两制"是我国为解决港澳及台湾问题而提出的创举，"一国"是两地合作的前提，也是两地合作的界限，两地关系是一种包括中央与地方、地方与地方的三方政府间关系，两地合作机制的建立要经过中央的批

---

① W. Anderson, *Intergovernmental Relations in Review*, Minneapolis: University of Minnesota Press, 1960, p. 4, 来源于杨宏山《府际关系论》，中国社会科学出版社，2004，第5页。

准，也就是要在中央的授权下才能建立，中央对两地政府间的合作起着决定性和指导性作用。这一特殊性决定了粤港合作在很大程度上是一种授权性合作，会导致三个问题：一是合作批准权限归中央政府所有，合作的权力有被剥夺的危险；二是因为合作的一方主体广东省政府缺乏足够的自主权，导致其在合作方式方面的创新缺乏动力；三是在上级权力的重压下不敢也不能越雷池一步，被中央权威套上了"紧箍咒"。特别是由于体制差异，某些合作领域涉及的是国家权力和政策，粤港两地都无权作出决定，就算想去突破，也不能轻易去进行改造和创新，久而久之，容易造成政府间合作方式的模式化。

同时，中央和香港的权力划分有宪法和《基本法》的保障，但中央政府和广东省政府之间却无明确的法律法规界定权力范围。这将对粤港政府间的合作行为带来难题：第一，粤港两地宪制地位不对称，香港具有保障的地方自治权力，广东省却缺乏有保障的自主权力，有些事项无法自主而影响合作进行；第二，粤港政府会忽视同级政府之间的合作，而竭力寻求上级政府获得优惠政策，特别是香港可以利用其有利地位，当诉求不一致时绕过广东，通过与中央直接对话的方式，寻求上级政府的支持来逼迫广东屈服；第三，香港不清楚哪些事项广东省可以自主决定，哪些需要中央决策或授权，这需要一个长期的双方沟通过程，从而增加沟通合作的成本。

四 粤港政府合作机制的制度创新建议

制度是一种公共产品，有效率的制度的供给将有可能在一定程度上解决"公地悲剧"的问题。但新制度的供给是一个渐进和逐步完善的过程，而且要在供给的初期阶段能够见到效果，才能诱导各方参与到进一步的合作和制度构建过程中。随着粤港合作的扩大与深入，粤港两地不同制度下形成的合作难点和深层次的矛盾日渐增多。在国际竞争日趋激烈、区域经济一体化浪潮日益强劲的形势下，如何化解不同体制及非对称关系带来的难点和不利因素，寻求体制创新和制度创新，在"一国两制"下实现粤港两地一体化发展，成为迫切需要解决的问题。十八届三中全会审议通过的《中共中央关于全面深化改革若干重大问题的决定》指出，"扩大对香港特别行政区、澳门特别行政区和台湾地区开放合作"，"建立和完善跨区域城市发展协调机制"。在今后的合作中，粤港两地仍然必须牢牢把握开拓创新这根主线，在中央的支持和指导下，不断打破旧框框，破除旧思维，在合作中坚持务实求真、勇于创新、善于创新，积极探索创新两地合作机制，促使粤港政府合作能够不断进入良性循环渠道。

（一） 创新区域治理理念

公共治理的主张，强调发挥政府主导和社会参与的作用，通过建立多主体平等、协商、互动、共赢、集体行动的合作机制，形成多中心网络型治理格局，实现对区域性公共问题的协同治理。由于粤港区域的特殊性，中央政府对粤港合作的指导和支持是政治动力，必须要建立中央政府、香港特区政府、广东省政府三者间权力分享、责任分担、协同治理的合作关系。一方面，中央政府要为粤港合作创造良好的制度环境和法律保障，并在必须时做出协调，促使两地突破制度性障碍加强合作。另一方面，粤港两地要增强合作共识，树立区域共同利益基础上的"互相尊重、合作共赢、协商互动"理念，以平等、尊重、协商、合作、信任的态度，通过构建区域协同治理体系来解决进程中遇到的问题。

（二） 完善粤港政府合作机制

进一步加强粤港合作联席会议机制建设，形成横向整合、纵向衔接、层级分明、职责明晰的基本框架体系，是完善粤港合作机制的重点之一。从区域一体化角度看，粤港之间并无必要也不可能设立实体化的"区域政府"来处理合作事项，而应该强化粤港合作联席会议机制的利益协调、决策执行机制，明确职责功能定位，强化监督落实，从而保障双方采取一致行动增进双方利益。首先要强化粤港合作联席会议的决策职能，使之成为两地合作的最高决策机构。要改革会议议程，每次联席会议要根据两地合作的需要，确定会议的议题，不在多而在精，能够由专责小组协商解决的事项就不用上联席会议。其次要明确粤港合作工作会议的督导职能。由粤港两地政府分管领导组成的工作会议，要研究如何执行联席会议确定的方针和协议，商讨推进各领域合作与发展的具体任务和方案，筹划、组织拟开展合作的具体工作；协商、协调成员间的重要问题；对于实施和执行合作事项不得力的部门、地区进行批评，必要时采取问责措施，重大处理意见提交联席会议审议决定。再次是完善专责小组机制，弱化专责小组的决策职能，加强执行能力建设，并且从人财物等方面保障专责小组进行合作。最后要建立健全监督机制，充分发挥联席会议、工作会议、联络办公室的内部监督，和社会公众的外部监督作用，以督促专责小组更好地落实合作事项。

（三）以区域合作协议保障两地合作

在区域合作的进程中，区域政府间针对区域整体发展所达成的共识，必须要以制度性的区域合作协议来确定合作规则，约束各方行为，形成对双方或多方当事人有约束力的机制，并对违反"协议"者予以充分的惩罚而使其望而生畏。目前我国区域政府签订的合作协议越来越多，包括宣言、协议和意见书、备忘录等形式，但内容大多比较原则和抽象，基本上只是一种意向或认识，对于各方的权利、义务、措施、约束等方面的规定尚无涉及，没有授权机关的约束，也没有程序性的规定，更没有违约惩罚的保障性条款，有可能导致为了合作而合作、为了签订协议而签订协议，协议得不到实施成为一纸空文。粤港合作机制已经发展多年，具有了比较具体的运作经验和体制保障，也签订了合作的框架协议及多个领域的协议，但多是一种原则性约定。有必要在中央的指导和支持下，以区域合作协议的方式将之固定下来，规定双方的权利义务，制定共同遵守的行为准则，明确争端解决机制等。

（四）充分发挥民间合作的作用

区域公共治理不能只靠政府单一主体，要充分发挥社会的活力和各类社会组织的作用，优化整合各方面资源，形成多中心的治理机构。但粤港两地社会和民间组织的发展程度有较大区别：香港的社会和民间组织比较发达，对公共事务参与的积极性比较高，基本上能够独立作为不同利益阶层的代言人参与到区域治理中，发挥政府所发挥不了的作用。而广东行政力量比较强大，社会和民间组织欠发达，对公共事务参与的积极性也不够，在合作中基本上只能按照政府要求来行为。近年来，广东加大了民间组织发展的支持力度，促进其加快发展，也鼓励其积极与香港对应的社会团体交往，强化社会和民间组织在推进粤港合作中的力量和作用，支持两地社会和民间组织建立合作对接机制，统筹引导社会和民间组织合作，推动建立政府与企业及行业协会的互动模式。

粤港政府合作的发展前景是诱人的，但政府合作机制的构建不是一朝一夕的事，欧盟的建立都走过了半个世纪的艰难历程。粤港政府合作是建立在两种制度的基础之上的，是一项政治、经济、社会相融合的综合性合作，其实施需要强有力的组织环境依托，那就是要建立基础扎实、结构完善、运作规范的组织支持体系，这正是粤港政府间合作最缺乏、最需要着重考虑的重大问题。从根本上说，粤港政府合作制度设计的目标，就是基于对共同利益的追求，扫除行政壁垒，促进区域内部要素的流动，实现资源的有效配置，最终形成一个统一的经济区域，开创两地优势互补、互利共赢、协调发展、和谐进步的崭新局面。

参考文献

[1] 王振民：《中央与特别行政区关系——一种法治结构的解析》，清华大学出版社，2002。

[2] 杨宏山：《府际关系论》，中国社会科学出版社，2004。

[3] 张紧跟：《当代中国政府间关系导论》，社会科学文献出版社，2009。

[4] 张紧跟：《当代中国地方政府横向关系协调》，中国社会科学出版社，2007。

[5] 刘亚平：《当代中国地方政府间竞争》，社会科学文献出版社，2007。

[6] 张可云：《区域大战与区域经济关系》，民主与建设出版社，2001。

[7] 广东省地方史志编纂委员会：《广东省志·粤港关系志》，广东省人民出版社，2004。

[8] 广州市地方志编纂委员会：《广州志·穗香港关系志》，广州出版社，1996。

[9] 张定淮：《面向 2007 年的香港政治发展》，大公报出版有限公司，2007。

[10] 周平：《香港政治发展（1980~2004）》，中国社会科学出版社，2006。

[11] 陈丽君主编《"九七"后的探讨——香港经济及其与内地经济关系》，天地图书有限公司，2000。

[12] 汪永成：《双重转型："九七"以来香港的行政改革与发展》，社会科学文献出版社，2002。

[13] 马经：《粤港澳金融合作与发展研究》，中国金融出版社，2008。

[14] 陈鸿宇等：《空间视角下的产业结构优化机制——粤港区域产业战略性调整优化研究》，广东人民出版社，2008。

[15] 陈瑞莲主编《区域公共管理导论》，中国社会科学出版社，2006。

[16] 陈瑞莲等：《区域公共管理理论与实践研究》，中国社会科学出版社，2008。

[17] 王登嵘：《粤港地区区域合作发展分析及区域管治推进策略》，《现代城市研究》2003 年第 2 期。

[18] 王开泳、肖玲：《区域管治与粤港澳经济协调发展研究》，《区域经济》2004

年第 6 期。

[19] 杨爱平：《论一国两制下的区域公共管理——对粤港澳区域治理机制的一项研究》，《行政》2006 年第 3 期，总第 73 期。

[20] 张紧跟：《制度学习：拓展粤港合作的新思路》，《岭南学刊》2010 年第 2 期。

[21] 陈瑞莲：《论回归前后的粤港政府间关系——从集团理论的视角分析》，《中山大学学报》2004 年第 1 期。

[22] 闻泽：《粤港环境合作寻求制度创新《环境》2006 年第 3 期。

[23] 高建华、秦竟芝：《论区域公共管理政府合作整体性治理之合作监督机制构建》，《广西社会科学》2011 年第 2 期。

[24] 张文江：《府际关系的理顺与跨域治理的实现》，《云南社会科学》2011 年第 3 期。

[25] 毕瑞峰：《论合作治理视角下的粤港澳合作体系》，《珠海市行政学院学报》2010 年第 4 期。

[26] 李伯侨、尚寅：《粤港合作框架协议》，《中区域经济管理机构的地位初探》，《特区经济》2011 年第 2 期。

[27] 朱颖俐、慕子怡、慕亚平：《粤港合作框架协议的性质、效力分析及立法建议》，《学术研究》2011 年第 6 期。

[28] 温阳、戴大双、陈炳泉：《港珠澳大桥项目融资模式的启示》，《项目管理技术》2008 年第 12 期。

[29] 许叶林、陈炳泉、成虎：《港珠澳大桥融资模式选择分析》，《建设投融资》2009 年第 6 期。

[30] 邱大灿、程书萍、张劲文、王茜：《大型工程投融资模式决策研究——港珠澳大桥投融资决策思考》，《项目管理》2011 年第 3 期。

[31] 邱大灿、程书萍、葛秋东：《大型工程前期决策综合集成管理模式研究——港珠澳大桥建设管理理论思考》，《项目管理》2011 年第 8 期。

传统民俗节庆何以能打造成为地方文化品牌

——香港长洲抢包山与广州珠村乞巧节的考察与比较

李秀国[*]

引　言

文化创意产业在新型工业革命或后现代社会经济发展中占有越来越大的权重。对接、呼应这种发展趋势与国家前行的主客观之需，2011 年 10 月 18 日，中国共产党十七届六中全会通过了题为《中共中央关于深化文化体制改革推动社会主义文化大发展大繁荣若干重大问题的决定》，文化的大战略、新思路于焉成形。紧接着在十八大上，围绕实现"中国梦"的文化软实力之建设与升华，将让港澳台同胞与全国各族人民一道共享作为中国人的自豪与荣耀。《易经》所言"以观人文化成天下"的境界似乎离我们愈来愈近，改革开放 35 年之后的中国文化，业已站到了一个新的起跑点上。在改革开放中获益良多、常常引领改革先行的粤港澳，随着自由贸易区的设立，本区域内文化创意产业的发展，亦当是题中应有之义。本文拟以小见大、试通过考察与比较粤港两个节庆文化的成功经验，尝试从中总结、提取对于粤港澳文创产业发展的若干启迪。不当之处，敬请方家指正。

一　鸟瞰长洲"包山"："太平清醮"的前世今生

香港长洲抢包山，俗称"包山节"，本是当地的一个民间宗教节日，其正式名称实为一年一度的"太平清醮"。这种道教仪式，已演变成当地

---

* 李秀国，香港树仁大学质性社会研究中心研究员。

社区祛瘟疫、求平安的保境安民活动。它的内涵及其演变大致可归纳为 6 个方面。①

1. 醮期

长洲太平清醮过往是在每年农历的 4 月上旬举行，醮期历时三天。传统上，每年的打醮时间并不固定。直至 2001 年，杯卜结果显示北帝"同意"今后的醮期皆可定为相同的日子。这样，配合公众假期，一年一度的长洲太平清醮的醮期就固定了下来。

2. 杯卜仪式

早期的杯卜，是聘请来自海陆丰的喃呒师傅一边念经一边掉杯。后来改由一名本岛街坊进行掉杯，以选出每年的建醮总理。除把杯卜仪式简化，让本是神圣的仪式变得世俗化之外，另在求问建醮的时辰上也有所改变。

3. 组织者

一直以来，长洲太平清醮都由"建醮值理会"来组织实施，建醮值理会严格规定必须是惠州潮州府的会员。后来，值理会不再有籍贯的限制。这使得太平清醮已经由长洲岛上特有族群的庆典，发展为代表长洲全岛的社区节日。

4. 参加者

早期的长洲太平清醮，只是一个纯粹为岛上居民祈求平安的一个酬神活动，参与团体只得一个，就是由惠潮籍人士组成的岛上最早的同乡会——"惠潮府"。时至今日，参与长洲太平清醮的团体越来越多。除了惠潮府宗亲类同乡会团体外，至少可以分出 5 个类别的参与团体：庙宇、

---

① CHOI Chi-cheung & MA Muk-chi, 2011, "Examining the Direction of Preserving Hong Kong's Intangible Cultural Heritage: A Case of Hong Kong Cheung Chau's Jiao Festival", in LIU Tik-sang ed. , Intangible Cultural Heritage and Local Communities in East Asia, South China Research Center, The Hong Kong University of Science and Technology; Hong Kong Heritage Museum, pp. 283 –298. 蔡志祥：《香港长洲岛的神庙：社区与族群的关系》，陈春声、郑振满编《民间信仰与社会空间》，福建人民出版社，2003。

街坊会、体育会、政府部门和学校。这些不同团体、不同部门的参与，使得原初封闭的社区民间宗教仪式不断向开放的方向演变，原来集权于一身的宗族团体也逐渐走向分权。

5. 巡游与打醮

在太平清醮前一天，长洲居民需对将要举办打醮和巡游的场所和街道进行清洗和净化。洁净社区后，先请北帝、天后这些最重要的神明巡游。在正醮开始前，竖立 9 支幡杆，确定建醮范围。在幡杆划定的范围内进行静香仪式，确保醮场的洁净。傍晚由喃呒净坛、开光，午夜前启坛，醮会正式开始。第三天的"会景巡游"，是打醮的重头戏：在北帝的带领下，众神坐着神銮，伴随岛上各街坊会和各个社团，组成庞大壮观的巡游队伍，在建醮范围内巡行，安抚幽魂野鬼，祛除疾病瘟疫。

6. 抢包山

现如今，"抢包山"已经成为长洲太平清醮节庆的最高潮所系。它跟整个打醮活动中最惹人瞩目的 10 来座挂满平安包、高低各异的包山有关。以至于只见其表、不一定明其内理的外国人把太平清醮命名为"包山节"（the bun festival）。于是，香港本地和外来游人常常说"去看抢包山"或"参加包山节"，反而没有什么人讲"去看"或"去参加"太平清醮了。在最后一晚的抢包山活动，本地人都会奋力攀爬，争取拿到最顶上的包。过往，抢包山是长洲本地人的专利，外人不得参与，因为只有本地人才有权利得到他们所供奉神明的保佑。有趣的是，相传 1976 年，一个醉酒的欧洲人竟然爬上包山顶，取得最高的一个幽包，结果导致居民不满，甚至嚷着要把外国人赶出长洲岛，对抗气氛持续了好几个月。①

1978 年的抢包山，发生包山倒塌、多人受伤的事故，政府因此禁止再进行抢包山活动。之后 20 多年间，大会只好改用长钩将包从包山取下、待天明分发给居民。自禁止抢包山后，长洲各坊众数次提出恢复该传统活动的要求。2005 年，香港特区政府终于审时度势、为重振亚洲金融风暴和非典来袭之后颓敝的经济、推动香港旅游业的发展，同意长洲各社团领袖和离岛区议会的要求，在附加各项安全措施的条件下，才有限度地恢复抢包山活动。

---

① Chamberlain, Jonathan, 1990, The Bun Festival of Cheung Chau, Studio Publications, p. 12.

二 聚焦珠村乞巧：从蛰伏到繁盛

珠村乞巧的故事，不仅比抢包山来得浪漫，而且更清晰地彰显出村落的民俗节庆，何以能打造成广州市的一个文化品牌。

1. 乞巧婆婆开辟草莱

在有关珠村乞巧的不少文本、多媒体资料介绍里，常常可以见到珠村几位阿婆的身影。这些多已七八十岁，有的甚至达 90 余高龄的老婆婆，童年的回忆、青少年的经历、周围村庄的交往、姐妹情深的友谊，特别是生活富裕起来之后对传统习俗节日的惦记挂念，促成她们在 1998 年七夕时节在珠村的以良潘公祠祠堂摆出村里中断多时之后的第一台"摆七娘"。这个以女性为主体，祈愿她们心灵手巧、美好姻缘和人生顺境的传统节日，一旦复活即显示出其民间旺盛的生命力。

2. 热心村民倾情民俗

作为土生土长的珠村人，潘剑明对乞巧文化的痴迷也许是源于当其时的耳濡目染，也许是珠村潘氏祖上文武血脉的遗传因素①，或许是二者兼而有之。以他为代表的热心村民，自觉并倾力地去呵护和培育乞巧节日这朵民俗文化之花，让它在珠村根深的基础上更为叶茂、更加绚丽多彩，并从乡村走向了现代大都市。10 来年下来，他以丰富的经验和全情的投入，成为珠村乃至天河、广州乞巧文化的一只领头羊和知名传承人。

3. 知识女性升华传统

如果说 1998 年是珠村乞巧活动复活之起点的话，那么 2005 年无疑是本地乞巧文化的升华转折之年。而促成这个传统升华的推手，是几位现代知识女性：广州天河区珠吉街街道文化站杨静站长，曾在珠吉街挂职的广州市社会科学联合会杨茹博士和华南理工大学新闻传播学院的储冬爱博士

---

① 南宋年间开基的珠村有 800 多年的历史，是曾任民国海军司令、爱国将领潘文治将军的家乡。潘将军晚年回家乡办学，造福桑梓。潘剑明先生系潘文治之侄孙，现亦兼任潘文治将军故居展览馆馆长。

等人。回望七夕乞巧这个传统的"女儿节"、如今提升为广州这个现代化大都市的文化节，这些现代知识女性的文化情怀和扎根基层的工作，当是其中不可忽略亦不可或缺的一环。现代知识女性与传统民俗的结合，生发出别具韵味的人生华章。

4. "天河"广宣继往开来

当关于举办珠吉街乞巧节的申请报告以及相关资料递到天河区委和区政府，引起了区领导的高度重视。作为广州第一经济强区，天河应该创出更多的尤其是自己独特的文化品牌。经过座谈、论证和总纂，由天河区委、区政府主导的"广州天河乞巧文化节"计划书在 2005 年初完成并呈报广州市委宣传部。也许是乞巧真的"得巧"，现任广州市市长、时任市委宣传部长陈建华不仅对天河区这个文化举措赞赏有加，而且从建设广州现代国际化大都市的高度考虑，既高屋建瓴，又直接接上基层乡村的地气，还带出建设管理好城中村的迫切课题，亲自实地考察后拍板定名并升格为"广州乞巧文化节"。

5. 都市召唤两岸联姻

在珠村乞巧民俗活动进入公众视野之后，天河区区委、区政府已经开始积极和及时地引导这一民俗文化的走向，在提升和丰富乞巧活动方式及其内涵的同时，推动乞巧艺术的发展和乞巧文化的传播。从实现两岸四地同乞巧、两岸乞巧作品交流，到两岸乞巧文化的持久交流、两岸四地赛巧会的深度合作。一方面，乞巧从珠村走进正佳这个广州市标志性的商场、融入繁华热闹的天河路商圈，现代化之后的传统民俗可以在大都市里驻足。在这个演变发展过程中，文化与经济的互动显然不止于"文化搭台、经济唱戏"那么简单。

三 比较：文化与经济的辩证互动

从上可见，香港长洲包山节与广州乞巧文化节都是传统民俗节庆活动传承鲜活的在地标本。通过对这两个标本的剖析与比较，我们可以看到二者具有类似的成功实践经验。限于篇幅，以下我们仅就两个方面作一初步的比较分析。

1. 尊重传统、尊重民俗、保持在地

长洲包山节与珠村乞巧节分别由民间宗教节庆和传统民俗节日发展演变而来。就性质、规模而言，二者差异不言而喻：太平清醮的宗教特性较为浓郁，其分布范围虽广但远远没能像七夕或乞巧那样遍布华夏大地，甚至远播达东瀛、西洋。①而作为文化小传统，二者的在地特征也是至为明显。正是这种由乡野市井习俗组成的小传统，构建了民间的文化中国图像。②包山节和乞巧节无疑是这幅图像不可或缺的组成部分，或可以当成"礼失而求诸野"的现代活化石。二者都是国家级的非物质文化遗产，同在 2011 年成功入选国家第三批非物质文化遗产名录，入选的过程与事件本身即包含了对传统的珍惜、对民间习俗的尊重——其中也暗含、包容了村民对特定神灵的崇敬。

虽然两个节庆在演变发展过程中因"与时俱进"之故添加了很多现代元素，甚至推出了多种崭新的展示形式和由节庆的内涵外延延伸出来的新内容（如运动健儿竞技体育性质的抢包山，如模范夫妻、幸福家庭的评选等），但无论是包山节还是乞巧节，延续民俗生命力、传播文化正能量，始终是各种活动筹谋计划时的主要考虑。在选择、筹备和铺排系列的节庆活动时，均强调地方特色和在地展示。以乞巧节最为传统和核心的"七娘会""摆七娘""睇七娘"和"拜七娘"为例，1999 年珠村东南社乞巧婆婆在小祠堂偷偷摆了一台"七娘"，规模很小。次年，有村里乡亲的赞助，摆了一台中型的"七娘"。2001 年，摆出了"大七娘"。2002 年，摆出两台"大七娘"。接着的两年，"大七娘"增加到 3 台。到由天河区委区政府主导的 2005 年，即"广州乞巧文化节"元年，仍着重和强调原汁原味重现"七姐诞""摆七娘"等传统民俗，摆出的"七娘"规模更大。除保留"摆七娘""七娘大戏"等旧时节目之外，还首次按古礼重现了"拜七娘"的典雅仪式。③之后各届，各种新的探索不断，但这些纯民俗、重传统的保留节目不仅没有收缩减少，而且还得以扩大，如增加、扩阔了新的"摆七娘"地点。即使是推陈出新的节目或活动，也与七夕传统紧密扣连，如

---

① "Magpie—A Story of Seven"（by Lynx）in http：//www. druidry. org/library/animals/magpies‐story‐seven，2013 年 9 月 20 日读取。

② 李亦园：《从民间文化看文化中国》，上海教育出版社，2002。

③ 珠吉街文化站编制《乞巧文化培训教材》，第 35 ~ 46 页。

乞巧文化传承成果展示会、乞巧艺人广绣精品展、让市民们可以亲身体验的乞巧手工作坊等。

至今为止，长洲依旧保留和延续传统太平清醮保境安民的用意和传统仪式过程。如上所述，长洲太平清醮的主事者一直牢牢掌握在惠潮府人组成的值理会手里，政府机构和其他部门只是提供支持服务。太平清醮的宗教活动性质及其包含的文化内涵没有本质的变化，仪式过程和主要环节依然按照传统的形式进行，为了吸引游客所增加的新元素也以不破坏传统做法为底线。比如最负盛名的抢包山，"虽然允许外人参加，并采用了竞技体育的模式，但是反映的却不是现代体育的理念，而是平安包本身的宗教文化意义。本地人从平安包中获取神灵佑护的意义得到保存和延续。……对当地居民的文化传统没有什么实质触动"。[1]

此外，长洲包山节和珠村乞巧节除了一直以来在固定的场地举办，还根据需要在巡游路线、展示场地等方面尽量进行适时的调整与配合，让节日气氛得到充分的烘托，也让地方特色的文化融入其中。如为了便于游人参观，"根据珠村旧时的主干道，设置了'七夕路'旅游路线，将主会场—祈愿树—以良公祠—北帝庙—三间铺头—水浸社—潘氏宗祠—七社展馆—八社展馆几大景点有机连接"。[2]

2. 与时俱进创新形式、重新诠释话语体系

长洲包山节的某些活动被中断过，珠村乞巧节则有相当长一段时间的蛰伏期。在它们各自复活或者重振的过程之中，可以见到经济发展与文化传承的频繁互动。而这种互动的良性运行，则在于两个节庆举办者与时俱进的创新方式，以及通过重新诠释和拓展传统节庆的文化意义，进而开创出一片延续传统甚至再造传统的新天地。

在香港长洲这个小岛，社区居民在20世纪70年代前以渔业作为主要生计方式。此后，随着香港社会经济的发展，工业化带来的污染、过度的捕捞，造成近海渔业无以为继。与此同时，都市生活方式和现代工商业对年青一代带来了明显的吸引力。这一推一拉，让部分长洲居民纷纷到市区

---

[1] 高崇：《地方文化与旅游经济的互推互强——以香港长洲包山节为例》，《广西民族大学学报》2012年第4期。

[2] 珠吉街文化站编制《乞巧文化培训教材》，第45~46页。这些景点一定意义上是珠村丰富人文底蕴的直观体现。

里寻找发展机遇。这样，当地社群从 20 世纪 80 年代开始，需要寻找替代性的经济发展方式，此其一。其二，香港以及台湾等海外华人社区，在中国内地改革开放以前，一直是西方世界"中国社会文化研究的实验室"。①这使得在很长一段时期里，香港这个五方杂处、中西融汇的地方对感兴趣于中国文化的八方来客有着其独特的魅力，尤其是对西方游人的吸引力。其三，在 20 世纪八九十年代的回归过渡期，港府中人不少出于香港回归祖国的考虑，选择了新界元朗屏山文物径②、离岛长洲等地作为集中展现中国文化的展示地。港府之所以选中了长洲，在于其小岛渔村的风情、独具民间文化特色的太平清醮。这些既可以满足社区经济转型之需，又适合于大力发展和推动旅游经济，因为太平清醮所依托的道教，本身就似一座中国民间文化的博物馆。经过包装组合尤其是其中在地化的中国文化特色，无疑可作为成功的旅游营销产品。前述港府为了克服金融危机、非典肆虐之后的困难时期和重振低迷的经济，于 2005 年将先前拖延多时的长洲居民复办抢包山之请求应允准许。不啻如此，政府还积极参与，特别在旅游推广上面做出了切实的努力和效益。

同样是在 2005 年，"广州乞巧文化节"迈过珠村的田畴、经过走街串巷之后带着泥土的芬芳被打造、"印制"成为这个大都市的一张崭新名片。由村落民俗变成城市节庆乃至都市的一个文化品牌，其大致过程已于前述。追溯其成功的原因，除了上到市长下到市民村夫重传统、爱民俗、护文化的共同合力之外，自然也离不开地方深厚的底蕴、老广州的集体记忆以及现代化城市对传统回归的热诚和内心深处的心理需求。乞巧文化历史上是农业社会的产物，现如今要与工商文明进行对接，这就提出了诸如发展文化创意产业，甚至需要企业化运作的新要求、新模式。比较乞巧节和包山节在文化创新方面的实践，或可给我们带来些许的启迪。

值得注意的是，香港长洲包山节和广州乞巧文化节，在保持传统节庆的基本仪式和原本含义基础上，与过去相比都有相当程度的调整和改动。其调整和改动的目的，多离不开经济发展的方向、特别是旅游经济的提升。与此同时，两地在增加新元素、探索新尝试的时候，都以提高年青一

① 陈绍馨：《中国社会文化研究的实验室——台湾》，《中央研究院民族学研究所集刊》1966 年第 22 期。
② Sidney C. H. Cheung, 1999," The Meanings of a Heritage Trial in Hong Kong", Annuals of Tourism Research, Vol. 26, No. 3, p. 570 – 588.

代对传统的兴趣和认识、吸引年轻人参与并希望他们担起传承历史文化遗产的重任为嚆矢。于是，创新便成为传统文化节庆保持与开发的迫切课题。

关于长洲包山节的文化创新元素，人类学者、文化学者对此有较详细的论述①，概括起来，以下这些方面尤其值得关注。

首先，借神灵之名来固定打醮日期，以配合公众假日，吸引游客和本地人参与。如前述及，按照传统做法，太平清醮虽都在每年农历举办，但具体时间依赖正月的杯卜决定，并不是固定的。2001 年，杯卜结果恰好是四月初六起醮、会景巡游和抢包山在四月初八，这天正好是香港政府新订立的佛诞公众假期。这可避免与上班时间的冲突，让更多人有空来参加这类宗教仪式。值理会再向北帝杯卜，北帝"同意"，于是从这一年开始，醮期确定在每年四月初六至初八。12 年来的实践证明，这样的改变很有效，每年会景巡游和抢包山当日，也就是佛诞公众假日，数以万计的港人和游客涌入长洲，亲身体验他们眼中的嘉年华。本地以及外来的年青人也越来越多地参加这类带有娱乐性的民俗活动。

其次，在飘色巡游中增加时事题材，从古装人物和故事，扩展到针砭时弊的内容，制作出很多巧妙地把现代内容融入到传统形式之中的佳作。从金庸武侠小说人物到道教里头各显神通的八仙、从现朝当政的政府高官到市民正在议论的时事题材，不一而足，多能带给游客会心的一笑或诙谐的喜剧效果。

再次，复办抢包山活动，增加节日气氛，并转变为体育竞技活动，还开放给外人参与。经过多年争取，2005 年获准复办，不过需附加政府提出的多项条件，如改用钢筋支架、用塑胶包代替真包、参加抢包山的运动健儿需要通过培训并为参加者购买保险等。"在游客眼里，这种挂满蒸包高耸入云的包山，争抢平安包时候的紧张刺激和呐喊助威的欢乐，都是独具吸引力的元素，而且是其他文化无法提供的。"② 无怪乎西方人特意把抢包

---

① 高崇：《地方文化与旅游经济的互推互强——以香港长洲包山节为例》，《广西民族大学学报》2012 年第 4 期；梁宝珊：《传统再造——"长洲太平清醮"与"中环庙会"》，《文化研究》2007 年第 8 期；廖迪生、张兆和、蔡志祥：《香港历史，文化与社会》，香港科技大学华南研究中心，2001。

② 高崇：《地方文化与旅游经济的互推互强——以香港长洲包山节为例》，《广西民族大学学报》2012 年第 4 期。

山活动从长洲整个打醮仪式中凸显出来，将太平清醮名之为"the Bun Festival（包山节）"。

最后，强化平安包的平安意义，使得在文化上被定义为外人的游客自我感觉可以得到本地人信奉的神明眷顾和保护，获得心理上的自我安慰。平安包上红色的字词，从捐建包山的团体名到印在包子上的字词都统一为"平安"二字。这给现代甚或后现代社会充斥着很多学习、工作和生活不确定性与不安全感的人们，无疑带来少许或暂时的慰藉。人们对平安的追求和内心期盼，有形无形地投射到平安包上头。复办之后抢包山抢到的平安包，因用塑胶制成而不可食用，所以长洲太平清醮值理会会在抢包山之后的早晨向社区居民和善男信女派发真正可以食用的蒸包，游客也可排队轮候取用，去分享其中蕴含的超自然力量。

事实上，类似以上这些方面的文化创新，在乞巧文化节里也都可以看到，在此不拟——列举和分述。广州乞巧文化节组委会多年来一直致力于在形式、创新和文化创意产业上的探索，并且取得了明显的成效。一方面，不仅创出而且日益擦亮了广州乞巧文化这张都市名片；另一方面，通过产业化的推动、珠村村落的改造给村民群众带来了实惠。用前面论及的珠村"乞巧男儿"潘剑明的话来说："起牌坊、改造祠堂及公园，增加了公交、拓宽了道路。与乞巧文化兴盛而联动的，是珠村明显的变化。这些变化不仅在外表、在物质层面——如以前村南边的房屋近 BRT 好出租，北边不好租；现在北边的屋子也好租，租金与南边的一样高，因为越来越多的人知道是乞巧出名的那条村。而且，变化还表现在人的素质的提高，犯罪的人少了，吸毒的没有了，村民整体素质已今非昔比，村里人会有自豪感、自信心了。"而"村落还是那个村落，人群还是这些人群"。① 这些朴实的话语，不正道出了乞巧文化节的成效？

对应于香港长洲包山节一直以来由民间团体来主办的自下而上式参与，乞巧文化节先发轫于珠村的巧女、再由珠村实业公司、珠吉街文化站、天河区委区政府逐级递升，最后成为广州市一级的文化节庆。由政府承办的组织与动员优势，显然是香港长洲所无法比拟的。比如，在文化创新上，像第九届广州乞巧文化节开幕晚会《乞巧·女儿梦》大型

① 潘剑明在 2013 年 8 月 8 日第九届广州乞巧文化节之"广州乞巧文化论坛"第二分论坛上的发言。

音诗画那样的磅礴、大气特质，显然不同于包山节纯粹街坊平民性格的气质。

虽然有这样那样的差异，但香港长洲包山节和广州乞巧文化节都一样接通地气：植根本土，多元诠释；定位清晰、延伸内涵外展的演绎。包山节或太平清醮由香港一个离岛——长洲当地的一个民间社区节庆活动，已经发展成为香港政府向外推展的"香港节日"，在此之前，太平清醮由长洲岛上特有族群的庆典，发展为代表全长洲岛的节日。而位处广州城东的城中村——珠村，先由几个阿婆暗自恢复起来的乞巧节，现已成为华南名都广州的一张文化名片、一个文化品牌。在这样的传统节庆保持与开发的过程中，两者原本分别只是一个地方的民间习俗或民间宗教活动，如今都已经把各自的传统节庆打造成为以抢包山或"摆七娘"等为载体、声隆誉广的文化旅游盛事；并且借助现代文化创意工业理念，创造出新潮的旅游商品和旅游体验以及多样的产业形式。二者都"对传统的反应带有选择性"①。某种意义上，因需要作出的创新变更也即是传统的再创造。人类社会很多传统是创造出来的，且大多是根据现实上的需要。传统需依赖创造而再生，而创造又需要在一些被视为是属于古已有之的传统事物上发展。除了现实上如发展经济的需要之外，另一个创造新传统的动因是想借新传统"去令在地人群意识到他们是一个共同体"，传统"是属于同一的整体，从而维持当地人群的深度认同和在地连结或联系"②。

与此同时，相辅相成的是地方文化借助经济发展，尤其是旅游带来的经济利益和人气得以延续、传承和提升，使得原本冷清落寂、不太起眼的传统文化节庆不仅得以复活，而且引起更多更为广泛的关注和爱护。于此，一个良性的互动即可呈现：地方文化与经济社会——尤其集中于旅游经济——当可成相互推动、共同发展的双赢格局。整体而言，地方文化的价值观与发展旅游的经济理性之间保持着动态的平衡，尽可能确保经济服务于文化，而不是以牺牲文化换取经济的发展。

香港长洲包山节和广州珠村乞巧节这些传统文化节庆的保持与开发，已经不单单限于一个节日的保存，其整个保持开发的涵盖面已经充分地扩大、延伸。他们都注重地方历史、社区文化和集体记忆，也保持着社区的

---

① E. 希尔斯：《论传统》，傅铿、吕乐译，上海人民出版社，1991。

② Hobsbawn, Eric, 1983, "Introduction: Inventing Traditions", in Hobsbawn, Eirc & Terence Ranger ed. , *Invention of Tradition*, Cambridge University Press, pp. 1 – 14.

环境。所以，"文化保育不是保存旧有东西如此简单，它已成为一个多元实践和争议的领域。"① 于是，文化保育的参与者不再如过往印象那般限于专家学者和政府官员，平民百姓、在地组织、私人企业等，甚至一般游人，都能参与其中，人们均可在这样的开放领域里一现情思、一显身手。传统文化节庆连接于民间，通过历史与未来的穿越正生产出当下丰沛的能量。

---

① 叶荫聪：《为当下怀旧：文化保育的前世今生》，香港中文大学亚太研究所，第 10 ~ 11 页，2010。

内地全面深化改革背景下，粤港经济合作发展的新机遇及新挑战

谢国梁[*]

一 内地全面深化改革对内港经济合作的影响

- 市场对外开放、对外投资、企业走出去。（香港有利用价值）
- 行政体制改革、理清政府与市场关系。（香港有借鉴价值）
- 治理能力提升执政党建设以及国家安全。（香港的角色有正面，也有负面）

二 粤港经济合作发展近况

（一）近几年粤港两地进一步推进医疗、教育及金融领域合作

1. 港大医学院深圳附属医院开业
2. 中文大学深圳校区设立
3. 港资银行可在广东开设异地支行
4. 港资金融机构可到广州开展消费信贷业务
5. 港资证券公司可到深圳开设一家全牌照证券公司
6. 粤港基金互认（研究论证）
7. 前海企业可到香港融资、发债等

---

[*] 谢国梁，中国银行（香港）经济及政策研究主管，香港特区政府中央政策组特邀顾问，复旦大学管理学院经济学博士。

8. 港深沪交易所成立合资公司共同开发交易所买卖基金（ETF）等跨境投资产品

9. 广东企业并购香港银行（粤秀集团收购香港创兴银行）

10. 广东居民到香港旅游人数及消费金额持续增长

（二）粤港经济合作的发展重点及趋势

1. 合作平台及其功能

《珠江三角洲地区改革发展规划纲要（2008－2020年）》（纲要提出粤港功能定位）。CEPA（市场准入可争取从正面清单转为负面清单）。前海、横琴、南沙3个合作新区（前海、横琴有税务优惠安排，横琴设有一线及二线，实行一线放开、二线管住的特殊政策，有利于做金融及跨境业务创新。南沙面积大，有利于做行政管理体制及制度创新，建设新型的政府与市场关系）。粤港澳自由贸易实验区（目前仍处于探索阶段，有发展及创新空间）。

2. 中长期目标

粤港澳基本实现服务贸易自由化（香港、澳门是一个自由港，实现此目标的工作量主要在广东。广东部分产业如媒体、电信、能源及金融属于战略性资源，相信难以大幅度对外开放，将以正面及负面清单结合的方式实现对港澳服务贸易自由化）。

3. 主要手段

粤港澳理清政府、企业及市场关系，实现政府、企业及市场对接（产业分工由市场主导，政府促进；基建衔接由政府规划；投资合作由企业主导，政府促进）。

三　粤港合作面对的挑战

珠三角成本上升对粤港传统产业合作的影响。近几年，港资在珠三角的加工贸易制造业（目前主要是制衣及玩具业）有加速往东南亚国家搬迁的趋势，这对粤港产业链的长远影响如何？

（一） 香港政制改革对深化粤港合作的影响

香港从 2015 年起将有三场选举，分别是 2015 年区议会选举、2016 年立法会选举、2017 年特区行政长官选举。这些选举将消耗特区政府及香港社会的大量时间及精力。

香港的政治制度在朝民主选举制度转型发展中可能向广东输出"港式民主"，长远看粤港经济合作已不单纯是一个经济议题。

1. 香港营商环境及国际竞争力

表1 全球营商环境排名（2014）

名次	经济体名称
1	新加坡
2	中国香港（2006 年排名第 7 位）
3	新西兰
4	美国
5	丹麦
6	马来西亚
7	韩国
8	格鲁吉亚
9	挪威
10	英国
92	俄罗斯
96	中国内地

资料来源：世界银行《2014 年营商环境报告》。

（2）2013 年国际竞争力排名

世界经济论坛模型：第 7 位

瑞士洛桑管理学院模型：第 3 位

自由经济指数：第 1 位

（3）国际金融中心排名

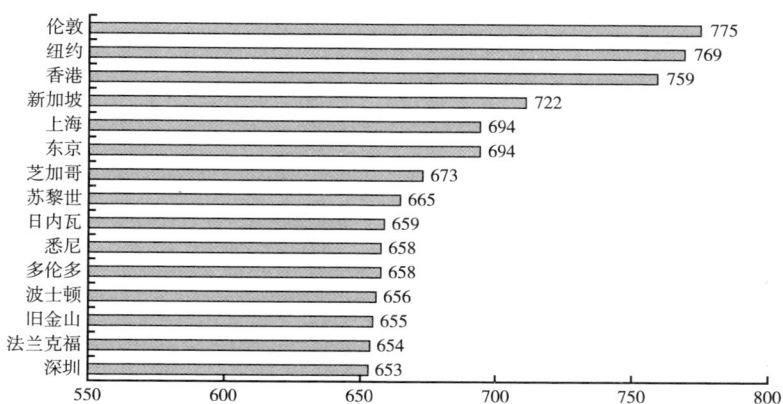

图 1　国际金融中心指数（2011）

资料来源：Z/Yen Group 的国际金融中心指数（GFCI），2012。

2. 香港是跨国企业的主要运营基地

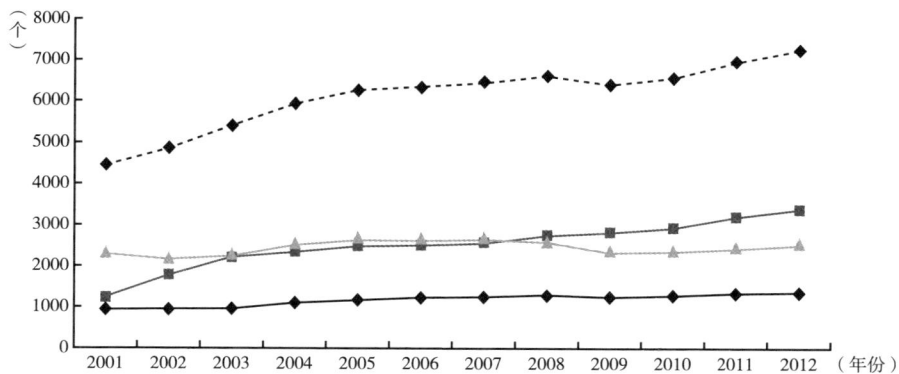

图 2　香港本地办事处中海外公司数目

整体外企数目 7250 个；本地办事处 3367 个；地区办事处 2516 个；地区总部 1367 个。
资料来源：香港特区政府投资推广署。

表 2　地区总部来源地

单位：个，%

	1999 年	2006 年	2012 年
美　　国	205	295(90)	333(24.4)
日　　本	114	212(98)	219(16.0)
英　　国	82	114(32)	122(8.9)

续表

	1999 年	2006 年	2012 年
中国内地	69	112(43)	106(7.8)
德　　国	55	76(21)	86(6.3)
法　　国	36	55(19)	62(4.5)
荷　　兰	32	48(16)	51(3.7)
瑞　　士	32	42(10)	41(3.0)
中国台湾	28	28(0)	31(2.3)
新 加 坡	20	44(24)	42(3.1)

表 3　地区总部从事的业务范围

单位：个，%

	1999 年	2006 年	2012 年
进出口贸易、批发及零售业	444	643(199)	684(50.0)
专业、商用及教育服务业	166	270(104)	252(18.4)
金融及银行业	107	93(−14)	166(12.1)
制造业	75	91(16)	29(2.1)
运输、仓库及速递服务业	57	115(58)	121(8.9)
地产业	23	12(11)	20(1.5)
保险业	16	19(3)	25(1.8)
电讯业	8	20(12)	23(1.7)
食肆及酒店业	6	13(7)	11(0.8)

说明：括号内为占总数比重。

资料来源：香港特区政府投资推广署。

（二）香港自由港运作的主要特点

香港长期奉行自由港政策，自由经济理念贯穿在法律制度、经济金融政策、政府及企业行为等各个领域。

在经济政策方面表现为贸易自由、企业经营自由、资金进出自由和人员出入境自由；在政府角色方面主要体现在尽量不干预市场，营造自由及公平的营商环境。而与自由港政策相配套的是实行简单低税制及以判例法为基础的法律制度。

香港在实施自由经济的同时，有一套较健全的制度与规则为自由经济的运作提供支持，使经济金融业的发展有规可循，既自由又有秩序，既国际化又有本土特色，这在全球经济体中相当罕见。香港能做到这点，主要与其法制及文化的构成相当特殊有关系。

自由港政策提升了香港金融市场的流通性、透明度及运作效率，对经济及金融市场朝高级化及国际化发展发挥了重要作用，并成为香港发展成为全球主要国际金融及商务中心、跨国企业总部基地的重要基础。

（三）在自由港政策下，香港形成全球最佳营商环境的其他要素

1. 区位优越，政府廉洁高效，中英文双语并用，营商便利

地处亚太区中心，与国际与内地市场往来密切，金融市场与纽约、伦敦处在不同时区，承上启下，环环相扣，在资金、信息与人才方面相互连接与流动，充当当今经济全球化运作的金融与商务往来枢纽。中文和英文同是法定语言，而合约签订和执行等商业活动多以英文为主。

2. 法律健全，司法独立，奉行法治、公平的竞争环境

以普通法为基础，外企熟悉，且能取信于西方国家及企业，本地各类调解及仲裁服务广受国际信赖，在港作出的判决在全球多个司法辖区内均具有效力，被国际认同为是办理业务合约或处理各类纠纷的理想地点。

3. 实行低税率及简单税制

实行"地域征税制"，即只有在香港本土发生的经济活动才需纳税，这比美国所使用的"全球征税制"较为简单，也较有利于"总部经济"发展。

实行低税率及简单税制。香港税制具有三大优胜之处：（1）只设 3 种直接税，并设有免税额制度，使税负可再减轻。3 种直接税是：企业利得税（最高税率为 16.5%）、个人薪俸税（最高税率为 15%）、物业税（即租金收入税，目前税率为 15%）。（2）免征销售税、消费税、增值税，也没有预扣税、资本增值税、股息税、遗产税。（3）个人报税手续十分简单，大部分人可透过邮寄自行办理，可在网上办理，也可聘请会计师协助处理。

香港服务业进入内地：趋势、挑战及建议

张家敏　洪雯[*]

目前，香港与内地之间的产业转移已从制造业扩展到服务业。香港服务业走入内地，可能给香港带来四种效应，包括："扩大"效应、"脱钩"效应、"迁移"效应及"替代"效应。四种效应的出现可能呈现动态发展，但随着内地产业结构提升并走向"全产业链"阶段后——即本身拥有包括制造业及为其服务的生产性服务业的完整产业链条，若香港本地没有恰当的政策配合，"迁移"和"替代"效应可能成为主流，导致本地产业结构出现生产性服务业收缩、消费性服务业扩张的趋势，并加剧香港就业结构两极分化、中产流失的趋势。

无疑，香港的服务业走入内地是不可阻挡的趋势；但同时，香港的服务业进入内地，不应仅仅是为获得内地的市场和相对低廉的生产腹地，而应该是通过获得内地更大的市场，来推动香港本土产业结构的提升和多元化发展，巩固和提升本地产业的竞争力。本文从这一目的出发，提出了一系列建议。

一　香港制造业转移入内地的得与失

自 20 世纪 80 年代开始，香港与内地之间的产业链组合（rationalization）使香港从轻工业制造中心转型成服务中心。这一过程为香港带来巨大利益，但同时亦带来不可忽视的挑战。

---

* 张家敏，全国政协委员，香港政府中央政策组特别顾问，利丰研究中心董事总经理；洪雯，利丰研究中心副总裁。

这一过程中香港得到的利益包括两方面：（1）企业将制造环节转入内地，同时迅速扩大规模，获得成本及规模效应，工厂规模及企业家利润迅速扩大；（2）转移到内地并扩大了规模的制造业主要使用香港的服务，成为香港服务业发展的巨大推动力，金融、贸易、物流、专业服务飞跃发展；而香港工业家的财富积累亦增加了对香港各类服务的需求。

但同时，转入内地的制造业由于太容易通过扩大规模而获得更大的利润，因此多年沿用同样生产模式，不愿冒险进行创新，随着内地产业结构的提升而逐渐失去行业领导者地位，在外围经济不景气时，依赖低成本发展起来的企业往往难以生存。更重要的是，在低端制造环节转移入内地时，香港本土的工业并未抓住机会转型升级，导致工业实体基础全体转移内地。

二　香港制造业转移内地未导致大量失业的原因

在制造业转入内地的阶段，香港并未出现大量失业，有多方面的原因。其一，香港制造业转移正值本地人口结构发生变化：一方面本地年轻工人数目增长速度处于战后最低水平；另一方面，从1980年开始，香港加强出入境管制，停止"抵垒"政策，外来劳工大幅减少。其二，香港生产性服务业飞速发展，吸纳有一定知识和技能的劳工；而消费性服务业和旅游业发展，亦吸纳了低技能劳工。另外，服务业细分化、专业化、扩大化，新兴行业涌现，为本土各个行业服务的相对低端的服务业亦得到快速发展，吸纳了部分劳工。

三　香港与内地之间的产业转移从制造业
扩展到服务业

目前，全球产业转移正从低端环节走向中、高端环节，从制造业走向服务业。这是因为制造业是生产性服务业的核心需求来源，而生产性服务业有贴近需求来源的倾向；因此，在制造环节全球转移之后，生产性服务业及与生产紧密相关的高端战略性新兴产业亦尾随其后，开始跨界转移。

随着这一国际趋势，加上 CEPA 的签订和两地经贸融合的趋势，香港与内地之间的产业转移从制造业扩展到服务业。过往，由于内地服务业发展程度低、市场不开放、体制不完善，香港本土和外资服务业企业以香港为基地，离岸地为内地提供服务，香港成为生产性服务业枢纽。随着内地产业结构的提升和服务业市场的进一步开放（WTO、CEPA、服务贸易自由化），香港的生产性服务业（尤其是为内地市场服务的部分）为贴近服务对象，也开始进入内地，在岸（内地）提供服务。

另一个可见的趋势是，早期转入内地的港资制造业与香港之间的产业联系正不断减弱。一方面，大量港企正转而采用内地的服务（香港离岸贸易的出现和迅速发展正体现了这种趋势）；另一方面，为港企服务的港资服务企业跟随制造业迁入内地，贴身为其服务。这一趋势为香港企业带来更大的盈利空间，但与此同时，亦为香港经济结构及就业市场带来挑战。

四　香港服务业大规模进入内地
可能为香港带来挑战

从企业角度来看，香港服务业大规模进入内地无疑获得了更大的市场；同时，企业可以在更大范围内配置资源，充分利用香港与内地各自的优势，提升效益。

然而，对香港整体经济而言，上述趋势则可能为香港未来的发展带来挑战。香港服务业进入内地，可能带来以下4种效应：

（1）"扩大"效应：理想状态是香港企业在内地接单，将部分工序（尤其是高端工序）转由香港的办公室进行处理，使香港能充分利用内地开放带来的"扩大"效应。例如，检测认证企业在内地接单，将产品带到香港进行检测及认证。

（2）香港与内地的业务出现"脱钩"（"de-link"）效应：亦可能香港企业进入内地后，其在香港和在内地两边的业务各自运作，互不影响，即"脱钩"效应。例如，香港的银行进入内地后，在内地的账户与在香港的账户完全分开，各自独立运作，互不干扰。

（3）"迁移"效应：但由于内地市场大、成本低且实体经济基础坚实，亦有可能香港企业进入内地后，将香港的中、低价值的工序迁移内地，导致中间和下层就业流失，即发生"迁移"效应。例如，有香港建筑公司在内地设立办公室后，利用内地员工为内地、香港及整个亚洲区的工程项目进行设计，仅在香港保留少数几个职位；亦有个别跨国商报公司的内地总部已直接与欧美客户商谈业务，无需通过香港。

（4）"替代"效应：最极端的情况下，香港企业将整个业务（包括高端工序）皆转移内地，从内地为香港及整个亚太区域服务，即"替代"效应。例如，有香港本地小型会计师事务所原本在港为内地港企服务，现整体搬入内地，聘用内地员工，为港企服务。

当然，上述 4 种效应的出现可能呈现动态发展。某些产业可能以"扩大"或"脱钩"效应为主（如金融业）；某些产业则以"迁移"和"替代"效应为主（如商贸、物流、运输业）。另外，某些产业初期可能以"扩大"或"脱钩"效应为主，但随着内地服务业逐渐发展，走向"全产业链"阶段后，若香港本地没有恰当的政策配合，其影响将转而以"迁移"和"替代"效应为主（如在建筑设计行业已出现"迁移"和"替代"）。

五　内地产业发展趋势：走向"全产业链"阶段

当前，内地正逐步开放服务业市场，大力吸引优质服务业外资进入内地，并通过体制改革，大力推动本土服务业发展。长远，必将出现数个香港的强劲竞争对手。

同时，内地的产业政策力图兼顾各个产业，在大力发展服务业的同时，提升制造业，发展现代农业，巩固实体经济基础坚实；加上市场巨大、拥有不同梯度的市场、不同层次的劳动力，内地未来必将向"全产业链"阶段发展——即本身拥有包括制造业及为其服务的生产性服务业在内的完整产业链条，不但本土市场对外界的服务需求将可能减少，同时更会因为其庞大的制造业基础和巨大的市场体量，产生极大的磁力效应，吸引生产性服务业聚集发展。

六　香港产业结构、就业结构发展趋势

必须强调的是，在服务业进入内地的同时，香港本地若没有适当的政策配合，"迁移"和"替代"效应有可能成为主流，导致香港本土生产性服务业收缩；另一方面，随着自由行的扩大，消费性服务业（consumer services）呈现扩张趋势。故此，本地产业结构将可能出现生产性服务业收

缩、消费性服务业扩张的趋势。

这一产业结构发展趋势可能给就业结构带来深刻影响。一方面，生产性服务业收缩，必然导致中层及中下层就业流失；但同时，消费性服务业扩张，则引致某些下层就业增加。在此消彼长的趋势下，香港的就业结构将进一步两极分化：就业集中于高端的精英阶层和为游客服务的低端阶层，形成中间凹陷的 M 型社会。

香港服务业进入内地，必然带动香港专业人士、服务业人才到内地就业。不过，研究显示，在内地就业的港人主要是为港企服务的中高端管理人才，低技能劳工由于两地工资水平、社会福利差异，反而固化在香港。从某种角度看，这可以看作内地为香港专业人士提供了就业，但事实上亦是香港培养的人才不能为己所用，造成香港人才的流失、潜在的创新和增长机会的流失。

七　经济全球化和产业转移给欧美带来的影响及经验借鉴

上述香港未来可能的发展趋势与全球化下欧美的情况相似。欧美跨国公司占据微笑曲线两端制高点，成为全球价值链的控制者，获得庞大利润，但同时欧美就业状况，尤其中、下阶层就业状况日趋恶劣。今日欧美的境况及全球的经济格局体现出过去数十年产业链全球配置的结果。

（1）跨国公司得利：跨国公司通过在全球范围内配置资源，获得更高的价值创造力和巨大利润。

（2）国家面对就业困扰：跨国公司将低增值、中等增值环节，甚至部分高增值环节移出，造成中下阶层就业流失、就业结构两极分化。

（3）中小企业失利：由于无全球配置能力，中小企业面对大企业失去竞争力。而中小企业往往是一个国家就业的主体和经济活力的源泉，中小企业的失利是整体社会竞争力的巨大损失。

（4）实体经济基础流失：最终，产业转移的结果可能导致整体竞争力流失。

有鉴于全球化和产业转移带来的弊端，欧美开始调整政策走向。一方面，推动第三次产业革命，以创造新的竞争优势，占据新的制高点；另一方面，通过"再工业化"来巩固实体基础，并创造就业，保持社会稳定。

八　对香港的启示及政策建议

如前所述，香港与内地的产业转移从制造业扩展到服务业；香港本地若没有适当的政策配合，"迁移"和"替代"效应有可能成为主流，导致香港竞争力和就业的流失。然而，面对这种可能性，香港能做的并不是阻挡与内地之间的产业转移。事实上，内地的进一步改革和开放是大势所趋；而只要有市场和有适当的条件配合，企业就必然追逐市场，因此香港的服务业走入内地是不可阻挡的趋势。

不过，香港的服务业进入内地，我们的目标不能仅仅是帮助企业获得内地的市场和相对低廉的生产腹地，而应该是通过帮助企业获得内地更大的市场，来推动香港本土产业结构的提升和多元化发展，巩固和提升本地产业的竞争力，实现"扩大"效应，避免"迁移"和"替代"效应。可以说，香港服务业走进内地应以巩固本土产业为目的，包括增加本地经济活动、提升本地产业结构、实现产业和就业的多元化。

从这一目标出发，本文提出以下几方面建议。

（1）制度完善及建设：香港须不断增强本地经营环境的竞争力和吸引力，包括加强香港的法制、自由经济体系等，为企业提供内地所不能提供的价值，以吸引企业将总部、高端环节及为海外服务的业务留在香港。

（2）增加流量，强化枢纽功能：另外，国家推动企业和人民币"走出去"，对香港而言是一个强化香港"枢纽"和"平台"功能的机遇；若香港成为中国企业海外营运的平台，成为中国企业国内与海外业务联系的枢纽，将经济活动吸引来香港，这有助于强化香港的服务业产业链，并提供就业机会。

（3）人才培育：在内地走向"全产业链"的过程中，人才的缺乏会成为核心的制约因素。因此，除了制度，人才的培育会成为香港及香港人未来能否找到自己在全球产业链上的位置（niche）的关键因素。若香港拥有充足的、高素质、高诚信的人才，将会使供应链上的某些高增值环节难以迁离本港，亦能加强港人的竞争力，使港人能跻身高端服务行业，避免高端工作被外来人口挤占，导致本地人口"向下流"。另外，子女教育问题是高端人才选择工作和生活地点的核心考虑因素之一，提升教育，才能帮助香港留住和吸引人才。

（4）强化为实体经济服务的服务业，推动产业结构的适度多元发展：香港本土的制造业只占整体经济1.6%，本土的实体基础薄弱。但内地有强大的制造业基础，周边亚洲国家和地区的制造业亦正不断发展，可以成为香港服务业发展的基础。内地虽然正走向全产业链，但目前香港生产性服务业尚有领先优势，若能不断创新、持续强化优势，能内地之所不能（如积极发展为实体经济服务的供应链金融等），保持对内地的领先关系，与上海等城市错位发展，将能吸引内地的制造业，特别是有意走出海外的企业使用香港的服务。另外，在巩固和提升香港作为国际金融、贸易、物流和专业服务中心的同时，应探索建设香港成为人民币离岸中心，并积极推动检测认证、创新科技、文化创意、环保产业等新兴产业的发展，寻找新的经济增长引擎。

（5）加强与珠三角的合作，并积极开拓亚洲发展腹地：曾经与香港形成"前店后厂"关系的珠三角已开始全面升级转型，其目标不但是"店厂合一"，更要做内陆地区的"店"。香港必须通过不断的产业提升，来保持自身在大珠三角范围内的"枢纽"功能。与此同时，香港应积极在周边亚洲国家开拓腹地，充分利用10＋1等经贸协议，与亚洲国家之间发展更紧密的经贸关系，形成"升级版"的"前店后厂"关系，强化香港"亚洲经贸枢纽和服务平台"的功能，在亚洲范围内拓展我们的实体基础。

（6）研究及调整人口和福利政策：当前，香港与内地之间人口流动的状态是流入以基层为主，流出以中、高技能人士为主。在流入方面，单程证人士移居香港是香港人口增长的主要来源之一，每年约5万人，超过本土的人口增长数字，亦远超通过求学、就业、人才计划等渠道从内地流入香港的中高端人才。而单程证人士在教育程度、就业参与程度均低于香港平均水平，是香港基层人口快速增加的原因之一。同时，由于香港和内地在社会福利（公屋、综援、长者津贴等）、公共服务（医疗、教育、小区服务等）及最低工资方面的差距，使得社会底层人士"固化"在香港，不断流入而无法流出。相反，已走入内地或有能力走入内地的港人，往往并非基层人士，反而以中、上知识和技能层次的为主；就连因内地成本较低而到内地养老的人士，亦集中在有一定财富积累的中或中间偏下阶层，近期多有基层港人承受不住内地生活指数上涨回流香港的情况。这种流出中高端、移入低端的人口流向，大大加剧了香港社会两极分化的趋势。因此，调整人口和福利政策，吸引更多专才来港，以平衡低技能人士大量流入并固化在香港的趋势，是香港未来必须探讨的问题。

总　结

过往 30 年，香港制造业企业通过内迁，获得了更大的发展空间，解决了企业在本土遇到的种种难题。然而，在制造环节内迁的同时，香港本土的制造业未抓住机遇提升，导致了工业实体经济的流失。今天，香港的服务业转移内地，对香港而言同样可能是双刃剑，既能为企业带来巨大的市场，但若无适当的政策配合，亦可能导致本土生产性服务业及中层就业职位的流失。

本文认为，香港在积极推动 CEPA 落实、推动内地对香港实现服务贸易自由化的同时，有必要全面、平衡地深入分析有关发展对企业及香港整体社会可能带来的影响；在深化两地服务业合作时，应以推动香港本土产业结构的提升和多元化发展、巩固和提升本地产业的竞争力为目标。在任何时候，香港都必须不断增强本地经营环境的吸引力和竞争力，实现两地服务业合作的"扩大"效应，避免"迁移"和"替代"效应。

澳门人才培养问题的思考

—— 《澳门青年人如何应对社会变迁研究》之启迪

杨开荆[*]

澳门社会一日千里，在政治、文化、商业等各个领域急速发展，需要大量的人才，而人才的问题更重要取决于年轻人的素质，以及竞争力。澳门政府 2014 年的施政报告，将人才培才列为发展政策及长效机制，成为发展的战略目标。澳门社会科学学会于 2012 年 8 月至 2013 年 4 月进行了一项有关"澳门青年人如何应对社会变迁研究"的报告，关注的是年轻人对社会发展的竞争力问题。本文针对该研究结果，进一步分析澳门人才培养所面对的问题，如澳门青年的特点，存在隐忧，冀借此引起学者探讨粤港澳在人才培养方面的合作空间。

一　澳门人才培养问题的思考

随着知识经济时代的到来以及现代科学技术的迅猛发展，人才成为社会进步不可或缺的要素。与此同时，在全球化步伐越趋迫近的势态下，人才的流动及竞争亦变得极为普及。澳门近年社会和经济急速发展，从往日的小城渐渐向国际化迈进，尤其在博彩业的带动下，澳门进入了新的历史时期，它的许多方面如政治、经济、文化的发展都引起国际注目。因而，人才的提供如何同步及平衡地发展成为澳门近年面对的问题，此问题涉及澳门长远发展政策。从另一角度看，人才问题影响着一个地区的整体素质、国际形象以至社会的和谐发展。社会的发展很大程度取决于人才，尤其是年青一代的竞争力。然而，近年社会上不乏意见认为，本澳年青一代

---

* 杨开荆，澳门社会科学学会会长、澳门基金会首席顾问高级技术员。

过分依赖，竞争意识不足，较难应对未来的挑战。因此，人才培养便越来越受到社会的广泛关注。

从一定意义上说，澳门的人才培养从几方面思考。其一就是培养澳门本土人士；其二是以澳门为基地，培养澳门及来自各地的人士；其三是借助外力，即根据澳门各行业的需要，引入其他地区的人才，服务澳门。澳门特区政府在 2014 年的施政报告中，特别针对目前社会需要而提出人才培养的长远政策及长效机制，冀将特区人才培养成为发展的战略目标。

事实上，澳门的急速发展急需大量的人才投入到各个领域，而人才的议题离不开对青年问题的研究。因此，笔者尝试参与的"澳门青年人如何应对社会变迁研究"①，其结果显示了澳门人才培养所面对的问题与挑战，并借此引起学者探讨粤港澳在人才培养方面合作空间。

二 《澳门青年人如何应对社会变迁研究》概述

为进一步了解澳门在人才培养、青年的竞争力等迫切问题，澳门社会科学学会经关锋理事长召集，热心商人关伟霖先生资助，由笔者及社科会成员刘静文与学生助理梁玉媚、何淑瑜、孙戈骊、刘洋、李万东等于 2012 年 8 月组成了调查研究团队展开工作。针对澳门青年人在急剧变化环境下的心态以及应对能力等问题进行研究，并由此探讨社会发展所面对的挑战。

研究报告主要探讨青年人在家庭、学业、经济、朋辈、社会等方面的心态、状况，并分析他们如何看待和应对社会各种变迁。具体而言，涵盖以下六大范畴：①青年如何看待自身价值和自我增值；②经济发展对青年价值观的影响；③置业问题；④青年面对职业；⑤青年对本土文化认同感以及对澳门的归属感；⑥青年的国际视野等。为了更全面和深入地了解时下澳门青年的状况，研究采取量性与质性的研究方法，即一方面通过问卷调查，以取得相关的统计数据；另外，亦采取专人访谈的方法，以直接对话交流方式深入了解状况。因此，研究小组自 2012 年 10 月始，透过中学、

---

① 杨开荆、刘静文等：《澳门青年人如何应对社会变迁研究》，澳门社会科学学会，2013 年 4 月（商人关伟霖先生资助）。

大学、网上、图书馆、小区活动中心、博彩娱乐场、青年社团等不同渠道进行问卷调查，收回逾 1000 份有效问卷；同时亦与几位不同背景的青年人及家长进行了面谈，当中以大学生为主。旨在从宏观的视野探讨问题，以填补以往在青年范畴研究的空白之处。

研究结果呈现出澳门社会存在的隐忧，亦引起社会一定的回响，在此分析澳门青年的性格特点、存在问题以及应对社会发展能力，从而探讨人才培养的问题。

三　澳门青年的特点

调查结果显示澳门青年人大都重视家庭，心地善良，乐于参与慈善和义务工作，同时喜欢安逸的生活，这些都是社会稳定的因素，亦值得我们珍视和传承的澳门纯朴风气。具体而言，可从以下几方面体现。

1. 重视家庭

由于澳门向来是个传统的小城，民风淳朴，较重视家庭，相信这种观念亦影响着澳门的青年一代。本次有关家庭关系的调查结果显示，青年人普遍满意家庭生活，与家人相处甚为融洽，整体近 7 成受访者对家庭现状表示满意及非常满意。同时，有 33.25% 的大学生，33.1% 的在职人士，以及 23.1% 的中学生认为家人的关心非常足够。另外，部分（74.8%）大学生认为幸福家庭最重要的因素是家人之间的相互关怀，而认为经济丰裕最重要的有 16.7%，选择舒适的居住环境为首要因素的最少，仅 11.4%。由此可见，年轻人很看重家人的互相关心及照顾，远比经济条件重要。从这方面看，澳门青年趋向于重视家庭及亲情，这是社会稳定的重要因素。因此，澳门在考虑留住人才，让青年安心工作，就应多关注对老人的照顾、幼儿、住房等问题，令青年无后顾之忧。

2. 自感具竞争力

调查显示，42.8% 的青年认为自己在职场上具有较大的竞争力，这本是可喜的。但事实上反映了他们既乐观亦悲观的一面。对于本澳目前输入外劳，30.2% 的青年认为对他们影响非常大，37.1% 认为有影响。他们对工作的满意度呈现矛盾，满意的是收入，不满意的是工作的本质，更认为澳门给年轻人发展的空间很小。而引起我们反思的是，澳门各界近年纷纷表示人才不足，不断输入外劳以及专才。那么，是否因此而削减了本地青年的向上流的机会，或是青年人未对就业市场的竞争性作准确地把握？这在未来输入专才时值得研究，在制定政策时应充分评估本澳青年人的发展机会是否被不合理地压抑，从而影响了他们的发展空间。

3. 追求安稳

调查发现澳门青年在选择职业时大都追求薪优福利好的工作，多数以澳门政府公务员为首选，有 34.2%。至于在选择工作的时候，优先考虑的条件比较倾向于以薪金福利为首选，有 40.9%；其次是考虑工作性质和意义，有 30.5%；但是对晋升机会，只有 12.5% 认为重要。由此可见，澳门青年以安稳、薪金高为求职的首选，相对而言，欠缺打拼的精神。事实上，他们本身亦偏向保守，不喜欢冒险。而部分年轻人表示本地人和外劳之间开始出现分化。因而，当外来人口增加，竞争必定加剧，矛盾亦渐显现。

4. 喜欢留澳工作

澳门青年大都喜欢故乡澳门，74.2% 的被访者希望留澳工作；另外，大多数人选择在可见的未来选择在澳门生活，在职人员这一比例最高，为 85.9%，中学生和大学生分别为 72.5% 和 80.3%，平均为 77.6%。另外，澳门青年参加过义务或社团工作的比例较高，总体上有 70% 以上。

一直以来，在不少人眼中，澳门被视为安逸的乐园。但事实上，往日简朴的小城已成为国际都会，悠闲的步伐亦不由分说地被急速起来。于是，人们一方面欣然接受经济成果，却又难以面对和适应种种改变。在这种错落时空下的青年一代，未经锤炼，便承受着社会的期望，这无疑是澳门社会的重大挑战。

四 值得关注的问题

研究发现，澳门青年人在应对社会发展明显地竞争力不足，同时欠缺使命感和承担感，同时，对本土文化亦认识不足。

1. 倾向就业多于自我增值

目前，即使大多数青年，尤其是大学生及在职群体，对学习进修持积极态度，但是实际上对持续进修或升学的意愿并不明显，大部分人更倾向于就业；而且青年对课外阅读和学习的态度亦较为冷淡，34.8% 表示没有阅读课外书的习惯；另外，就业倾向甚为明显，其中大学生有 0.4% 选择毕业后就业，而令人忧虑的是，中学生中也有 32.8% 考虑毕业后就业而非升学，选择在职进修的人亦很少，大学生与中学生分别仅有 9.0% 和 8.1%；另外，有 34.8% 的青年人是不爱阅读的，这些都是值得社会关注的问题。

2. 对社会缺乏关注及承担

一个具竞争力的城市，首先要有具竞争力的人才。整体而言，澳门青年对社会时事关心不足，对政制发展认知低，也欠缺国际视野。例如，多数受访青年对粤澳合作框架协议不了解，仅 6.1% 和 9.5% 表示了解或非常了解，33.2% 表示尚知；中学生和大学生每周关心澳门时事的时间比较少，平均每周用 7 小时以上关心澳门时事的人只有 4.6% 和 9.1%，而在职人员虽有 18% 左右，但也不算多，超过半数的青年（57.4%）每周会花 1~3 小时关心澳门时事，有 18.7% 是完全不关心澳门时事的；65.1% 的青年未参与过有关澳门青年政策的讲座或研讨会；70.1% 的青年不清楚澳门有多少位司级官员；大部分被访青年（71.7%）不知道下一届立法会在何年进行选举，以上情况在某种程度上反映出澳门青年在社会急剧变化下，缺乏对社会关注及承担感和使命感。这样，对社会的发展亦存在着一定的危机。

3. 欠缺本土文化认同感

联合国教科文组织所设立的三项大型保护人类遗产的名录，澳门都与之有关，例如具中西文化精髓的澳门历史城区被列入《世界文化遗产名录》，政府、民间已大肆宣传，亦只有约有六成的受访青年表示了解及非常了解；然而，对澳门的民间项目列入《非物质文化遗产名录》，了解的人只占约 1/3；但是，对澳门天主教文献列入《世界记忆名录》，了解的人更少于 1/4。由此可见，他们不太了解澳门的文化底蕴，也没有因为澳门的各种文化资源被国际社会认同而感到自豪。从这个角度可以反映他们对澳门的文化认同感不足。

当一个地区的青年人对本土文化没有认识，必定欠缺一种文化精神和认同感，这样，对本地的热爱和归属感不足，最终亦影响社会的政治及文化发展。

4. 民间不满情绪之隐忧

对于置业问题，可以想象，在目前及可见的将来，高企的楼价无疑令追求安家的青年造成困扰，置业将成为澳门青年面对的问题。而政府近年来由于经济状况良好而采取的各种福利政策，某种程度上令青年将置业的希望寄托在政府，希望有各种扶助措施，如经济房屋、优惠贷款等。调查可见，有 82.2% 的青年表示会申请经济房屋，而大学生的比例最高（91.7%），如这种依赖心态漫延，而又无法得到满足，很容易令年青一代产生怨气及民绪。因此，未来在房屋、土地等问题上，政府及社会人士应多加考虑，以平衡各方面的诉求。一方面要采取实质性的措施打击炒卖风气；另一方面，鼓励青年人以积极勤奋、自力更生的态度面对人生；同时，亦适当地对弱势青年予以扶助。

在全球化及区域化锐不可当的趋势下，不难想象未来澳门青年所面对的竞争将会越来越大，但目前澳门青年对澳门经济普遍持乐观态度，同时对政府亦表现出依赖的心理。这种心理具体呈现在青年人希望分享经济成果，却未有积极地装备自己。这样，对澳门长远发展存在着隐忧。

五 澳门人才培养的基本要素

综合上述的分析，人才培养的确是澳门目前及长远发展面对的迫切问题，而本研究尝试就有关问题提出几点补充建议：

1. 强化本土文化意识

文化认同感是人才培养的重要基础。针对澳门青年欠缺文化认同感的问题，澳门应尽早开设常规的本土教育课程，并且应该从小学开始，令本土意识尽早在少年人心中建立起来。令本地人自少就从正规课程中了解澳门，培养起热爱澳门，关心澳门的意识。这是世界各地重视文化教育地区所关注的。例如美国，本土文化知识的教育受到高度重视，在美国国会图书馆的"美国记忆"（American Memory）项目中，便设置了网上的本土课程教育教材，教师可利用此生动的教材来推动至课堂，吸引学生的兴趣，增加爱国的情怀。因此，着手基础教育很重要，多元的本土通识教育以及公民教育必须加入所有的课程设计之中，从而提升对本土的历史文化及澳门社会的参与度。

2. 提升个人素质

由于澳门近年经济的急速发展，而物质丰富条件造成物欲的危机，令青年人价值观改变，成为拜金主义者。调查显示大多数青年人在求职时以薪金及福利为首要考虑，工作性质和意义是次要，便可见当中的危机。因此，青年的个人素质是抵御不良行为的重要因素，避免因为社会的经济条件过于优厚而成为一个暴发户式的城市。所以，建议政府在几方面着手，其一，多设置文化场所，如图书馆、文化馆等，如10分钟文化圈，令青年随时在小区及生活区可找到健康的消闲中心，在内阅报、上网、读书；其二，针对澳门在推动持续进修计划的不足，考虑下次推出时扩大范围，如可用于购买图书，观看健康电影、文艺表演、音乐会等，提升青年人的文化素质；其三，举办更多的书展、阅读推广等活动。从不同的层面提升个人素质，以良好的心理素质应对社会的变迁。

3. 引才育才

人才不足，似乎已成为澳门社会多年来的问题。因此，各大企业、学术机构多年来不断引入专才，即使不少大型的研究项目亦多依赖外地学者专家来承担主要责任。10多年前如是，现在亦未见改变。久而久之，本地青年亦被削减了发挥承担责任的机会，而变得习惯了求安稳的心态，从这次问卷调查的结果可见一斑。因此，未来在引入先进技术人才的同时，政策上应予以适当的调整。例如，外地专才在来澳工作的时期，尽可能负担起提拔、培养本地人接班的责任，并使之成为一种恒常的制度。这样，本地青年才有走向上游的机会，以及具备承担重任的心态。除此之外，政府部门亦应考虑推荐具潜力的青年人到国外先进地区的相关部门进行一段较长时间的实习、领导培训等，并可透过合约形式令受训的专才回来后有相关发展机会的工作岗位。这样，长远来说，才能为澳门培养具承担力的接班人。

4. 开拓国际视野

由于澳门青年欠缺国际视野，政府应考虑多结合民间、企业的资源，提供更多的国际参与机会给在学或在职的青年人，例如与本地的跨国企业联络沟通，为青年人安排更多的出国实习机会；而学术机构则可多安排交流互访，但内容则在于实务性及深入学习和参与到具体的事务，而非仅仅在于走马看花或短暂旅游；此外，调查题示本澳不少青年人愿意参与一些义务工作，因此亦可考虑资助青年人参与国际性的志愿服务，培养青年人的利他特质以及高阔的眼界；同时，亦可透过联络国际组织，安排交流、参观以及实习培训等机会，例如参访联合国教科文组织、世界银行、联合国、世界贸易组织等国际机构，令澳门青年可与国际社会接触，并且参与其中，开阔视野。

六　粤港澳合作推动人才培养

粤港澳同属岭南地区，地域的便利，文化及语言的相近为合作带来许多的优势，同时，随着《粤澳合作框架协议》2011 年 3 月 6 日在北京签署，进一步开拓粤澳在人才培养方面的合作空间。例如，中医药产业人才方面培养方面，《协议》强调加强人才培养合作，推动双方高等院校合作开展中医药人才培养计划和粤港澳中医药人才培养项目，共同举办中医药产业发展研讨会和交流会。另外，《协议》鼓励双方有关机构就技能人才职业资格鉴定、职业标准加强交流和增进了解，研究实施"一试三证"培养模式的可行性。促进人才市场互补，推动人才信息资源共享。加强职业教育培训合作，共同举办旅游、酒店、会展、创意设计等职业培训项目，建立职业教育师资交流制度，鼓励澳门教育培训机构与广东教育培训机构合作开展职业教育培训项目，全面系统地培养符合澳门和广东产业发展需要的技术、技能人才。这些政策措施对粤澳合作培养专才提供了良好的平台。

香港方面，引入外地专才推行方式亦值得澳门参考，2006 年 6 月实施的"香港优秀人才入境计划"，吸引世界各地不同行业的优秀人才到香港定居，目的是提升香港在全球市场的竞争力。至 2013 年 4 月，有 2458 名人士获批到港定居，主要来自中国内地、美国、澳大利亚。另外，对于吸引在港就读的外地大专生留港工作采取积极措施,例如,由毕业后可留港一年予学生应征香港顾主聘请的期限延至两年。而整体上,香港社会对有关政策比较开放和接受。反观澳门,当社会提出有关外地大专生留澳工作方案时,澳门社会的反弹极大,反对之声不断,主要担心影响本地青年人的就业机会,削弱生存空间。笔者认为,本地人担心竞争力不足在所难免,然而,社会更关注的是,该项政策的公开性以及公平性,若是良性的竞争制度,令本地人不至于无辜地被扼杀发展空间,相信较易被接受。因而,当局应多思考公众所疑虑的焦点问题,并多参考香港引入专才的筹划及推行方式。未来更应加强粤港澳在人才培养及互动方面的合作。

七 结语

澳门人才培养无疑具有极为迫切的需求,在提高人才的竞争力方面,政府、教育部门、雇主、家庭以及本土人士要通力合作,同时,粤港澳地区的合作亦有很大的空间。更重要的是,澳门政府须创设一个多元且公平的发展空间,继续推动产业多元化,并落实外劳输入政策的补充原则,使本地居民有优先就业的机会。在引入专业人才的时候,亦应注意本地人才的培养及向上流动的空间,尤其是引入机制,令外来专才承担起提携、培养澳门人的责任,这样才能令有为的本地青年在澳发展,为澳门做出贡献。

中国与葡语国家经贸关系之澳门角色

关　锋　梁玉媚[*]

随着中国经济改革的进一步深化，全面参与世界经济合作已然成为中国未来经济发展的方向。葡语国家遍布四大洲，拥有丰富的自然资源及超过两亿人口的消费市场，使中国与葡语国家之间的经济具有很强的互补性，葡语国家因而成为中国在拓展世界贸易空间及平衡经济发展时的重要选项。

因此，在中央政府大力支持下，加上特殊的历史因素及文化背景，促成了澳门作为内地与葡语国家的经济、文化合作平台的角色定位。2003年时，由中华人民共和国中央人民政府发起并主办的首届"中国—葡语国家经贸合作论坛（澳门）"，得到澳门特别行政区政府承办，并在澳门举行。此论坛的宗旨在于加强中国与葡语系国家（最主要的包括安哥拉、巴西、佛得角、几内亚比绍、莫桑比克、葡萄牙）之间的经济交流与合作、发挥澳门联系中国与葡语国家的平台作用和促进中国与葡语国家的共同发展。自中国—葡语国家经贸合作论坛成立10年以来，中国与葡语国家经贸合作日益深化，双方的共同利益不断扩大。

自环球金融危机以来，中国外贸受到一定程度的影响。在积极发展内需促进经济增长的同时，中国也需要考虑拓展贸易伙伴。葡语国家过去虽然不是中国的主要经贸对象，但是们代表着3种不同经济体系；巴西是金砖国家重要成员之一、葡萄牙是欧盟成员国、其他葡语系国家代表非洲一定程度的发展中国家。这些国家对未来中国贸易伙伴多元化的潜力不容忽视。

然而，尽管中国与葡语国家的经贸关系越趋紧密，但澳门在其中所扮演的角色却不是必要的，澳门平台作用所发挥的效果差强人意。此状况值得澳

* 关锋，澳门社会科学学会理事长；梁玉媚，澳门社会科学学会理事。

门特区政府给予更多的关注。本文将简要回顾中葡经贸合作论坛成立后所取得的成绩，并检讨澳门在其中的角色及不足，从而提出未来发展方向的思考。

一　中国与葡语国家的经贸关系现状

三年一届的中葡论坛部长级会议是为了推动中国与葡语国家经贸合作关系而建构的长效发展机制。此部长级会议作为中葡论坛的最高决策机构，决定了中国与葡语国家三年的发展目标、合作领域及行动的纲领。首届会议于 2003 年在澳门特别行政区举办，至今已有 10 年。

自 2003 年 10 月论坛成立以来，对加强中国与葡语国家的经贸合作关系，促进葡语国家、中国内地及澳门的共同发展起到了积极作用。根据中国海关总署公布的数据显示，于 2003 年论坛成立时，双方的贸易额才刚过 100 亿美元。2004 年时贸易额达 182.7 亿美元，增长率为 65.7%。在 2005 年双方贸易额首次突破 200 亿美元，达到 231.9 亿美元，同比增长 65.7%。与此同时，中国对葡语国家累计投资额近一亿美元。而直至 2013 年，仅 1~8 月，中国与葡语国家之间的进出口总额已达 860 亿美元，数据一定程度反映了中葡论坛对双方的务实合作有十分正面的作用。

若按葡语国家的地理位置划分，现时与中国有紧密经贸往来的葡语国家主要分布在三大洲：欧洲、南美洲以及非洲。

在欧洲市场方面，葡萄牙是中国主要的贸易伙伴。自 1979 年 2 月 8 日中国与葡萄牙正式建交以来，中葡在经贸领域的合作关系便不断加强。而中葡论坛的成立，更是巩固及促进两方战略伙伴关系的重要因素。2003 年时中国与葡萄牙的贸易额只有 6 亿美元左右，但在 2010 年时便大幅上升至 32 亿美元，2012 年双边贸易额进一步增长至 40.20 亿美元，其中中国出口 22.35 亿美元，进口 11.73 亿美元。

表1　2003~2012 年中国与葡萄牙的进出口贸易额

单位：万美元

年份	进出口额	出口额	进口额
2003	60098	40637	19461
2004	86930	58840	28090
2005	123586	91201	32385
2006	171353	135972	35381

续表

年份	进出口额	出口额	进口额
2007	221081	182628	38453
2008	269137	230411	38726
2009	240445	192352	48093
2010	326749	251324	75425
2011	396316	280090	116226
2012	401994	223504	117338

在南美洲市场方面，巴西是中国在南美洲最大的贸易合作伙伴，是中国电视、计算机、机械设备、劳务等重要的出口市场，亦是中国进口石油、天然气、矿产品以及大豆等资源的重要供应地。根据中国海关的统计数据，2003 年中巴双边贸易额达 79.88 亿美元；2004 年突破 100 亿美元，达到 123.58 亿美元；2006 年突破 200 亿美元，达到 202.99 亿美元。

表 2　2003～2012 年中国与巴西双边贸易情况

单位：亿美元

年份	贸易总额	出口额	进口额
2003	79.88	14.57	22.05
2004	123.58	36.74	86.84
2005	148.16	48.27	99.89
2006	202.99	73.79	129.2
2007	297.05	113.72	183.33
2008	485.72	187.49	298.23
2009	423.98	141.18	282.8
2010	625.48	244.62	380.86
2011	845.02	318.54	526.48
2012	854.84	323.88	412.51

在非洲市场方面，与中国有紧密经贸往来的葡语国家包括安哥拉、佛得角、几内亚比绍、莫桑比克。其中，安哥拉是中国在非洲最大的贸易合作伙伴。中国在资金及技术方面均较非洲地区的葡语国家有优势，而非洲的葡语国家则拥有丰富的自然资源，双方在经济上具有很强的互补性。

举例来说,安哥拉是非洲南部最大的国家,亦是非洲最大的葡语国家。安哥拉主要向中国出口石油产品,而中国则向安哥拉出口生活消费品及机械设备,包括鞋类、机电产品、电子产品、运输工具、纺织品及钢材等。中国的产品对安哥拉经济发展有着重大的意义及影响。根据安哥拉官方的统计,自 2008 年以来,中国成为安哥拉最大进口来源国。除此之外,中国与安哥拉在经济技术层面亦有多方面的合作关系,中国以向安哥拉提供经济技术援助的方式,换取更多的石油进口。鉴于能源对国家持续发展有重大的作用,中国与安哥拉的经贸关系不仅反映在经济上,亦见于政治等各方面。

表 3　2003～2012 年中国与安哥拉的经贸情况

年份	双边贸易额 (亿美元)	中国进口额 (亿美元)	安哥拉进口 (亿美元)	原油进口量 (万吨)	占总进口量比重 (%)
2003	23.56	22.1	1.46	1010.15	11.10
2004	49.1	47.2	1.9	1620.82	13.10
2005	69.5	65.8	3.7	1746.28	13.70
2006	118.24	109.3	8.94	2345.2	16.20
2007	141.2	128.9	12.3	2499.66	15.30
2008	252.9	223.8	29.1	—	—
2009	170.66	146.8	23.86	3060	15
2010	248.14	228.1	20.04	3938.1	16.50
2011	276.72	248.9	27.82	—	—
2012	375	335	40	—	—

除安哥拉外,佛得角亦是稳定的经贸伙伴,十分依赖中国出口的产品。佛得角的地理位置虽优越,地处美、非、欧、亚四大洲的海上交通要冲,且海产资源丰富,但超过八成的日常用品及全部的机械设备及建筑材料、燃料等皆需依赖进口,其贸易结构可以说是处于严重的逆差状态。过去中佛两国的贸易额因只能以现汇结算,故只进行小额贸易。自从中葡论坛成立,中国与佛得角的贸易便开始缓慢成长。根据中国商务部统计数据显示,截至 2011 年末,中国对佛得角非金融类直接投资 458 万美元。佛得角正努力发展本国经济,冀成为该地区货运中转站及西非金融中心,加上优越的地理位置及各项投资优惠措施,可以预见,未来中国与佛得角在工农业、能源、基础建设等各领域将有更多的发展空间。

其他非洲葡语国家在中葡论坛成立后，与中国的双边贸易亦稳步上升。就几内亚比绍而言，在 2003～2008 年，两国贸易额一直在 1000 万美元以内，2009 年则大幅增至 2481 万美元，2010 年虽曾回落，但 2011 年又开始稳步增长。而莫桑比克与中国的贸易则在 2004～2007 年，迅速增长了 2 倍，达到 2.8 亿美元。至 2012 年，更进一步增加至 13.4 亿美元，比 10 年前增长了近 18 倍。此外，若从进出口产品的类别来看，莫桑比克向中国出口的产品主要是木材、海产品、铁矿及芝麻。而中国则向其提供金属制成品、医药品、机械设备、纺织品等，皆充分反映了双方的经济互补性甚高。

二　中国推进与葡语国家的经贸关系的考虑

中国经济发展至今，逐步成为一个成熟的经济体，政府和民间累积了庞大的财富。和过去着力吸引外资不同，内地现在非常努力考虑各种海外投资的管道。葡语国家可以是中国海外直接投资（ODI）一个非常理想的对象，在分散投资的原则上，和葡语国家的多边商贸合作具有很大的潜力。

金融海啸以后，中国致力贸易伙伴多元化，降低过度依赖与发达国家的贸易，积极推动《南南关系》，有利国家整体的对外贸易健康发展。葡语国家中的非洲成员在整个非洲举足轻重，是中国推动《南南关系》不可忽略的因素。

从中国长远经济发展的角度分析，部分要素主导的产业（特别是劳动密集的行业）已经在内地越来越失去比较优势。然而，相当一部分这些产业正是非洲经济发展中所需要的，因此，加强和葡语国家的经贸，有助中国产业的顺利转移，也是非洲经济发展的一个良好补充。

三　澳门在中国与葡语国家经贸合作平台的角色和不足

澳门充当中国与葡语国家之间的经贸合作枢纽平台，并非偶然。在中国与巴西等葡语国家经济联系日益密切的背景下，澳门以其语言、文化、制度和投资环境等优势成为双方贸易合作中不可替代的桥梁和推手。归纳而言，澳门能成为中国与葡语国家经贸合作的平台，其因有三。

第一，如前文提到，是基于历史的原因，澳门与葡语国家一直保持着悠久且密切的历史文化关系。曾作为葡萄牙殖民地的澳门，不仅在文化方面渗透着中西文化交融的气息，使来自内地或葡语国家的商人，皆易于适应澳门的营商环境；加上澳门政府的公共行政架构及法律体系皆源于葡萄牙，故较之内地制度，澳门的制度与其他葡语国家的制度更为接近，通过澳门将有助于中国内地与葡语国家了解各自的市场制度。

第二，澳门具有独特的语言优势。因为澳门与葡萄牙400多年的密切交往与联系，使得澳门社会、文化都融入不少葡语文化色彩。在澳门，很多澳门人都能熟练使用普通话、粤语、英语及葡语，这语言优势无疑是促成澳门作为商贸平台的重要因素之一。再者，由于澳门是全球唯一同时使用中文和葡文作为官方语言的地区，这对中国内地与葡语国家的企业和商贸人士之间展开合作亦提供了极大的便利。回归以来，澳门当地居民学习葡萄牙语的人有增无减，学习普通话的人也大大增加，这为葡语国家与中国的经贸文化交流合作提供了良好的语言人才的基础。这一基础也使得澳门在连接中国与葡语国家经济文化合作交流中更为畅顺。

第三，一国两制的政治制度为澳门创设了独特的营商环境。自古以来，澳门便因地理位置的优势而成为几个世纪以来中国与世界各地经贸往来的货物集散地之一。迄今为止，澳门已经与120多个国家和地区保持稳定的经贸关系，是约30个国际经济组织的成员，有160多项国际公约或多边条约适用于澳门。回归以后，中国澳门在一国两制的条件下，以独立关税区的条件继续在国际舞台发挥作用。澳门是亚太区内税率最低的地区之一，企业和个人的所得税最高税率只有12%，同时还享有资金自由进出、没有外汇管制、国际自由港政策等多方面的经商优势，这些条件都对澳门作为中国与葡语国家商贸服务的平台有莫大帮助。

在具备充足的客观条件的情况下，中央政府决定将首届中国—葡语国家部长级经贸合作论坛在澳门举行，这不仅体现了中央政府对澳门特区的寄望，亦是澳门进一步发挥平台角色的重要机遇。由于论坛的意义乃于加强中国与葡语国家政府间、企业间的讯息往来，所以首次论坛中双方就有关经贸合作签订了行动纲领，明确地提到要建立长久的后续机制，并在澳门设立常设秘书处，及时提供各项技术支持。如此一来，亦初步奠定了澳门作为平台的地位。自论坛成立，澳门官方机构——贸易投资促进局付出了不少努力，使中葡双方的信息能有效传达，贸促局透过持续多次与内地政府和企业一起到葡语国家，例如巴西、安哥拉等国家，增加内地企业对葡语国家的了解，从而发掘更多商机。加上部分澳门企业也能为中国企业到葡语国家开展经贸合作提供多种形式的服务，包括：翻译、咨询、代理、提供项目信息、市场调查和介绍合作伙伴等，这亦进一步促进了双方的经贸往来。

概言之，澳门在中葡经贸论坛中的作用主要是提供中介人的服务。然而，尽管澳门企业也陆续到葡语国家投资，吸收来自葡语国家的资本额亦不断上升，但是若从过去 10 年的实践效果来看，似乎国家在其中所发挥的作用远远大于澳门作为平台的作用，澳门作为平台的作用似乎不甚显著。根据《关于加快打造中国与葡语国家经贸合作服务平台调研报告》，澳门平台作用只可以说是初步发挥，论坛成立以来的贸易额大幅增长，很大程度是由于国家层面主导的石油、矿产等资源产品的贸易量上升，而非因澳门所提供的中介服务。

上述的情况突显澳门平台作用的局限，究其原因，是因为在澳门同时具有经贸知识和葡萄牙语基础的人才仍相对缺乏，而三年一届的部长级会议，只能制订经贸大方向或纲领，未能深入地探讨具体的实践策略，使很多建议及愿景只流于空想阶段，未能切实执行。

四 未来澳门在中国与葡语国家经贸合作平台的发展方向

10 年来，中国与葡语国家的经贸合作越来越深入，各层面的交往越来越密切。澳门特区作为中国—葡语国家经贸合作的平台，做了大量卓有成效的工作，并发挥了不可替代的作用。然而，若要加强澳门作为中国与葡语国家商贸合作服务平台的作用，在今后，澳门便要更充分地发挥自身的优势。为此，建议澳门在以下几方面做出更大的努力。

第一，特区政府应加强推广澳门的平台功能。宣传时应尤其着重内地及葡语国家的经贸信息，宣传的对象可包括澳门本地企业、内地企业（特别是广东珠三角的中小企业）和葡语国家企业。在推广澳门作为合作平台的作用时，应总结过去的经验，为不同产品或不同产业制订不同的宣传方案，宣传的内容需清晰易懂，务求使有关信息能准确地传递到目标企业或经营者。推广澳门的另一渠道是让澳门在更多国际会议中亮相，以发言人、主要嘉宾或者小组形式推介澳门。

第二，建议推广澳门的平台功能至非葡语国家，让他们也在澳门的平台上积极参与中国以及葡语国家的经贸合作。澳门邻近地区拥有不少国际经贸活动的活跃表现者：香港、珠三角、东南亚企业等。这些企业的丰富营商经验和贸易网络，非常具备条件成为澳门这个平台的其中一分子。澳门在此拥有非常大的潜力。

第三，建议由澳门特区政府或当地的学术机构主导举办更多不同类型和层次的会议。中葡论坛属部长级的会议，会议结果往往只是方向性的协议，而非操作性的工作规划。透过举办不同层次的会议，如企业家层面、学术机构层面、官方组织层面等，一方面能更全面地就相关议题（包括平台功能、经贸合作的方案等）进行广泛而深入的探讨，另一方面有关信息亦能得到更有效的传播，相信对澳门发挥其平台作用有莫大的帮助。

第四，建议澳门政府开展更多相关的学术课题研究。特区政府可委托专业独立的学术机构及邀请内地和海外专家共同进行相关研究，广东和香港的学术机构可以在这方面承担重要的角色。建议梳理过去中国与葡语国家在发展经贸关系时所遇到的成功及失败案例，并对这些案例进行系统性的分析及总结，最后作出可行性的规划建议。

第五，建议培训更多的双语专业人才。现时懂葡语的人不少，但未必具备商贸方面的专业知识，这对进行研究或提供双语信息带来极大的限制。为了进一步加强澳门作为平台的作用，提供一流及高水平的中介服务，澳门需要积极培养既通晓葡萄牙语又掌握商贸知识的复合型人才。为此，政府应在这方面投放更多的教育资源。例如开办相关课程、建立相关专业技能的认证体系等。

在横琴开发中继续加强粤澳合作

刘伯龙　庞欣新[*]

自 1978 年改革开放以来，中国的经济发展取得了举世瞩目的伟大成就。在这一伟大的历史进程中，离不开中国内部区域经济的快速发展。目前，"长三角""珠三角""环渤海"三大经济区已成为带动中国经济增长的火车头，其中，粤澳两地山水相连。1980 年，中国正式设立深圳、珠海、汕头和厦门 4 个经济特区。在经济特区的带动下，以香港和澳门两个特别行政区为依托，珠三角成为中国最先快速发展起来的地区。大量港澳客商陆续到珠三角地区投资办厂，使之发展成为全球重要的制造业基地。在"十一五"时期，粤澳两地深入实施珠三角规划纲要[①]，共同编制粤澳合作框架协议，携手应对国际金融危机的冲击，推进实施内地与港澳更紧密经贸关系的安排（CEPA）和服务业对港澳开放先行先试政策措施，加快推进港珠澳大桥、珠海横琴新区、澳门大学横琴新校区等重大基础设施和合作园区的建设，成绩有目共睹。

一　粤澳合作的发展历程

广东省是改革开放的排头兵，开展区域合作起步较早。2004 年开始实施的 CEPA，为提升珠三角的合作发展带来新的机遇。粤港澳三地政府高度重视，抢抓先机，确定了"前瞻、全局、务实、互利"的合作原则[②]，

---

[*]　刘伯龙，澳门社会科学学会原会长；庞欣新，澳门区域公共管理研究学会理事长。

[①]　《珠江三角洲地区改革发展规划纲要（2008～2020 年）》的简称，国家发展和改革委员会于 2009 年 1 月 8 日公布。

[②]　2003 年由广东省率先提出。

确定了合作的目标、领域、项目和措施。三地将加强合作，力争经过10~20年的努力，使广东发展成为世界上重要的制造业基地，香港发展成为世界上重要的以现代物流业和金融业为主的国际商贸服务中心，澳门发展成为世界上更具吸引力的博彩旅游中心和区域性商贸服务平台，努力将大珠三角建设成为世界上最繁荣、最具活力的经济中心之一。①

1. 广东的发展需要以港澳地区为依托

改革开放以来，广东积极承接港澳的产业转移，与港澳形成了"前店后厂"②的互动关系。据广东省出入境统计，广东省的入境游客中有八成来自港澳，广东省的很多企业可以通过港澳走向世界；而港澳则为广东省带来大量的先进技术、管理经验和市场信息。此外，港澳同胞为广东省的教育、科学、文化、卫生事业的发展提供了大量捐助。可以说，没有与港澳的合作，就没有广东今天的发展。

2. 港澳的发展也离不开广东省

中国改革开放以来，香港本地生产总值不断攀升，巩固了其作为世界重要的金融、信息、物流中心的地位。因此，香港的繁荣发展与中国的改革开放和广东省的快速发展密不可分。20多年来，香港制造业的八成转向去广东省发展，这些企业利用内地的资源优势和优惠政策，顺利完成了企业扩张和产业结构的优化升级。香港的物流七成以上来自广东省，所以香港现代服务业的飞速发展与广东省制造业基地的形成有着直接的关系。近几年，港澳的内地游客有五成以上来自广东，粤港、粤澳平均每天过境车辆数以万计，过境人数过百万，充分显示了港澳发展与广东省的紧密联系。澳门与广东省在各方面合作中也取得丰硕成果，有力地推动了澳门的稳定和繁荣。

二 粤澳合作的成绩

目前，广东与香港、澳门的合作已发展成为由三地组成的大珠三角区

---

① 泛珠三角合作信息网，http://7th.pprd.org.cn/。
② "前店后厂"是珠江三角洲地区与港澳地区经济合作中地域分工与合作的独特模式。其中"前店"指港澳地区，"后厂"指珠江三角洲地区。

域合作①，并为三地发展带来勃勃生机和实实在在的利益。近年来，在中央的大力支持下，粤澳合作取得了丰硕成果。主要体现在四个方面。

第一，中央出台一系列强有力的政策举措，把粤澳紧密合作上升为国家发展战略。特别是粤澳深入落实《珠三角规划纲要》，共同争取将有关合作内容纳入国家"十二五"规划，研究制定并签署《粤澳合作框架协议》②，标志着粤澳合作迈向新的历史阶段。

第二，港珠澳大桥、横琴新区开发、横琴岛澳门大学新校区和南沙新区建设等重点合作区域和合作项目取得新突破。而其中，又以横琴开发最为引人注目。"横琴是内地开放度最高，体制宽松度最大，创新空间最广的地区，通过横琴这一合作新载体，开创粤港澳合作的新模式"。③ 横琴具备着探索粤港澳合作新模式示范区无可比拟的优势，其中，澳门大学新校区的建成便是最具代表性的一例。横琴新区作为继上海浦东新区、天津滨海新区之后，第三个由国务院批准通过的国家级新区，横琴新区将以合作、创新和服务为主题，逐步建设成为带动珠三角、服务港澳、率先发展的"一国两制"下探索粤港澳合作新模式的示范区。

第三，澳门和广东省已经建立了官方的合作管道，每年定期或不定期举行官方会议，深化多方面合作。如澳门政府与广东政府从 2004 年开始已经定期举行"粤澳合作联席会议"，就双方共同关心的政策和合作事项进行深入而广泛的讨论。例如，2011 年 4 月 19 日"粤澳合作联席会议"在广东省珠海市举行，双方讨论了总投资达 740 亿人民币的横琴岛市政基础设施建设，十字门中央商务区等重大项目相继启动，横琴岛澳门大学新校区建设加快推进。粤澳官方的合作为横琴岛的开发奠定了坚实的机构基础。

第四，在国家"十二五"规划中，提出深化内地与港澳经贸合作，加快发展休闲旅游、会展商务、中医药、文化创意等产业，支持粤对港澳服务业先行先试，并逐步将先行先试措施拓展到其他地区。时任国务院总理温家宝表示，将坚定不移地贯彻"一国两制""澳人治澳"、高度自治的方

---

① "大珠三角"有两个不同的概念，一指"小珠三角和港澳"，另一是指"粤港澳"。目前通常所说的"大珠三角"就是指广东、香港、澳门三地构成的区域。

② 2011 年 3 月 6 日，广东省人民政府和澳门特别行政区政府 6 日在京签署《粤澳合作框架协议》。

③ 珠海市横琴新区管理委员会主任牛敬："激情亚运，创新广东"系列报道，2011 年 8 月 30 日。

针，全力支持澳门特别行政区发展经济，改善民生；支持澳门建设世界旅游休闲中心，促进经济适度多元发展；充分发挥澳门在国家整体发展战略中的独特作用；进一步提高内地与澳门合作的机制化水平，支持粤澳深化区域合作，实现互利共赢。此外，以"分线管理，模式创新"设置横琴口岸。横琴新区能否在通关管理模式上实现制度创新，是横琴开发能否成功的关键之一。在横琴与澳门之间的"一线"口岸，实行"境内关外"，即"一线放开、二线收紧"的特殊管理模式，提高通关效率，以吸引澳门居民及企业参与横琴的开发和建设，吸引更多旅客经澳门进入横琴。① 比照海关特殊监管区域进行管理。作为重点共同开发的横琴，目前已经获得国务院的正式批复，同意珠海横琴实行比经济特区更加特殊的优惠政策，在通关、税收、支持粤澳合作产业园发展方面的政策措施，皆有开创及突破性的意义，真正成为特区中的特区。仅是澳门人在横琴就业就可以享有同在澳门本地就业相同的税收政策这一点就对澳门人产生了强大的吸引力。

三　如何在横琴开发中继续加强粤澳合作

珠海市横琴岛地处珠江口西岸，与澳门隔河相望，是珠江口一个环境优美、生态良好的海岛。经过多年建设，基本实现了"六通"，即桥通、路通、水通、电通、邮通、口岸通，建成了横琴大桥和莲花大桥，设立了国家一类口岸，修建了贯通全岛的环岛公路，接通了供水管道，建成了11万伏变电站，为下一步发展奠定了良好的基础。

充分发挥横琴毗邻港澳的区位优势，抓住《珠江三角洲地区改革发展规划纲要（2008—2020）》赋予珠三角"科学发展、先行先试"的重大机遇，推进与港澳紧密合作发展，对于促进珠江口西岸地区经济发展形成新的增长极、促进澳门经济适度多元发展和港澳地区长期繁荣稳定都具有重要的战略意义。

1. 横琴岛开发的优势

首先，推进横琴开发，有利于构建粤港澳紧密合作的新载体，为珠三

---

① "境内关外"的管理模式，即在中华人民共和国一国境内设立的，而处于中国海关管辖范围之外的，简化出入关手续并取消货物进出许可证、关税、配额等方面贸易障碍和壁垒的区域。

角地区"科学发展、先行先试"创造经验。

从国家层面上明确横琴"一示范区一先行区一新平台"的定位,既充分体现了中央对横琴开发的高度关注和大力支持,更表明了中央对横琴开发"科学发展、先行先试"寄予厚望。中央把横琴开发的历史重任交给了珠海,并且从国家层面确定横琴的总体发展规划,这对我们来说既是巨大的鼓舞也是深深的鞭策。

其次,推进横琴开发,有利于促进澳门经济适度多元发展和维护港澳地区长期繁荣稳定。

面积为86平方公里的横琴岛,仅占珠海市面积的1/9,在广东省的概念来说更是弹丸之地。但对澳门来说,面积却是澳门的3倍。澳门经济产业转型和升级,经济适度多元化发展,需要中央的帮助和扶持。如果澳门有了横琴作为发展的后花园,澳门就可以改变现在这种商民杂居的城市布局,改善居住环境,提升居民的生活素质。有了横琴,澳门的经济适度多元化发展、世界级休闲度假建设就有了更大的想象空间,如休闲度假区、饮食购物区、文化观光区等可以考虑了。

最后,推进横琴开发,有利于共建珠澳国际都会区,重塑珠海发展新优势、培育珠江口西岸地区新的增长极。

目前西岸地区集聚水平不高,缺乏发展龙头,珠海和澳门的经济总量和辐射能力与带动西岸地区发展的要求尚有一定差距。加快横琴开发,建设商务服务基地和区域创新平台,有利于吸引更多的国际高端资源集聚,共同培育珠澳国际都会区,形成珠江口西岸地区新的增长极。

2. 横琴岛开发的问题

首先,在横琴岛开发的问题上,虽然粤澳双方已经有互利互惠的政策合作框架,但由于会议尚处于初始阶段,有很多深层次的问题仍需要粤澳官方和民间组织共同研究,解决问题。例如,虽然粤澳双方合作协议上明确提出允许澳门车牌的私家车自由出入横琴,但双方仍未就政策实施的具体细节进行研究。例如,假设澳门牌照的车在横琴发生意外,那车辆保险方面如何赔付?如果发生人员伤亡,那医疗、救护、理赔等诸多方面如何解决?这不得不令澳门人担忧。另外,在资本流通方面,如果把横琴岛作为自由贸易区,那么与其他地区相比在资本进出方面有何不同?澳门商人如果去横琴投资,那么盈利后,资金如何转回澳门?这方面政策如何安排？在货物进出口方面，可以把横琴岛作为自由贸易区，那么政策细节如何安排呢？这些是世界各国在建立自由贸易区或合作共同体时都会遇到的普遍问题。因此粤澳双方必须深入研究，认真探讨，将政策实施细节方面逐一落实，让横琴岛成为真正的自由贸易区。

其次，体制破冰、实现民主社会治理，是决定横琴建设新型社会管理体制成败的关键。横琴未来人口结构的复杂化决定了多元主体参与是横琴社会管理改革的必然，包括多元参与的制度性平台建设、为多元利益群体构建集体协商和利益协商机制等。

最后，建设政府、社会组织及居民之间的沟通协调机制，将是横琴建设新型社会管理体制的长期挑战。因此，横琴社会组织的缺位导致政府和居民之间缺少沟通协调和缓冲机制，急需开通民间通道。

四　总结

在经济全球化的大背景下，在我国将与东盟10年内建成中国—东盟自由贸易区、积极推动亚洲合作的新形势下，港澳要进一步发挥辐射带动作用，实现新的繁荣和发展，必须扩大发展腹地；大珠三角要适应新一轮发展的需要，必须依托新的发展平台；毗邻东盟和大珠三角的省区要参与国际竞争，实现跨越式发展，必须寻求互利共赢的合作伙伴。有鉴于此，以珠江水系为纽带，山水相连、人缘相亲、经济联系密切的省区和香港、澳门特别行政区，形成泛珠三角区域合作关系，就成为各成员方的共同利益和必然选择。横琴岛的开发具有深远的意义，细节问题的解决和政策的落实需要粤澳双方政府的共同努力。然而，毕竟双方在官方渠道方面人员和时间都比较有限，不可能长时期就细节问题多次会晤探讨，因此建议在粤澳官方合作会议的框架下，建立粤澳双方的民间学术团体组织，组成粤澳问题小组，就双方共同关心的问题，如海关、保险、经济、货物、资本、人员等诸多个方面进行具体而深入的研究探讨，把最终达成的意见提交给双方政府，在官方会议上达成协议。这样横琴岛开发才能有效率、有步骤地进行，最终实现横琴自由贸易区的发展与繁荣。

第一届粤港澳学术研讨会综述

曹富生[*]

2014 年 1 月 7 日

2013 年 12 月 15 日，由广东省社会科学界联合会、澳门基金会、澳门社会科学学会、香港树仁大学、香港科技大学联合主办的 2013 年粤港澳学术研讨会在肇庆高要举行。广东省人民政府副秘书长、省政协常委、省哲学社会科学领导小组副组长江海燕，广东省社科联主席、省政协常委、省政协文史委主任田丰，广东省社科联党组书记王晓，澳门基金会行政委员会主席吴志良，澳门社会科学学会理事长关锋，香港树仁大学代表、树仁大学质性社会研究中心负责人李秀国，广东省社科联党组成员、专职副主席林有能，广东省人民政府港澳事务办公室纪检组长、监察专员韩建清，肇庆市副市长陈宣群等领导嘉宾以及来自粤港澳三地的专家学者共 80 多人出席研讨会。

长期以来，广东、香港、澳门联系密切，合作日益深化。广东省社科联与澳门学术界一直有着很好的学术合作与交流的传统，早在 1988 年就与澳门社会科学学会共同发起联合主办粤澳关系研讨会。经过 25 年的发展，共举办了 21 次研讨会，出版了五本论文集，收集了 445 篇论文，总数为 245.5 万字。粤澳关系研讨会已成为粤澳学术合作的知名品牌，取得不少有影响力的成果，为推动粤港澳合作与发展发挥了重要作用。

2013 年是我国全面深化改革的开局之年。前不久召开的十八届三中全会对全面深化改革做出了全面部署，专门提出"扩大对香港特别行政区、澳门特别行政区和台湾地区开放合作"。广东省委省政府也对深化粤港澳合作，开创粤港澳合作新局面提出了新的要求。为此，广东省社科联经与

澳门社会科学学会协商，在澳门基金会、香港树仁大学、香港科技大学的支持下，从 2013 年起，在"粤澳关系研讨会"基础上创办"粤港澳学术研讨会"，全面拓展和提升粤港澳学术交流、合作方式和模式。研讨会每年一届，轮流在粤港澳三地召开。

广东省社科联党组书记王晓主持了热烈、简朴的开幕式，吴志良主席、关锋理事长、李秀国先生、田丰主席先后在大会上代表主办方致辞，陈宣群副市长代表肇庆市致欢迎辞，江海燕副秘书长作重要讲话。

作为首届粤港澳学术研讨会，研讨主题是"深化粤港澳合作与广东新一轮发展"。得到了粤港澳三地政府及专家学者高度重视和积极参与，研讨会共征集到 113 篇论文，最终遴选 56 篇论文参会。在研讨会上，来自三地的专家学者围绕全面深化粤港澳合作，共建粤港澳优质生活圈，促进广东新一轮发展等问题进行了深入的探讨，先后有 28 位专家学者在研讨会上作专题发言，他们从在新形势下进一步推动粤港澳三地经济、社会民生、文化教育、法律等多层面合作进行了广泛的研讨，形成了一批新的研究成果。现将有关论点综述如下：

一　建立粤港澳区域自由贸易区

2013 年 8 月，国务院正式批准设立中国（上海）自由贸易试验区。其后，全国各地掀起了一股"自贸区"热浪，加入申报自贸区战团的城市包括天津、重庆、福建厦门、浙江舟山，一时间，令广东的南沙、前海、横琴 3 大国家级新区的压力骤然上升。

暨南大学经济学院冯邦彦教授认为，经过多年的合作与发展，广东为筹建自贸区打下了一定的基础。一是在 CEPA 先行先试制度下，粤港澳服务贸易快速增长，广东将于 2014 年基本实现粤港澳服务贸易自由化。二是横琴、前海、南沙正成为粤港澳自由贸易的重要平台。广东外语外贸大学国际经济贸易学院左连村教授认为，上海自由贸易区是中国新时期改革开放的窗口实验区，对中国的发展提供新的经验，对广东起到示范作用。首先上海自由贸易试验区实施的政策具有可复制性，为广东深化改革和扩大开放提供方向。其次，上海自贸实验区的重点是金融开放，借助上海自贸实验区服务业开放发展的东风，广东的服务业也得到快速发展，促进了广东的产业结构升级。最后，上海自贸实验区在金融、税收、贸易、政府管理等方面的一系列政策变革所展现出来的扩大开放的导向，使广东能够更好地发挥对外开放的优势。

中山大学港澳珠三角研究中心周运源教授认为，粤港澳建立区域自由贸易区符合经贸一体化发展要求。一是在"一国两制"体制下，国家自2004年以来分阶段实行的CEPA，无论从内容到实质都属于优惠贸易安排的范畴，不可能即行过渡到关税同盟甚至共同市场等区域经济一体化的上行阶段。二是国家"十二五"规划中的发展战略目标，十分重视内地特别是广东与港澳地区发展区域经济贸易、投资、科技、教育和文化等的交流合作。三是有利于中国在WTO中拥有的特殊地位和重要作用的发挥，既符合WTO的规则和世界区域经济一体化发展的要求，也符合中国—东盟自由贸易区建设的发展战略。

暨南大学经济学院杨英教授认为，建设粤港澳经济合作平台、以贸易自由化为特征的粤港澳自由贸易区，对于大珠江三角洲具有重大的意义。一是建设粤港澳自由贸易区，可以有利于更好地发掘粤港澳发展资源。在当前因国际金融危机冲击下，贸易保护主义不断抬头，营造一个有利于产业发展的投资的良好环境，能有效激活粤港澳地区的要素资源，高效地吸纳世界上不同地区的要素资源流入本地区，既为粤港澳地区经济的转型升级和发展，提供充裕且优质的要素资源，也能为粤港澳地区的企业进入国际市场提供更为便捷的条件。二是有助于推动广东产业转型升级。建设粤港澳自由贸易区，可以为粤港澳经济的深度合作构筑高水平的运营平台，为推动广东经济转型升级营造更好的发展环境，促使香港高水平的国际金融、贸易、航运等全球最发达的服务业和澳门高水平的国际著名的休闲、娱乐会展业的发展，能与广东产业构成合理分工及相互促进的产业体系，并推动港澳地区发达的金融、物流、商贸服务等第三产业服务平台向广东延伸，有效带动粤东西北地区经济发展及全省产业的转型升级。三是有助于实现角色转变。粤港澳自由贸易区的建设，既可以进一步优化港澳作为广东进入国际市场的前沿基地，也使港澳进入内地市场在广东境内有了可资利用的高水平的前沿基地，从而实现由目前单向的"前店后厂"的格局，向广东与港澳互为"前店后厂"的角色的转变，进一步优化粤港澳经济的合作基础。四是有助于为全国发展市场经济探索经验。粤港澳自由贸易区建设，因为有港澳地区较为成熟的市场经济体制的示范作用及影响，可以通过借鉴及引入国际上被普遍运用的市场惯例，实践并积累自由贸易区建设的相关经验，为探讨中国特色的自由贸易区的创新发展模式提供借鉴。

在功能定位上，杨英教授认为粤港澳自由贸易区的设立与建设，应该以构建"多层面及多向度"的综合性自由贸易区体系为基本定向。冯邦彦教授认为，广东若能把横琴、前海、南沙连成一线，推动香港、澳门共同发展粤港澳自贸区，并重点面向东南亚、欧盟及葡语国家发展，这将形成我国对外开放的全新格局。这样，粤港澳自贸区的战略地位将大大提升。华南师范大学何贵忠副教授认为，粤港澳合作区更多的是"经济增量"的意义，上海自贸区则更有"制度创新"的意义。因此，将来的粤港澳自贸区一定是以现有的粤港澳合作区的范围和功能为基础，功能定位显然会受到其层级和开放对象的限制，其格局要小很多，其功能更加具体、微观。与上海自贸区的战略"试验区"定位相比，粤港澳自贸区可以表述为"功能区"，即建立粤港澳自贸区是为了具体的发展性、功能性的目标。这个目标就是提升和发挥香港、澳门的国际竞争力优势，加快和促进广东产业转型和经济社会发展，加速包括港澳在内的粤港澳大珠三角地区经济一体化，在大珠三角地区打造世界级城市群，以此为国家复兴的重要支点。

在制度安排方面，周运源教授认为，考虑到港澳地区不同的政治、经济和社会制度等，粤港澳区域自由贸易区的建立是在坚持"一国两制"的条件下，新时期继续发展粤港澳经济关系为基本点。按照一个国家内部特有的自由贸易区模式建立，并按照国际上通行的区域自由贸易区的运作方式发展。冯邦彦教授认为，可行的做法是 CEPA 作为港澳与内地开放的全国性制度安排继续推进，而广东筹建的粤港澳自贸区则在 CEPA 先行先试的框架下，以"升级版"的形式转为"准入前国民待遇 + 负面清单"的制度安排。

关于建设粤港澳自由贸易区的对策措施方面，杨英教授认为，一是系统论证及编制规划。组织专家队伍，从深化粤港澳合作、促使大珠三角经济转型升级，以及探求构建我国自由贸易区相关经验等角度，系统论证并提出相应的意见，以具体定位粤港澳自由贸易区发展思路；委托熟悉自由贸易区运作规律的高水平的专业机构，从产业体系建设及政策、功能区布局、经济政策、法律制度、土地制度及用地安排、司法制度、管理制度、通关制度、生态环境保护及制度等多个方面入手，系统编制《粤港澳自由贸易区整体发展规划》，为粤港澳自由贸易区的有效模式的实施及相应的平台建设奠定基础。二是因地制宜设计自由贸易区政策体系。借鉴港澳的经济运行规范及经验，按自由贸易区的运营的总体要求及相应的国际惯例系统设计相应的运作机制，为粤港澳自由贸易区奠定良好的基本规范；重视对不同层面及不同类型的自由贸易区政策体系的差别设计，以使形成的政策体系能更具针对性，并且能切实有效地撬动相应自由贸易区的发展。三是建设规范且高效的自由贸易区运行管理体系。精简管理机构并切实转变政府职能，以使粤港澳自由贸易区的市场机制能真正的发挥作用；从国家层面成立由国务院主管副总理任组长，粤港澳三地首长和国务院各涉及自由贸易区管理的部门负责人为成员的"粤港澳自由贸易区"领导小组，以有效协调涉及广东与港澳之间在建设自由贸易区方面出现的问题，以及促使国家各主管部门出台政策能有效地协调；为防范自由贸易区政策的非理性"外溢"，粤港澳自由贸易区应该重视隔离环境的建设；成立粤港澳自由贸易区协会，以期能有效地协调粤港澳为数众多自由贸易区有关系，并且可以促使其对粤港澳自由贸易区进行自律管理。

二 提升大珠三角城市群综合竞争力

改革开放30年来，粤港澳在制造业领域的分工合作，对于三地的经济发展与产业结构调整起到了重大推动作用，也推动了该区域城市空间形态的快速变化。香港逐渐成为国际金融、贸易、信息和旅游中心，澳门则成为以博彩旅游业为特色的国际城市，而珠江三角洲地区发展成为国际制造业基地。随着粤港澳区域经济的逐渐一体化，以香港这一国际城市为核心的大珠三角城市群逐渐形成。

华南师范大学经济与管理学院林勇教授认为，珠三角城市群通过粤港澳的经济融合和经济一体化发展，将共同构建有全球影响力的先进制造业和现代服务业基地，南方地区对外开放的门户，我国参与经济全球化的主体区域，全国科技创新与技术研发基地，全国经济发展的重要引擎，辐射带动华南、中南和西南地区发展的龙头，我国人口集聚最多、创新能力最强、综合实力最强的三大区域之一。应该说，珠三角城市群已经初步具备建设世界级城市群的发展基础。但，大珠三角要向世界城市群靠拢，必须加强对外扩张的趋势，增强辐射能力，进一步扩张城市群规模，凭借自身优势，带动环珠三角区域的经济发展，并辐射泛珠三角，随着中国与东盟自由贸易区的建立，在利用腹地的优势资源的同时，积极扩大大珠三角在东盟的辐射能力，促进形成优势互补、良性互动的区域经济发展新格局。

中山大学港澳珠江三角洲研究中心毛艳华教授认为，与国际典型大城市群相比较，粤港澳城市群的基本特征以及香港国际城市的功能等方面都存在一定的差距，需大力提升大珠三角城市群综合竞争力。他建议，将大珠三角城市群的建设规划作为国家中长期发展战略，使之得到中央宏观政策的认可和有力支持；创新粤港澳合作机制，推进区域经济一体化进程，加快建设大珠三角城市群；加强城市群重点基础设施的协调建设，为城市群的经济发展创造优越条件；强化产业整合，培育具有国际竞争力的区域产业群；加强生态环境治理和保护，建设资源环境可持续发展的城市群。

三　深化粤港澳产业合作

改革开放 30 多年，粤港澳三地形成了"前店后厂"、优势互补的产业合作模式。广东依托港澳资金、信息、区位优势，利用两个市场两种资源，从加工贸易开始发展成为比较完整的制造业体系，成为国际产业转移的重要目的地和全球化的重要受益者。当前，粤港澳区域合作站在新的历史起点上，正向宽领域、全方位、一体化深入推进。新形势下，三方产业合作必须从国家战略和长远发展出发，着眼于"一国两制"事业创新发展和保持港澳长期繁荣稳定，科学谋划和确立合作的方向目标、战略定位和重点任务，全面提升这一区域经济的整体素质、一体化水平和国际竞争力。

暨南大学经济学院特区港澳经济研究所王鹏副教授认为，整合不同行政区域的生产资源，加强相邻区域之间的合作，实现产业发展从单个行政区域向跨行政区域转变，是破解制约广东产业转型升级难题的一条有效途径，也是推动广东经济社会又好又快发展的一个重要突破口。在这其中，粤港澳区域合作无疑扮演着重要的角色，对于加快广东产业转型升级具有积极的促进作用。

一是加强高端服务业合作，实现粤港澳服务贸易自由化。暨南大学特区港澳经济研究所陈章喜教授认为，高端服务业的发展是一个国家或地区经济综合实力的体现，是工业化发达到一定程度的重要表现。因此，应该高度重视高端服务业的发展，突出政府的主导地位。政府以宏观指导、政策支持为主要手段，明确粤澳两地在区域高端服务业合作中的角色，提供专项资金鼓励、支持，推动高端服务业的合作与发展。特别是粤澳二地产业基础，发展潜力各有优劣，高端服务业区域互补性很强，应推行错位发展。努力将两地的高端服务业优势加以科学整合，形成粤澳间多层次、相互补充的高端服务业市场结构，实现粤澳高端服务业的深层次合作，共同探索构建粤澳高端服务业集群，增强粤澳高端服务业的整体竞争力、提高粤澳高端服务业的发展潜能。陈恩认为，在 CEPA 等相关政策的推动下，粤港经济合作特别是服务业合作进入了新一轮大发展。研究表明，充分引进港澳的服务业，特别是香港的金融等服务业，做好南海、横琴等试验区发展，切实落实三地专业人员的资格互认、相关政策的衔接以及相应纳税政策的出台等是促进服务贸易自由化的主要路径。

二是加强文化产业合作，促进粤港澳文化发展。香港树仁大学质性社会研究中心李秀国研究员认为，粤港澳同根同源、血脉相连、话语相通、民俗共融，为文化产业合作提供了得天独厚的条件。因此，他希望通过粤港澳民间与官方的共同推动，推出具有岭南特色的传统民俗或节庆开展世界级文化遗产的"申遗"，以彰显区域优势，并让文化与经济互补互强、走出双赢或多赢之局。澳门社会科学学会张卓夫研究员建议，加强粤港澳饮食文化、石文化等文化交流与合作。广州大学陈孝明老师认为，粤港澳应充分发挥各地自身优势，深化体制机制的改革，灵活选择文化创意产业价值链的相应环节进行合理分工合作，以集群化的方式进行发展，以"互为厂店"的模式开拓市场。

三是加强教育合作，实现粤港澳三地高等教育跨越式发展。广东外语外贸大学王鲜萍老师认为，粤港澳三地在深化高等教育合作方面已经具备政治、社会、文化和经济合作基础。三地发挥优势，扬长补短，成合力，参与国际高等教育竞争，是适应新一轮社会、经济发展的需要，也是实现三地高等教育跨越式发展的内在要求和必然选择。他建议，建立粤港澳三地间的充分信任机制、利益协调机制、竞合机制，切实落实《纲要》精神，积极推动粤港澳高等教育深入合作；建立良性互动关系，成立由三地教育行政部门与专家组成"粤港澳高等教育合作协调指导委员会"，减少和规范粤港澳高等教育合作中行政审批事项；建立粤港澳高校协作专项基金，加强对粤港澳三地高等教育合作的宣传，将粤港澳高等教育合作纳入"粤港澳紧密合作区"。

　　四是深化粤港澳旅游合作，打造国际知名旅游旺区。广东省社会科学院旅游研究所所长庄伟光研究员认为，加强区域旅游合作、发展区域旅游，是大势所趋。区域旅游的协调发展是"十二五"时期我国区域经济协调发展的重要内容。在这样的背景下，思考和谋划粤港澳旅游的整合发展机制，打造国际知名旅游旺区具有十分积极的意义和重要的价值。他建议，应在机制和体制、线路和产品、对外宣传及营销上取得突破；在基础设施合作、市场创新、企业和人才合作、服务深化、信息合作等五个方面实现升级；同时也要正视并妥善处理日益增多的民众矛盾。

　　最后，会议研究决定，第二届粤港澳学术研讨会由澳门基金会、澳门社会科学学会共同承办，会议地点设在澳门。

编 后 记

　　粤澳两地专家学者自 1988 年至 2011 年，在广东省社会科学界联合会和澳门社会科学学会的共同组织下，已在两地成功举办了 21 次粤澳关系研讨会，出版了 6 本论文集。2013 年，为深入学习贯彻党的十八届三中全会精神，推动广东继续在改革开放中发挥窗口作用、试验作用、排头兵作用，加强与香港、澳门学术界的合作与交流，经广东省社科联多次研究，并与澳门社会科学学会协商，以及与香港学术界联络、沟通，确定在原与澳门社科学会长期合作主办每年一次的"粤澳关系研讨会"基础上，由粤港澳三地学术机构共同举办"粤港澳学术研讨会"。研讨会从 2013 年起，每年举办一次。首届研讨会的主办单位为广东省社科联、澳门基金会、澳门社科学会、香港树仁大学、香港科技大学。粤港澳三地主办单位商议，今后每届研讨会将轮流在粤港澳三地召开，每届视实际情况和需要设若干协办单位或承办单位。2013 年 12 月 15 日，"第一届粤港澳学术研讨会"在广东肇庆成功召开，以"深化粤港澳合作与广东新一轮发展"为主题。来自粤港澳三地的专家学者共 80 多人参加交流研讨会，共征集到 105 篇论文，经组织专家评审最终确定 56 篇论文为参会论文，并编辑成论文集。

　　本书共收录"第一届粤港澳学术研讨会"学术论文和文章共 39 篇，其中广东 33 篇、香港 3 篇、澳门 3 篇。广东 33 篇经广东省社科联组织专家评审后确定为广东省社科联立项课题。这些论文和文章重点围绕全面深化粤港澳合作，创建粤港澳贸易自由区，共建粤港澳优质生活圈，促进广东新一轮发展等问题进行了深入的探讨，提出了建立粤港澳区域自由贸易区、提升大珠三角城市群综合竞争力、深化粤港澳产业合作等许多建设性的意见和建议。

本文是粤港澳学术研讨会的第一本论文集，也是粤澳关系研究的第 7 本论文集。为做好论文集的编辑出版工作，广东省社科联成立了论文集编委会，由广东省社科联主席，党组书记王晓任主任，广东省社科联专职副主席周华任副主任兼主编，杨小蓉、李翰敏为副主编，孙令书、曹富生、何明珠、陈蕊等参加了本书的编辑修改和校对工作。由于本书篇幅所限，有的资料性文章未能选用，有的论文作了较大的压缩，有的论文只选载了其中的部分，请作者谅解，并致歉意。限于水平，编辑处理不当之处，敬请作者、读者指正。

编　者

2015 年 8 月 10 日

图书在版编目（CIP）数据

粤港澳合作与广东新一轮发展/周华主编.—北京：社会科学
文献出版社，2015.12
ISBN 978 - 7 - 5097 - 8507 - 2

Ⅰ.①粤…　Ⅱ.①周…　Ⅲ.①区域经济合作 - 研究 - 广东
省、香港、澳门 - 文集 ②区域经济发展 - 研究 - 广东省、
香港、澳门 - 文集　Ⅳ.①F127.6 - 53

中国版本图书馆 CIP 数据核字（2015）第 287381 号

粤港澳合作与广东新一轮发展

主　　编／周　华

副 主 编／杨小蓉　李翰敏

出 版 人／谢寿光
项目统筹／宋月华　范　迎
责任编辑／袁卫华

出　　版／社会科学文献出版社·人文分社（010）59367215
　　　　　地址：北京市北三环中路甲 29 号院华龙大厦　邮编：100029
　　　　　网址：www.ssap.com.cn
发　　行／市场营销中心（010）59367081　　59367090
　　　　　读者服务中心（010）59367028
印　　装／三河市尚艺印装有限公司

规　　格／开　本：787mm×1092mm　1/16
　　　　　印　张：26.5　字　数：445 千字
版　　次／2015 年 12 月第 1 版　2015 年 12 月第 1 次印刷
书　　号／ISBN 978 - 7 - 5097 - 8507 - 2
定　　价／148.00 元